DRAMA AS THERAPY

THERAPY

Theatre as Living

울력연극치료총서 03

드라마와 치료

연극과 삶

필 존스 지음 | 이효원 옮김

PHILIP JONES

울력

총서 기획 | 이효원

드라마와 치료(울력연극치료총서 03)

지은이 | 필 존스

옮긴이 | 이효원

펴낸이 | 강동호

펴낸곳 | 도서출판 울력

1판 1쇄 | 2005년 5월 16일

1판 3쇄 | 2019년 3월 15일

등록번호 | 제25100-2002-000004호 (2002. 12. 03)

주소 | 152-889 서울시 구로구 경인로35길 129. 401호 (고척동)

전화 | (02) 2614-4054

FAX | (0502) 500-4055

E-mail | ulyuck@hanmail.net

값 | 18,000원

ISBN | 89-89485-36-3 93680

· 잘못된 책은 바꾸어 드립니다.

· 옮긴이와 협의하여 인지는 생략합니다

차 례

9 서문 돈키호테와 행동의 마법

13 감사의 글

15 책 읽는 법

1부

19 1. 연극치료란 무엇인가?

41 2. 형식과 체제: 연극치료의 실제

2부

81 3. 원형 극장에서 해부 실습실 까지?: 드라마, 연극, 치료 - 역사

125 4. 연극치료의 등장

3부

169 5. 연극치료의 치료적 요인: 아홉 가지 핵심 과정

DRAMA AS THERAPY

4부

213 6. 극적 투사

241 7. 극적 신체

269 8. 놀이와 놀기

311 9. 역할

349 10.상징과 은유

383 11. 연극치료와 의식

413 12. 사전 평가와 기록 그리고 평가

457 결론

459 참고 문헌

485 찾아보기

DRAMA AS THERAPY

사례 연구

20　1.1: 두 개의 가면

26　1.2: 거트루드와 『햄릿』

47　2.1: 연극치료에서의 역할 연기(맥락, 목표, 웜업)

48　2.2: 상자 속의 괴물(맥락, 목표, 웜업)

52　2.3: 연극치료에서의 역할 연기(초점 맞추기)

53　2.4: 상자 속의 괴물(초점 맞추기)

55　2.5: 연극치료에서의 역할 연기(본 활동)

58　2.6: 상자 속의 괴물(본 활동)

61　2.7: 연극치료에서의 역할 연기(마무리와 역할 벗기)

62　2.8: 상자 속의 괴물(마무리와 역할 벗기)

63　2.9: 연극치료에서의 역할 연기(완결)

64　2.10: 상자 속의 괴물(완결)

72　2.11: 집 떠나기

74　2.12: 그럼피뷰 호텔

139　4.1: 실베스터의 꿈

203　5.1: 불 괴물

223　6.1: 피터와 헬멧

DRAMA AS THERAPY

254 7.1: 잠재적 신체

262 7.2: 변형된 신체 — 산에 오르기

263 7.3: 변형된 신체 — 뒤로 쓰러지기

265 7.4: 신체 지도

270 8.1: 추락하는 남자

276 8.2: 실와 소녀들의 놀이

278 8.3: 곰과 여우

290 8.4: 제인

292 8.5: 종이와 사물

298 8.6: 엘렌

299 8.7: 사물

300 8.8: 얼굴 표정 모방/신체적 모방

300 8.9: 몸짓의 모방

302 8.10: 테레사

302 8.11: 에이미

307 8.12: 놀이의 발달

313 9.1: 발레복

314 9.2: 비밀

315 9.3: 붉은 가면

335 9.4: 대본과 역할 입기

338 9.5: 아나의 그림자, 역할 활동

343 9.6: 아나의 그림자, 역할 벗기와 동화

353 10.1: 탑 속의 왕자

364 10.2: 가시 철조망 울타리

375 10.3: 아난시의 거미줄

386 11.1: 바람 바바이와 마두스두스

397 11.2: 히야신스

400 11.3: 부활절 케이크

405 11.4: 월경 의식

409 11.5: 뒤로 가는 결혼식

DRAMA AS THERAPY

일러두기

1. 이 책은 *Drama as Therapy: Theatre as Living* (Routledge, 1996)을 텍스트로 하여 번역하였다.

2. 이 책은 원서의 체제를 그대로 따랐으며, 원서에서 이탤릭체로 처리된 부분은 중고딕체로 나타내었다.

3. 본문 중 ( ) 속에 원어와 숫자로 표시된 것은 다음을 의미한다. 예로 (Elsass, 1992, 342)는 참고 문헌 중 Elsass의 1992년 문헌의 342쪽을 말한다. 간혹 인명을 생략하고 연도나 쪽수 또는 연도만을 표시한 것도 있다.

4. 본문에는 원어 병기를 최대한 자제하였다. 인명은 찾아보기를 참고하기 바란다.

5. 이 책에서 책이나 잡지, 신문 등은 『　』으로, 논문이나 기사 등은 「　」으로 나타내었다. 영화나 연극, 미술 작품은 〈　〉으로 표시하였다.

6. 본문 중의 각주는 모두 옮긴이의 주이다.

돈키호테와 행동의 마법

"제발 잘 좀 보세요, 주인님," 산초가 말했다. "저쪽에 있는 것들은 엄청난 거인이 아니라 그냥 풍차이옵니다. 주인님이 팔이라고 생각하시는 건 풍차 날개라굽쇼…."
돈키호테가 소리쳤다, "그것은 네가 아직도 경험이 부족하다는 증거이다! 나는 너에게 저들이 거인이라고 말한다. 그리고, 그러니까 정 겁이 난다면 너는 옆으로 물렀거라… 나는 저들에 맞서 무시무시하고 불공평한 전투를 치를 터이니."

세르반테스, 『돈키호테』

세르반테스는 객관적인 것과 주관적인 것, 독자의 세계와 책의 세계를 뒤섞는 데에서 기쁨을 얻는다.

보르헤스, 『돈키호테의 분할 마술』

돈키호테(Cervantes, 1898)의 여행과 모험에서 현실은 환상으로 뒤덮여 있다. 자기가 만들어낸 세계와 다른 사람들이 살고 경험하는 세계를 혼동한 것이다. 이와 비슷하게 치료적 맥락에서 극적 상태를 사용하고 허구의 연극 세계를 창조하는 행동 역시 이롭지 못한 혼동을 자극한다고 오해받을 수 있다. 극적 활동에 참여하는 것은 실제로도 오랫동안 자기 자신과 다른 사람들 그리고 세상에 대해 도피적인 관계를 형성시켜 현실로부터의 퇴행을 조장한다고 여겨져 왔다.

어떤 이들은 연극과 삶이 별개의 것이며, 혹여라도 드라마와 현실이 연관된다면, 그것은 무대와 객석이 공식적으로 구분되어 있는 극장이라는 한정된 공간에서만 가능하다고 주장해 왔다.

정신분석의 전통 역시 연행을 의혹의 눈으로 바라보아 왔고, 페니첼(Fenichel, 1945)은 그를 예증이라도 하듯이 「신경증적 행위화」[1]라는 제목의 논문을 썼다. 그는 치료 중에 무의식적으로 문제를 회피하는 내담자에 대해 "극화 성향"을 갖고 있다고 말한다(1945, 198). 극화를 통한 회피라는 페니첼의 개념은 현실에서 충족시킬 수 없는 욕구를 환상 속에서 만족시키려 하는 "돈키호테"를 연상시킨다(1945, 99). 그는 "행동의 마법에 대한 믿음은 대체로 무의식적이다"라는 측면에서 그 장애를 설명한다. 다시 말해, 성인에게 있어 극화란 퇴행, 곧 놀이라는 유희적인 현실을 창조함으로써 세상에 마술처럼 영향을 끼칠 수 있다고 믿는 아이들처럼 어린 아이의 경험으로 되돌아가려는 시도라는 주장이다.

그러나 이 책은 행동이나 극화된 현실이 치료적으로 이롭지 않다는 개념과 삶과 연극이 본질적으로 분리된 것이라는 개념을 모두 반박할 것이다. 그리고 드라마와 현실이 필연적으로 연관되어 있음을 밝힐 것이다. 치료로서 드라마는 연행과 연극이 인간에게 반드시 필요한 무엇임을 전제로 한다. 예브레이노프(Evreinov, 1927)가 썼듯이, 연극은 건강한 삶에 필수적인 인간적 충동이다. 연극치

---

1) 행위화acting out는 치료 장면에서 표현되는 행위를 말한다. 어떤 종류의 행동이든 행동으로 옮겨지는 모든 것을 뜻하며, 충동이 구체화되고 실현되는 것을 말한다.

료는 이 욕구와 충동이 건강을 유지하고 정서적이고 심리적인 문제를 다루는 데 쓰일 수 있다는 인식에 근거한다. 허구적 세계, 놀이 상태, 창조 과정 그 자체는 현실로부터의 이롭지 못한 퇴행이 전혀 아니다. 유희적인 "행동의 마법"은 현실 세계로부터 돈키호테적 분리를 결과하지 않으며, 오히려 세상을 살아가는 데 있어 중요한 일부를 감당한다. 뮐러–탈하임은 창조성의 이 치유적이고 삶을 긍정하는 특성에 대해 "우리는 고통스런 존재의 한계를 정복하고 놀이를 통해 예술로 이끌어 주는 환상과 예술적 백일몽을 알고 있다. 그것은 또한 우리가 근본적인 갈등을 이겨낼 수 있도록 도와준다"라고 말했다(Müller-Thalheim, 1975, 166).

　이 책은 드라마와 연극 그리고 치료를 연결짓는 이론적 배경과 함께 연극치료의 핵심 과정과 일련의 특정한 접근법을 소개하고 있다. 그럼으로써 연극치료가 어떻게 그리고 왜 효과적인지를 해명하면서 연극치료가 무엇인지에 접근하고자 한다. 그 효능의 핵심은 바로 창조적이고 허구적인 것이 우리의 삶과 건강에 없어선 안 될 필수 요건으로 작용하는 방식과 관련 있다.

감사의 글

먼저 깊은 통찰로 편집을 해준 닐 월터스에게 감사를 전하고 싶다. 그의 도움이 없었다면 이 책은 세상에 나오지 못했을 것이다.

나는 이 책을 런던에서, 그리고 크사니아와 아테네에서 안식년을 보내면서 집필하였다. 그리스에 머무는 동안 많은 도움을 주었던 친구들, 애니와 프랭크 노왁, 니코스 마리노스와 기오르고스 시무, 마놀리스 필리파키스, 자니스와 고고 볼라라키에게도 고맙다는 말을 하고 싶다.

그밖에도 인터뷰와 조언으로 나의 연구와 집필을 도와준 사람들이 많다. 특히 흔쾌히 인터뷰에 응해 주었을 뿐 아니라 개인적인 자료들을 제공해 주기도 한 피터 슬레이드, 수 제닝스, 빌리 린크비스트에게 깊이 감사한다. 앨리다 저시, 로버트 랜디, 디티 독터, 레아 카라지우르지우-쇼트는 원고의 초안을 잡는 데 귀중한 도움을 주었다. 앨리다 저시, 행크 퀄릭스, 애너 팔머, 크리스티나 칼헤이로스는 연극치료의 역사를 정리하는 데 도움을 주었다. 그리고 앤 캐터닉과 도러시 랭글리는 연극치료 분야에 대한 공헌뿐 아니라 그들에게 힘입어 내가 "치료로서의 드라마"라는 생각을 발전시킬 수 있었다는 점에서 빼놓을 수 없다. 헬러너 어빈스, 마가렛 월터스, 데버러 러브리지, 존 콘베이도 이 책을 준비하는 데 도움을 주었다. 그리고 하트퍼드셔 대학 예술 치료 대학원 과정과 예술 심리학과 학생들이 내가 생각을 섬세하게 가다듬을 수 있도록 자극해 주었다. 페니 데이드와 예술 디자인 대학의 학교 도서관 또한 이 작업에 큰 도움이 되었다. 에드위너 윌햄, 앨리슨 포이너, 니키 트위먼에게도 고마움을 전한다.

이 책에 실린 작업들은 많은 단체와 기금의 도움을 받았다. 그 중에서도 특히 마이크 스파크스와 존 캐스 경 재단의 창조적인 지원과 재정적인 지원에 감사 드린다. 캘로스트 굴벤키언 재단, 유럽 공동체 호라이즌 프로그램, 그레이터 런던 아트 역시 작업의 일부를 지원해 주었다. 마지막으로 나와 함께 작업하는 레슬리 커 에드워즈, 팻 플레이스, 아야드 케빕, 로즈메리 생추어리에게 깊은 감사를 전한다.

책 읽는 법

『드라마와 치료』는 모두 4부로 구성되어 있다. 1부에서는 연극치료의 정의를 개괄적으로 소개하면서 그 주요 형식과 체제를 검토한다. 그리고 연극치료의 진행 과정과 개별 세션의 구조를 살피고 있다. 2부에서는 연극치료의 역사를 다룬다. 3부에서는 연극치료의 효능의 열쇠가 되는 핵심 과정들을 다루며, 마지막 4부에서는 이론과 실제의 주요 영역들을 살펴본다. 각 장마다 이론적 배경, 임상 사례를 통한 작업의 실제와 함께 해당 영역에 대한 개념 정의나 요약을 싣고 있다.

DRAMA
AS
THERAPY
Theatre as Living

1부

1. 연극치료란 무엇인가?

드라마는 인간의 행위를 흉내 내거나 재현하는 모방적 행동이다.

마틴 에슬린, 『드라마의 해부』

이 책은 두 가지 인식을 핵심으로 한다. 첫 번째는 드라마와 연극이 세상을 단지 모사하는 것이 아니라 세계에 적극적으로 참여하는 방식이라는 사실이다. 그리고 두 번째는 드라마 안에 강력한 치유의 잠재력이 있다는 점이다.

"연극치료"란 치료 형식의 드라마를 말한다. 20세기 들어 실험연극이나 심리학 등의 여러 분야가 발달함에 따라, 드라마와 연극이 정서적, 정치적, 영적 변화를 유발하는 데 효율적으로 작용할 수 있는 방식에 대한 새로운 통찰이 나타나게 되었다.

연극치료는 매우 독특한 방식으로 극적 과정과 연극과 관계를 맺는다. "두 개의 가면"은 연극에서 비롯된 가면이라는 형식이 연극치료에 쓰이면서 어떻게 바뀌는지를 보여 준다.

사례 연구 1.1: 두 개의 가면

노오(能) 가면(사진 1.1)은 연극의 산물이다. 그 용도와 목적은 연기의 전통에서 비롯된다. 가면은 특정한 역할을 표현하기 위해 배우의 얼굴에 덧씌워지고, 배우는 가면을 쓰면서 그에 걸맞은 방식으로 움직이게 된다. 인물의 묘사는 대본에 근거하며 공연은 관객의 즐거움을 목표로 한다. 또한 배우는 피고용인으로서 상연의 대가로 돈을 받으며, 가면은 숙련된 장인이 제작한다.

두 번째 가면(사진 1.2) 역시 얼굴에 쓴다는 점에서는 노오 가면과 비슷하지만, 이것은 치료 과정에서 만들어진 것이다. 즉, 관객을 즐겁게 하기 위한 공연과 거리가 멀 뿐 아니라 숙련된 장인이 만드는 것도 아니라는 말이다.

그 가면은 연극치료 집단의 한 내담자가 만든 것이다. 어린

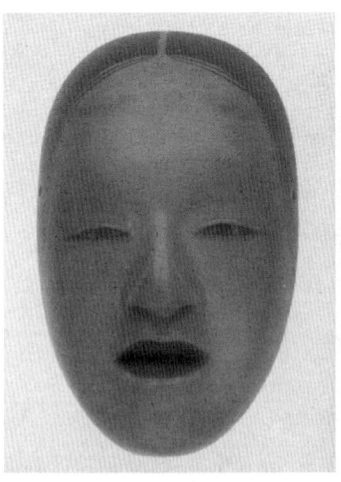

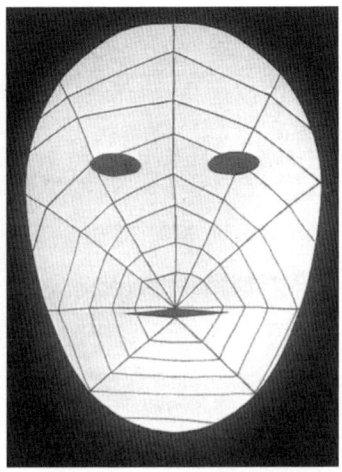

사진 1.1 노오 가면 ⓒBritish Museum   사진 1.2 내담자의 거미줄 가면

시절 아버지에게 신체적·성적 학대를 당했던 그녀는 아버지와의 관계와 자신의 어떤 측면과의 관계를 주제로 작업하면서 아버지의 속임수에 걸려든 자기의 모습을 거미줄 가면으로 표현했다. 가면은 그녀에게 내적인 역할, 곧 아무에게도 말하지 않고 비밀로 간직하고 있는, 그리고 찰싹 달라붙어 떨어지지 않을 것 같은 어떤 역할을 나타내는 것이었다. 그녀는 거미줄이 입에서 뻗어나가는 이유는 입을 열지 못하게 하려는 것이라고 설명했다.

가면은 세 가지 측면에서 중요했다.

- 가면 제작은 그녀가 겪은 일을 사람들과 아주 강렬하게 소통하는 수단이었다. 가면은 그녀에게 내면화된 감정을 밖으로 끌어낼 수 있는 구체적인 방법을 제공하였다. 일단 외화된 감정은 내면에 갇혀 있을 때보다 훨씬 다루기가 쉬워진다. 가면은 그녀에게 문제와 정서적 외상을 풀어낼 수 있는 하나의 새로운 언어가 되어 주었다.

- 전에는 주변을 에워싼 "끈끈한" 거미줄이 "사방을 꽉 막고" 있었다. 그녀는 "가면을 떼어낼 수 없었어요"라고 했고, 그 말처럼 가면을 얼굴에 바짝 붙여 썼다. 그러나 거미줄과 달리 가면은 얼마든지 벗어버릴 수 있었다. 이는 거미줄 가면을 쓰고서 갇혀 있는 느낌을 표현하고 난 다음에는 가면을 벗으면서 거기서 해방되는 체험을 할 수 있음을 뜻한다. 가면을 이용한 신체적인 표현이 내면화된 역할에 대한 체험을 바꾸어 놓은 것이다. 그녀는 그렇게 가면을 가지고 극적으로 작업하여 정서적 외상과 새로운 관계를 맺었다.

- 가면 작업은 내담자가 자기를 대하는 방식에 변화를 가져왔
  다. 그것은 또한 치료 상황이 아닌 일상생활에서의 행동에도
  변화를 일으켰다. 그녀는 "가면"으로부터 벗어날 수 있는 방
  법을 고민하기 시작했고, 그러기 위해 가족과 대면하는 방법
  을 택했다. 그녀는 "더 이상 그들을 위해 가면을 쓰지 않겠
  다"라고 말했다.

  가면은 그녀가 비밀을 드러내고 다루는 과정 전반에 걸쳐
  여러 가지 방식으로 사용되었다. 그녀는 작업을 하면서 그토록
  오랫동안 "가면으로 가려졌던" 감정과 함께 자기가 하고자 하
  는 행동이 무엇인지를 탐험하였다. 연극치료에서 가면의 역설
  은 얼굴을 가림으로써 오히려 내면의 숨겨진 얼굴을 드러내게
  된다는 사실이다.

이 두 가면의 비교는 연극치료가 드라마와 연극 과정과 관계 맺는
방식에 관하여 몇 가지 중요한 사실을 보여 준다. 노오 가면은 무
엇보다 공연의 일부로서, 배우는 그것을 종교적이거나 오락적인
맥락에서 가상의 역할을 표현하는 창조적 작업에 사용한다. 한편
연극치료에서 가면의 으뜸가는 용도는 내담자의 개인적인 문제를
표현하고 그 다양한 측면을 탐험하며 고통의 해소를 모색하는 데
있다.

삶의 필수 요건으로서의 드라마

지난 100년은 건강한 사회와 건강한 개인의 "필수 요건"으로서의

드라마와 연극이 중요한 주제로 다시 떠오른 시기였다. 예브레이노프는, 연극은 단순히 오락이나 교훈을 위한 것이 아니라 "무대보다 무한히 넓으며," "공기, 음식, 성교와 같이 인간에게 본질적으로 꼭 필요한 것"이라고 말한다(Evreinov, 1927, 6).

이 말은 한 세기를 지나 오늘에까지 울려 퍼지고 있다. 그로부터 40년 뒤에 피터 브룩은 『빈 공간』(Brook, 1968)에서 "먹는 것이나 섹스처럼 필수적인" 것으로서의 연극을 추구한다. 셰크너 또한 공연에서 창조되는 특별한 세계를 일러 "그 어떤 사회나 개인도 그것 없이는 살 수 없다"(Schechner, 1988, 11)라고 말한다. 그렇다면 연극이 그렇게 본질적인 이유는 무엇인가? 어떻게 연극이 필수적일 수 있는가?

이 광범한 주제는 전혀 새로운 것이 아니다. 그러나 20세기 서구 사회는 그 질문의 함의를 특정한 방식으로 이해한다.

다시 말해, 드라마와 연극에 참여함으로써 형성되는 무의식과 정서적 과정의 연관에 주목하며, 그 참여를 통해 유희와 창조에 대한 인간 본연의 욕구가 충족된다고 간주하는 것이다. 드라마와 연극에서 사람들이 함께 어우러지는 축제적 행동은 사회적으로나 심리적으로 중요한 의미를 가진다. 연극은 일상의 현실과 별개의 활동이지만 그와 동시에 현실을 성찰하고 그에 반응하는 절대적인 기능을 행사한다.

그로토프스키, 브룩, 보알 같은 연극인들은 사람들과 함께하면서 사람들의 감정과 정치와 인생살이를 이야기하고, 또 그에 깊은 영향을 미칠 수 있는 연극을 추구해 왔다.

나는 연극을 삶에 없어서는 안 될 필수 요소로 보는 이러한 믿음에서 연극치료가 발원한다고 생각한다. 이 책은 드라마와 연극 과정이 안녕 유지나 건강 회복의 일부이자 그 본질이라는 확신으로 시종할 것이다.

20세기가 시작될 무렵 드라마는 의료 복지 시설에서 사람들에게 처방하는 주된 치료 방식을 보완하거나 일종의 레크리에이션으로 활용되었다. 치료의 핵심 양상은 여전히 내담자의 드라마 경험 밖에 머물러 있었고, 드라마는 단지 병원 생활을 좀 더 견딜 만하게 해주는 방법이거나 나중에 심리학자나 정신과 의사가 다루게 될 내담자의 정서적 문제를 환기시키는 계기 정도로 인식되었다. 이러한 현상에는 성 역할의 문제도 한몫 거들었다. 드라마를 하는 사람들 대부분이 여자인 반면, "주요 치료" 양식은 남자 정신과 의사와 심리학자들에 의해 이루어졌던 것이다(Barham, 1944).

그러다가 1960년대를 기점으로 지난 40여 년 동안 드라마 자체가 치료라는 인식상의 뚜렷한 변화가 나타났다. 이러한 변화는 바로 연극치료의 출현과 맞물리며, 이 변화 혹은 발전의 주요 양상은 두 가지로 정리할 수 있다. 첫째는 연극치료가 심리 치료 같은 다른 치료 양식의 보조 도구가 아니라 내담자의 변화와 관련한 근본적인 과정을 얼마든지 담당할 수 있다는 사실이며, 둘째는 이 과정이 드라마에 뿌리를 두고 있다는 점이다. 연극치료는 극적 활동을 일부 가미한 행동 치료 프로그램이나 심리 치료 집단과는 엄연히 다르다. 드라마는 치료에 복무하지 않는다. 드라마 과정은 치료를 포함한다.

드라마는 치료다

치유와 치료에 관한 오틀리의 분석은 연극치료에서 말하는 "치료적 변화"의 일반적 개념에 대한 이해를 확장한다. 그는 "치유하다"

라는 용어와 개념을 그 어원으로 거슬러 올라가 "흠 없이 온전함"을 뜻하는 "건강한"에 연결짓는다. 그리고 치유로 작용할 수 있는 관계에 참여하게 되는 것을 치료라고 규정한다. 그것은 "자아와 관계를 일련의 파편 덩어리에서 벗어나 보다 온전하게… 해줄 수 있다"(Oatley, 1984, 2)라고 하면서, 또 한편으로는 "온전함"을 해당 문화에 따라 의미가 달라지는 개념으로 정확하게 인식하고 있다.

여기서 치료는 파편화된 현재에서 보다 큰 통합으로 나아가는 변화와 관련된 것으로 나타난다. 어원은 오틀리와 같이 치료를 변화와 관계의 관점에서 규정하면서도 그것을 연극치료의 맥락 안으로 끌어들인다. 그에 따르면, 관계는 "심리 내적이거나 대인 관계에서의 변화 혹은 행동 변화를 유발하기 위한 특정 형태의 개입"과 "교정이나 재활 또는 개인적이거나 사회적인 적응을 돕기 위한" 드라마/연극 기법의 의도적인 활용이 된다(Irwin, 1979, 23). 1993년에 발표된 한 연구에 의하면, 영국의 연극치료사들은 연극치료와 상관 관계가 가장 큰 것으로 융의 개념을 꼽는다고 한다(Valente and Fontana, 1993, 64). 이를 좀 더 안전하게 풀어 말하면, 많은 연극치료사들은 치료를 "처치의 문제이기보다 환자에게 잠재되어 있는 창조적 가능성을 계발하는"(Jung, 1983, 211) 것이라 정의한 융에게 공감하고 있다고 할 수 있을 것이다.

연극치료에서 어원이 말한 여러 변화와 건강의 기회를 제공하는 것은 치료적 틀거리 안에서 계발되고 표현되고 탐험되는 내담자의 창조성, 그리고 해당 작업이 초점으로 하는 극적 과정이다.

극적 과정은 드라마와 연극 형식에 본질적으로 내재하는 치료적 변화를 촉진하는 방식에 따라 진행된다. 연극치료는 드라마와 연극의 이러한 치유적 측면을 강조하고 거기에 초점을 맞춘다. 3장과 4장에서 자세히 보겠지만, 역사적 관점에서 연극치료는 두 영역을 특징적으로 연계한다. 한 영역은 지난 세기 동안에 발달된 치료적 과정에 대한 이해와 발견이고, 다른 한 영역은 개인적인 변화를 성취하는 극적 과정의 잠재력을 둘러싼 실험과 작업이다.

앞으로 보게 되겠지만, 드라마를 통해 대안적 정체성을 취하는 것을 비롯해 드라마나 연극에 속한 것은 어떤 영역이든 그에 상응하는 치료적 요소를 가질 수 있다.

사례 연구 1.2: 거트루드와 『햄릿』

클레어 히긴스는 왕립 셰익스피어 극단에서 『햄릿』을 연습할 때 대본을 토대로 즉흥극을 하면서 인물과 무관한 자신의 고통스런 기억이 떠올랐던 경험에 대해 말하고 있다.

> 마크는 칼을 꺼내 들더니 나를 위협했다, 많은 것들이 순식간에 이해가 되었다… 전혀 예상치 못한 바였다… 그것은 내 인생에서 실제로 일어났던 일들을 일깨웠지만, 그는 아마도 그 사실을 전혀 몰랐을 것이다(Cox, 1992, 66).

그 고통스런 기억은 연습 과정에서 히긴스가 맡은 거트루드 역할을 창조하는 데 사용되었다. 다시 말해, 히긴스가 느낀 고통과 개인적 연관은 대부분 공격당했던 경험과 그 기억 자체를 향하기보다 오히려 창조성 쪽으로 채널이 맞춰졌던 것이다. 여기서 "치료적" 측면은 드라마가 과거로부터 강렬한 개인적 체험이나 정서적 외상을 불러냈다는 데 있다. 히긴스는 실제 공연에서도 그 기억을 표현했고, 그럼으로써 역할을 "자유롭게" 놓아주고 카타르시스에 도달하였다고 말한다.

드라마의 치료적 측면은 연극치료에서 가장 전면에 부각되며 그 가능성의 정점에 도달한다. 그것은 치료적 관계의 명확한 틀거리 내에서 활용된다.

연극치료는 모든 예술이 치료라고 전제하지 않는다. 창조적이거나 정치적이거나 상업적인 목적을 최우선으로 하는 예술을 부인하지도 않는다. 그리고 예술가나 예술적 활동을 병리적으로 이해하려 들지도 않는다. 연극치료는 다만 예술적 과정과 그 산물이 치유적 가능성을 갖고 있으며, 특정한 환경에서 특정한 방식으로 활용될 때 드라마가 치료일 수 있음을 인식한다.

연극치료의 기본 목표

연극치료의 정의

연극치료는 치유의 의도를 가지고 드라마에 참여하는 것이다.

연극치료는 드라마 과정을 통해서 변화를 촉진한다. 연극치료는 삶의 경험을 반영하고 변형하는 드라마의 잠재성을 내담자가 겪고 있는 문제를 표현하고 해결할 수 있게 하거나 내담자의 안녕과 건강을 유지하는 데 사용한다.

내담자는 드라마 활동의 내용, 연행을 창조하는 과정, 치료적 틀거리 안에서 작업에 참여하는 사람들 사이에 형성된 관계를 활용한다.

연극치료 세션에서 하는 활동과 내담자의 내면 세계, 그리고 문제가 되는 상황이나 경험 사이에는 하나의 연관이 형성된다. 내담자는 치료 과정에서 다루는 문제나 경험과 새로운 관계를 맺고

자 한다. 연극치료는 이 새로운 관계 안에서 해결책이나 위로 또는 새로운 이해나 변화된 행동 방식을 찾아내는 것을 목표로 한다.

연극치료는 누구를 위한 것인가?

연극치료는 임상 센터, 병원, 청소년 단체 같은 전문 기관에서 개인과 집단을 대상으로 실시된다. 그리고 이러한 기관들 외부에서도 개인이나 집단 치료로서 활용되며, 성인과 아동을 모두 대상으로 한다.

연극치료사는 주로 가족 센터, 교도소, 특수 학교, 교육 단체, 행동 장애 성인을 위한 기관, 정신 의료 기관, 사회 적응 훈련 시설, 알코올이나 약물 남용 프로그램, 지역 사회 기관에서 일한다. 그리고 지역 사회에서 보건소나 사회복지사가 위탁하거나 자발적으로 정서적 어려움을 호소해 오는 사람들에게도 개인이나 집단 연극치료를 제공한다.

연극치료사는 일반적으로 전일제나 시간제로 일한다. 연극치료는 여타 예술 치료와 병행하여 제공되기도 하고 다중적인 접근의 일부로 채택되기도 한다. 연극치료가 하나의 직업으로 등제되고 연극치료사를 양성하는 교육 과정이 개설되기 전에는 작업 치료나 사회 사업을 본업으로 하되 부수적으로 연극치료 집단을 운영하면서 "연극치료사"를 겸업하는 경우가 더 일반적이었다. 아직까지도 이런 경우를 쉽게 찾아볼 수 있지만 전문적인 연극치료사가 점차 증가하는 추세이다.

연극치료는 어떻게 진행되는가?

촉진자인 연극치료사는 개인이나 집단을 대상으로 한 번에 40분에서 1시간 30분 사이의 세션을 수주에 걸쳐 진행한다. 각 세션은 대개 웝업 단계로 시작해서 내담자에게 문제가 되는 영역을 적극적으로 탐험하는 단계로 나아갔다가 마무리하는 것으로 진행된다. 이때 다뤄지는 문제의 종류와 세션의 형식은 매우 다양하다. 본 활동에서 내담자는 극적 형식과 집단 그리고/혹은 치료사와의 작업을 통해 문제를 탐험한다. 마무리는 토론과 세션에서 행해진 작업에 대한 성찰의 형식을 띠는 경우가 많다. 연극치료는 치료적 공간을 보호하는 명확한 경계 내에서 이루어진다.

연극치료의 기본 과정

연극치료는 몇 가지 핵심 과정을 요체로 한다. 그것은 치료적 변화가 일어나는 주요 경로로서 그중에서 가장 중요한 것이 바로 "극적 투사"와 "변형"이다.

극적 투사를 통해서 내담자는 인물, 놀잇감, 인형 같은 극적 형식 속에서 정서적으로 그리고 지적으로 문제와 조우하게 된다.

변형은 제기된 문제에 대한 내담자의 경험이 연극치료 과정에서 변화되는 방식을 말한다. 그 변화는 극적 과정을 빌어 내담자의 문제를 표현하고 탐험하는 것(변형)에서 기인한다. 그것은 또한 연극치료 과정에서 형성된 치료사와의 관계 그리고 집단 작업의 경우에는 다른 내담자들과의 관계 경험에서도 비롯된다.

이 과정은 문제를 다루고 경험함에 있어 창조적이고 변화된 다양한 경로를 열어줄 수 있다.

연극치료의 표현 형식

연극치료 세션은 극적인 표현 형식 면에서 광범한 레퍼토리를 갖추고 있다. 3장에서도 보겠지만, 그것은 다음과 같은 서로 다른 치료적 가능성을 갖고 있다.

- 기존 희곡의 역할과 인물을 사용하거나 새로운 역할과 인물을 창조한다. 혹은 삶의 다양한 경험을 탐험하기 위해 가상의 현실 속에서 연기를 한다.
- 여러 가지 사물, 작은 놀잇감, 인형 등의 재료를 이용하여 문제가 되는 감정, 관계, 경험을 꺼내 표현하고 탐험한다.
- 변장, 가면 쓰기, 마임, 행위 예술 등을 통해 신체를 극적 형식으로 사용하여 자아, 이미지, 관계를 탐험한다.
- 대본, 이야기, 신화로부터 주제나 개인적 문제 혹은 원형적 내용을 끌어내 행위화함으로써 문제를 탐험한다.
- 삶의 여러 경험을 다루는 극적 의식을 창조한다.
- 드라마 안에서 다양한 발달 단계를 거침으로써 자기 자신 및 다른 사람들과 새로운 방식의 관계 맺기를 돕는다.

연극치료를 형성하는 기본 개념

창조성, 놀이, 드라마, 치유

연극치료는 극적이고 연극적인 활동에 내재하는 치유적 측면 위에 구축된다. 일반적으로 말해서, 이러한 치유적 측면은 창조성과 놀이와 연기의 과정에 뿌리를 두고 있다. 클레시(Klaesi, 1922)와 뮐러-탈하임은 창조성이 그 안에 자기-치유의 과정을 본질적으로 내포한다고 주장했다. 뮐러-탈하임(Muller-Thalheim, 1975)은 이것을 특히 정신증 환자와 관련지으면서도 거기 담긴 보다 일반적인 함의를 고려한다. 여기에는 창조적 산물이 꿈과 마찬가지로 무의식의 기본적인 충동으로부터 형성된다는 프로이트적 개념이 저변에 깔려 있다. 프로이트는 창조적 표현을 일종의 증후로 대별하면서 그것을 예술의 주된 특성으로 간주하였지만, 뮐러-탈하임은 거기서 한 걸음 더 나아간다. 그는 "영감, 변화, 새로운 조합, 새로운 행동"(1975, 164)이 창조성의 고유한 특질이며, 그것이 바로 건강뿐 아니라 병들거나 문제가 있는 상태에서 나아지는 데 핵심이 되는 요건이라고 주장한다. 그는 몇 가지 상징을 소재로 그림을 그리는 언스트 조셉슨의 예를 들어 회화 제작과 관련된 자연 치유의 과정을 지적한다. "그의 그림은 그의 어려움을 재현할 뿐 아니라 그것들로부터 그를 자유롭게 하는 것처럼 보였다"(1975, 165).

여기서 예술 매체와 그 과정에 내재한 자연적 치유력에 대한 그의 믿음을 볼 수 있다. 그 믿음은 곧 창조적 표현의 치유적 가치와 새로운 통찰을 창조하는 경로로서 유희성이 지닌 가치에 근거한다. 그리고 그는 예술을 통해 문제가 되는 경험과 감정을 표현함으로써 문제나 감정에 대한 관계가 변화된다고 말한다. 예를 들어, "실제 공포가 가상의 공포로 전환"(1975, 166)되면서 그에 직면하여 공포를 말하고 다루기가 훨씬 쉬워진다는 것이다. 그는 예술을 많은 사람들이 고통이나 질병에서 경험하는 "무의미와 무질서"에 대항하는 "의미와 질서"(1975, 166)의 평형추라고 믿는다.

예술 활동과 경험에 대한 그의 견해가 다소 낭만적이고 특정 문화를 배경으로 하는 것은 사실이지만, 우리는 여기에서 경험적 연구로 입증되었을 뿐 아니라 연극치료에 꼭 들어맞는 논점 몇 가지를 발견한다. 창조 과정이 본질적으로 내재한 치유성에 대한 강조, 유희성의 개념, 그리고 감정의 허구적 재현이 가진 치유적 유용성을 파악한 점이 바로 그것이다.

드라마와 치료는 서로 다른 여러 분야의 사람들에 의해 연결되어 왔다. 예를 들어, 피터 엘사스는 배우의 작업과 심리 치료사의 작업의 "명백한 유사성"에 주목하고, 그것을 새로운 통찰을 만들어 내는 것 혹은 관객이나 환자를 위해 모호한 지식을 명징하게 바꿔 내는 것으로 구체화한다(Elsass, 1992). 안티누치-마크는 연극과 심리 치료가 "비슷한 뿌리에서 나와 비슷한 욕구를 충족시킨다"(Antinucci-Mark, 1986, 15)는 점을 강조한다. 그녀는 양자가 모두 환상과 현실의 교차, 내면의 대상과 이미지의 조작, 그리고 시공간의 측면에서 "만약 ~라면"이라는 가상의 시나리오와 관련된다고 말한다(1986, 15).

그러나 이 같은 연계는 대개 연극이나 심리 치료의 유사성에 대한 인식에서 크게 벗어나지 못한다. 예를 들어, 안티누치-마크는 연구 범위를 유사성을 밝히는 것 너머로 발전시키지 않으며, 엘사스는 그것을 통해 샤머니즘에 대한 고찰로 선회한다. 실제로 그는 결론에서 연극이 "치료와는 다르지만" 분명 그 둘의 비교는 유용하다고 말하고 있다(Elsass, 1992, 342).

연극치료는 치료와 연극의 연관성에 대한 인식 이상의 것이다. 연극치료는 양자의 공통점이나 유사성을 취하면서 그 관계 위에 새로운 치료 형식을 구축하고자 애쓰고 있다. 그리고 비슷한 점을 인식하는 데에서 나아가 서로 다른 측면을 알아보고 또 그것들 모두를 효율적으로 활용하고자 한다.

환상과 현실: 변화의 역설

드라마와 연극은 언제나 현실과 환상의 접촉 면을 다루어 왔다. 마스트는 배우가 현실의 "일상"과 "극적" 차원에 동시에 참여한다고 말했다(Mast, 1986, 79). 치료로서 드라마는 이 환상과 현실의 연관을 특정한 방식으로 매우 강렬하게 활용하기를 추구한다.

연극치료는 환상과 현실의 연관을 통해 사람들이 사는 방식에 개입한다. 치료 집단 내부와 바깥 세상 사이에는 일종의 경계가 형성된다. 그러나 연극치료의 연극은 곧 삶이다. 이 말은 연극치료에서 내담자가 만드는 연극은 그들 자신의 삶을 다루며, 또한 그들 삶의 일부를 이룬다는 의미이다.

셰크너는 연극의 공간을 사람들이 규칙을 만들고 시간을 재배열하며 사물에 특별한 가치를 부여하고 쾌락을 위해 일하는 특별한 세상이라고 요약했다(Schechner, 1988, 11).

연극치료는 곧잘 역설적인 상태를 만들어 낸다. 그것은 셰크너가 특별한 연극 세상의 본질로 꼽은 그 특성들이 만들어 내는 안전함을 한 축으로 한다. 그러면서 동시에 현실과 상당 부분 관련된 상태를 창출한다.

내담자들은 역할을 창조하고 그 안에서 실제 감정과 조우한다. 내담자가 울고, 화내고, 소망할 때 그것은 허구로서 경험되지 않는다. 진짜 눈물이 흐르고 진짜 분노가 폭발하는 것이다. 그렇지만 한편으로 그것은 허구적 구조에 속해 있다. 내담자들은 역할을 연기하거나 놀잇감을 가지고 놀면서 그런 정서를 경험하는 것이다. 다시 말해, 요술 램프와 인어와 성이 나오는 비현실적이고 환상적인 이야기라 할지라도, 그것은 허구인 동시에 개인의 내면 가장 깊은 곳의 내밀한 현실과 관계 있다.

"허구적인 것이 또한 현실적이다"라는 역설은 연극치료가 치료로서 가지는 효능의 핵심을 이룬다. 치료 집단에서의 연행은 내담자가 경험하는 현실의 일부이다. 극적 경험은 내담자와 그 삶에 초점을 맞춘다. 그것은 분명 일상생활과 다르지만 내담자가 자기는 누구이고 어떤 사람인지를 다양하게 경험할 수 있는, 현실과 똑같이 유효한 통로이다.

연극치료는 무대와 삶을 서로 멀찌감치 떨어뜨려 놓지 않는다. 그리고 많은 연극 형식이 그러하듯이 공연에 몰입하는 것과 드라마 바깥의 삶에 참여하는 것 사이에도 지나친 거리를 두려 하지 않는다. 그렇다고 해서 연극치료가 내담자의 삶과 연극을 의도적으로 혼동시키려 한다는 뜻은 아니다. 하지만 그 둘 사이에는 위대한 친연성이 있고, 드라마 바깥에 있는 삶과 드라마 안에 있는 삶의 연관은 지극히 밀접하고도 필연적이다. 연극치료는 삶으로부터의 도피라기보다 삶으로서 연극의 한 형식인 것이다.

연극치료는 허구적이고 극적인 세계의 창조를 통해 치료 과정 안팎의 두 가지 현실에서 모두 도전과 개선 그리고 직접적인 변화를 이끌어 내고자 한다. 이 책에서는 계속해서 연극치료 과정 안에서 일어난 실생활에서의 변화를 예로 들 것이다.

치료적 변화와 연극치료: 심리적 장애를 어떻게 해석할 것인가

치료에 대한 가장 간단한 정의 가운데 한 가지는 개인적 변화의 유발을 목적으로 하는 개입 형식이라는 것이다.

연극치료의 실제에서 나타나는 이 변화는 부분적으로 작업이 수행되는 환경과 치료사의 성향을 반영한다.

최근의 연구에서 조사된 주된 영향 요인들은 연극치료가 실행되는 방식의 다양성을 반영하고 있다. 연극치료사들은 집단 역동 이론, 심리 치료, 놀이 이론, 융, 위니콧, 로저스, 프로이트, 클라인 등을 언급했다. 한 예로 심리극은 "현재 많은 연극치료사들이 연극 치료의 하위 영역으로 간주하고 있는" 영향 요인으로 인용되고 있다.

독터 역시 이러한 다양성을 지적하였다. 그녀는 드라마와 치유에 관한 다양한 문화적 개념이 질병을 보는 해당 문화의 특정 개념에 근거하여 그에 상응하는 다양한 치료 경향으로 나타난다고 설명한다. 그녀는, 예를 들어 스페인과 포르투갈처럼 "드라마를 서로 다른 개념으로 이해하는 상태에서 드라마를 치료로 받아들인다면 문제의 소지가 있을 수 있다"라고 말한다(Dokter, 1993, 85). 또한 서로 다른 맥락에서 연극치료 이론을 개발하는 과정에서 연극치료를 "이것 아니면 저것"의 틀로 재단하려는 경향, 다시 말해 "심리 치료의 한 형식"이거나 아니면 "그 자체로 창조적이고 치유적인 예술 형식"으로 간주하는 형태를 문제 삼는다(1993, 89). 나는 그러한 구분이 현재 실행되고 있는 연극치료에 반드시 적용된다고 보지는 않는다. 이 책에서도 살펴보겠지만 연극치료는 요즘 들어 행동주의적인 틀거리뿐 아니라 가족 치료나 역동적 심리 치료의 맥락과도 성공적으로 융합하면서 다양한 패러다임 안에서 기능하고 있다.

심리적 장애를 해석하는 방식 역시 매우 폭이 넓다. 앞으로 언젠가는 연극치료의 이론과 실제가, 특정한 심리 모델을 개발하여 그에 기반하게 될 수도 있고, 개인이나 집단이 심리적 고통을 경험하는 방식과 관련하여 특정 학파의 이론에 전적으로 기대게 될지도 모르지만 현재까지는 그 어느 쪽도 아니다.

시오나이(Ciornai, 1983)와 칸다(Canda, 1990) 같은 이들은 예술

치료에서의 변화를 고찰함에 있어 문화적이고 사회 경제적인 요인의 중요성을 강조하였다. 시오나이는 내담자의 문화적이고 사회적인 배경을 작업의 중심에 둘 필요가 있다고 말한다. 그녀는 개인의 내면에만 집중하는 치료적 접근에서 간과하고 있는 억압과 차별 그리고 가난에 주목한다. 내담자의 삶에 영향을 미치는 내면적 요인과 외부적 요인이 균형을 이루어야 한다는 것이다(1983, 64). 두 사람은 또한 치료사가 예술 치료에서 사용되는 표현 형식에 대하여 자신이 속한 문화가 어떤 선입견을 투사하고 있는지를 의식하고 있어야 한다는 점을 강조한다. 극적 형식을 통한 내담자의 표현과 의도가 치료사와 다른 문화적 전통 속에서 작동할 수 있기 때문이다. 시오나이와 칸다 두 사람 모두 예술 치료사는 "내담자에게 접근 가능하고 의미 있는 방식의 서비스를 제공해야"(Canda, 1990, 58) 한다고 역설한다. 그러기 위해서 치료사는 정확한 문화적 지식을 가지고 작업을 맥락화함으로써 "문화적인 문맹"에서 벗어나야 하고, 문화적 다양성에 대해 긍정적인 태도를 가질 뿐 아니라 문화 간 소통 기술을 실제적으로 익혀야 하며, 그와 관련된 표현 형식과 전통에도 친숙해질 필요가 있다(Canda, 1990, 58; Ciornai, 1983, 65).

5장에서 보게 되겠지만 연극치료에는 일관된 핵심 과정이 존재하고, 변화를 촉진하는 과정에 대한 기본 전제가 있다. 연극치료사의 임무는 이러한 기본 과정과 표현 형식이 어떻게 하면 작업의 맥락과 동떨어지지 않고 이어질 것인가를 이해하는 데 있다. 여기서 작업의 맥락이란 곧 내담자가 문제를 제시하는 방식과 그리고 치료가 전개될 환경이나 틀거리의 철학 또는 에토스를 말한다.

드라마와 연극

"연극"과 "드라마"라는 단어는 자주 엇바꿔 사용된다. 연극치료는 개념적으로 그리고 실제적으로 연극과 드라마 과정 모두를 포괄한다. 3장에서 보겠지만 예브레이노프의 "공연치료Theartotherapy"라는 개념에서 알 수 있듯이, 일부 선구자들은 "드라마"보다는 "연극"이라는 용어를 사용하였다. 그러다가 "연극치료"에서 "연극"이 제외된 것[1]은 연극치료 안에 대본을 무대에 올리는 전통적인 공연 과정이 상대적으로 부족하기 때문이라고 할 수 있다.

"연극"과 "드라마"에 대한 정의와 모델은 매우 다양하다. 바로는 "연극적 재현은 관객과 배우, 두 인간 집단의 만남이다"(Barrault, 1972, 24)라는 말로써 다른 많은 사람들의 정의를 되풀이한다. 서던 역시 같은 결론에 도달한다. 연극은 "일단의 다른 사람들 앞에서 뭔가를 연행하는 행위이다"(Southern, 1962, 21). 랜디는 드라마를 "자기와 자기 아닌 것의 분리… 현실들 사이의 분리"라고 규정한다(Landy, 1986, 5). 연극치료를 논하면서 나는 바로와 서던과 랜디를 바탕으로 연극과 드라마를 정의하고자 한다. 연극은 공연의 제작이고, 드라마는 특별한 상태로의 진입, 곧 개인과 그들이 사용하는 공간 그리고 그들이 하는 행동이 가상의 현실 속에 존재하는 상태로 들어가는 것이다.

---

1) 극 행위와 관련된 단어 theater와 drama 중에서 theater가 아닌 drama가 연극치료를 구성하는 어휘로 선택되었다는 말이다.

연극치료와 의미

드라마와 연극은 사회적 활동이다. 오닐과 램버트가 지적하듯이, 드라마의 주요 양상 가운데 하나는 사회적인 것이며, 그것은 "접촉과 소통 그리고 의미의 협상"과 관련된다(O'Neil and Lambert, 1982, 13). 연극치료에서 의미의 발견과 소통은 연극치료가 내담자에게 영향을 미치는 방식에 대한 나의 고찰에서 핵심이 되는 개념이다. 연극치료와 의미 그리고 내담자는 다음 경로에 따라 특정한 관계를 형성한다.

- 삶의 경험은 다른 사람들 앞에서 그리고 다른 사람들과 함께 극적으로 표현될 때 부가적인 타당성을 얻게 된다.
- 개인의 극적 작업은 다른 사람들에 의해 인식되고 이해된다. 사람들은 주인공이 표현하는 감정과 경험에 감정이입하고 반응한다.
- 연행을 통해 삶의 문제를 다루는 과정은 연극치료 밖에 있는 내담자의 삶과 치료 과정에서 내담자가 참여하는 연행 사이에 필연적인 관계를 창조한다.

연극치료 집단과 내담자의 삶의 경험 사이에 연관이 성립됨으로써 내담자가 연극치료의 유희적이고 실험적인 공간을 통해 삶에서 새로운 의미를 발견할 수 있는 가능성이 열린다. 일본 아타리 연구 분과의 로렐은 컴퓨터 그래픽을 통한 가상현실의 긍정적인 가능성을 의미 찾기 과정과 극적 세계의 창조가 맺는 관계를 중심으로 고찰하였다. 그녀는 가상현실이 다음과 같은 영역으로 통하는 출입구를 만들어 낸다고 주장한다.

오직 실제 세계에 의해서만 지지되는 의미의 영역. 극적으로 구축된 세계는 인간이 처한 상황과 거기서의 선택이 뼈대까지 남김없이 드러나는 통제된 실험이다…. 만일 우리가 극적 렌즈를 통해 사용자의 선택과 행동이 넘나드는 상호 작용적인 세계를 만들 수 있다면, 우리는 상상력과 지성 그리고 완전히 새로운 질서의 정신을 훈련할 수 있게 될 것이다(Laurel, 1991, 4).

극적이고 치료적인 "통제된 실험"의 이러한 양상은 내담자가 그들의 세계에서 의미를 찾고 그들 앞에 놓인 문제를 처리할 수 있게 하는 중요한 방식이다.

연극치료의 과거와 현재의 모델들

4장과 5장에서 보게 되겠지만 드라마가 치료의 측면에서 인식된 방식은 급진적인 변화를 거듭해 왔다. 코트니는 예술 치료 전반의 다양한 모델을 언급하면서 연극치료에 대해서는 "동일한 형식 안에서조차… 접근상 주요한 차이가 존재한다"(Courtney, 1988, 192)라고 말한다. 이 문제는 연극치료의 정의에 이르면 특히 더 심각해진다. 랜디가 지적했듯이, "드라마와 치료가 모두 개념적으로 복합적인 용어이기 때문에 그러한 혼란은 불가피하다"고 할 수 있다 (Landy, 1982, 135).

이전의 정의는 그 유형이나 모델에 따라 연극치료의 기능을 분류하려고 하기도 했다. 이러한 시도 중 하나가 바로 각 모델이 집중하는 드라마의 종류에 따라 연극치료의 실제를 분류하는 것이었다(Langley, 1993). 예를 들어, 어떤 이는 연극치료를 창조적/표현적 모델, 과제와 기술 모델, 심리 치료 모델의 세 가지로 규정했다 (Jennings, 1987). 그러나 이것은 연극치료에 명확히 규정된 실체로서 존재하지 않는 특성을 선별하려 한다는 점에서 썩 만족스럽지 못하다. 창조성을 심리 치료에서 떼어낼 수 없고, 기술 역시 표현과 분리할 수 없기 때문이다. 최근 몇 년 동안 이런 식의 개념 정의가 거의 전염병처럼 번져 연극치료 분야에는 인류학적 모델, 초연극적 모델, 샤머니즘적 모델, 역할 이론 모델 등이 생겨나게 되었다 (Jennings, 1987; Mitchell, 1992; Landy, 1994). 이러한 경향은 모두 특정한 요소를 분리하여 모델이라 이름 붙임으로써 연극치료와 그 효능을 정의하고자 하는 욕구와 맞물려 있다. 그러나 나는 이러한 시도가 불완전하고 적절치 못하다고 본다.

이 책은 그에 대한 대안으로 연극치료를 그 총체성 속에서 정의하고자 한다. 그러기 위해서 연극치료에서 특정한 측면을 끌어내 모델로 분립시키기보다는 연극치료 내에서 작동하는 핵심 과정을 규명할 것이며, 그것들이 내담자 집단의 필요나 맥락에 따라 어떻게 다르게 사용될 수 있는가를 보일 것이다. 요컨대 기본 과정은 일관되지만 특정한 내담자의 요구에 따라 다양하게 활용될 뿐이다. 그 과정은 주로 5장에서 언급되지만 작동 방식에 대한 이해는 책 전체에 걸쳐 거듭 강조될 것이다. 나는 이런 방식으로 내담자와의 작업을 촉진하는 모든 연극치료의 이론과 실제에 본질적인 토대를 제공하고자 한다.

2. 형식과 체제: 연극치료의 실제

개관: 감정을 위한 형식

연극치료는 일련의 세션으로 실행된다. 연극치료 세션이 일정한 구조를 취하는 목적은 개인적 변화를 성취하기 위해서 탐험해야 할 감정과 그에 맞는 형식을 찾아내기 위해서 이다.

이 장에서는 연극치료 세션의 구조와 그 구조를 이루는 여러 요소를 살펴보려 한다. 역할 연기부터 환경 창조까지 연극치료에서 사용되는 넓은 범위의 표현 형식들이 세션의 기본 구조와 어떻게 관계 맺는지를 검토할 것이다.

기본 구조

세션 — 개관

연극치료 작업은 대개 기본적인 구조나 형식 내에서 진행된다. 어떤 세션에서든 내담자 개인이나 집단의 치료적 욕구와 창조적 가능성을 연극치료의 표현 형식과 과정에 연계시킬 수 있는 방식을 찾아낼 필요가 있다.

작업은 그 특성에 따라 고도로 구조화되기도 한다. 작업의 목표를 미리 정하고 연극치료 세션과 내용 그리고 과정에 대해 집단의 동의를 얻는 것이다. "집 떠나기" 사례가 이러한 접근을 잘 보여준다. 그러나 좀 더 보편적인 방식은 집단이나 개인이 세션에 가지고 들어오는 재료로부터 자연스럽게 연극치료의 내용과 과정을 이끌어 내는 것이다. "그럼피뷰 호텔," "상자 속의 괴물," "역할 연기"의 사례가 이러한 접근에 해당한다. 한편 샤트너가 지적하듯이 연극치료사가 그 동안 진행해 온 작업을 바탕으로 몇 가지 아이디어를 준비하는 경우도 흔히 찾아볼 수 있다. 그러기 위해서는 언제나 집단의 욕구와 상황을 민감하게 관찰해야 한다.

> 우리는 매우 구조화된 세션으로 출발하되 순간순간의 자극에 따라 변화할 수 있어야 한다. 왜냐하면 우리는 특별한 대상의 욕구에 따라 작업을 진행해야 하기 때문이다. 환자들 중에는 움직이면서 연기하기를 원하는 사람들이 있는가 하면, 가만히 앉아 있거나 아무 것도 하고 싶어하지 않는 사람들도 있다(Schattner and Courtney, 1981, 144).

연극치료는 일반적으로 상자 2.1에서 볼 수 있듯이 다섯 단계의 기본 구조를 갖는다.

상자2.1 연극치료 — 기본 구조
- 웜업
- 초점 맞추기
- 본 활동
- 마무리와 역할 벗기
- 완결

각 단계의 길이는 집단이 연극치료를 활용하는 방식에 따라 달라질 수 있다. 이 다섯 단계는 치료 작업 안에서 각각 다른 기능을 하며, 한 세션이 다섯 단계를 모두 포함하는 것이 일반적이다. 대개 웜업과 초점 맞추기가 전체 작업의 1/3을 차지하고, 본 활동이 1/3, 그리고 마무리와 역할 벗기와 완결에 나머지 1/3이 소요된다. 그렇지만 집단이 발달하면서 웜업 시간은 점차 줄어들기도 한다.

예를 통해 보는 기본 구조

지금부터 기본 구조의 각 단계를 설명할 것이다. 매우 다른 두 작업에서 각각 두 세션을 인용하여 기본 구조의 다섯 단계를 구체적으로 보이고자 한다. 한 사례는 정신병원 낮병동에서 역할을 사용한 연극치료 집단이며, 다른 한 집단은 심각한 학습 장애 아동을 대상으로 한 인형 작업을 보여 준다.

웜업

웜업 단계는 다시 전반적인 웜업과 그 뒤에 이어지는 초점 맞추기로 나눌 수 있다.

웜업은 개인이나 집단이 연극치료 작업에 준비되도록 돕는 활동이며, 대개 집단의 감정 그리고/혹은 극적 과정 또는 언어 사용과 관련된 다양한 활동의 형식을 취한다.

지난 세기 동안 공연 연습 과정에서 즉흥극의 사용이 증가해 오면서 많은 연극인들이 배우를 준비시키는 활동을 사용하고 있다. 연극치료에서의 웜업도 그 기능의 일부가 집단이 극적 활동에 준비되도록 돕는 것이라는 점에서 이와 비슷하다. 그렇지만 연극치료에서의 웜업은 내담자가 치료 과정에서 다루게 될 내용에 관심을 갖도록 유도한다는 또 다른 기능을 갖고 있다. 구체적인 텍스트를 연습하는 전통 연극에서의 웜업이나 즉흥극과 달리 연극치료의 웜업에는 형상화해야 할 고정된 대본이 없다.

웜업은 이제 막 연극치료의 특별한 공간이 창조되기 시작했음을 알려준다. 연극치료의 공간을 일상 현실의 공간과 구별하기 위해 매 세션을 특정한 유형 — 카펫 깔기, 이름 게임 — 의 활동으로 시작한다거나 역할을 바탕으로 한 게임, 놀잇감 꺼내 놓기, 환경 만들기 등 극적 작업으로의 진입을 표시하는 활동을 배치하기도 한다.

드라마를 사용하는 사람이 신체적, 정서적, 정신적으로 준비되었을 때가 그렇지 않았을 때보다 작업 효율이 훨씬 더 높다는 점은 누누히 강조되어 왔으며, 그것은 연극치료에서도 마찬가지다. 웜업은 치료 과정에서 극적 매체를 사용하는 참여자를 고양시킬 수 있다. 또한 웜업은 개인과 집단 그리고 치료사가 앞으로 다룰 치료 내용에 초점을 맞추고 적응할 수 있게 돕는다. 이것은 또한 "욕구-구체화"의 일부라 말할 수 있다.

그림 2.1은 웜업 활동과 관련된 주요 영역을 보여 준다.

어떤 사람들은 연극치료에서의 웜업 개념에 의문을 제기하기도 한다. 치료사들은 대개 해당 세션에서 진행될 작업을 중심으로 웜업을 구성한다. 그런데 그것은 저항을 피하기 위한 방도이며, 작업에 대한 저항은 웜업으로 희석시키기보다 오히려 분명하게 인식해야 하는 문제라고 주장하는 것이다. 예를 들어, 세션에서 이루어지는 모든 활동에 저항하는 청소년 집단이 있다고 하자. 그런 상황에서라면 연극치료사는 집단의 저항을 그대로 방치하여 그 상태를 경험하게 하든지 아니면 저항을 극복하고 적극적으로 활동에 참여할 수 있게 웜업을 실행하든지 둘 중 하나를 선택해야 할 것이다.

연극치료는 왜 웜업을 필요로 할까? 예를 들어, 말을 위주로 하는 심리 치료는 딱히 형식적으로 구별된 "웜업"을 사용하지 않는다고 할 수 있다. 다시 말해, 심리 치료사는 세션을 시작하기 전에 내담자에게 말을 가지고 놀거나 목소리를 이렇게 저렇게 내보거나 의자에 눕는 연습을 하게 하지 않는다. 그에 비해 연극치료는 단순히 말이 아닌 극적 언어를 사용한다. 그런데 사람들은 대부분 일상생활에서의 의사소통을 주로 말에 의존하며 허구의 세계를 창조하거나 그 안에서 행동하지는 않는다. 바로 그것이 연극치료에서 웜업이 필요한 이유이다.

웜업은 세션을 시작할 때만 필요한 것이 아니며, 특정 활동의 관점에서도 사용될 수 있다. 예를 들어, 세션 후반부에 집단이 역할 작업을 한다면 역할을 효율적으로 사용하기 위해서, 특히 역할 구축과 관련된 웜업을 진행할 수 있다.

웜업은 또한 집단이나 개인이 지나치게 흥분해 있거나 "과열

몸/마음	다른 사람들과 작업하기
• 신체적 협응 • 집중 • 신체적 표현	• 다른 사람들과 함께 신체적으로 활동하기 • 다른 사람들과 함께 상상적인 활동에 참여하기 • 다른 사람들과 함께 정서를 주제로 작업하기
대상의 사용	주제
• 사물을 물리적으로 사용하기 • 사물을 상상적으로 사용하기 • 대상에 감정을 투사하기	• 집단이나 개인의 정서적 문제

그림 2.1 웜업의 주요 영역

된" 경우에도 일정 정도 작업에 초점을 잡아주는 데에 도움을 줄
수 있다. 극적 활동에 잘 참여하기 위해서는 지나치게 몰두해 있지
도 산만하지도 않은 균형 잡힌 상태가 필요하다. 연행을 진행하거
나 초점이 분명한 작업을 할 때는 개인이나 집단에 따라 지나치게
지쳐 있거나 과열될 수 있다. 하지만 치료사는 이런 경우 집단에게
형식을 강요해서는 안 된다는 점을 명심해야 한다. 예를 들어, 어떤
집단은 본래 집중 시간이 짧을 수도 있다. 그렇다면, 치료사는 오랫
동안 집중해야 하는 작업을 하고자 할 경우에 그것이 과연 내담자
의 욕구와 진정으로 만나는지를 점검해 보아야 한다. 일반적으로
치료사는 집단이나 개인의 정서적 욕구와 능력 그리고 문제를 탐
험하기에 적합한 장치를 마련하는 것 사이에서 균형점을 잘 찾아
내야 한다.

사례 연구 2.1 : 연극치료에서의 역할 연기(맥락, 목표, 웜업)

집단은 정신병원 낮병동에서 심리 역동적 치료 프로그램의 일부로 일주일에 한 번씩 진행되었다. 사람들은 만날 때마다 탐험하고 싶은 주제를 가지고 왔고, 작업은 그 문제와 구성원들 사이의 관계에 주된 초점을 맞춰 진행되었다. 많은 경우에 집단과 개인 차원에서 동시에 접근할 수 있는 주제가 제기되곤 했다. 집단은 전반적으로 자존감이 매우 낮았다. 바로 전주에는 애니라는 여자 환자가 역할 연기에 참여했었다. 그녀는 엄마 역할을 맡아, 형편없이 망가져 낮병동에 다니고 있는 딸에 대한 반응을 표현했다. 엄마의 눈에는 "모든 것"이 "끔찍한 실망"으로 비쳤다.

웜업
집단은 침묵으로 시작해 약 5분 동안을 그 상태로 있었다. 한 사람이 지난 세션의 끝부분에 나왔던 주제에 대한 이야기로 말문을 열었다. 그것은 "다른 사람들은 나를 어떻게 보는가"로 개인과 집단 작업에서 몇 차례 짧게 다룬 적이 있었다. 시간이 지나면서 그 주제는 다른 사람들의 기대를 "감당하기란 얼마나 끔찍한 일인지"로 방향을 틀더니 나중에는 사람들이 야비하게 비하하는 태도를 보일 때 그 기대란 "절대 감당할 수 없는 것"이라는 쪽으로 변해 갔다. 그러면서 비난의 화살이 가족과 친구와 낮병동의 스탭에게 쏟아졌다. 말로 진행된 이 웜업은 약 10분 가량 계속되었다.

사례 연구 2.2: 상자 속의 괴물(맥락, 목표, 웜업)

학습 장애가 심해서 특수 학교에 다니고 있는 12-13세의 아동 집단이었다. 아이들은 사회적인 접촉에 문제가 있다고 보였고, 관계를 형성하는 방법을 확실히 알지 못했다. 12주 프로그램은 관계 형성에 필요한 사회적 기술을 익히고 낮은 자존감과 수줍음을 극복할 수 있게 돕는 것을 목표로 했다. 그러나 집단은 이러한 내용을 직접적으로 다룰 수 있을 만큼 복합적인 어휘력을 갖고 있지 못했다. 그리고 사전 평가 결과, 집단의 자의식 수준을 고려하여 경험을 있는 그대로 다루기보다는 간접적인 방식으로 작업하는 편이 더 유익하다는 판단이 섰다. 집단은 사물을 가지고 상징적으로 작업하는 데에 매우 높은 관심과 창조성을 나타냈고, 사물로 가상의 페르소나를 재현할 수 있었다.

교사와 함께 작업하면서 우리는 그림자 인형을 만들기로 결정했고, 그리하여 극도로 수줍음을 타는 순진한 성격의 괴물이 태어나게 되었다. 아이들은 그 인형을 이용해 사회적인 어휘를 습득하고 수줍음과 자의식을 탐험할 수 있었다. 그밖에도 여러 가지 특성의 인형이 있었는데, 그중 일부는 괴물을 격려하고 돕는 역할을 했고, 나머지는 그것을 좌절하게 만들고 힘들게 했다.

세션마다 특정한 기술을 개발한다는 목표 아래 매 세션에서 해당 기술을 익히고 그 주제를 둘러싼 감정을 탐험했다. 그런 방식으로 낯선 사람을 만났을 때 드는 느낌, 친구란 무엇인가, 친구가 되고 싶지 않을 땐 어떻게 해야 하는가, 다른 사람을 알고 싶은 것과 알고 싶지 않은 것은 어떻게 다른가, 낯선 사람과 친구의 차이, 그러니까 친근하게 느껴지지 않는 사람에게는 어떤 감정이 들고 그런 경우에는 친구를 대할 때와 어떻게 다르게 행동해야 하는가 등을 다루었다.

웜업

세 번째 세션: 두 번째 세션에서 아이들은 그림자 인형을 여러 개 만들었다. 얇은 카드와 연필을 이용해서 집단 전체가 함께 그림자 인형을 만들고, 그것을 나중에 커다란 스크린에 비추었다. 작은 괴물이 등장하였다. 집단은 그 괴물에게 수줍음과 순진함이라는 특성을 부여하였고, 스탭과 대학생들이 그 인형을 조종했다. 괴물 인형은 커다란 두 눈에 몸집이 자그맣고 털이 북슬북슬했으며 뚜껑이 달린 상자 속에 살았다.

세션을 시작하기 전에는 웜업 없이 곧장 인형 작업에 들어갈 작정이었다. 그런데 세션 직전에 운동장에서 싸움이 벌어졌는데, 마침 한 아이가 그 주변에 있었다. 그리고 워낙 학교가 작아서 집단 전체가 모두 싸움 구경에 나서는 바람에 에너지가 매우 산만하게 흐트러져 있었다. 세션의 목표가 인형 작업이었기 때문에 나는 일단 상황에 가깝다고 판단된 주제("공격성," "거칠게," "친근하게")로 시작하기로 했다. 그러나 집단은 전혀 인형에 집중할 수 있는 상태가 아니었다. 아이들은 마음이 온통 다른 데 쏠려 있었고, 창 밖을 내다보거나 방안을 뛰어다니면서 소리를 질러댔다.

나는 집단이 주의를 집중하여 함께 작업할 수 있도록 웜업을 했다. 먼저 아이들을 동그랗게 의자에 둘러앉게 한 다음 몸을 흔들고 늘리면서 신체적인 활동을 했다. 그런 식으로 방안에 넘치던 과격한 에너지를 억압하지 않으면서 구조적인 활동으로 전환시키려 했다. 처음에는 내가 동작의 유형을 제시했기 때문에 아이들의 시선이 모두 내게 집중되었다. 그러다가 나중에는 한 사람씩 돌아가면서 움직임을 이끌게 하자 집단으로 초점이 이동하였다. 그렇게 모두가 똑같이 움직이게 함으로써 집단을 한데 묶으려 했다. 그 활동은 또한 아이들이 이리저리 뛰어다닐 때보다 자기 몸을 좀 더 구조화된 방식으로 운용하게 해주었다.

그런 뒤에는 아이들이 사물에 집중하여 상상력을 발휘할 수 있도록 작은 콩주머니를 옆으로 전달하면서 각자 그 콩주머니가 무엇이 될 수 있는지 말하게 했다. 그리고 콩주머니로 여러 가지 감정을 느끼는 동물을 나타내 보게도 했다. 그러자 "슬픈," "부끄러운," "언짢은," "고약한" 등 지난주에 했던 것과 관련된 주제들과, 운동장 사건에 대한 반응으로 보이는 감정들이 나왔다.

집단은 그 동안의 작업 진행 정도를 상기하고 활동의 시작과 끝을 구분하는 방법으로 노래를 지어 불렀다. 세션을 마무리할 때마다 새로운 가사를 만들어 기존의 노래에 덧붙이는 식이었다. 그래서 나는 이 시점에서 지난주에 만든 노래의 첫 소절을 떠올리게 했다. 조금 도와주자 아이들은 그럭저럭 가사를 기억해 냈다. 어떤 아이들은 이내 인형을 떠올리고는 서둘러 인형 작업을 독촉했고, 또 어떤 아이들은 노래를 다 부르고 나서야 인형에 대한 기억을 되살려내기도 했다. 노래를 부르면서 아이들은 스크린과 인형 상자에 관심을 기울이게 되었다.

초점 맞추기

초점 맞추기는 집단이나 개인이 앞으로 다룰 작업의 주제와 내용에 보다 직접적으로 개입하게 되는 시기이다. 웜업이 다소 일반적이라면 초점 맞추기는 좀 더 구체적인 영역을 향한 진행과 관련된다. 블래트너(Blatner, 1973)는 초점 맞추기의 양상을 "행위 갈증"[1]이라 일컬었다. 이 책은 5장에서 웜업과 초점 맞추기를 함께 연극치료 세션의 "욕구 구체화" 시기로 기술한다. 초점 맞추기는 내담자가 해당 주제를 어느 정도 깊이 있게 몰입하여 탐험할 준비가 된 상태로 이끄는 방식이라고 말할 수 있다.

이 단계에서는 일반적으로 세션 내에서 구체적으로 어떤 작업을 할 것인지를 정하게 된다. 여기에는 본 활동의 진행과 관련된 특정한 웜업 활동이나 준비가 포함될 수 있다. 다시 말해, 특정한 역할 연기를 위해 역할 구축 작업을 한다거나 초점이 있는 즉흥극을 한다거나 놀기를 더 강화하거나 혹은 웜업 단계에서 나온 문제를 특정한 방식으로 다룰 수 있다.

한 세션에는 초점 맞추기가 한 번 이상 있을 수 있다. 한 가지 본 활동을 끝마친 다음 또 다른 주제나 작업으로 넘어갈 때 전환이 있을 수 있다는 말이다.

이 단계는 대개 치료사에 의해 구조화되기보다 세션 내에서 자발적으로 일어난다. 예를 들어, 참여자 중 한 사람이 극적인 작업을 시작하자고 제안할 수도 있고, 웜업에서 특정한 주제가 나와 자연스럽게 그것을 심화하는 탐험 작업으로 진행해 갈 수도 있다.

---

1) 심리극의 용어로서 행위하고자 하는 타고난 욕구를 가리킨다. 그것은 근원적인 자발성을 향한, 무의식의 내용을 의식화하려는 행위화의 동기라 할 수 있다. 행위 갈증을 나타내는 내용에는 의식적이고 무의식적인 욕망과 욕구와 소망, 행위를 완료하고자 하는 생각과 느낌과 충동, 정신적 상처를 극복하고자 하는 욕망, 관계상의 욕구, 충동을 충족시키고자 하는 욕구, 경험하고자 하는 내적 요구 등이 있다.

집단이 연극치료 작업에 익숙해지면 웜업 단계가 축소되어 세
션을 시작하면서 간단한 초점 맞추기를 한 뒤에 곧장 본 활동으로
들어가는 시기가 올 수도 있다.

사례 연구 2.3: 연극치료에서의 역할 연기(초점 맞추기)

집단은 자기-이미지를 파괴하고 무력하게 만들며 자신을 무가
치하게 느끼게 만드는 다른 사람들의 힘에 대해 광범위하고 산
발적인 토론을 벌이고 있었다. 나는 거기서 집단의 또 다른 주
제인 절대로 다시 "좋아질" 수 없다는 절망감과 무력감이 언급
되지 않고 있음을 알아차렸다. 그래서 나는 사람들에게 모두들
희생자로서만 이야기하는 것 같다고 말하고 나서 희생자 역할
을 어떻게 생각하느냐고 물었다. 그러자 토론은 한 참여자가
말한 대로 "대체 어떤 사람이 나를 알고 싶어하겠는가?"에 대
한 느낌 문제로 확장되었다. 그리고 소외와 절망과 단절이라는
침울한 감정들이 새로운 초점으로 떠올랐다. 그들은 자기가 다
른 사람들에게 무엇을 줄 수 있는지 알지 못했다. 나는 그것을
연행을 통해 탐험할 수 있을 거라고 느꼈다.

　　내가 할 일은 문제를 연행과 연결하는 방식을 제공하는 것
이었다. 그렇게 함으로써 참여자들이 좀 더 활기를 되찾고, 외
톨이로 희생자 역할에만 머물러 있기보다 문제에 직면하여 그
것을 풀어나갈 수 있도록 힘을 실어주려 했다. 나는 집단의 딜
레마를 두 개의 의자로 나누어 표현했다. 한쪽 의자는 사람들
이 접촉하고 싶어하는 자신의 일부를 나타내고, 다른 한쪽 의
자는 "심술궂은," "무시무시한," "숫기 없는," "말 걸기 어려
운" 등 그 반대되는 측면을 나타내게 했다. 내담자들은 차례로

의자에 앉아 자기 자신에 대해 간단하게 말을 했다.

사례 연구 2.4: 상자 속의 괴물(초점 맞추기)

집단은 그림자 괴물 인형을 살펴본 다음 그 특징을 기억했다가 말하는 식으로 관찰하였다. 인형을 상자 안쪽의 스크린에 얹어 놓자 아이들은 반갑게 인사를 했고 스탭이 조종하는 괴물 인형은 상자 뚜껑을 들어올려 손을 흔들었다.

　웜업에 이어 세션의 초점 — 스크린과 인형 — 이 소개되었다. 인형을 스크린에 놓고 인사하게 하는 단순한 공연이 집단의 집중과 참여를 유도한 것이다.

본 활동

연극 치료 세션에는 일반적으로 강도 높은 집중을 요하는 시기가 있으며, 이 단계는 집단이 보여 주는 집중력에 따라 여러 가지 형식과 방식을 취할 수 있다. 학습 장애가 심한 집단이라면, 처음에는 흥미 부족 상태에서 시작하더라도 본 활동에서는 좀 더 강화된 집중력으로, 예를 들어 3분 동안 사물에 초점을 맞추는 작업을 하게 될 것이다. 집단에 따라서는 일관된 집중으로 즉흥극을 할 수도 있다.

　본 활동은 (1) 한두 명의 개인의 주제를 다루거나, (2) 집단 전체가 특정한 주제나 초점을 가지고 함께 작업하거나, (3) 참여자 전체가 둘씩 짝을 짓거나 작은 모둠을 만들어 개별적인 문제를 가지고 작업하는 형식을 취한다.

　이 주요 형식의 보기를 들면 다음과 같다.

- 한 사람이 삶에서 경험하고 있는 어떤 문제를 표현한다. 집단에서라면, 이때 다른 내담자들은 그 시나리오를 함께 창조하거나 관객으로 참여한다.
- 집단이 집단 내의 역동이나 관계에 관한 주제를 다룬다.
- 개별적으로 이야기를 만든다. 주어진 시간 안에 모둠별로 이야기를 만들어 연행하는 것이다. 그런 다음 이야기와 관련된 개인적 주제를 나눈다.

본 활동의 범주(예를 들어, 놀이, 역할 작업)에 대해서는 뒷장에서 언급할 것이다. 다음은 본 활동 단계에서 사용되는 대표적인 활동 방식의 보기이다.

- 상처로 남아 있는 실제 삶의 경험을 즉흥극으로 만들기
- 꿈에 나타난 상징을 신체적으로 표현하기
- 사물을 가지고 놀면서 어떤 무의식의 내용이 나타나는지 보기
- 문제가 되는 관계를 조각상으로 나타내기
- 가면을 만들고 사용함으로써 자기 내면의 여러 가지 모습을 표현하기
- 꾸며낸 이야기를 연행하면서 문제를 유발하는 개인적 경험을 성찰하기
- 환경을 만들면서 문제가 되는 주제를 탐험하기
- 신체적 활동으로써 중요한 타인과의 관계 문제를 다루기

여기서는 카타르시스가 반드시 본 활동의 일부가 되지는 않는다는 점에 주목할 필요가 있다.

사례 연구 2.5: 연극치료에서의 역할 연기(본 활동)

집단 토론을 한 후에 마크는 "다른 사람들이 매력을 느끼는 부분"을 나타내는 의자가 완전히 비어 있는 것 같다고 말했다. 나는 그에게 그 감정을 더 깊이 탐험해 보겠느냐고 물었다. 그는 평소에도 종종 그런 상황을 겪는다면서, 그렇게 하겠다고 말했다. 의자에 손을 얹고서 자기가 의자라고 상상하면서 큰 소리로 그 입장에서 생각나거나 느껴지는 것을 말하는 방식으로 의자의 분신을 연기한 후에 거기 앉았다. 그는 "나는 내놓을 게 아무것도 없어. 아무것도 없다구"라고 말했다. 나는 그 말을 누구에게 하고 싶냐고 물었다. 처음에는 누구라도 될 수 있다고 답했지만, 마음속에 특히 떠오른 사람이 없느냐고 되묻자 아내와 아들 그리고 아버지라고 했다. 나는 그 사람들을 조각상으로 만들어 보라고 했다. 그는 다른 참여자들을 이용하여 가족의 조각상을 만들었는데, 아내와 아이를 자기와 가장 가까운 곳에 배치하였고, 아버지는 아내 뒤에 세워 아내가 자기와 아버지 사이에서 시선을 가로막게 했다.

그는 의자에 앉아 울기 시작했다. 잠시 후에 나는 그에게 주변에 배치한 사람들에게 말을 해보겠느냐고 물었다. 그는 아내에게 먼저 말을 건넸다. "당신은 왜 내 곁에 있는 거지? 난 짐일 뿐인데. 왜 멀리 가버리지 않냐 말이야?" 그리고 아이에게는 "너를 무척 사랑하지만 너한테 내가 형편없이 부족하다는 걸 안단다. 그따위로 처신했는데 네가 내 얼굴을 보고나 싶겠니?"라고 말했다. 그리고 아버지에게는 할 말이 없다고 했다.

그 시점에서 작업은 몇 가지 방향으로 진행될 수 있었다. 아내나 아들이나 아버지와의 관계에 초점을 맞출 수도 있었고 혹은 "아무것도 가지지 못한" 느낌을 다루어볼 수도 있었다.

나는 조각상을 장면으로 발전시키기 위해 마크에게 아내와 아들과 아버지의 역할을 해보라고 했다. 그는 의자를 떠나 가족의 역할을 차례로 보여 주었다. 의자에서 일어나 아내와 아들과 아버지의 입장에서 2-3분 동안 이야기했다. 그렇게 각각의 역할을 연기하면서, 그는 "아무것도 가지지 못했다"고 느끼는 그에 대해 식구들이 어떻게 생각하는지를 표현할 수 있었다. 이때 그의 가족 역할을 맡은 사람들은 그가 각 인물을 어떻게 연기하는지를 눈여겨보았다가 나중에 해당 인물을 연기하는 장면에서 그대로 활용하였다.

조각상에서 즉흥극으로 넘어가 아버지와 아내와 아들이 모두 마크와 상호 작용하면서 짧게 장면을 연기했다. 장면은 대부분 마크가 얼마나 우울하고 무가치한가를 말하는 데에 할애되었다. 그는 가족의 존재를 거의 인식하지 못하는 듯했고, 오직 자신의 "끔찍한 삶"과 두려움에 대해 말하고 또 말할 뿐이었다. 그래서 나는 장면에 개입하여 마크에게 세 사람 모두나 특히 어떤 사람에게 전하고 싶은 말이 없는지 확인했다. 그는 아내와 아들에게 자기를 떠나야 한다고 말했다. "아내"가 그에게 "왜요?"라고 되묻자, 그는 또 울면서 그들이 "그 모든 것"에도 불구하고 왜 자기 곁에 머물러 있는지 이해할 수 없다고 말했다. 나는 그에게 아내나 아이에게 한 번이라도 떠나지 않는 이유를 물어본 적이 있느냐고 했다. 마크는 "물론 없어요. 우리는 그런 식으로 말하지 않거든요. 난 그렇게 할 수가 없었어요"라고 답했다. 그래서 그 장면을 여기서 해보자고 제안했다. 잠시 뒤에 그는 고개를 끄덕였고 식구들을 차례로 만났다.

마크가 아내 제인에게 질문을 한 다음, 나는 마크가 아내 역할을 하고 아내를 연기하던 사람이 마크를 연기하도록 역할을 바꿔 보자고 했다. 마크를 연기하는 사람이 다시 질문을 했다. 따라서 마크는 아내로서 대답을 해야 했고, 그러면서 그녀가 실제로 할 법한 말보다 마음 깊은 곳에서 정말로 어떻게 느끼는지를 고심했다. 다시 한 번 질문을 던지자 아내 역할을 하는 마크는 "당신을 사랑하기 때문에 당신 곁에 있다는 걸 알잖아요. 난 당신이 행복하면 좋겠는데, 어떻게 해야 할지를 모르겠어요. 당신을 도울 수가 없어요"라고 대답했다. 나는 마크에게 다시 역할을 바꿔 자기 자신으로서 아내의 말에 답해 보라고 했다. 그는 "가장 중요한 건 당신이 나를 위해 여기 있다는 거야, 그리고 난 당신이 있어 준다면 이걸 이겨낼 수 있다는 걸 알아. 그런데 길을 잃을까봐 겁이나"라고 말했다.

이 대화는 한동안 지속되었고, 아들과 아버지에게도 같은 구조를 적용하였다. 나는 마크에게 연행에서 한 걸음 빠져 나와 인물들에게 조언을 해주겠느냐고 했다. 그는 아내에게 "난 당신이 내가 이 역경을 극복할 수 있다는 걸 알았으면 좋겠어. 하지만 당신이 꼭 이렇게 등대처럼 곁에 있어 주어야 해"라고 말했다. 그리고 아들에게는 "네가 이해하기 힘들 거라는 걸 안다. 하지만 네가 아는 게 일을 더 나쁘게 만들 거라 생각하지 말고 무슨 일이 일어나고 있는지를 솔직히 이야기해 주어야겠지"라고 말했다. 아버지에게는 "나는 아버지와 단절된 느낌이 들어요"라고 말했다. 충고를 해보라고 다시 권했지만, 그는 적당한 말을 못 찾겠다고 했다. 자기 자신에게는 "터널 끝에는 빛이 있을 거야. 혼자가 아니란 사실을 잊지마"라고 말해 주었다. 그러고 나서 다시 한 번 울음을 터뜨렸다. 그는 다시 의자에 앉았고, 제인과 아들이 "당신은 혼자가 아니예요," 그리고 "아빠

혼자가 아니예요"라고 간단하게 말해 주었다. 그리고 나서 그에게 더 말하고 싶은 게 없는지 물었다. 그는 없다고 답했다.

사례 연구 2.6: 상자 속의 괴물(본 활동)

집단은 괴물 인형을 상자 밖으로 나오게 하거나 들어가게 만드는 행동이 어떤 것일지에 대해서 이야기했다. 그리고 그 생각이 맞는지 실험해 보았다. 아이들이 한 명씩 돌아가며 상자 속에 있는 괴물 인형을 조종하였고, 스탭이 화가 난 낯선 사람이나 친구의 역할을 맡아 다른 인형들을 "친근하게" 또는 "거칠게" 행동하게끔 조종하였다. 상자 속 괴물이 어떻게 반응할지는 아이들이 결정했다.

그런 다음 집단에게 괴물이 상자 밖으로 나오게 만들어 보라고 했다. 어떻게 해야 그럴 수 있을까? 아이들은 어떤 방법이 좋을지 의견을 나눈 뒤에 한 명씩 앞으로 나와 스크린 가까이에 앉아 괴물 인형을 상대로 직접 행동해 보았다. 맛난 음식을 주겠다고 하거나 노래를 불러 주거나 재미난 텔레비전 프로그램을 같이 보자면서 괴물 인형을 불러냈다.

그렇게 한 사람씩 괴물 인형과 상호 작용해 본 뒤에 집단은 그들이 했던 행동을 다시 살펴보았다.

마무리와 역할 벗기

이 단계는 극적 형식과 관련된 작업을 정리하는 시기이다. 여기서는 일반적으로 참여자들이 극적 공간이나 활동에서 빠져 나오고 관객과 행위자의 분리가 끝나는 지점이 뚜렷하게 구분된다. 본 활동에서 인물이나 역할 또는 즉흥극을 했다면, 마무리 단계에는 반드시 "역할 벗기"가 포함되며, 놀잇감 같은 대상을 사용한 경우에는 대상에 대한 몰입에서 전환 — 직접적이고 극적인 몰입에서 떠나는 것 — 할 수 있는 기회를 준다. 요컨대 "마무리"는 집단 활동을 한 후에 집단이 극적 관계를 종결하는 시간이다.

마무리 단계는 언어 치료와 일반 연극과도 다르다. 연극 공연이나 리허설에서는 그것이 끝나면서 배우의 활동도 함께 종결된다. 출연진은 관객의 박수 소리를 들으면서 극중 현실과 역할에서 빠져 나와 일상의 자기로 돌아간다. 그리고 관객 역시 박수를 치면서 지켜보는 사람의 역할을 끝낸다(Jones, 1993). 분석적 치료 형식에서는 치료사가 시간이 다 되었음을 말로 알려줌으로써 세션을 끝맺는다. 그러나 연극치료에서는 이러한 방식들이 바람직하다고 볼 수 없다.

극적 활동을 갑작스럽게 끝내거나 본 활동이 마무리된 후에도 내담자가 역할에서 나오지 못한다면 매우 위험한 일이 벌어질 수 있다. 그것은 역할의 혼란을 가져올 수 있고 개인이나 집단을 극심한 정체성 혼란 상태에 빠뜨릴 수 있다. 그래서 연극치료 세션에서는 일반적으로 여러 가지 방식으로 분리를 실행한다.

역할 벗기

역할 벗기는 내담자들이 극적 몰입의 세계에서 빠져 나올 수 있게 도와주며, 관객 또한 지켜보는 역할에서 떠날 수 있게 해준다. 그러나 연극치료에서 역할 벗기는 세션에서 연기했던 인물이나 역할을 떠나는 것뿐 아니라 연행이나 극적 과정 자체에서 분리되는 보다 넓은 과정을 일컫는다. 그 극적 과정에는 놀이, 사물을 가지고 하는 작업, 마임, 신체적인 연극 작업 등이 포함된다.

연극치료에서 역할 벗기는 보통 두 단계로 이루어진다. 첫 번째 단계는 역할에서 빠져 나올 수 있도록 고안된 특정 활동과 관련된다. 두 번째 단계에서는 연행에 참여했던 사람들과 관객이 함께 모여 앞에서 한 활동들을 되돌아보면서 성찰한다.

역할 벗기를 위한 활동에는, 예를 들어 배우에게 역할에서 나와 일상 현실에서 자기가 누구인지를 말하게 하는 직접적인 방법이 있다. 좀 더 전형적으로는 무대로 썼던 공간에서 다른 곳으로 자리를 옮기면서 집단이 극적 공간에서 빠져 나와 일상의 공간으로 돌아왔음을 강조한다. 이때 의자를 사용하기도 한다. 내담자는 먼저 극적 공간이나 "무대"에 있는 의자에 앉아 역할을 입은 채 "나는 머레이의 아버지입니다"라고 자기가 연기한 극적 페르소나를 간단하게 말한다. 그러고 나서 의자에서 일어나 관객 구역에 있는 다른 의자로 자리를 옮기고, 치료사는 그렇게 위치를 바꾸면서 역할을 벗고 다시 일상으로 돌아오는 것이라고 말해 준다.

그 전환을 강화하는 방법으로 내담자가 두 번째 의자에서 말을 하게 할 수도 있다. 실제 이름과 함께 어디에 살고, 점심으로 무엇을 먹었고, 취미는 무엇이다 등 일상생활의 단면을 한두 가지 소개하게 하는 것이다. 혹은 자기가 연기한 역할에 대해 논평하게 할 수도 있다. 곧 역할에 대한 의견, 개인적인 반응, 역할에게 하고 싶었던 말, 역할을 연기하면서 든 느낌 등을 나누는 것이다. 아니면 내담자에게 역할과 실제 자기의 유사점과 차이점을 물을 수도 있다.

어떤 연극치료에서건 역할 벗기 활동은 내담자가 연행과 새로운 관계를 맺을 수 있도록 그 출발을 돕는다는 점에서 중요하다. 그것은 연행 안에 있기보다 거기서 한 걸음 빠져 나와 살펴볼 수 있는 기회를 제공한다. 역할 벗기는 연행과의 분리만이 아니라 오히려 놀기로부터의 거리두기라고도 할 수 있다. 극적 활동 안에서 연행 전체를 되씹어 흡수하는 상태로 자리를 바꾸는 중요한 전환의 기점인 것이다. 연극치료 작업의 의미는 많은 경우에 바로 이 소화와 흡수가 시작된 뒤에야 서서히 나타나게 된다. 역할 벗기는 흔히 극적 작업의 열기 "식히기"에 비유되며, 실제로도 그러하다. 행동에서 좀 더 정적인 성찰로의 이동 역시 역할 벗기의 일부라 할 수 있다. 그러나 이때 반드시 내담자가 개인적인 문제에서 빠져 나와야 하는 것은 아니다. 내담자들은 흔히 역할 벗기 과정에서 연행과 그들이 치료에서 제기한 개인적 문제 사이에 고통스럽고도 중요한 상관 관계가 있음을 알게 된다. 이러한 인식은 토론을 하면서 말로 표현되기도 하고, 내담자가 역할의 체험과 자신의 정체성을 연관지을 때 어떤 감정으로 경험되기도 한다. 앞선 활동에 대한 성찰 과정은 또한 좀 더 깊이 있는 작업이 필요한 새로운 주제를 끌어내는 계기가 되기도 한다.

그러므로 치료사는 역할 벗기를 위해 적당한 시간을 남겨두어야 한다. 시간을 적절하게 안배하지 못할 경우에는 작업의 가능성이 충분히 계발되지 못한 채 묻힐 수 있다. 역할 벗기를 제대로 이해할 때 비로소 그 뒤를 따르는 완결 단계의 중요성을 분명히 파악할 수 있다. 완결 단계에서는 역할 벗기 과정을 소화할 수 있는 시간과 공간이 제공된다!

사례 연구 2.7: 연극치료에서의 역할 연기(마무리와 역할 벗기)

역할을 맡은 사람들은 모두 "무대"에 놓인 의자에 앉았다. 나는 연행이 끝났으며 이제 맡았던 역할에서 떠날 거라고 말했다. 사람들은 연기가 이루어졌던 구역에서 일어나 "무대 밖"

에 있는 다른 의자에 앉았다. 그리고 한 명씩 차례로 자기 진짜 이름을 말하고 자기와 역할의 비슷한 점과 다른 점에 대해 이야기했다. 마크는 이와 좀 다른 방식으로 역할을 벗었다. 나는 마크에게 역할 연기를 하면서 자기 자신에 관해 느끼거나 생각한 것을 말해 보라고 했다. 그리고 나서 관객과 연기자 구별 없이 집단 전체가 다시 동그랗게 모여 앉았다.

아버지를 연기했던 내담자는 자기 아버지와의 관계에서 유사한 점을 찾았다. 그도 역시 아버지에게 말하지 못한 많은 것들을 담아 두고 있었다. 마크의 아내를 연기한 내담자는 자기에겐 아들이 없다는 것을 차이점으로 들었다. 마크는 역할 연기를 하면서 자기 감정을 표현할 수 있어서 좋았고, 실제 삶에서도 아내와 아들에게 그럴 수 있게 되기를 바란다고 말했다.

사례 연구 2.8: 상자 속의 괴물(마무리와 역할 벗기)

전주에 인형 작업을 어떻게 마무리했으면 좋겠느냐고 묻자, 내담자들은 인형들에게 모두 작별 인사를 하면 가장 좋겠다고 답했었다. 그래서 그것을 인형의 역할 벗기 방식으로 활용했다. 아이들은 인형마다 "안녕"이라고 말한 다음 스크린 뒤에서 나온 인형들을 동그랗게 모아두었다. 그리고 작업 과정을 강화하기 위해 괴물 인형이 상자에서 나올 수 있게 도왔던 방법들을 간단하게 되새겨 보았다. 끝으로 집단은 인형을 다시 상자에 집어넣고 스크린을 치웠다.

일부 작업에서 마무리는 완결이기보다 일시적인 정지라 할 수 있다. 그것은 작업이 완전한 결론에 도달해야 한다는 기대가 없음을 뜻한다. 그리고 내담자들이 내용이나 주제로 되돌아가기를 원한다면 본 활동은 언제든지 "작업 진행 중"의 형식을 취할 수 있다. 드라마의 완결이 곧 주제의 해결에 대한 기대로 이어진다면 그것은 분명 위험한 환상이다. 그러나 앞의 사례에서 마무리는 전체 공연의 피날레가 아니라 오히려 장이나 막의 구분에 가깝다.

완결

완결은 연극치료의 핵심을 이루는 국면이다. 그것은 마무리 단계를 구성하는 드라마로부터의 분리와 별개이며, 역할 벗기와도 다른 활동이다. 완결은 첫째, 본 활동에서 다루었던 내용을 더욱 심도 있게 통합하는 공간이고, 둘째, 연극치료 공간을 떠나기 위한 준비이다.

통합은 말로 이루어질 수도 있고 극적 형식을 취할 수도 있다. 어떤 경우에는 개인적 연관을 찾아보고 여러 가지 발견과 느낌을 나누는 토론으로 진행되기도 한다. 또 다른 사례에서는 본 활동에 대한 반응이나 통합을 적극적인 형식으로 탐색하여 내적 성찰의 시간을 가지기도 하며, 일부 혹은 전체를 침묵으로 진행할 수도 있다.

사례 연구 2.9: 연극치료에서의 역할 연기(완결)

마크를 포함하여 내담자들과 연행을 성찰하는 시간을 가졌다. 방식은 선택의 여지를 두어 진행된 내용을 가지고 토론을 하거나 연행에서 중요한 순간이나 반응 또는 상호 작용을 선택하여 조각상으로 만들 수 있게 했다. 역할을 연기했던 사람들은 역할 속에서 어떤 느낌을 받았고 역할을 연기하는 기분이 어땠는지에 대해 이야기를 할 수 있었다. 마크는 역할을 하면서 든 느낌을 말했고, 관객은 연행을 지켜보면서 마음속에서 일어난 감정들에 대해 이야기했다. 이것은 대략 20분 사이에 진행되었다.

연극치료 집단을 떠날 준비 역시 완결 단계에서 이루어진다. 이를 위해 의식화된 활동으로 끝을 구분할 수도 있고, 말로써 개별적인 마침표를 찍는 구조화된 시간을 가질 수도 있다. 집단이나 작업에 따라서는 공식적인 마무리가 일상의 규칙과 경계를 벗어난 연극치료 특유의 관계 방식을 확실히 끝내는 데 도움이 된다.

한편 완결에서는 처음에 웜업 단계에서 했던 활동 — 예를 들어, 이름 게임이나 옆 사람을 끌어안는 동작을 연속해서 옆으로 전달하는 파도 게임 — 을 되풀이하는 방식으로 끝을 구분할 수도 있다.

사례 연구 2.10: 상자 속의 괴물(완결)

앞에서 언급했듯이, 집단은 매주 괴물에 관한 가사를 덧붙여가며 노래를 만들었다.

전주에 만든 가사는 아래와 같다.

그는 작고 보이지 않네
상자 속에 숨어 있지

이번 주에는 거기에 이렇게 덧붙였다.

그렇지만 친절한 당신이 상냥하게 말한다면
밖으로 나올지도 모른다네

이 노래를 모두 다섯 번 불렀다. 집단은 노래하기를 즐겼고, 어떤 아이들은 한 번 만에 노래를 외웠지만 다른 아이들은 꽤 시간이 걸렸다.

지금까지 연극치료 세션의 기본 구조를 설명했다. 기본 구조를 이루는 다섯 단계를 각각 살펴보았고, 그에 해당하는 사례를 제시했다. 앞에서 말했듯이, 모든 연극치료 집단이 이와 같은 과정을 따른다고 할 수는 없다. 작업의 특성에 따라 웜업 활동을 생략하기도 하고, 세션 자체가 본 활동을 구분하지 않고 정해진 초점 없이 "무형식"으로 진행되기도 한다. 그러나 어떤 경우든 연극치료사는 작업의 주제와 과정을 세션의 형태와 형식 안에서 성찰하고자 한다.

연극치료를 시작하고 끝맺기

개별 세션의 유형은 여러 가지로 작업 과정 전체에 반영된다. 예를 들어, 시작 단계에서는 처음 몇 번의 세션이 작업 전반의 웜업으로 작용할 수 있는 것이다. 이 단계에서는 향후 작업에서 다룰 주제를 찾아내고, 어떤 극적 언어를 사용할 것이며, 작업의 경계와 목표를 무엇으로 할지를 정한다. 다음은 이 시작 과정을 요약한다.

연극치료 집단 시작하기

연극치료 집단의 시작 단계는 통상 다음 요소를 포함한다.

- 위탁
- 진단과 사전 평가
- 목표 설정
- 경계 설정

위탁은 내담자들이 연극치료에 참여하게 되는 방식을 말한다. 거기에는 세 가지 주요 경로가 있다. 첫 번째는 자발적 지원으로 내담자가 스스로 참여하겠다고 결정하는 것이다. 광고나 포스터, 주변의 권유 또는 공개 세션이 내담자의 선택의 계기로 작용할 수 있다. 두 번째는 사회복지사나 작업 치료 같은 부서에서 내담자를 위탁하는 경우이다. 세 번째로 연극치료사가 내담자의 연극치료에 대한 적합성을 사전 평가할 수 있다. 이것은 파일 자료를 검토하거나 사례 보고 회의에 참석하거나 예비 내담자들과 만나 이야기를 나누어 보거나 또는 선택 기준을 명시한 공개 세션을 통해 가능하다. 예를 들어, 연극치료 집단에서 사별을 다루려고 한다면, 해당 주제와 관련된 내담자를 모으거나 연극치료에서의 연행이 그 주제를 가지고 작업하는 데 가장 효율적인 방식인지를 먼저 살펴야 할 것이다. 내담자는 미술 치료 집단에서 그림을 그리는 작업이 더 좋은지 혹은 말로 상담하는 편이 더 좋은지를 택할 수 있다.

진단과 사전 평가 그리고 목표 설정에 관해서는 12장에서 자세히 다룰 것이다. 이들 영역에서는 제시된 문제 혹은 주제가 무엇인가, 어떤 작업이 가능한가, 어떤 종류의 극적 언어를 쓸 수 있는가를 구체화하는 데에 초점을 맞춘다.

　사전 평가는 어떤 언어를 통해 제시된 문제나 주제에 접근할 것인가를 결정할 때 매우 중요하다. 12장에서 상세하게 언급하겠지만, 치료사는 이 단계에서 치료 작업의 내용이 될 주제뿐 아니라 집단이 의미를 찾아내고 내용을 가장 잘 다루고 탐험할 수 있는 언어가 어떤 것인지를 고려해야 한다.

　연극치료에서 경계는 매우 중요하다. 경계를 정하는 방식은 작업의 맥락과 접근법에 따라 다양하다. 내담자가 심한 학습 장애가 있는 경우라면 언어적 협상은 아마도 불가능할 것이며, 따라서 비언어적인 협상이나 주장을 통해야 할 것이다. 작업의 특성에 따라 경계는 환경에 의해 공식적으로 주어지기도 하고 작업의 일부로 제시되기도 한다. 경계는 대개 다음과 관련된다.

- **시간**(예를 들어, 세션이 언제 열리는지, 지각을 해도 되는지)
- **공간**(예를 들어, 장소, 세션이 절대 방해 받아선 안 된다는 것을 주지시킨다)
- **행동**(예를 들어, 폭력, 기물 파괴, 흡연, 음주, 음식 등의 문제)
- **동등한 기회**(예를 들어, 인종 차별, 성 차별, 동성애 혐오, 장애인 차별에 대한 규칙이나 지침)
- **비밀 지키기**(예를 들어, 세션에서 나온 이야기를 연극치료사나 내담자들이 집단 밖에서 말해도 되는지)

　어떤 작업에서는 내담자들 사이에 또는 집단 밖에서 내담자와 치료사 사이에 있을 수 있는 만남의 회수와 특성에 대해서도 미리 약속할 필요가 있다. 상황에 따라 내담자들이 집단 밖에서 서로 만나지 않는 것이 중요할 수도 있으며, 반대로 세션과는 별도로 연극치료사와 내담자가 주제를 놓고 논의해야 할 수도 있다.

연극치료 집단 끝맺기

연극치료 집단을 끝맺는 데에는 대체로 다음 요소가 포함된다.

- 성찰
- 평가
- 종결을 받아들이기

연극치료 집단에서 작업에 대한 성찰과 평가는 연행이나 토론 또는 그 둘의 조합으로 진행된다. 경우에 따라서는 내담자들이 이전에 합의한 규준에 근거하여 자신의 연극치료의 경험을 공식적으로 평가할 수 있다. 또 내담자들이 작업 내에서 개인적으로 이루고 싶은 목표를 정했다면, 세션을 마무리할 때 연극치료 과정에서 일어났던 것에 근거하여 그 목표들을 평가할 수 있을 것이다. 어떤 작업에서는 특정한 형식에 구애받지 않고 진행된 과정과 작업을 마무리하면서 드는 느낌과 앞으로의 상황을 자유롭게 살펴보기도 한다. 연극치료 작업의 주제는 연행 과정이나 연극치료를 성찰하는 단계에서 나타나게 된다.

기본 구조와 관련된 문제

드라마로 들어가기: 연극치료에서 극적 언어 사용하기

집단이나 개인이 세션의 구조와 드라마 언어를 사용하는 방식은 연극치료 과정에서 무엇이 일어나고 있는지에 대한 힌트를 제공한다. 집단은 저마다의 특유한 속도로 내용에 접근할 것이다. 치료사는 이것을 민감하게 관찰하여 집단 역동이나 관계가 반영되는 방식을 이해할 필요가 있다. 예를 들어, 집단이 역할 연기에 집중하지 못한다면, 그것은 그에 걸맞은 웜업이 결여된 탓일 수도 있으며, 명확성이 결여된 장면은 초점이 적절하게 부여되지 못한 결과일 수 있다.

물론 다른 요인들도 존재한다. 세션의 내용 역시 집단이 연극치료 활동에 참여하는 방식에 영향을 미친다. 예를 들어, 내담자가 연기에 몰입하지 못하는 것은 웜업이 적절치 못해서일 수도 있지만, 다루고 있는 내용이 그다지 흥미롭지 않거나 두렵기 때문일 수도 있다. 후자의 경우라면, 연기에 몰입하지 못하는 것이 내담자에게 필요한 과정일 수 있다. 다시 말해, 압도적인 감정을 회피하는 방식이거나 그에 대한 방어 반응일 수도 있으므로, 집중력의 부족을 예외 없이 "실패"라고 단정해서는 안 된다는 것이다.

본 활동 단계에서는 특정 수준의 극적 기술을 요하는 활동이 있을 수 있다. 이런 경우에 웜업과 초점 맞추기 단계는 본 활동에 필요한 기술을 개발하는 공간이 될 것이다. 집단에 따라서는 극적 기술을 익히는 기본 작업에 상당한 시간이 소요되기도 한다.

집단은 역할 연기에 앞서 역할 연기 기술을 연습할 필요가 있다. 적절치 못한 기술은 치료 작업의 가능성을 제대로 발현하지 못하게 하는 장애물이다. 마찬가지로 이야기를 만들고 연행하는 능력 또한 그에 못지않게 중요하다.

어떤 상황에서는 참여자들 사이의 관계 특성이 작업의 극적 내용에 영향을 주기도 한다. 연행을 하려면 내담자들이 극적으로 함께 작업할 수 있어야 한다. 그러기 위해서는 개인적인 이야기를 내놓고 다른 사람들과 연행할 수 있을 만큼 충분한 믿음과 자신감이 필요하다.

따라서 웜업은 극적 기술과 여럿이 함께 작업하는 능력을 창조하고 계발하는 데 어느 정도 기여할 수 있다. 그러나 본 활동에서 행해지는 작업 또한 극적 복합성의 측면에서 시간을 두고 진행할 필요가 있다. 예를 들어, 처음에는 내담자들이 상대와 관련하여 역할을 유지하는 시간이 매우 짧을 수 있다. 이것은 극적 몰입이 그만큼 짧을 수밖에 없음을 뜻한다. 하지만 일단 내담자들이 역할 작업의 기술을 익히고 뒤이은 웜업에서 그 기술을 사용하는 데 친숙해지면, 좀 더 지속적인 탐험과 역할 작업이 가능할 것이다.

집단이 작업에서 일종의 일치감을 형성하는 것은 매우 중요하다. 이는 연행을 하는 동안 드라마에서 창조된 현실 속에서 교감하고 서로 이해할 수 있음을 뜻한다. 그렇지 못할 경우에는 작업이 지나치게 파편화될 수 있다.

한편 내담자들에게 연기와 실재는 엄연히 별개임을 분명히 해두는 것 또한 중요하다. 어떤 사람들에게는 역할 연기가 혼란스러울 수 있다. 역할을 허구의 산물이 아닌 자기 자신으로 혼동할 수도 있다는 말이다. 마스트는 배우들을 연구하면서 이 문제에 특히 집중했다. 그녀는 "연기로 인해 마치 자기 자신이 유혹적인 듯 명백한 혼란을 일으킨" 배우의 사례를 보고하면서, 견습 배우에게는 반드시 역할에 대한 동일시가 필요한 지점과 역할과의 분리가 요구

되는 지점을 분명히 가르쳐야 한다고 주장한다(Mast, 1986, 41). 이것은 특히 역할에 대한 개인적 연관이 장려되는 치료 작업에 참여하거나 특정 질병이나 상황으로 정체성에 혼란을 겪는 내담자의 경우에도 마찬가지다. 그러므로 일부 내담자에게는 극적 과정에서의 훈련과 역할로 들어가고 나오는 연습이 필요하다. 치료사는 집단이 별 어려움 없이 자연스럽게 연극치료의 표현 형식으로 들어갈수 있다고 확신해서는 안 된다.

연극치료와 치료적 패러다임

1장에서 살펴본 바와 같이, 연극치료는 매우 넓은 범위의 치료적 맥락에서 실행되고 있고, 그 맥락에 따라 목표를 설정한다. 연극치료는 다양한 분야와 환경 속에서 발달되어 왔고, 그 결과 오늘날에는 다양한 틀거리 내에서 활용될 수 있는 하나의 치료로 성장해 왔다. 그리고 앞 장에서 언급한 연극치료의 치료적 전제는 광범한 치료적 패러다임 내에서 활용될 수 있다. 한편 발렌테와 폰타나의 연구는, 연극치료의 실제 작업은 행동적이고 심리 역동적이며 인지적이고 체계적인 맥락에 두루 걸쳐 일어나고 있지만, 굳이 "그에 좀 더 적합한 심리학적 모델을 찾자면 인지적이거나 행동적인 심리학보다는 심리 역동적인 심리학에 좀 더 가까운 것처럼 보인다" (Valente and Fontana, 1993, 65)고 보고하고 있다.

연극치료사가 작업하는 맥락과 패러다임은 목표를 설정하고 세션을 구조화하는 방식의 측면에서 고찰될 필요가 있다. 예를 들어, 행동적 틀거리에서 이루어지는 작업이라면, 집단에 맞게 디자인한 구조화된 내용과 명확한 초점을 특징으로 할 것이다.

아래의 두 사례, "집 떠나기"와 "그럼피뷰 호텔"은 서로 다른 틀거리에서 실행되는 연극치료의 보기를 제시하고 있다. 한 가지는 행동적 틀거리이고, 다른 한 가지는 체계적이면서 심리 역동적인 틀거리로 볼 수 있다.

사례 연구 2.11: 집 떠나기

여덟 명의 참여자들이 정신병원 낮병동에서 일주일에 한 번씩 15주 동안 자기 주장 기술 훈련을 위해 만났다. 첫 번째 세션에서 그를 위한 방법론과 함께 주제를 정했다. 주된 작업 방식으로는 즉흥극과 역할 연기가 선정되었고, 의사 결정 및 대인 관계에서 좀 더 효율적으로 대처하기와 공격성 조절하기를 포함한 일련의 주제가 모습을 드러냈다. 그리고 다른 사람들과 함께 이야기하면서 "날마다 그날 하고 싶은 것과 하기 싫은 것을 결정하기"와 같이 집단 안팎의 생활에서 개인적으로 성취할 세부 목표를 몇 가지씩 정했다. 주된 작업 방식으로는 즉흥극과 역할 연기가 선정되었다. 참여자들은 과정을 시작하면서 집단과 함께 개인적인 목표를 공유했고, 세션을 진행하면서 그리고 작업을 마무리할 때도 집단에서 했던 작업과 일상생활의 측면에서 자기 자신을 평가했다. 참여자들은 집단 안에서의 발전에 대해 서로에게 피드백을 주었다. 집단이 발전함에 따라 나중에는 목표를 정할 때 실패할 경우 어떻게 대처할 것인지까지 고려하도록 격려했다.

세션에서는 참여자들이 좀 더 자기 주장대로 행동하고 싶었던 상황들을 불러와 역할 연기로 재연하기도 하고, 가상의 상황을 설정한 뒤에 자신 있게 자기 주장을 펴는 것을 연습하거나 실제 상황에 대비하여 해당 장면을 미리 연습해 보기도 했다.

한 예로 22살 된 청년 벤은 정신 분열증과 중도中度의 학습 장애를 갖고 있었고, 집단에 참여할 당시 부모님에게 집을 떠나 보호 시설로 가겠다는 의사를 밝힐 준비를 하고 있었다. 그는 부모가 자기를 과잉 보호하고 있으며, 언제까지나 사춘기 소년이나 어린아이로 머물길 바라는 것 같다고 말했다. 그는 때로 공격적인 엄마를 두려워했고, 아버지의 우유부단함을 몹시 싫어했다. 전에도 집을 나가려고 시도한 적이 있었지만 엄마가 내보내 주지 않았다. 세션에서는 이와 같은 상황을 역할 연기로 재연하면서, 벤이 엄마에게 말을 꺼내고 자기 결정을 고수할 수 있도록 연습했다. 그는 장면을 네 번 연속해서 시도하면서 매번 상황을 다르게 풀어갔다. 집단은 장면을 끝낼 때마다 벤이 한 말, 말을 꺼낸 방식, 말하면서 어떤 자세를 취했는지, 눈을 제대로 쳐다보았는지 등에 대해서 피드백을 주었다. 그리고 장면을 반복하면서 나타나는 차이, 예를 들어 허락을 구하는 대신 엄마의 입장은 이해하지만 집을 떠나는 것은 자신을 위한 선택임을 강조하면서 이미 내린 결정을 전달하는 것과 같은 작은 변화들에 대한 이야기가 오고 갔다. 덕분에 벤은 어느 정도 상황을 이끌어가는 연습을 할 수 있었다.

얼마 뒤에 있은 세션에서 그는 엄마에게 말을 꺼내보긴 했지만 준비했던 대로 매끄럽게 진행되지는 않았다고 했다. 사실상 우리가 연습한 장면에는 소망 충족[1]인 듯한 면이 없지 않아 있었다. 실제로 그의 어머니는 엄청나게 화를 냈고, 벤과 이야

---

1) 소망 충족은 의식 세계에서 만족되지 않은 욕망이 무의식으로 흘러들어가 있다가 꿈을 꾸면서 그 욕망을 해소하는 것을 이르는 용어로, 프로이트는 꿈을 무의식의 소망 충족이라 했다.

기하지 않겠다며 방에서 나가버렸다. 하지만 역할 연기를 통해 준비한 그는 포기하지 않고 어머니가 자기 말을 경청하게 만들었고, "자기 주장을 굽히지 않는" 자신감과 능력을 보여 주었다. 그리하여 결국 벤은 집에서 나오게 되었다. 그는 실제 삶에서 부모와 대면하기 전에 세션에서 미리 연습해 본 것이 그럴 수 있었던 동력이었다고 말했다.

이 사례에서 연극치료는 행동 유형을 변화시키고 새로운 관계 방식을 익히기에 적합한 구조와 언어를 찾아내는 데에 주력했다. 여기서는 개인적 문제를 역할에 투사한 것, 연행을 통해 현실에 대한 관점을 새롭게 변형한 것, 집단이 내담자와 함께 장면을 연기하고 과정을 지켜보아 준 것이 서로 상승 작용을 하여 목표한 변화를 창출할 수 있었다. 연극치료 과정이 모두 행동적 틀거리 내에서 변화의 성취에 집중된 것이다.

사례 연구 2.12: 그럼피뷰 호텔

심리 역동적 맥락에서의 작업은 집단이나 개인 역동의 형식에 따른 접근을 수반한다.

이 사례에서 치료사인 레구이트와 반 데르 비엘(Leguijt and van der Wiel, 1989)은 한 가족을 묘사하고 있다. 부모는 외래 환자 정신 건강 센터에 다니고 있었고, 제시된 문제는 세 자녀인 자클린(9세)과 미리암(6세) 그리고 얀 얍(3살 반)과 관련된 것이었다.

처음 만남에서는 치료 방법을 결정하기 전에 사전 평가 시간을 가졌다. 연극치료는 가족이 언어에 의지하지 않고도 문제를 표현하고 다룰 수 있게 해준다는 점에서 유용한 치료 형식

으로 판단되었다. 또한 놀이와 "만약 ~라면"의 상황 실험을
통해 가족 관계에서 부인되거나 위협받고 있는 측면을 살필 수
있다는 점에서도 그 적합성을 인정받았다. 레구이트와 반 데르
비엘은 여기에 아이들이 언어 치료를 하기에는 너무 어리다고
덧붙였다.

작업은 일 년에 걸쳐 26회 세션으로 진행되었고, 자클린과
부모의 문제, 자클린이 부정적인 감정을 부인하는 것, 욕구를
말로 표현하고 소통하는 데에서 나타나는 문제를 치료의 잠재
적인 초점 영역으로 정했다.

시작 단계에서는 놀이를 강조하면서 연극치료를 소개하는
데에 주안점을 두었다.

맨 처음 세션에서는 옷가지를 다양하게 늘어놓고 쇼핑을
하는 놀이를 했다. 가족과 치료사는 의상을 입고 숨어 있다가
기차를 습격하는 이야기를 즉흥적으로 연기했다. 아이들은 열
차를 강탈하고 승객들 — 부모와 치료사들 — 을 죽였다.

작업 과정에서는 때때로 이처럼 자유롭게 즉흥극의 형식
으로 어른들과 아이들이 의상을 입고 역할을 연기했다. 또 경
우에 따라서는 치료사들이 역할과 시나리오를 제안하기도 했
다.

놀이나 의상을 활용하면서 내담자들은 자기가 하고 싶은
것, 두려워하는 것, "극중에서 자신이나 다른 사람들과 관련하
여 (아직까지) 받아들이지 못하는 것"이 무엇인지를 뚜렷이 알
게 되었다. 그리고 활동이 끝난 뒤에 함께 이야기를 하면서 저
마다 다른 방식으로 극을 경험했다는 사실을 인식할 수 있었
다.

한편 세션에서는 외할아버지의 죽음이나 엄마의 임신 같

은 일들이 재연되어 자클린이 태어날 아기를 연기하기도 했다. 그렇게 의도적인 개입 없이 흐름에 따라 장면을 진행하면서, 동시에 밑바탕에서는 작업의 목표로 설정한 주제들을 탐험하였다. 그중 일부는 자연스럽게 나타났고, 어떤 주제는 치료사들이 탐험하기에 적당한 구조를 제안하기도 했다.

건물 짓기가 바로 그런 사례로 "그럼피뷰 호텔"에서 벌어지는 일련의 환상의 이야기를 통해 가족의 역동이 드러나게 되었다(1989, 21-2).

극중에서 상호 작용하는 방식 그리고 연극치료의 내용을 활용하여 가족들 사이의 긴장이나 문제를 반영하고 해결하는 방식에서 역할 유연성과 관련한 참여자 개개인의 변화가 관찰되었다. 즉흥극을 하면서 가족 전체가 파괴보다는 수용을 통해 가족과 개인의 욕구를 인식하기 시작한 것이다. 예를 들어, 전쟁이 일어난 장면에서 엄마는 평화와 고요를 사랑하여 회고록을 쓰는 사람의 역할을 맡았다. 전투는 계속해서 벌어지고 "지주"를 연기하는 아이가 엄마를 보호하면서 전쟁통을 무사히 빠져 나갔다. 상황은 그렇게 해결되고, "역할들이 서로 논리적으로 연결되면서"(1989, 29) 행동은 상대를 파괴하거나 부인하는 대신 일치와 조화의 의미를 갖게 되었다.

자클린은 일련의 거칠고 공격적인 역할들을 하고 난 뒤에 자장가를 들으며 잠이 들었다. 또 다른 세션에서 가족은 한 정부 관리가 그들을 추방하려고 음모를 꾸미는 장면을 만들었다. 그 장면에서 미리암은 위축되지 않고 자기에게 불쾌감을 주는 것이 무엇인지를 표현할 수 있었다. 그녀의 그런 행동은 가족들과의 관계에서 분명 어떤 변화가 일어났음을 말해 주는 것이다.

여기서 사용된 연극치료 과정은 기본적으로 앞의 사례와

동일하나 그와 다른 목적을 갖는다. 내담자들은 개인적이고 가족적인 주제를 역할과 창조된 인물에 투사하고, 연행을 통해 서로를 경험하는 방식을 변형하고, 상황을 고찰하였으며, 함께 장면을 연기하면서 서로의 작업을 지켜보았다. 그리고 그 과정을 통해 처음에 제시한 주제를 심리 역동적으로 탐험하였다. 가족은 함께 놀이하고 연행하면서 무의식의 욕망과 주제에 대해서 또 그 욕망과 주제를 통해 작업할 수 있었고, 그렇게 가족의 역동이 반영되고 해결되는 데에는 치료사들의 연기와 개입이 상당하게 작용했다.

요약: 형식과 체제

앞의 두 사례는 동일한 기본 과정 — 극적 투사, 연행의 변형적 잠재력, 여럿이 함께 작업하고 다른 사람들의 즉흥극을 지켜보는 것과 같은 — 이 어떻게 해서 변화를 창조할 수 있는지를 보여 준다. 또한 과정이 유사함에도 불구하고, 한 사례는 행동적 틀거리 내에서 작동하고, 다른 한 사례는 체계적이고 심리 역동적인 선상에서 진행되듯이, 연극치료에서 변화를 이해하고 수행하는 방식이 달라질 수 있음을 보여 준다.

이와 같이 작업의 구체적 맥락과 패러다임 그리고 목표와 상관없이 연극치료 내에서 작동하는 기본 과정은 언제나 동일하며, 치료사와 집단은 해당 목표와 패러다임에 가장 적합한 과정을 찾아 그 안에서 작업할 뿐이다. 연극치료의 기본 과정에 대해서는 5장에서 더 자세히 설명할 것이다.

이 장에서는 또한 연극치료가 대부분 웜업, 초점 맞추기, 본 활동, 마무리/역할 벗기, 완결의 5단계 구조나 형태를 갖는다고 볼 수 있음을 설명했다.

그리고 연극치료가 흔히 취하는 세션의 형식을 정리하면서 한 편으로는 연극치료의 광범한 변용의 폭을 강조하여 그 핵심에 있는 다양성을 보이고자 노력했다. 다시 말해, 반드시 고수해야 하는 작업의 구조를 정의하기보다 작업의 출발점이 될 수 있는 형태를 제공하고자 했다.

DRAMA
AS
THERAPY
Theatre as Living

2부

3. 원형 극장에서 해부 실습실[1] 까지?
드라마, 연극, 치료 – 역사

개관: 세 가지 역사

연극치료는 어떻게 생겨났을까? 이 장에서는 드라마를 치료로서 의도적으로 활용하게 된 배경을 살펴볼 것이다. 그리고 4장에서는 연극치료의 용어와 실제를 비롯하여 연극치료사라는 직업이 생겨난 과정을 일별하고자 한다.

    치료로서 드라마와 관련해서는 세 종류의 역사가 존재한다.

---

1) 바르톨로메우스 돌렌도Barthololomeuce Dolendo의 그림 〈라이덴 대학의 해부학 원형 강의실〉(1610)에서 볼 수 있듯이, 해부 실습이 이루어지는 장소는 원형 극장과 동일한 둥근 계단식 구조를 취하고 있으며, 영문으로는 operating theater라고 표기한다. 저자는 이 제목을 빌어 예술 행태로서 일반 공연부터 전문적인 의료 행위에 두루 걸쳐 있는 연극의 스펙트럼을 암시하고자 한다.

치유, 드라마, 연극

첫 번째는 전반적인 역사상의 용례로서 연극과 드라마가, 우리가 현재 치유와 관련되거나 치유적 기능을 갖고 있다고 판단하는 방식으로 활용된 사례들을 다룬다. 이 역사는 20세기 연극치료 발달의 근원을 검증한다는 측면에서 의미가 있다.

20세기적 맥락

두 번째는 치료와 연극에 대한 새로운 태도가 형성된 과정으로서, 그 변화로 인해 연극치료가 존재할 수 있는 토대가 마련되었다. 이는 다시 말해 20세기에 유럽과 미국에서 드라마가 특정한 치료 방식으로 출현하게 된 "직접적인 전사"라 할 수 있을 것이다. 20세기들어, 문화간 교류가 활발해지고 건강과 "드라마"에 대한 여러 모델 사이에 접촉과 인식이 증가되면서 이러한 "새로운 태도"에 가속이 붙게 되었다. 그러므로 이 시기에 사용되고 주목받은 연극의 치료적 가능성이 비서구권 혹은 비유럽권의 문화에서는 어떻게 비쳐지는지를 분석하는 것 또한 의미 있을 것이다.

연극치료의 등장

세 번째는 "연극치료"라는 특정한 용어의 등장과 전후 서유럽과 미국에서 나타난 연극치료 작업의 실제와 관련 있다. 이 역사는 4장에서 논의될 것이다.

치유, 드라마, 연극

영국에서 "연극치료"라는 용어가 문헌에 최초로 나타난 것은 1939
년 피터 슬레이드가 영국의학협회(4장에 더 자세하게 나와 있다)에
서 한 강연에서이다. 그리고 미국에서는 플로어셰임이 미국작업치
료협회에 발표한 논문에서 "연극치료"(Florsheim, 1946)라는 말을 사
용한 것이 가장 오래된 기록이라 할 수 있다. 그러나 치료를 위해
드라마와 연극을 의도적으로 사용한다는 개념은 영국과 서구 문화
전반에 걸쳐 이보다 훨씬 오랜 역사를 갖고 있다.

아리스토텔레스는 비극의 기능이 정서적이고 영적인 카타르
시스 — 강렬한 감정의 방출로 이해되고 있지만 본래는 감각과 영
혼의 순화라는 뜻을 가졌다 — 를 이끌어내는 데 있다고 말했다.
그리고 연민과 공포의 감정은 "미메시스," 곧 불신의 자발적 중지
와 대리 참여의 조합[1]을 통해 발생한다(Aristotle, 1961).

그의 이러한 분석은 연극에 관한 저작에서 시대를 넘어 끊임없
이 반복되는 주제로 자리를 굳혔으며, 연극과 치료로서 드라마의
관계에서도 중요한 의미를 갖는다.

그것은 곧 인간의 감정과 고유하고도 직접적인 관계를 갖고 있
는 드라마 그리고 사람들의 삶에 변화를 창출할 수 있는 드라마라

---

1) '불신의 자발적 중지'는 1871년에 Coleridge가 처음 사용한 용
   어로서, 드라마와 연극치료에서 매우 중요한 개념이다. 관객은
   연극을 볼 때 무대에서 벌어지는 일들이 현실이 아님을 분명히
   알면서도 공연이 지속되는 동안 그 허구성에 대한 불신을 접고
   극적 세계를 하나의 실재로 받아들인다. 무대에 놓인 나뭇가지
   몇 개로도 기꺼이 숲을 상상하고 받아들일 준비가 되어 있다는
   말이다. 또한 관객은 몸은 객석에 있지만 감정이입을 통해 배우
   에게 마음을 실어 마치 자기가 극중 인물이 되어 움직이는 듯이
   극의 흐름에 따라 함께 울고 웃는다.

고 특징지을 수 있다. 그리고 종교적인 변화에서 정치적인 변화로, 또 개인의 심리적인 결단에서 사회의 대중적인 변화에 이르기까지 사람들은 드라마를 통해 시대마다 서로 다른 변화의 양상을 강조해 왔다.

아리스토텔레스가 말한 과정을 현대의 언어로 옮기는 한 가지 방식은 이러한 "변화"를 치유의 관점에서 읽어내는 것이다. 비극은 우리의 억눌리고 감춰진 부정적 감정을 배설시키거나 혹은 "실제 발병시의 피해를 경감시키거나 예방하기 위해 일정량의 죽은 바이러스를 처방하는 기능을 한다"는 말로써 굿맨은 이러한 접근을 요약한다(Goodman, 1981, 246).

중세의 바보제나 로마의 농신제 같은 전통과 성 니콜라스 축일 전야에 바바리아 지방에서 행해지는 "와일드 맨의 지배"나 패드스토우의 말[1]처럼 지금까지 전해져 오는 고대의 관습은 흔히 카타르시스의 틀로 해석되곤 한다. 즉, 개인과 집단과 공동체에게 이로운 심리적이고 정서적인 "방출"로서 인식되는 것이다(Landy, 1986; Jennings, 1987; Turner, 1974; Southern, 1962). 다른 문화권의 역사에도 역시 같은 틀을 적용하여 의식과 의례를 치유와 관련된 드라마 형식으로 바라보는 경향이 있다(Turner, 1974, 37). 그 보기로 세너카 인디언과 이로쿼이 족의 "가면 회합"에서 가면을 조각하고 고치는 행위를 극적 요소의 치료적 사용으로 간주한 프라이리어와 플레시먼의 연구를 들 수 있다(Fryrear and Fleshman, 1981, 11). 그리고 미국

---

1) 영국 전통의 목마 축제의 하나로 과거에는 영국 전역에서 성행했지만 현재는 콘월과 패드스토우 두 지역에서 명맥을 유지하고 있다. 5월에 행해지며 한 사람이 말과 거의 닮지 않은 의상을 입고 온 마을을 춤추며 돌아다니면서 다양한 의식을 벌인다. 그리고 행인에게 물을 뿌리거나 여자들의 치마를 들치는 익살을 떨기도 한다.

의 핵심적인 연극치료 이론가 중 한 사람인 리처드 코트니는 수메르, 바빌론, 아비도스, 에드푸의 제의적 신화 연행을 연극치료의 핵심 관심사와 연결지어 분석하였다(Courtney, 1988, 135).

의식과 의례 그리고 고대 드라마를 치료와 심리학의 현대적 개념과 관련짓는 솔로몬의 견해는 연극치료에서 흔히 볼 수 있는 이러한 태도를 요약하고 있다. 그는 드라마가 하나의 예술 형식으로 다양한 발전을 거듭해 오면서도 심리적으로는 언제나 유사하거나 동일한 "본질적인 특성과 위력"을 견지해 왔다고 말한다(Solomon, 1950, 247). 그리고 이러한 관점에서 "원시 사회의 종교적 의례와 의식"과 치료에서 드라마와 연극의 사용 사이에는 그 목적과 효과 면에서 커다란 유사성이 존재한다고 주장한다.

과거 역사나 비서구권의 문화 양상에 대한 이러한 해석 방식은 그 내용과 형식에 어울리지 않는 현대적 개념을 강제하는 경향이 있다는 점에서 문제시된다. 인네스(Innes, 1993)가 지적한 바 있듯이, "원시주의"는 20세기의 문화 현상 중 하나이다. 이것은 "복잡한" 현대 산업 문화 혹은 후기 산업 문화에서 벗어나 개념적으로 좀 더 "단순한" 상태로 도피하고 싶은 욕망이라 할 수 있다. 그런데 이러한 욕구를 다른 문화나 과거에 투사한다면, 전통이나 특정한 현상을 잘못된 현대적 해석으로 왜곡할 수 있다. 그러므로 다른 문화나 선대의 문화 형식을 — 보통 "의식"으로 간주되는 형식들 — 연극치료의 관점에서 묘사하는 데에는 문제의 소지가 있다고 할 수 있다.

예를 들어, 엘사스는 "정신분석가와 마찬가지로 샤먼은 드라마에서 주인공으로서 연기한다"라고 말하면서, 습관적으로 정신분석과 현대 연극 그리고 샤머니즘을 "샤머니즘적 치유"라는 단어로 한데 묶곤 한다(Elsass, 1992, 338). 이런 유형의 비유는 연극치료 이론에서도 자주 나타나며, 이러한 비유가 가능한지에 대한 적절한 근거 없이 서로 다른 개념과 문화를 연결짓곤 한다. 그러나 현존하지 않는 시스템에 20세기 서구 문화의 개념과 동기를 부여하는 것은 다분히 위험성을 내포하고 있다.

그렇지만 연극과 드라마가 직간접적으로 치유 과정과 연계되어 온 오랜 전통을 갖고 있다는 것은 사실이다. 모라(Mora, 1957)가 지적했듯이, 치유와 연극 그리고 드라마의 역사는 매우 장구한 것이다. 그는 그 보기로 5세기경「만성 질환과 급성 질환에 대하여」라는 논문에서 광기로 고통 받는 "환자"는 반드시 공연을 보아야 한다고 주장한 캘리우스 아우렐리우스를 인용한다. 그는 질병의 종류에 따라 적합한 연극 형식을 구분하고 있다. 환자의 광기가 "우울"과 관련된다면 마임이 적당하고, 환자의 상태가 "장난기 어린 유치함"에 가깝다면 슬픔을 표현한 작품이나 비극을 보게 하는 것이 좋다고 말한다. 정신적 혼란은 반드시 그에 대립되는 작품의 미학과 짝지음으로써 "균형 잡힌 건강"을 얻을 수 있게 해야 한다는 것이다(1957, 267-9). 그리고 나서 환자는 동일한 원리에 따라 연설하는 것으로 진행한다.

아리스토텔레스와 아우렐리우스 모두 연극과 드라마에서 강력한 치유의 잠재력을 보았다. 현존하는 기록과 문서에 근거할 때, 20세기 말과 그 이전의 드라마와 연극의 활용 사이에 차이점이 있다면, 그것은 주로 작업이 행해지는 시스템이라 할 수 있다. 20세기에 들어서면서 유럽과 미국에서는 연극치료라는 이름의 형식을 갖춘 작업이 등장하여 의료 복지 분야에서 건강과 치유를 구체적인 목표로 실행되고 있다.

드라마와 치료의 만남: 20세기의 상황

19세기 말부터 싹트기 시작한 정신 건강에 대한 새로운 태도 및 사고와 정서에 대한 이론들은 20세기 내내 급속한 성장세를 이루었다. 그리고 그와 함께 건강하지 않은 사람들을 치료하는 새로운 접근 방식을 찾는 시도들이 병행되었다. 또한 이 시기에 연극계에서는 드높은 실험 정신으로 드라마와 연극을 보이고 사용하는 방식에 급진적인 혁신이 일어났다. 그러나 이러한 변화들은 각각 따로 진행되었다. 20세기 이전에 서구에서는 연극과 의료 관련 분야가 공식적인 연계를 갖는 것은 이상한 일이었다. 환자를 돌보는 일은 의학적인 관심사였고, 따라서 연극이나 드라마와는 별개의 것으로 여겨졌다. 연극과 드라마는 단지 오락일 뿐이었던 것이다. 그런데 20세기 들어, 의료와 연극 분야에서 일어난 변화들이 다른 문화권에서는 어렵지 않게 볼 수 있었던 두 분야의 연계를 재발견하거나 발달시킬 수 있었다.

드라마와 치료의 이러한 연계는 어느 순간 갑자기 이루어진 것이 아니라 수십 년에 걸쳐 서서히 진행되었으며, 연극이나 교육, 심리 치료의 어느 한 영역에서 집중적으로 나타나지도 않았고, 어느 한 나라나 개인의 작업에서 비롯된 것도 아니다. 연극치료의 등장은 여러 곳에서 연극과 치유의 유용하고도 강력한 만남이 가능함을 깨달은 여러 사람들에 의해 느린 속도로 이루어졌다. 서로 다른 영역에서의 변화와 발달이 뿌리가 되어 결국 "연극치료"라는 열매를 맺게 된 것이다.

정신병원은 수백 년 동안 연극과 함께 해왔지만, 20세기에 들어서면서 병원에서 연극과 드라마가 차지하는 비중은 엄청난 속도로 증가하였다. 발달의 또 다른 줄기는 예브레이노프와 일쩐과 모레노 세 사람의 작업에 있으며, 그들로 인해 드라마를 변화의 주요 수단으로 사용하는 치료 형식이 마련되었다. 그리고 실험 연극에서의 급진적 개혁, 교육 연극, 심리 치료, 놀이에 대한 연구, 의식에 대한 인류학적 연구, 다양한 문화의 접촉, 연극적 사회 심리학이 모두 드라마의 잠재력과 삶에서의 직접적인 변화를 연계하는 중요한 다리가 되어 주었다.

이 장에서는 드라마와 치료의 접촉이 시작된 다양한 경로를 짚어가며, 병원 연극, 20세기 연극, 연극치료의 초기 개척자들, 치료와 교육에서의 발달의 순으로 20세기의 맥락을 더듬어 볼 것이다.

병원 연극

유럽의 초기 보호 시설 가운데 일부는 필수 요건이 아님에도 불구하고 극장 시설을 갖추고 있었다. 18세기에는 정신 건강에 문제가 있는 사람들에 대한 태도와 처우를 개선해야 한다는 움직임이 본격화되면서 작업 치료와 일부 예술 활동과 관련된 "도덕 치료"가 등장하였다(Fryrear and Fleshman, 1981, 13). 그러나 당시에는 많은 환자들, 그중에서도 특히 가난한 사람들은 여전히 감옥이나 작업장에 수용되었다. 예를 들어, 19세기 영국의 보호 시설은 대부분 필요한 설비조차 거의 갖추지 못한 형편이었다. 물론 예외도 있어서, 18세기 영국에서 "귀족들이 주로 이용했던" 티스허스트 요양소는 격주로 36명의 환자가 참여하는 콘서트를 열었을 뿐 아니라, "무대 배경이 있는 그럴듯한 극장"을 세워 환자들이 "병든 마음에 건강을 회복할 수 있는" 환경으로 사용할 수 있게 했다(Souall, 1981, 207). 파리 외곽의 샤랑통 병원의 원장이었던 쿠미에르는 1797년부터

1811년 사이에 환자들과 연극 작업을 했다. 샤랑통 병원의 환자였던 사드 백작은 병원에서의 공연을 위해 많은 작품을 쓰고 연출하였다.

독일의 작가인 라일은 1803년에 정신병원에서의 연극의 활용에 관한 글을 썼다. 그는 환자들이 "이전의 삶"을 장면 안에서 "행위화"할 수 있는 특별한 연극을 제안했다. 그렇지만 그 치료 효과에 대해서는 "적절한 역할을 맡김으로써 각 환자의 어리석음을 조롱하는 것과 같은 또 다른 효과를 얻을 수 있었다"(in Zilboorg, 1976, 287)라고 모호하게 표현하였다.

19세기 중반에는 극장을 주요 시설의 일부로 갖춘 보호 시설이 많이 나타났다. 예를 들어, 당시 브로드무어 극장이 그러했고(Cox, 1992, 116), 이탈리아에서는 아베르사, 나폴리, 팔레르모의 정신병원이 동시에(1813) 극장을 지었다.

알렉산드르 뒤마는 1863년 아베르사에서 비아지오 미라글리아 박사가 연출한 연극 공연에 대해 말한다. 미라글리아는 연극을 통해 환자들을 집중시켜 "손상되지 않은 기능을 훈련함과 동시에 손상된 기능을 이완시키는" 것을 목표로 한다고 적고 있다(Mora, 1957, 268). 그러기 위해 기존의 대본을 가지고 연습해 공연을 했는데, 다만 역할은 남자 환자들에게만 주어졌다. 뒤마는 그 공연을 보고 "환자들이 병원에 있을 때보다 무대에서 훨씬 더 좋았다"고 기록하였다(1957, 268).

프라이리어와 플레시먼은 대다수 정신 치료 시설이 고작해야 환자를 먹이고 입히는 것 이상이 되지 못했으며, 그러한 상황이 지역을 불문하고 1940년대까지도 보편적이었다고 말한다. 그런데 제1차 세계대전 직후 유럽과 미국의 일부 병원에서 작업 치료의 일환으로 시작된 미술과 공예 운동이 후에 등장한 예술 치료의 바탕이 되었다고 주장한다. 이 시기는 또한 "레크리에이션 치료"가 시작된 시점이기도 하다(Fryrear and Fleshman, 1981, 14).

20세기 중반의 병원 작업은 드라마와 연극 활동의 레크리에이션적이거나 작업적인 측면을 두드러지게 강조했다. 그러한 예로, 1942년 뉴욕 크리드모어 주립 병원과 메닝거 클리닉의 연간 연극 비평을 들 수 있다. 그러나 메이조(Mazor, 1966)는 1930년대와 1940년대 병원 연극의 그러한 시도 중 일부에서 보다 흥미로운 가능성을 보았다고 쓰고 있다. 예를 들어, 라이더와 올링거와 라일(Reider, Olinger and Lyle, 1939)은 "무의식의 욕구를… 위한 방출구"로서 아마추어 극작술을 강조했고, 프라이스와 네이글은 연극 공연이 "무의식적으로 병원 스탭과 환자를 모두 사회화하는 효과를 가진다"는 점에 주목했다(Price and Nagle, 1943). 바로 이러한 통찰들이 드라마의 잠재력을 이해하는 데 있어 의미 있는 변화의 시발점이 되었다.

병원 연극의 한 역사 ― 훌리오 데 마토스

앞에서 이야기한 대로 정신병원에서의 공연의 전통은 유럽 여러 나라에서 이어져왔다. 1930년대부터 시작된 리스본 훌리오 데 마토스 병원의 극장의 역사는 그러나 그 구조와 용례의 측면에서 전형을 벗어나는 이채를 띤다. 처음에는 레크리에이션 서비스의 차원에서 극장을 지었다. 즉, 보호 시설의 개념에 따라 병원 내에 빵집, 가죽 공장, 농지 등을 갖추어 자급자족적인 공동체를 만들고자 했고, 극장 역시 이 노력의 일부였던 것이다. 병원 생활에서 여흥을 위한 장소로서 극장에서는 민속춤 공연과 콘서트가 열렸고, 이따금씩 외부 극단을 초청하여 공연하기도 했다. 극장의 초기 역사에 관한 자료가 빈약하긴 하지만 병원 스탭도 공연에 참여하였던 것으로 보인다.

그러다가 1968년에 포울크스와 모레노에게 부분적으로 영향 받은 정신과 의사들이 연극 연출가인 호아오 실바를 초청하면서 환자들이 참여하는 연극 활동이 시작되었다. 처음에 그는 레크리에이션적인 것을 주목적으로 하여 스탭과 환자들이 함께 참여하는 작업을 했다. 그런데 작업의 진행 주체가 병원의 소모임인 "문화 집단"으로 통합되면서, 스탭이 선택한 유진 오닐의 〈기름〉을 가지고 공연을 준비하게 되었다. 모두 15명의 환자가 작업에 참여했는데, 이들은 대부분 정신증 환자였고, 우울증이나 히스테리 환자도 일부 있었다. 공연은 병원 안에서 이루어졌다. 1969년에는 피란델로의 〈O Torno〉를 무대에 올렸다. 두 공연 모두 레크리에이션을 주된 목적으로 했고, 의사들이 연출가의 작업 방식을 이해하고 지지하면서 함께 작업하였다.

1970년에는 환자들 중 한 명이 쓴 희곡 — 에두아르도 가마의 〈칼레이도코피오〉 — 을 공연하는 변화가 일어났다. 환자로서의 경험 그리고 가족과 병원, 사회에서 겪은 문제를 다룬 그 작품은 병원과 거기서 일하는 의사들 그리고 군사 정부에 대한 비판적 내용을 담고 있었고, 후에 포르투갈 작가협회에 등록되어 일반 관객에게도 두 번이나 상연되었다.

그러나 당시 포르투갈은 군사 정부의 통치 하에 있었기 때문에 다른 사회적·정치적 활동과 마찬가지로 예술적인 표현 역시 검열과 억압을 피할 수 없었다. 다행히 검열 당국으로부터 공식적인 제재는 없었지만, 복지부에서 앞으로는 그런 작업을 허락할 수 없다는 통지가 내려왔다. 그리하여 극단의 존재와 연극 활동이 위협받게 되었고, 공연을 하기 전에 당국에 희곡을 보내 허가를 얻어야만 했다. 1971년에는 그러한 압력에 저항하여 베르나르도 산테레노의 〈마르티노 신부의 반역〉이라는 작품을 고르는 바람에 공연이 금지되었다.

하지만 드라마와 연극의 역할은 병원 내에서 계속 확장되어 왔다. 1970년대 중반 이후로는 심리극과 플레이백 연극[1]과 연극치료의 발달이 이어졌다. 환자들은 연극 공연뿐만 아니라 정기적으로 심리극에 참여하였고, 작업 치료의 일부로서 연극치료가 제공되었다. 그리고 모레노뿐 아니라 영국에서의 연극치료 작업과 접촉하게 되었고, 이러한 접촉이 병원 연극의 내용을 더욱 풍부하게 발달시키는 데 도움을 주어 왔다.

훌리오 데 마토스의 역사에서, 연극은 맨처음 레크리에이션을 목적으로 쓰였다. 그러다가 공연과 극작 과정에 환자들이 참여하게 되었고, 보다 최근에는 연극치료와 심리극의 형식을 빌어 드라마가 직접적인 치료로 사용되기에 이르렀다. 이것은 다른 많은 병원과 시설에서의 변화, 즉 내담자와 함께하는 작업에서 드라마와 연극 과정의 점차적인 발달로 이어지는 과정을 고스란히 보여 준다. 그 성장의 범주는 단순한 레크리에이션으로서의 드라마로부터 치료 프로그램에서 주된 역할을 담당하는 것까지를 모두 포함한다.

1966년에 미국 작업치료협회의 컨설턴트인 메이조는 정신 질

---

1) 공연 현장에 모인 관객의 이야기를 즉흥적으로 재연해 보여 주는 형식으로, 소재는 일상적인 사건에서 내밀한 경험이나 꿈에 이르기까지 어떤 것도 가능하다. 플레이백 연극은 연극의 원시적 공동체성을 복원코자 하는 공감과 위로의 연극이며, "재생 연극"이라 옮기기도 한다.

환의 치료에서 나타난 역사적 변화에 대한 글을 썼다. 그 변화는 "환자들이 병원에서 하는 모든 활동을 잠재적으로 치료적"이라고 보는 시각과 관련되었다(Mazor, 1966, 8). 메이조는 계속해서 "공연 제작 같은 작업은, 환자들이 활동 자체와 다른 사람들과 맺는 관계에서 자기 능력을 좀 더 충분히 인식하고 사용할 수 있는 기회가 제공된다면, 얼마든지 치료적이다"라고 말하고 있다(1966, 10). 이러한 태도는 홀리오 데 마토스 병원에서 호아오 실바의 작업에 그대로 반영된다.

병원에서의 공연의 전통은 매우 널리 퍼져 있다. 1943년에 깁슨이 시작한 매사추세츠 스톡브리지 오슨 리그 정신병원의 리그 극단 같은 지역 극단을 그 예로 들 수 있다. 나중에 브룩스는 그 병원에서 〈마라/사드〉를 공연하기도 했다(Brookes, 1975). 또 다른 예로, 체이스는 미국의 성 엘리자베스 병원에서 여자들과 함께 병원 생활을 소재로 〈성 엘리자베스 호텔〉이라는 작품을 만들기도 했다.

의료 시설에서의 공연 활동은 지금까지도 이어지고 있다. 다음 장에서 보게 되겠지만, 이 문화적 활동 영역은 연극치료의 발달에서 중요한 위치를 차지하고 있다. 예를 들어, 병원 직원과 환자들은 이런 형태의 연극과 드라마 작업을 하면서 레크리에이션이나 예술적 표현 이상의 다른 가능성과 효과를 발견하게 된다. 이러한 발견은 치료적 변화와 관련되며, 그에 자극받은 몇몇 사람들로 하여금 드라마의 치료적 가능성을 정련하기 위해 여러 가지 방법을 모색케 하는 동인이 되기도 했다.

20세기 연극과 치료

20세기를 관통한 연극과 드라마의 실험의 전통은 치료로서 드라마의 발달과 관계가 깊다. 이 전통에서 가장 중요한 측면은 실험 연극에서 형성된 특정한 주제들이다. 그러한 주제의 등장으로 연극과 극적 과정에 내포된 강력한 치료적 가능성을 깨달아 발현시킬 수 있는 관점의 변화가 가능했던 것이다. 또 다른 중요한 측면은 리허설과 공연 그리고 연구에서의 특정한 방법론 또는 접근법과 기법의 발달이며, 그로부터 연극치료의 언어와 기법이 개발되었다.

거론할 만한 핵심적인 접근으로는 인물 구축과 공연에 대한 스타니슬라브스키의 심리적 접근을 비롯하여, 정치적 변화와 재현적 연극 그리고 소외 효과를 강조한 브레히트의 작업, 아르토의 이론, 피터 브룩과 그로토프스키의 실험 등이 있다.

그 이후로 1960년대의 새로운 정치적 연극과 보알의 작업 역시 중요하다. 그들의 의미는 여성주의자, 흑인, 레즈비언, 게이, 장애인 연극의 성취에서도 보이듯이 사회와 사람들의 삶을 변화시키는 데 있어 드라마가 담당하는 역할과 가능성을 강조한 데 있다.

여기서는 실험 연극의 주제 중에서 개인의 변화를 유발할 수 있는 형식의 드라마라는 개념의 발달과 관련 있는 세 가지를 간략하게 살펴볼 것이다. 그것은 또한 연극치료가 드라마와 연극을 사용하는 방식과 관련된 특정 연기 기법의 발달에 대한 언급이 될 것이다.

기억, 무의식, 감정이입, 인물

스타니슬라브스키는 모스크바 예술극장에서 작업하면서 기억과 배우의 무의식 그리고 감정의 표현을 효과적으로 연결하는 연극적 역할 창조를 연구하기 시작했다. "인물 구축"에 나타난 연기의 기본 개념 가운데 하나는 "심리-기법"과 관련된다. 배우는 "잠재 의식"으로부터 내적 감정이 일어나 역할의 표현으로 이어질 수 있도록 자기 안에 신체적이고 정서적인 상태를 창출한다(Magarschack, 1950, 274). 여기서 감정이입이 중요한 고리로 작용한다. 배우는 살면서 뭔가를 조우하거나 혹은 특정한 감정을 느끼는 사람을 보거나 경험하게 된다. 그리고 역할을 창조할 때는 그 감정을 재생할 수 있는 상태로 들어가기 위해 노력한다. 그 기법은 무의식의 기억이나 느낌을 다시 불러냄으로써 특정한 정서를 창출하는 일련의 훈련과 관계된다. 이러한 감정의 정확한 재생은 관객이 감정이입을 통해 배우에게 연결될 수 있으며, 그리하여 드라마에 몰입하고 감동받게 됨을 의미한다. 이러한 주제는 9장에서도 나타나듯이, 인물과 삶의 경험을 연결짓는 연극치료 작업에 고스란히 반영된다.

스타니슬라브스키의 작업에서는 배우의 삶 자체와 그에 대한 개인적 경험 그리고 무의식의 기억과 무대에서의 창조가 하나의 의미 있는 끈으로 연결된다. 그리고 그것을 체계화한 리허설을 통해 배우는 자기 삶의 경험에 바탕을 둔 정서적 상태로 들어가게 된다. 리허설과 즉흥극을 통한 인물의 발달을 강조한 스타니슬라브스키의 접근은 매우 혁신적이며, 이후에도 심대한 영향을 끼쳤다.

파괴와 변화

실험 연극의 또 다른 갈래는 다양한 파괴와 관련되며, 여기서 연극은 일상의 현실을 모독하고 변형하는 것으로 여겨진다. 이러한 입장을 지지하는 사람들은 드라마의 종교적이고 신화적인 뿌리를 재발견함으로써 드라마의 근원으로 돌아가기를 주장하고, 사육제, 의식, 의례, 전복에서 연극의 형식과 영감을 얻곤 한다. 19세기 말 무의식적인 꿈을 무대 위에 옮겨놓으려 했던 상징주의 운동에서 이러한 움직임을 확인할 수 있다. 팬터마임을 영감의 한 형식이라 묘사한 시몬스의 글에서도 같은 예를 볼 수 있다.

> 팬터마임은 우연히 엿들은 것에 대한 생각이다. 그것은 단어가 조합되기 전에, 말보다 심오한 의식 속에서 시작되고 끝난다… 그리고 팬터마임은 진정한 예술이라면 반드시 갖추어야 할 신비함을 간직하고 있다. 팬터마임을 지켜보는 것은 흡사 꿈을 꾸는 것과도 같다(Symonds in Gerould, 1985, 12).

아르토가 『연극과 그 그림자』에서 말한, "공간… 숨겨진 내면의 삶까지… 그 모든 것들을… 통합하는 보편적 언어"에 대한 추구에서도 같은 울림을 들을 수 있다(Artaud, 1958, 65).

이러한 추구와 접근은 20세기의 많은 실험 연극 집단과 프로젝트를 통해 면면히 이어져 왔다. 1970년대 브룩의 아프리카 여행과 1960년대 그로토프스키의 "가난한 연극" 그리고 1970년대와 80년대의 초연극 작업이 그러하고, 바로의 실용적 실험(Barrault, 1974)과 행위 예술 및 바르바의 오딘 극장(Barba and Savarese, 1991) 역시 빼놓을 수 없는 보기이다.

이들 접근은 표현과 작업의 의식적 형식을 강조하였다. 서사와 인물과 대본에서 멀어지는 대신 "무대가 세계의 물리적 재현이기를 멈추고 신화나 내적 자기가 투사되는" 그러한 상태를 창조하고자 노력했다(Innes, 1993, 36).

연극, 거리, 혼란, 혁명

정치적 연극, 그중에서도 특히 브레히트와 보알의 방법론은 연극과 변화를 연계하는 측면에서 중요한 위치를 차지해 왔다. 1930년대에 브레히트는 하나의 공연 이론과 접근법을 체계화했다. 그는 연극이 사회와 공연에 참석한 개인의 삶에 직접적인 정치적 변화를 가져올 수 있다고 믿었고, 그러한 변화를 위해 소외 효과를 비롯한 일련의 기법과 서사극의 아이디어를 고안했다. 브레히트 작업의 핵을 이루는 소외 효과는, 배우가 인물과 관객에 대해 감정이입적인 관계를 형성하지 않고 오히려 작품의 내용과 행동을 정치적으로 판단하고 비평하는 한 사람의 독자로서 기능하게 하는 것이다. 이 과정은 또한 관객 역시 비판적으로 깨어 있어 깊이 생각하고 판단하게 되기를 추구한다.

이러한 기법은 이후 좌파 연극에서 광범하게 사용되었다. 정치적 연극이 행위자와 관객의 삶에 직접적인 변화를 가져올 수 있다는 생각은 특히 1960년대와 1970년대에 여러 나라의 좌파에 영향을 주었다. 이러한 믿음을 바탕으로 한 극단에는 7:84(1971년에 만들어졌다), 웰페어 스테이트(1968), 괴물 연대 또는 여성 연극 집단(1974) 같은 여성주의 극단(1976), 게이 착취 공장(1975) 같은 레즈비언과 게이 극단, 브릭스턴과 템바 흑인 극단 등의 흑인 극단, 그라이아이 같은 장애인 연극 집단이 있다. 이들 극단은 정치적이고 사

회적이며 개인적인 주제를 직접적으로 다루었고, 그럼으로써 변화
와 사회적 혁명을 이루고자 했다.

1970년대 이후로 보알(Boal, 1979)은 사람들이 자기 삶을 변화
시킬 수 있도록 돕는 정치적인 연극 방법론을 개발하였다. 보알은
드라마를 사람들의 생활에서 직접적인 변화를 가능케 하는 방식으
로 간주한다. 억압받는 사람들의 연극과 토론 연극은 이러한 변화
를 위해 고안된 방법론이며, 거기서 공연은 개인과 사회의 혁명을
위한 도구로 사용된다.

이 장과 다음 장에서 보게 되겠지만, 연극치료의 등장은 병원
연극과 교육 연극에 크게 기대고 있다고 말할 수 있다. 그에 비해
실험 연극은, 1세대 연극치료사와의 인터뷰와 문헌 기록으로 볼
때, 연극치료의 초기 형성 과정에서 그처럼 직접적인 영향을 주었
다고 말하기는 어렵다. 예를 들어, 어떤 치료사들은 연극치료 작업
에 처음 발을 들여놓았을 때만 해도 스타니슬라브스키나 브레히트
나 아르토에 대해서는 들어본 적이 없었다고 말하고 있다.

그러나 실험 연극의 전통은 연극과 드라마의 경계 확장과 실험
적 풍토에 기여했다고 할 수 있다. 또 이러한 영향력은 1970년대
이후 연극치료의 발달 과정에서 보다 직접적으로 현실화되었다.

한편으로 무의식과 드라마의 이론, 변형의 개념, 연기에서의
거리두기와 정서적 진실성 같은 영역은 연극치료 이론에 크게 기
여하였다(Landy, 1986; Jennings, 1987). 그뿐 아니라 1970년대와 1980
년대에는 스타니슬라브스키와 브레히트 그리고 보알의 작업에서
영향을 받아 거리두기나 역할 몰입 같은 특정한 기법이 만들어지
고 다듬어질 수 있었다. 이에 대해서는 9장과 11장에서 좀 더 자세
히 검토할 것이다. 1980년대 말부터 1990년대에는 앞에서 언급한
실험 연극과 작업 방식이 직접적으로 연결되어, 제닝스(1994)는 아

르토와 관련하여 자신의 작업을 설명했고, 존스는 그로토프스키 (Grotowski, 1991)와 실험 연극에서 자원을 끌어왔으며, 미첼은 연극 치료의 "모델"로서 피터 브룩의 연극을 선택하였다(Mitchell, 1990).

초기의 개척자들: 예브레이노프, 일찐, 모레노

예브레이노프와 공연치료

20세기 초 혁명기의 러시아에서는 다수의 새로운 연극 이론과 실험이 전개되었다. 이들 중 상당수가 연극의 목적과 기법에 새로운 틀을 부여함으로써 연극과 극적 행위를 창조적으로 이해하고 접근하는 방식을 마련했다는 점에서 연극치료와 관련된다.

　그 개혁자 가운데 한 사람이 현대에 들어 처음으로 연극과 치료의 연계를 특정한 단어로 공식화하였다. 그 개혁자는 연출자이자 작가인 니콜라이 예브레이노프(1879-1953)로, 그가 쓴 표현은 나자로프에 의해 "공연치료theatrotherapy"로 번역되었다. 그는 1915년부터 1924년 사이에 「자기를 위한 연극」(3부작, 1915-1917), 「연극적 개혁」(1922), 「동물 왕국에서의 연극」(1924) 등의 팸플릿과 논문을 저술하였고, 그의 글들은 1927년 『삶에서의 연극』이라는 제목으로 미국에서 출간되었다. 이 책에는 "모노드라마"(1927, 187)와 "공연치료"(1927, 122)라는 그의 핵심 개념이 잘 나타나 있다. 골럽은 그를 "놀이하고자 하는 의지는 인류의 원초적인 본능이며, 따라서 연극은 시간 때우기가 아닌 필수품임을 현대에 들어와 가장 먼저 그리고 가장 끈질기게 주장한 사람"이라고 표현했다(Golub, 1984, 212).

예브레이노프의 생각은 현재 연극치료의 기본 전제와도 매우 유사하다. 당시 대다수 연극인들과 달리 그는 연극적 결과물의 창조를 그다지 강조하지 않았고, 대신 연기와 관련된 심리적이고 내면적인 과정에 초점을 맞추었다. 연극치료의 관점에서 그의 작업을 특징짓는 핵심적인 아이디어를 짚어보면 다음과 같다:

- 배우와 관객을 위한 치료로서의 연극
- 본능으로서의 연극
- 지능 발달의 필수 요소로서 서로 연결되어 있는 연극과 놀이
- 삶의 연극

예브레이노프는 연극의 특징을 오락과 교훈 그리고 미적 쾌락에서 찾았고, 군대 행진이나 국가 행사, 해부학 실습 의식 같은 볼거리 위주의 대규모 연극은 "연극에 대한 본능적인 애호를 상업적으로 이용"(1927, 6)하는 것이라 했다. 그는 여기서 한 발 더 나아가 연극과 우리의 관계가 여러 측면에서 "전前-미학적"이라고 규정하였다. 그는 이 말로써 "연극은 인간에게 공기와 음식과 성관계처럼 반드시 필요한 어떤 것"(1927, 6)임을 전하고자 했다. 그는 연극을 하고 연극을 보는 아동의 놀이를 동물의 놀이와 연결한다. 그리고 그 바탕을 이루는 기본 심리를 일련의 본능적 욕동이라고 표현한다.

변형의 본능, 외부에서 주어진 이미지와 내부로부터 임의로 창조된 이미지를 대립시키고자 하는 본능, 자연에서 발견된 형상을 뭔가 다른 것으로 바꾸고 싶어하는 본능, 이 본능은 내가 연극성이라 부르는 개념에서 그 본질적 특성을 온전히 드러낸다(Evreinov, 1927,

22).

그는 연극을 상상하고 달라지고자 하는 욕망으로 간주한다. 어떤 효과나 결과를 기대하여 행해지는 무엇이 아닌 본능인 것이다. 변형의 경험은 하나의 욕구이다. 그는 자기를 자아와 "또 다른 자아"의 극적 변증법으로 본다. 두 번째 자아는 "현실 세계를 떠나 스스로 창조한 다른 세계를 돌아다닐 수 있다"(1927, 29). 이 두 번째 자아는 "연극화"할 수 있다. 다른 말로 해서, 상상할 수 있고 현실을 모방할 수 있고 그 모방을 통해 현실을 정복할 수 있으며, 그렇게 정복한 다음에는 다른 것을 상상함으로써 현실을 변모시킬 수 있다. 그리고 이 과정을 통해 개인은 세계에 "새로운 의미를 부여하고, 그것은 그의 삶이 된다… 이전의 삶을 다른 삶으로 변형한 것이다"(1927, 27). 이것은 실제의 자신과 다른 모습의 "자기를 상상하는 것"이다. "말하자면, 그는 소위 자신을 위해 어떤 역할을 선택한다. 그리고 그 역할을 연기하기 시작한다"(1927, 27).

예브레이노프는 삶을 연극적인 것으로 간주한다. "삶의 연극"(1927, 105)에서 그는 일상의 상호 작용과 정치와 군대를 연극의 관점에서 분석한다. 그리고 삶의 파괴적 요소 역시 연극의 견지에서 읽어낸다. 즉, "자연과 국가와 공공"이 정한 규범의 파괴에서 연극의 "본질"을 구하는 것이다(1927, 116).

예브레이노프의 공연치료는 바로 이러한 개념에 근거한다. 특정한 방법론을 제시하지는 않지만, 그는 이러한 본능이 이로운 결과를 가져올 수 있는 방식을 논증하고자 한다. 공연치료는 극적 또는 연극적 활동에 참여하는 것이 치유와 고통의 완화와 행복에 어떤 방식으로 연결되는지에 관심을 갖는다. "연극은 배우를 치료한다. 그리고 관객 또한 치료한다"(1927, 126).

그는 건강을 몇 가지 차원에서 논하고 있다. 사회의 일반적인 차원에서, 그는 연극이 인류의 건강을 수호하는 가장 강력한 무기 중 하나라고 주장한다(1927, 127). 그리고 개인적인 차원에서는, 아동 병동의 어릿광대에서 치통의 완화에 이르기까지 연극이 치유로 기능할 수 있는 여러 가지 방식을 고려한다.

예브레이노프는 연극을 일종의 흥분제로 설명한다. 역할의 "변형 에너지"는 고통을 이길 수 있게 한다(1927, 125). 그는 역할을 맡아 연기하기 전에는 지독한 아픔을 호소하다가도 일단 무대에 서면 금세 증상이 사라지곤 하는 배우를 예로 든다. 배우가 무대에 올라가면 에너지가 충만한 상태로 변하며, 그것이 정신적이거나 신체적인 고통을 경감시킨다는 것이다. 또한 그는 연극을 통해 현실의 건강하지 못한 역할을 새롭게 변형하고, 고통이나 근심을 유발하는 생활 방식을 바꾸는 것을 언급한다. 배우는 역할을 새롭게 창조함으로써 삶에 다르게 접근할 수 있다. 여기서 역할을 새롭게 연기하는 것은 자기 암시와 행동의 재학습을 말한다. "역할을 잘 연기하라, 그러면 그에 어울리게 살게 될 것이다"(1927, 125). 이때 드라마의 기술을 잘 활용할 수 있다면 큰 도움을 받을 수 있다. 연기력의 성장과 함께 자기를 변형하고 까다로운 문제 상황을 해결할 수 있는 잠재력이 크게 고양되기 때문이다. "연극은 자기 변형의 기술에 능숙해지도록 배우를 '치료' 한다"(1927, 125). 연극은 또한 사람들이 자신의 삶을 바라보는 틀거리 자체에 변화를 가져올 수 있다. 이러한 변화는 문제를 다른 관점에서 조명하고 수정할 수 있게 도와 준다. "무언가에 너무나 몰두해 있어서 더 이상 관조적인 태도를 유지할 수 없을 때, 그 자리를 떠날 수 있게 이끌어 준다"(1927, 122).

공연치료의 이러한 요소를 정식화하면서, 예브레이노프는 20

세기 후반에 진행된 연극과 드라마 그리고 치료에 관한 논의의 상당 부분을 이미 예견했다. 그의 아이디어는 1920년대 초반 혁명기의 러시아에서 연극 공연을 통해 부분적으로 실현되었다. 후에 그는 미국으로 이주하였지만 거기서는 직접적인 성과를 거두지 못했다. 그러나 그의 글에 나타난 기본 개념은 2차 세계대전 이후에 유럽과 미국에서 형성된 연극치료의 기본 전제와 매우 유사하다.

예브레이노프를 언급한 「미래의 연극에 대하여」라는 논문에서, 닐리는 연극을 삶을 살아가는 하나의 방식이자 허구와 현실을 연계하는 경로로 보았다. 그가 말한 미래 연극은 삶에서의 연극이라는 예브레이노프의 아이디어를 확장한 것이다.

> 한 작품을 공연하는 배우들은 시즌 동안에는 한 가지 역할을 [맡는다.] 그리고 시즌이 끝나면 그 역할을 현실로 가져와 사람들을 관찰한 바에 따라 고쳐 가면서 그들 속에서 연기할 것이다(Nilli in Golub, 1984, 74).

지금까지 살펴본 대로 그 동안 간과되었던 예브레이노프의 글과 이론은 개인의 변화와 관련하여 연극의 사용을 공식화하는 데 기여한 역사적인 초기 실험의 보기를 제시해 준다. 비록 그의 글은 거의 잊혀졌지만, "공연치료"를 비롯해 그와 관련된 개념들은 삶과 연극의 상호 작용과 치료로서 드라마의 역사를 복원한다는 점에서 매우 가치 있다.

일찐

블라디미르 일찐은 20세기 초반 소련에서 치료적 연극이라 불리는 작업 방식을 개발하였다. 페촐드(Petzold, 1973)는 이 작업의 주요 시기를 1908년부터 1917년 사이라고 말한다. 이 사이에 일쩬은 연극 작업과 정신병원에서의 작업 그리고 정서 장애 학생들과의 만남을 통해 치료적 연극의 기법을 발전시켰다. 그의 작업은 연극과 치료를 특정한 방법론으로 묶어낸다.

키예프 대학의 교수가 된 후에 그는 정치적인 이유로 러시아를 떠나야 했고, 그 뒤로 각지를 돌아다니다가 1920년대 말에 파리에 정착하였다. 그리고 여행 중에 헝가리에서 산도르 페렌치를 만나 역할 연기를 포함한 정신분석의 "적극적 기법"을 접하기도 했다.

일쩬은 생물학과 의학 같은 과학과 인본주의와 음악 그리고 연극을 결합시킨 것을 치료적 연극이라 표현한다.

예브레이노프의 경우와 마찬가지로 그의 작업 역시 세기 전환기에 러시아에서 일어났던 연극 실험에서 영향을 받았다. 그의 방법론은 즉흥극 훈련, 즉흥 연기, 즉흥극의 뼈대가 되는 시나리오 만들기를 세 가지 핵심 영역으로 한다.

작업은 개인이나 집단 모두를 대상으로 할 수 있다. 한 집단은 대개 10명에서 15명 사이로 구성되며, 치료사가 여럿일 경우에는 30명 이상의 집단도 가능하다. 일쩬은 일주일에 두 번씩 최소한 30회 이상 만나야 한다고 말한다. 한 세션은 3시간에서 5시간 사이로 하며, 주당 2회 세션에서 한 번은 즉흥극 훈련에 할애하고 한 번은 치료적 연극 공연 작업에 분배한다. 작업 과정을 이렇게 두 축으로 디자인하는 것은 한 영역이 다른 영역의 작업을 고양시킨다고 믿었기 때문이다.

즉흥극 훈련

즉흥극 훈련은 일쩬의 방법론을 구성하는 본질적 요소이다. 그는 드라마 게임과 훈련을 통해 내담자의 창조성을 계발하고자 했고, 특히 자발성, 유연성, 표현성, 민감성, 의사소통 능력을 키우는 데 주력했다. 일찐은 이것들이 일반적으로 사람들에게 간과되는 특질이며, 정서 장애인이나 정신 장애인에게는 더욱 그러하다고 지적했다. 그러나 그는 정서적이고 정신적인 질병의 특징적인 증상 중 하나가 바로 이러한 특질의 상실이라고 생각하여 내담자의 문제를 이러한 영역에서의 결함이나 이상이라는 측면에서 분석하곤 했다. 그래서 치료적 연극은 다시 한 번 이러한 특질에 근접할 수 있도록 참여자에게 변화를 유발하는 것을 주된 목표로 삼았다.

즉흥극 훈련에서는 신체와 소리의 사용에 강조점을 두었다. 그 바탕에는 몸이 감정의 표현과 탐험에 필수적이라는 생각이 깔려 있다. 다시 말해, 드라마에서 몸과 소리를 사용하는 훈련을 함으로써 치료적 연극 세션과 일상생활 전반에서도 감정을 탐험하고 표현하는 능력이 성장하기를 의도했던 것이다.

연기와 창조성을 가로막는 장벽을 극복하기 위해 일찐은 민감성과 소통 능력을 일깨우는 웜업 기법을 고안하고 실행하였다.

일찐은 자기 표현과 훈련의 기초로서 여러 가지 동물을 관찰하여 고양이의 동작이나 뱀의 꿈틀거림을 활용한 웜업 활동을 만들었다. 그래서 내담자들은 장난치는 강아지, 먹잇감이 된 새, 커다란 파충류, 게으른 고양이 등의 움직임을 사용하곤 했다. 그는 몇 년에 걸쳐 그러한 드라마 게임을 폭넓게 개발하였고, 그중에는 요가를 응용한 웜업 활동도 다수 포함되었다.

치료적 연극

치료적 연극은 주제 정하기, 주제에 대해 깊이 생각하기, 시나리오 만들기, 실연하기, 성찰/피드백의 단계로 진행된다.

주제 정하기

주제는 작업을 시작하는 시점에서 정하되 즉흥극으로 할 수 있는 것이어야 한다. 개인 작업일 경우에는 지금까지 살아온 과정을 세세히 돌아봄으로써 내담자의 사례사事例史에서 주제를 뽑아낼 수도 있다. 이때 로르샤흐 검사 같은 진단 기법이 도움이 되기도 한다. 이런 방식으로 자료를 취한 후에는 거기서 극적 내용을 개발하는 단계로 진행한다. 집단 작업에서는 토론을 통해 주제를 선정할 수 있다. 자기가 살아온 삶과 지금의 상황을 공유하는 가운데 주제가 구체화될 것이다. 이런 방식으로 내담자의 삶에서 나온 재료를 한데 엮는다.

그런 다음에는 극화를 위한 아이디어를 모으고 선택하는 과정이 따른다. 주제를 탐색하고 표현하는 형식으로 일찐은 환상 게임, 사건의 연행, 전설에 기초한 공연, 직장에서의 갈등이나 병원 장면 또는 정치적 주제 등의 특정 상황을 들고 있다. 주제와 형식은 대다수 내담자가 현재의 욕구와 가장 가깝다고 느끼는 것으로 선택하도록 한다.

치료사는 주제를 정하는 이 과정에서 진단적 정보를 얻기도 한다. 다시 말해, 내담자를 괴롭히는 문제를 알 수 있을 뿐 아니라 협상 과정에서 발생하는 대인 관계의 역동을 파악할 수 있다는 것이다. 이때 치료사는 해석을 하거나 협상에 개입하여 주제의 선택을 촉진할 수 있다. 일찐은 이것이 대개 질문이나 의사 결정 과정에서 일어나는 일에 대한 해석의 형식을 취한다고 말한다.

주제에 대해 깊이 생각하기

일단 주제가 정해졌으면 그 주제를 철저하게 검증하고 그에 대해 의견을 나눈다. 개인 치료에서 이것은 치료사와 내담자가 주제의 선택, 주제의 의미, 주제가 담고 있는 핵심 갈등, 드라마 속에서 주제를 표현하고 탐험하는 방식 등에 대해 토론해야 함을 뜻한다. 집단에서도 역시 치료사와 내담자가 모두 주제 전반을 짚어가면서 그 핵심 양상에 대해 이야기한다. 이때 굳이 말로 하지 않고 주제와 관련된 그림을 그려본다든지 하는 다른 방식을 쓸 수도 있다.

시나리오 만들기

다음 과제는 주제에 형태를 부여하는 구조라 할 수 있는 시나리오 만들기다. 구체적인 대본이 없어도 장면을 만들 수 있다. 시나리오는 즉흥극의 초점이자 발판에 해당하므로 행동의 대강의 윤곽만 그려주면 된다.

개인 치료에서는 치료사와 내담자가 함께 시나리오 작업을 할 수 있고, 집단 작업에서는 모두가 시나리오 만들기에 참여한다.

그 다음에는 역할을 정하고 나눈다. 집단에서라면 배역은 참여자의 욕구와 가능성을 각 역할의 특성과 함께 고려하여 결정해야 한다. 이 과정은 고도의 자기 평가와 동료 평가 그리고 토론을 필요로 한다. 개인 치료에서는 내담자와 치료사가 모두 연행에 참여할 수 있다. 집단 상황에서는 집단의 크기에 따라 스탭을 네댓 명 정도 둘 수 있으며, 스탭도 장면에 적극적으로 참여할 수 있다. 스탭의 역할은 연행 과정을 촉진하고 보조하는 것이다.

시나리오를 구성하는 데에는 주제, 핵심 단어, 각 역할의 특징적 행동과 세부 사항, 기본 상황이나 초점이 되는 장면, 사건이 일어나는 장소나 배경이 필요하다.

실연하기

실연 단계에서는 실제로 즉흥극을 준비하고 연행한다. 무대와 가면, 의상 등의 극적 장치를 적극적으로 사용할 수도 있고, 공간의 일부를 무대로 구별한 다음 의자 몇 개만을 가지고 작업을 진행할 수도 있다. 일찐은 무대를 사용하지 않을 때는 눈을 감고 필요한 환경을 머리 속으로 상상하게 할 수도 있다고 말한다. 연행에 앞서 참여자들을 극중의 상황과 인물에 준비시킨다는 뜻에서 일련의 즉흥극을 할 수도 있다. 그는 스타니슬라브스키의 접근법과 마찬가지로 연기에 필요한 상상력을 계발함에 있어 오감의 사용을 강조한다.

시나리오를 연행할 때는 참여자들이 맡은 역할에 정서적으로 그리고 상상적으로 깊이 몰입하는 것이 중요하다.

기본적인 장면이나 상황이 여러 개라면 각 장면이 끝날 때마다 진행을 멈추고 해당 장면에 대해 이야기를 한 뒤에 다음 장면으로 넘어가도록 한다. 그것은 다음 장면에서의 탐험과 표현이 더 깊어질 수 있게 하기 위함이다. 핵심 인물 한 명이 시나리오 전체의 중심으로서 장면이나 상황의 대부분을 주도할 수도 있다.

성찰/피드백

성찰 단계의 목적은 참여자로 하여금 작업에서 얻은 정서적 경험을 전반적으로 돌아보게 하는 것이다. 참여자들은 역할을 하면서 느낀 것을 이야기한다. 이때는 특히 개인이 각 장면에서 보여준 행동과 정서의 수위에 주목한다. 그것은 현실에서 내담자가 겪은 문제가 연행과 연결되어 있다고 믿기 때문이다. 성찰 단계에서는 내담자에게 시나리오와 자신의 삶을 자발적으로 연관지을 수 있는 기회를 부여한다. 그렇게 해서 자연스럽게 기억이 떠오르면 치료사는 적절한 해석과 논평으로 그 과정을 지지할 수 있다.

일찐은 장면을 연속해서 끝까지 연행한 뒤에 성찰 단계로 넘어가는 대신 연행과 성찰 단계를 장면별로 번갈아가며 진행시킴으로써, 앞에서 떠오른 기억과 주제가 거듭되는 장면과 성찰 속에서 자연스럽게 펼쳐지고 심화되면서 해결되기를 의도했다. 내담자는 연행과 자기 삶의 연관성 그리고 자기 자신의 성찰과 치료사나 다른 참여자들의 해석을 통해 자기 자신과 문제에 대한 통찰을 얻을 수 있다. 시나리오를 연행하고 토론하면서 억압되었던 정서를 충분히 표현하고 검증할 수 있다. 시나리오의 장면들은 진행 과정에서 새롭게 나타나는 내용을 포함할 수 있도록 유연하게 구성하는 것이 좋다.

일쩐은 치료적 연극 작업에서 각 단계마다 소요되는 시간이 다르다고 말한다. 일반적으로 핵심 주제에 대해서 의견을 모으고 선택하고 깊이 생각해 보는 데까지 3-5회 세션이 걸리고, 장면 짜기에 한두 세션이 필요하며, 실연과 성찰 단계에도 3-5회 세션이 소요된다. 그리고 이 작업은 일주일에 한 번씩 즉흥극 훈련과 병행되어야 한다.

일쩐의 작업은 최근까지도 영국과 미국에서 그다지 큰 영향력을 미치지 못했지만, 독일과 네덜란드에서는 연극치료 교육 과정에 활용되어 왔다. 이러한 차이는 그의 생각과 작업이 영어로 옮겨지지지 않았던 데에 크게 기인한다고 할 수 있다.

모레노

최초의 심리극은 1936년 뉴욕의 비콘 힐 극장에서 있었다. 1920년대에 모레노는 비엔나 극장에서 자발성 연극을 개발하였고 (Marineau, 1989), 1924년에는 『자발성 연극』(1947년에 미국에서 번역됨)을 출간하였다. 자발성 연극은 "혁명을 일으키는" 데에 목적을 두었다(Moreno, 1983). 그를 위해 극작가와 씌어진 대본을 없애고 즉흥극을 주된 표현의 수단으로 삼았으며, 모든 사람을 배우이자 관객으로 간주하였다. 그러나 이러한 이론은 "커다란 저항"에 부딪혔으며(1983, 38), 대중의 무관심과 재정 문제로 인해 비엔나 극장은 문을 닫아야 했다.

1947년에 나온 미국판 『자발성 연극』에서 모레노는 자신의 생각을 자발적 연극, 살아 있는 연극, "치료적 연극 혹은 카타르시스의 연극"의 세 부분으로 나누어 전개하고 있다. 치료적 연극은 "자발성 연극을 치료적 목적을 위해 도구로 사용한다… 거기서는 극작가가 지어낸 허구적 인물의 세계 대신 환자의 세계에 실제로 존재하는 구조가 등장한다. 그 세계는 현실적일 수도 있고 상상적일 수도 있다"(1983, 38).

모레노는 1921년 비엔나에서 열린 새로운 연극 기법을 위한 국제 발표회에서 새로운 연극 형식을 제안하는 글을 발표했다(Marineau, 1989, 83). 그리고 미국으로 건너가 허드슨 여학교와 싱싱 교도소에서 작업을 시작했다. 후에 그는 살아 있는 신문 작업을 비롯해 최근의 뉴스를 집단 즉흥으로 극화하여 관객에게 보여 주는 일련의 실험적인 활동을 시작했다. 1931년 4월 7일자 『뉴욕 모닝 텔레그래프』는 "관객이 즉흥극에 참여하기 위해 무대로 올라오고, 박사가 사람들에게 역할을 나누어준" 과정을 소개하였다(Moreno, 1983). 1936년 드디어 모레노는 비콘 힐 극장에서 첫 번째 심리극 극장의 문을 열었다. 그리고 1941년에 심리극 극장을 세운 최초의 공립 병원이 생겼고, 그 이듬해에는 프랜시스 헤리오트가 최초의 공식적인 심리극 연출가가 되었다. 1942년에 모레노는 뉴욕에 사회극과 심리극 연구소를 열었다. 그리고 같은 해에 발표한 논문에서 한 세션을 웜업, 실연, 공유의 세 단계로 나누어 심리극의 원리를 설명하였고, 주인공, 보조 자아, 연출자, 관객, 이중 자아, 역할 바꾸기 등과 같은 심리극 과정의 주요 양상을 정리하였다. 또한 심리극의 교육 과정을 이 비콘 힐 극장에서 확립하였다.

심리극에서 치료사는 "연출자"로 명명되고 세션은 보통 한 시간 반에서 두 시간 정도 지속된다. 고전 심리극에서 주인공은 해당 세션 내에서 선정되며, 주인공이 그 작업의 초점으로서 역할 연기를 사용해서 상황이나 주제를 연행하는데, 이때 다른 내담자나 스탭은 그와 관련된 사람의 역할을 맡아 연기한다. 주인공의 문제를 탐험하고 다루기 위해 특정한 기법을 사용하기도 한다. 연기자가 장면 속에서 다른 인물과 역할을 맞바꿔 연기하는 "역할 바꾸기"가 그러한 예가 될 수 있다. 또한 심리극은 여러 단계로 나뉜다. 웜업 단계는 주인공을 정하고 집단이 극적 활동을 준비하도록 돕는 것을 목적으로 하며, 주요 행동 단계에서 본격적인 역할 작업이 이루어진다. 고전 심리극에서는 여기서 카타르시스를 유도한다. 그리고 그 다음이 토론이나 공유가 일어나는 성찰 단계이다.

연극치료와 관련한 심리극에 대해서는 9장에서 더 자세히 논의할 것이다. 모레노의 작업은 심리 치료뿐 아니라 가족 치료(Brown and Pedder, 1979)와 사회 조직의 연구(Jennings, H. H., 1943)에 이르기까지 다양한 영역에 영향을 끼쳤다. 정신 치료 분야에서 치료로서 드라마와 관련된 초기 사례는 대부분 심리극의 형식을 취하고 있다. 다음 장에서 살펴보겠지만 연극치료 분야는 심리극과 별개로 형성되었다. 그러나 연극치료의 구조가 심리극의 웜업/실연/공유의 형태에 영향을 받았다는 사실에는 의심의 여지가 없다. 그리고 역할 바꾸기와 같은 특정 기법은 연극치료에서도 활용되고 있다. 연극치료와 심리극의 관계는 여전히 형성 중에 있으며, 많은 논문이 보다 정확한 양자의 관계 규명에 집중되고 있다(Landy,

1986; Langley, 1989, 1993; Chesner, 1994).

치료에서의 드라마

벤틀리(Bentley, 1977), 엘사스(Elsass, 1992), 안티누치-마크(Antinucci-Mark, 1986) 같은 이들은 극장 공간과 치료적 공간의 유사성을 지적해 왔다.

놀이 치료나 게슈탈트 심리학 등 일부 치료 형식은 연행이나 드라마의 언어를 사용한다. 이들 형식의 발달을 주도한 멜라니 클라인(Klein, 1932)과 프리츠 펄스(Perls, Hefferline and Goodman, 1951)는 연행, 연기, 극적 형식을 사용한 재현 과정이 치료적 효능과 중요성을 가지고 있음을 인식했다. 게슈탈트 심리학에서는 자기를 "지금 여기에서" 탐험하기 위해 극화의 방법을 사용한다. 예를 들어, "대화" 기법으로 환자가 자기 속의 분열이나 분리를 행동으로 나타내게 할 수 있다. 이것은 빈 의자 두 개를 놓고 각 의자가 내담자의 분열된 자기를 나타낸다고 약속한 다음 의자에 앉아 해당 부분의 역할을 맡아 연기하게 하는 것이다. 놀이 치료에서는, 8장에 나와 있는 대로, 놀잇감을 가지고 극적 놀이를 하면서 아동의 문제를 표현하고 탐험한다.

이 밖에 정신분석 같은 다른 치료 형식도 일각에서는 그 치료 과정 자체가 본질적으로 극적이라거나 혹은 극장이라는 은유를 통해 그 형식을 이해할 수 있다는 주장이 제기되어 왔다. 안티누치-마크는 정신분석에서 가상의 공간, 곧 내담자와 치료사가 "환상과 현실, 과거와 현재와 미래, 생각과 감정과 느낌의 상호 작용"에 참여하는 공간을 창출하는 방식을 연극에 비유하였다(Antinucci-Mark,

1986).

정신분석이나 심리 치료 작업의 핵심 양상인 전이 역시 극화의 틀거리로 볼 수 있다. 정신분석가인 케이스먼트는 분석적 관계의 "가상적" 본질을 언급한 바 있다. 치료 안에서 일종의 "환영"이 만들어진다는 것이다. 환자는 분석가가 "마치" 그때 그 사람"인 것처럼" 전이 속에서 과거의 관계를 다시 경험한다. 케이스먼트는 정신분석의 핵심을 이루는 전이 과정의 위력을 "…정서적 외상이 전이에 의해 나타날 때, 그 경험이 그렇게 직접적일 수 있는 것은 바로 환영의 실재성 때문이다"라고 흥미롭게 표현하고 있다(Casement, 1990, 82).

그 과정을 아예 연극적 용어로 표현할 수도 있다. 허구적 현실이 창조되고 내담자가 치료사를 허구의 인물로 대체하여 그 상황을 "마치" 실제"인 것처럼" 경험한다고 말이다. 스타니슬라브스키의 심리적 접근의 핵심은 "만약이라는 마법"[1]에 있다. 스타니슬라브스키는 연기의 효능에 접근하는 열쇠가 바로 그 개념에 들어 있다고 보았다. 배우는 무대에서 이루어지는 행동을 믿는다. 마가샤크는 이를 "배우는… 더할 수 없이 넘치는 충정으로 그것이 마치 진실인 양 신실하게 믿을 수 있다"고 표현한다(Bentley, 1977, 227). 이렇게 볼 때, 내담자가 경험하는 과정은 배우가 연행하면서 겪는

---

1) 스타니슬라브스키는 『배우 수업』 제1부에서 상상의 중요성을 강조하면서 "극의 작업은 '만약'을 활용하여 일상에서 벗어나 상상의 영역에 도달하는 데에서 시작한다"라고 말한다. "내가 만약 바다 속 깊은 곳에 있다면," "내가 만약 로미오라면," "로미오가 만약 줄리엣보다 아름다운 여인을 만났다면" 등 만약을 사용한 가설의 설정을 통해 배우는 가상의 세계에 구체성과 현실성을 확보할 수 있다. 실제로 스타니슬라브스키는 만약이라는 마법을 활용한 즉흥극으로 배우가 서브텍스트를 발견함으로써 맡은 역할을 더욱 현실감 있게 창조할 수 있게 했다.

체험과 유사하다. 배우와 내담자는 가상의 현실을 만나지만 그 속에서 느끼는 감정은 처음부터 끝까지 꾸며낸 거짓이나 "허구"가 아닌 "실제"로서 경험된다는 것이다.

벤틀리(1977)는 정신분석적 치료가 극적임을 지적해 왔다. 예를 들어, 과거의 정서적 외상을 "환자가 어린 시절의 자기를 연기하고, 분석가가 증오스런 아버지를 맡음으로써 다시 연행"하는 식이다(1977, 41). 그러나 그는 그러한 상황이 가진 극적 가능성을 충분히 실현하지 못한다는 측면에서 분석적 전통을 비판한다. 의자에 길게 누워 있는 내담자와 책상 앞에 앉아 있는 분석가로 족하다는 것이다. 벤틀리는 치료 과정에서 신체를 소거하고 정신적 측면에만 지나치게 집중하는 정신분석의 이러한 "한계"를 프로이트주의가 신체를 증오하는 유대교 전통의 세례를 받았다는 측면에서 이해한다.

분석과 치료에 대한 이러한 관점은 정신분석이나 심리 치료에 숨어 있는 극적이고 연극적인 과정의 존재를 암시한다. 그리고 그 잠재성은 연극치료가 치료적 만남의 본질을 이루는 드라마를 실현함으로써 비로소 현실화되었다.

연극적 사회 심리학: 행동과 존재는 연기이다

연극치료적 사고에 영향을 미친 또 하나의 중요한 발달은 상징적 상호 작용론과 사회 심리학에서 연극적 사고의 출현이다. 연극적 사회 심리학은 대개 1930년대 케니스 버크의 저작과 인간 행동의 연극적 모델의 발달에서 그 기원을 찾는다. 그것은 개인을 "의식과 무의식의 요소로 구성된 심리적 정체"(Burke, 1975, 55)라는 관점에서 분석하기보다 상호 작용에 초점을 맞추었고, 개별성을 심리적인 현상이 아니라 사회적인 것으로 이해하였다. 그리고 그러한 이해를 기반으로 사람들이 환경에 의해 외부적으로 조건화되는 방식을 집중적으로 연구하였다.

예를 들어, 미드(Mead, 1934)는 우리가 대상을 분별하고 인식하며 그 가치를 학습하는 것은 오직 다른 사람과의 상호 작용을 통해서라는 견해를 옹호한다. 그리고 그 대상 중 하나가 바로 "자아 self," 곧 다른 사람들에 의해 보여지는 "객체아me"다. 개인은 여러 사람들과의 서로 다른 상호 작용을 통해 다중적인 자아를 가질 수 있으며, 상호 작용을 통해 "사회적 자아"가 발달되고 정련된다.

우리는 특정한 상호 작용에 의해 자기 자신을 남자나 여자, 엄마나 딸, 점원이나 손님으로 구분한다. 그리고 우리는 이러한 상호 보완적인 분별과 관련하여 일련의 행동을 익히게 된다(Knowles, 1982, 6).

버크는 인간의 행동과 상호 작용이 드라마의 관점에서 가장 잘 표현되고 분석된다는 주장을 제기했고, 뒤이어 피터 버거, 휴 던컨, 어빙 고프만이 그 주장을 발전시켰다.

거기서 드라마는 자아의 본질을 이해하는 방식으로 사용된다. 개인은 일상생활에서 배우로서 정의되고, 사람들이 서로 관계 맺는 방식은 극적인 용어로 묘사된다. 예를 들어, 일상에서 사람들은 여러 가지 역할을 연기하고, 자신의 정체성을 찾고 표현하기 위해 소도구를 사용한다. 그리고 다른 "배우들"과의 상호 작용을 통해 비로소 자아에 이르게 된다. 사회는 우리에게 고정 불변의 영원한 정체성을 부여하지 않는다. 대신 "수많은 대안적 담론의 우주에 우리를 노출"시킨다(Travisano, 1975, 92).

삶과 인간은 본질적으로 연극적이라고 할 수 있다. 그렇게 볼 때 삶을 사는 방식은 하나의 연극 형식이라 할 것이다. 예를 들어, 고프만은 연극 공연의 개념을 취하여 개인이 다른 사람들과 관계 맺는 방식을 이해하는 데 사용한다. "'공연'은 해당 참여자가 주어진 조건에서 하는 모든 활동이라고 정의할 수 있으며, 그것은 다시 다른 참여자들의 공연에 어떤 식으로든 영향을 미친다"(Goffman, 1975, 75).

브리셋과 에즐리(Brissett and Edgeley, 1975)는 『연극으로서의 삶』에서 연극적 사회 심리학을 의미 있는 행동에 대한 연구라고 말하고 있다. 개인은 다른 사람들과의 일상 활동을 통해 의미를 축적한다. 그리고 "인간 조직의 의미는 그 활동과 그에 대한 다른 사람들의 활동으로써 구축된다"(1975, 3). 개인에게는 협소하게 제한된 방식이 아니라 인간적 가능성의 전 범주의 측면에서 의미 있게 행동할 수 있도록 기본적인 자원이 제공된다. 개인은 "새로운 의미를 창조하는 자"로 간주된다(1975, 3). 터너(1979)가 말하듯이, 역할이 반드시 고정된 것은 아니다. 그는 역할 만들기가 역할 맡기만큼 중요하다고 말한다. "역할 만들기"라는 용어는 개인이 역할을 창조하고 수정하는 방식을 이른다.

이러한 사고 방식의 핵심을 버거는 "황홀경"이라는 개념으로 표현하고 있다. 그는 이 말을 무아경을 통한 의식의 고양의 관점에서 사용한 것이 아니라, 다음과 같이 사용한다.

사회의 통념적인 관행으로부터 밖으로 물러나거나 그 밖에 서 있는 행동(말 그대로 엑스터시[1])(Berger, 1975, 14).

배우는 극 자체를 의식하게 된다. 곧 역할에 계속해서 빠져 있기보다 역할과 역할 연기에 관련된 선택과 결정을 분명히 자각하는 상태로 들어간다. 다시 말해, "배우는 그의 의식과 역할 연기 사이에 내적 거리를 확립한다"고 할 수 있다(1975, 14).

연극적 사회 심리학은 질병과 고통의 형식 역시 같은 방식으로 이해한다. 질병은 역할을 연기할 수 없는 무능력이고, 변화는 배우와 관객의 교감에 의한 작용인 것이다. "정체성의 변화는… 보는 이의 눈 속에 있다. 그러나 과연 누가 관객인가? 관객은 자기 반영적 타자, 배우의 타자, 일반화된 타자, 사회학적 관찰자이다"(Travisano, 1975, 91). 그러므로 사회의 의식상의 규칙, "공유된 의미로 만들어진 사회적 허구"의 관행을 따를 수 없는 개인에게 문제가 발생하는 것이다(Becker, 1975, 299).

연극적 사회 심리학은 드라마의 세계와 현실의 삶을 연결하는 방식을 창조한다. 한편으로는 연극과 삶의 유사성을 그려냄으로써 개념적인 연계를 형성하고, 또 다른 쪽으로는 개인을 역할의 창조와 조정을 통해 기능하는 존재로 본다. 이러한 기능 방식은 의식의 차원에서 이루어진다. 즉, 배우는 역할을 만들고 재구성할 수 있다. 그러므로 내가 누구이고 어떤 사람이 되는가는 바로 삶에서 얼마나 능력 있는 배우가 될 수 있는가와 직결된다. 개인을 이렇게 이해하는 방식은 역할 연기를 사용하는 데에 큰 영향을 미쳤으며, 많은 연극치료사들이 자신의 작업을 그런 식으로 이해하게 했다. 그 결과 연극치료는 내담자에게 버거가 말하는 "황홀경"을 경험케 하는 영역이며, 역할을 살펴보고 검증하고 재구성하며 개인의 역할

---

1) 그리스어로 "자신을 초월해서 자기 밖에 서다"라는 뜻이다. ek(밖에) + stasis(서기)

과 다른 역할들 그리고 사회의 관계를 탐험하는 과정으로 받아들여져 왔다.

9장에서 보게 되겠지만 사회과학 분야의 일부 역할 연기 작업은 이러한 입장에 크게 영향을 받아 왔다. 최근 몇 년 동안에는 연극적 사회 심리학에 영향을 받은 연극치료사들이 여럿 등장하였다. 멜드럼은 이렇게 말한다.

연극치료사 대다수가 치료 세션에서 역할과 인물 구축을 사용하지만, 로버트 랜디를 필두로 한 미국 연극치료사들은 역할 이론 중에서도 특히 어빙 고프만의 연극적 모델에 바탕을 두고 있다 (Meldrum, 1994, 75).

교육에서의 놀이와 드라마

교육에서 드라마와 연극의 활용이 본격화되기까지는 19세기 말부터 20세기에 걸친 긴 시간이 필요했다. 칼드웰 쿡의 『플레이 웨이』 (1917)는 드라마를 학습에 활용하는 방식을 개발하였다. 그는 자신이 영어 과장으로 있던 퍼스 학교에서 "무언극"이라는 특별한 교실을 만들었는데, 그곳은 드라마 활동을 위해 지어진 최초의 공간이 되었다. 이러한 접근은 일반적인 학습 방법보다는 직접 연행하는 편이 극문학을 이해하는 데 도움이 된다는 점을 강조했다. 또한 아동 교육에서 드라마에 더 광범한 의미가 주어졌다.

아동기의 자연스런 학습 수단은 놀이이다…. 자연스런 교육은 실천에 있다…. 순진무구한 어린이를 넓은 세상에 내보내는 것은 현명한 일이 아니다. 그리고 말은 그다지 효과가 없는 방법이다. 그러나 커다란 가상의 세계에서 우리의 힘을 시험해 보는 것, 예행 연습을 하는 것은 가능성이 있다. 그것이 바로 놀이이다(Caldwell Cook, 1917).

혼브룩은 학습과 교과 과정의 일부로서 드라마의 발달을 심리학에서의 놀이와 유희성 이론의 발달에 연결한다. 8장에 나오듯이, 이러한 발달은 부분적으로 놀이가 학습 과정과 관계되는 방식에 관심을 갖는다. 그는 1931년 초등 교육에 관한 교육 보고서를 인용하면서, 놀이에 대한 이 새로운 관점이 드라마와 어떻게 연합될 수 있었는지를 설명한다.

아이들이… 그렇게 놀라운 재능을 선보이는… 드라마는 움직임에서의 표현 능력을 계발하는 데 더욱 귀한 기회를 제공하며, 심리학자들이 옳다면, 그것은 지각과 정서 발달에 매우 밀접하게 연관되어 있다(Hornbrook, 1989, 9).

미국의 존 듀이는 아동의 자연적인 "행동을 통한 학습"을 옹호함으로써 교육에 변화를 가져왔다. 네바 보이드는 놀이터 교사를 위해 시카고에 훈련 학교를 만들었고, 1911년과 1921년에는 시카고에 레크리에이션 훈련 학교를 세웠다. 이 학교에서는 아동과 성인의 창조성 계발을 위해 드라마, 게임, 스토리텔링 작업을 병행하였다. 그리고 1945년에는 게임이 병원에 입원한 아동에게 그리고 "정신과 환자"의 치료와 "문제 청소년"의 재교육 작업에서 효과가 있음을 주장했다.

1925년 미국의 위너프리드 워드는 노스웨스턴 대학에서 드라마와 지역 사회 학과를 열어 "창의적 연극"의 발달과 특수 교육으로의 움직임을 이끌었다. 1930년에 그녀는 『창의적 연극』을 출간하였고, 1975년에 이르러 창의적 연극 분야는 미국 어린이연극협회에 의해 이렇게 정의되었다.

> 즉흥적이며 비전시적인 과정 중심의 드라마 형식으로서, 리더가 있어서 참여자들이 인간의 경험에 대해 상상하고 연행하고 성찰할 수 있도록 이끈다… 이 과정은 모든 연령대에 적합하다(in McCaslin, 1981, 7).

지역 사회 작업을 위해 즉흥극을 가르친 비올라 스폴린의 예에서 볼 수 있듯이 교육과 지역 사회 환경에서의 드라마의 활용은 광범하게 퍼져나갔다.

피터 슬레이드(Slade, 1954) 또한 드라마가 사용되는 방식에서의 변화를 성찰한다. 연극치료의 관점에서 그의 생각과 실천은 주목할 만한 가치가 충분하다. 예를 들어(1954, 106), 그는 어린이 연극의 목적으로 정서적이고 신체적인 제어력, 자신감, 관찰력, 인내심, 다른 사람에 대한 배려 같은 효과를 들고 있다. 그 뒤로도 도러시 히스코트가 드라마를 아동의 통찰과 이해력을 계발하는 방식으로 강조한 바 있다. 1960년대 후반에 그녀는 "다른 사람들의 입장에 서보는 것" 그리고 "다른 사람들의 관점을 이해하는 데 도움이 되도록 개인적 체험을 사용하는 것"에서 드라마의 중요한 가능성을 보았다. 그리하여 그러한 발견과 드라마를 통한 아동의 개인적 능력의 발달을 강조하게 되었다.

독일에서는 1880년부터 1940년 사이에 "인성 발달," 인성 특질의 고취, 개인의 사회적 자각의 발달에 있어 놀이의 기능과 활용을 연구한 많은 논문과 저작이 나왔다. 이 분야는 슈피겔페다고직이라 불렸다. 1940년대와 1950년대에는 쿨터 뮬이, 드라마가 개인의 변화에 미치는 영향에 주목하여, 그와 관련된 여러 가지 훈련 프로그램을 만들었다. 독일에서도 역시 치료 맥락에서 극적 놀이와 게임을 활용하는 슈피겔테라피가 발달하게 되었다. 그리하여 일부 교사 양성 대학에서 슈피겔테라피 과정이 개설되기 시작했다.

교육에 드라마를 도입하게 된 것은 드라마가 개인의 발달에 미치는 영향력에 대한 이해의 증진과 맞물린다. 드라마는 아동이 세계를 배우고 또 그 세계와의 관계를 익히는 방식이자 감정이입과 통찰 그리고 대인 관계 기술을 발달시키는 방법으로 간주되었다. 그리고 그렇게 해서 개인적 과정과 연결된 드라마 그리고 세계를 이해하고 그와 관계 맺는 방식으로서 드라마라는 시각으로의 접근이 가능해지게 되었다. 다음 장에서 보게 되겠지만, 이 영역은 연극 치료의 등장에서 매우 중요한 역할을 담당하였다.

요약

이 장에서는 연극과 드라마 그리고 치료적 변화의 연계가 형성되기 시작한 다양한 경로를 살펴보았다. 놀이와 정신분석에서의 새로운 이론들, 연극적 사회 심리학, 심리극, 예브레이노프와 스타니슬라브스키 같은 사람들의 실험, 병원과 학교 등지에서의 예술의 새로운 활용 등이 모두 연행 형식과 변화의 창조 사이에 중요하면서도 다양한 접점을 만들어 냈다.

핵심 영역을 정리하면 다음과 같다.

- 심리 치료의 발달과 정신분석에서의 놀이의 활용
- 치료와 연극 그리고 드라마를 체계적으로 연계시킨 예브레이노프와 일찐과 모레노의 작업
- 교육적 가치를 인정받고 제도 속으로 진입한 드라마
- 연기와 공연 과정에 관한 새로운 통찰과 방법론의 발달을 가져온 실험 연극
- 병원에서 연극의 성장과 정신병원에서 레크리에이션과 작업 치료의 일환으로 도입된 드라마의 발달
- 게슈탈트 심리학 같은 행동 중심적 집단 치료의 출현

연극치료의 등장이 갖는 의미는 다음과 같다.

- 극적 과정이 치유의 현대적인 형식과 개념에 연결될 수 있다
- 드라마는 결과물보다 과정으로서 가치 있다
- 아이들은 문제를 가지고 놀면서 자연스럽게 어려움을 풀어낸다
- 집단 작업이 치료적일 수 있다
- 심리 치료에서 경험을 재구성하는 것은 변화에 도움을 줄 수 있다

앞에서도 말한 바 있듯이, 이러한 의미는 드라마와 연극을 레크리에이션으로 활용하는 영역이나 심리극 분야에서 이미 부분적으로 활용되었다. 그러나 이 모든 영역에서 발견된 가능성은 다양한 실험을 전개하고 실제 작업을 기록할 수 있게 하는 배경을 제공하였으며, 개인과 집단에게 드라마의 치유적 잠재력의 깊이와 넓이를 탐험할 수 있는 기회를 만들어 주었다. 다음 장에서 보게 되겠지만

전문적 실천과 소양을 필요로 하는 특정 영역이자 하나의 학문으로서 연극치료의 등장은 이 장에서 언급된 것보다 훨씬 광범한 발견과 발달 그리고 연계가 축적된 결과였다.

4. 연극치료의 등장

개관

연극치료가 특정 학문이자 하나의 직업으로서 등장한 것은 1930년대 이후의 일이다. 1970년대 자메이카 벨레뷰 병원의 작업(Hickling, 1989)에서 1980년대 그리스 연극치료협회의 결성(Robertson, 1990)에 이르기까지 많은 나라에서 드라마가 치료로 활용된 증거를 찾을 수 있다. 연극치료의 등장은 미국, 네덜란드, 영국 같은 주요 국가에서 연극치료가 독자적인 분야와 직업으로 확립된 과정과 궤를 같이한다고 말할 수 있다. 따라서 이 장에서는 연극치료의 발달 과정을 이들 세 나라의 자료를 근거로 되짚어 보고자 한다.

연극치료의 등장을 특징짓는 현상들은 다음과 같다.

- 치료와 교육을 목적으로 드라마와 연극을 활용하는 다른 분야로

부터 독자적으로 구별된 정체로서 연극치료의 발전. 이는 곧 연극 과정을 활용하는 심리극과 교육 연극 그리고 "임상 드라마"[1]라고 알려진 것으로부터 분리됨을 말한다.

- 다른 치료나 처치 과정의 부속물로 사용되는 극적 과정에서 연극 치료라는 고유한 치료 분야로의 이행.
- 다른 예술 치료와 마찬가지로, 병원에서의 공연이나 낮병동의 드라마 프로젝트처럼 병원이나 복지 시설에서 행해지는 예술 활 동과 다른 연극치료만의 정체성을 성취하는 것.

이 과정은 여러 단계에 걸쳐 나타난다. 앞 장에서 살펴보았듯이, 심 리극이나 정신분석과 달리 연극치료의 "탄생"은 특정한 개인의 이 름과 연결 지을 수가 없다. 연극치료의 등장은 여러 나라의 개척자 들이 서로 다른 환경에서 점진적으로 연극치료의 발전과 형식을 진화시킨 결과라 할 수 있다.

『연극치료의 이론과 실제』(1987)의 서문에서 수 제닝스는 "현 재 통용되는 연극치료적 작업은 1960년대 초반 영국에서 시작되었 다"라고 말한다. 그리고 이것은 드라마가 "교육의 틀 안에서 치료 적으로 활용되던 데에서 임상의 영역으로 전환"되었다는 맥락에

---

1) 여기서 임상 드라마remedial drama는 연극치료에 대비되는 개 념으로 쓰이고 있다. 임상 드라마를 "치료 연극"이라고 옮기기 도 하는데, "연극치료"와 "치료 연극"은 같은 단어를 앞뒤 순서 만 바꿔 조합한 것이지만 자세히 살펴보면 그 단순한 차이 뒤에 매우 큰 입장 차이를 숨기고 있다. 거칠게 구분하여 치료 연극 이 "치료를 위한 연극"이라면 연극치료는 "연극을 통한 치료" 라 볼 수 있다. 곧 임상 드라마란 치료의 근본과 원동력은 병리 학이나 심리학에 두되, 그 과정의 원활한 작동을 위해 드라마와 연극을 기법 차원에서 활용하는 형태를 이른다고 볼 수 있을 것 이다.

4. 연극치료의 등장 **127**

서 논의되고 있다(1987, xiii). 연극치료의 역사는 흔히 이런 식으로 설명되어 왔다. 그러나 이 장에서는 그보다 훨씬 전부터 임상학자들이 연극치료의 용어와 개념을 사용해 왔음을 보일 것이다. "현재 통용되는" 연극치료의 등장은 1960년대 영국에서라고 단순화하기 힘들며, 그보다는 여러 나라에서 좀 더 복합적인 과정을 거쳐 진행되었다. 예를 들어, 1950년에 미국에서 출간된 앨프리드 솔로몬의 광범한 저작 「연극치료」는 연극치료적 실천의 실례를 풍부하게 들고 있다.

1930년대부터 줄곧 그리고 특히 전후에는 의료와 특수 교육 분야에서 드라마에 대한 탐색과 그 활용에 대한 관심이 눈에 띄게 높아졌다. 이것은 주로 드라마에 관심을 가진 작업 치료사, 교사, 심리 치료사, 연극 등의 다른 분야에서 복지 시설로 옮겨온 드라마 전문가와 관련되며, 이들의 작업은 거의 상호 교류 없이 상대적인 고립 속에서 이루어졌다.

이렇게 개별적으로 흩어져 있던 사람들이 집단을 형성하여 아이디어와 작업 방식을 함께 개발하기 시작했다. 이 단계는 치료로서의 드라마 혹은 치료에서의 드라마와 관련한 구체적인 개념과 작업 방식의 출현을 동반한다.

그런 뒤에는 전문가 양성을 위한 교육 과정과 협회와 직업 기구가 조직됨에 따라 구체적인 정체성과 실천 형식이 확립되게 된다. 그와 함께 연극치료의 이론과 실천을 기록한 많은 자료가 축적되기 시작한다.

세 나라 모두 이 같은 흐름에 따라 연극치료가 형성되었다. 가장 먼저 다양한 배경을 가진 사람들이 치료와 개인의 변화라는 맥락에서 드라마를 사용하는 방법을 이해하기 시작했고, 그런 개인들이 모여 집단을 형성하면서 그 결과 치료로서 드라마의 특성이 정식화되게 되었던 것이다.

네덜란드 역시 이러한 단계를 밟았다. 1920년대와 1930년대는 정신병원이나 학습 장애 센터 같은 환경에서 다양한 예술가들이 작업한 기록이 있다. 그러다가 2차 세계대전 직후에는, 예를 들어 1950년대 말 로테르담 병원의 "축제의 방"처럼, 정신과 환자를 대상으로 한 드라마와 연극 활동이 급증한다. 그리고 1960년대에 여러 집단이 함께 모여 교육 과정을 만들었고, 1970년대에는 직업 기구를 조직하기에 이른다.

연극치료는 왜 발전하였는가?

연극치료의 등장에 관하여 플레시먼과 프라이리어는 전후 상이 군인의 대거 유입에 따라 그 "거대한 수요"(Fryrear and Fleshman, 1981, 14)를 맞추기 위해 예술 치료를 포함한 "새로운 치료 기법"이 고안되었다고 지적한다. 솔로몬과 펜트레스가 일리노이 향군 재활 센터에서 한 작업(Solomon and Fentress, 1947)과 해군 군인 복지 센터에서 "신경증 병사"와 함께한 코헨의 인형 작업(Cohen, 1944) 등을 그러한 예로 들 수 있다. 그러나 앞에서도 지적했듯이, "연극치료"의 발달에는 그밖에도 수많은 복합적 요소가 관여하고 있다.

일찐과 예브레이노프가 치료에서의 드라마 사용을 개척했음에도 불구하고 그들의 작업과 전후 미국과 영국에서의 연극치료의 등장을 잇는 뚜렷한 계보를 찾기는 어렵다. 다만 네덜란드에서는 일찐의 아이디어가 상대적으로 영향력을 발휘해 왔다. 모레노의 심리극 작업은 특히 미국을 중심으로 의료 시설에서의 드라마 활용에 의미 있는 영향을 주었다. 그렇지만 연극치료가 치료에서 드라마를 사용하는 것과 심리극은 별개라 할 수 있다. 물론 연극치료에서 모레노의 영향을 부정할 수는 없지만, 그렇다고 해서 연극치료가 그 초기 발달 과정에서 심리극에 뭔가를 빚지고 있다고 가정하기는 힘들다. 예를 들어, 영국 연극치료의 개척자라 할 수 있는 린크비스트와 제닝스 그리고 슬레이드는 이 책에 실린 인터뷰에서 그들이 작업을 시작한 초창기에는 심리극에 대해 아는 바가 없었다고 말하고 있다. 심리극의 작업 방식과 핵심 개념이 20세기 초반에 형성된 것은 사실이지만, 단순히 그를 근거로 연극치료가 하나의 직업이자 독자적인 치료 영역으로 확립되는 데 심리극이 중요한 역할을 했다고 단정할 수는 없다.

앞 장에서 보았듯이, 많은 영역에서의 변화와 발달이 드라마를 다른 각도, 곧 개인적이고 치료적인 변화의 관점에서 바라볼 수 있는 맥락을 창출하였다. 결과보다는 과정에 중점을 두는 교육 연극의 발달이 사람들에게 드라마를 가지고 새로운 방식으로 작업할 수 있는 여지를 만들어 주었다. 그것은 새로운 아이디어와 작업 방식의 발달을 가져왔을 뿐 아니라 보다 중요하게는 사람들이 교육만이 아닌 개인의 성장의 측면에서 드라마의 가능성을 목격하고 경험할 수 있게 해주었다고 할 수 있다. 연극치료의 초기 단계에서 교육 연극이나 놀이가 아동의 초기 사고에 미치는 영향력과 중요성을 얼마나 많은 사람들이 지적했는지 살펴보는 것도 흥미로울 것이다(Horwitz, 1945; Moreno, 1983; 책에 있는 제닝스, 란크비스트, 슬레이드의 인터뷰를 참고할 것).

또한 앞 장에서 말한 바 있듯이, 시설 수용 인구에 대한 처우, 정신병원과 심리 치료, 의료 환경에서의 예술의 활용, 집단 작업에서의 변화가 모두 연극치료의 출현을 위한 환경과 공감대를 마련하였다. 영국의 연극치료 개척자 중 한 사람인 수 제닝스는 인터뷰에서 직접적인 경험에 바탕하여 이러한 현상을 요약하고 있다. 그녀는 연극치료의 등장과 초기에 정신병원에서 활용된 드라마와 연극의 관계에 대해 이렇게 말한다.

> 1930년대와 1940년대에는 희곡 읽기와 드라마 활동이 "유익한 것"으로 여겨졌기 때문에, 덕분에 우리 같은 사람들이 1950년대와 1960년대에 좀 더 쉽게 무대를 확장할 수 있었다고 할 수 있습니다. 말하자면, 연극치료는 처녀지가 아니라는 거죠.

결론적으로 의료 서비스, 치료, 교육, 드라마와 연극이 사용되고 이해되는 방식에서의 변화가 사람들로 하여금 드라마와 치료를 연결지을 수 있는 가능성에 눈뜨게 해주었다고 볼 수 있다. 이러한 변화는 또한 연극치료가 실행될 수 있는 상황의 성숙으로 이어졌다. 수 제닝스의 말에서도 확인되듯이, 내담자가 예술 체험으로부터 어떤 식으로든 "혜택"을 받을 수 있다는 개념이 점차 확산되었던 것이다. 다시 말해, 치료 프로그램의 이러한 자유화 현상은 약물 처방 일변도나 "환자"를 단순히 수용하는 데 그치던 데에서 벗어나, 새로운 아이디어와 실천이 나타날 수 있는 기회가 존재했음을 의미한다.

연극치료의 등장: 1939년 이후 기록에 대한 검토

1940년대부터 1970년대 초반까지 기록된 작업은 일반적으로 세 가지 영역으로 나눌 수 있다. 한 가지는 의료 시설에서 행해진 극적인 행사나 활동에 관련되고, 다른 한 영역은 드라마가 여타 치료나 재활 작업의 보완재로 활용되는 방식에 관심을 두며, 마지막은 드라마와 연극 과정 — 연극치료에서 변화의 주요 매체로서 드라마 — 의 치료적 특성과 효과에 초점을 맞춘다.

1930년대와 1940년대에는 상당수의 작업이 모레노의 생각과 심리극적인 방법에 기초를 두었고, 일부 개인적인 작업들만 드라마를 좀 더 광범한 의미에서 접근하여 "연극치료"라는 용어를 사용한다. 그러나 그때까지는 독립된 영역으로서 연극치료의 개념이 폭넓게 사용되지 않았다. 일례로 1939년에 다비도프는 「이야기와 드라마 기법에 대한 소년원생 집단의 반응」(Davidoff, 1939)이라는 제목의 글을 썼다. 이처럼 많은 작업이 새로운 치료 형식이나 전반적인 접근을 옹호하는 대신 특정한 기법으로 표현되었다. 현장에서 작업하는 사람들은 어떻게든 작업의 성격을 정확하게 규정하려 애쓰기 마련이며, 그 노력은 솔로몬과 펜트레스가 1944년부터 1946년에 진행한 작업에 「심리 역동의 극화 기법을 사용한 분석적 집단 심리 치료에 대한 비판적 연구」(Solomon and Fentress, 1947)라는 제목을 붙인 것처럼 매우 정교한 표현으로 나타나곤 한다.

1970년대에 접어들면서 세 번째 영역의 비중이 급격히 커지게 된다. 그렇지만 세 종류의 연구와 작업 형태를 정확하게 시기별로 나누기는 사실상 불가능하다. 슬레이드, 호르비츠, 플로어셰임 같은 이들은 1930년대 후반과 1940년대에 이미 변화의 주요 매체로서 드라마에 대한 글을 쓰거나 "연극치료"라는 용어를 사용했다. 연극치료가 이렇게 명확하고 규격화된 발달 과정을 따르지 않는 것은 부분적으로 초기에 행해진 작업들이 서로 연관을 가지지 않고 고립된 상태에서 진행되었기 때문이라고 할 수 있다. 개인들이 서로 접촉하지 않은 채 각기 다른 시기에 연극치료를 발견하고 개

별적으로 작업을 발전시켰던 것이다. 그러다 1960년대 말과 1970
년대를 거치면서 비로소 조직을 갖춘 집단이 보편화됨에 따라 "연
극치료"라는 이름 아래 응집력을 키우기 시작했다. 뒤에 실려 있는
인터뷰는 이 과정을 생생하게 목격한 사람들의 이야기를 통해 영
국의 연극치료 발달 과정을 조명하고 있다.

　이제부터는 앞에서 말한 세 종류의 작업 기록, 곧 의료 시설에
서 행해진 극적인 행사나 활동, 치료의 부속 활동으로서 드라마, 변
화의 주요 수단으로서 드라마를 예를 통해 살펴볼 것이다. 이 모두
가 1930년대부터 현재에 이르기까지 연극치료의 등장에 기여하였
다.

드라마와 연극: 병원에서의 예술

의료 시설에서 행해진 연극과 드라마의 사례는 1930년대부터 오늘
날까지 여러 지역에서 광범하게 찾아볼 수 있다. 예를 들어, 1956년
『너싱 타임즈*Nursing Times*』는 "정신병원 환자들이 공연한 성탄절
이야기"라는 기사를 싣고 있다. 메이조의 「심리 치료 시설에서의
공연 만들기」(Mazor, 1966)와 그린의 「정신병원에서의 연극 공연」
(Green, 1966)은 모두 공연물의 제작과 상연에 대해 논하고 있다. 여
기서 강조점은 창조성과 공연 그리고 정신 의료 시설의 특수한 환
경에 주어진다.

　1950년대 후반 플로리다 주 데이비스 아일랜드의 탬파 종합 병
원에서 가진 스테거와 코긴스의 작업은 순수한 공연이라기보다 치
료적 관점에서 고려된 작업의 한 예를 보여 준다. 「공연치료」라고
제목을 붙인 논문에서 그들은 주 1회씩 만나 공연을 만든 과정에
대해 이야기한다. 그 작업의 주된 목표는 "대인 관계의 향상"이라

는 부산물과 함께 환자들에게 "오락"을 제공하는 것으로 표현되었
다(Steger and Coggins, 1960, 127). 해당 부서장이 "재능 있는" 스탭을
선택하였고, 목요일 저녁 식사 시간에 환자들을 공연에 초대하였
다. 기록에 의하면, 스탭의 공연에 약 160명의 환자가 객석을 메웠
다고 한다. 그 작업은 재활 과정의 맥락 안에 확고하게 자리 잡고
있다.

> 공연을 보러온 환자들은 개인적으로 그리고 전체적으로 다양한 방
> 식으로 격려를 받는다. 재활 병동과 회복기 병동에 있는 장기 입원
> 환자들에게 공연은 권태로운 병원 생활에 반가운 위안거리가 되어
> 준다… 정신 치료 병동 환자들에게는… 관객으로서 연극을 보는
> 경험이 그렇지 않았을 경우에 비해 현실로의 귀환을 좀 더 부드럽
> 게 해준다는 것을 발견할 수 있다(Steger and Coggins, 1960, 127).

"재능 있는 스탭"이 연기하는 이러한 "공연치료"의 예는 병원
에서 이루어지는 작업의 한 경향을 보여 준다. 오늘날에 와서는 스
탭이 공연을 하고 환자들이 관객으로 그것을 지켜보는 이러한 작
업 형태에 대해, 스탭은 유능하고 환자들은 오직 받을 줄만 안다는
통념을 강화한다는 측면에서 전보다 비판적이게 되었다. 그래서
보다 많은 작업이 환자들 스스로 작가, 연출가, 배우가 되어 공연을
만들게 하고 있으며, 일부 시설에서는 그것이 치료 프로그램의 하
나로 정착되기도 했다. 한편 또 다른 일부에서는 이러한 맥락에서
의 연극 작업을 치료적 기능과 관계없이 예술적인 가치로만 평가
하기도 한다(Pickard, 1989). 그리고 사회적 명분을 내세우거나 병원
이나 의료 시설의 특수한 환경에서 연극과 드라마에 접근하려는
시도들도 있다(Green, 1966; Brookes, 1975).

이러한 작업은 작품을 만들고 보여 주는 데에서 유발되는 공연 과정의 치료 효과를 강조한다. 최근에는 왕립 셰익스피어 극단이 브로드무어 특수 병원(Cox, 1992)에서 공연과 워크숍을 했고 또 에무나와 리드 존슨은 공연 작업에 참여하는 것이 지역 사회와 정신 의료 기숙 시설에 있는 내담자의 자기-이미지에 긍정적인 영향을 미치는 방식을 연구했다(Emunah and Read Johnson, 1983). 앞서 말한 탬파 종합 병원에서와 같은 작업은 공연이나 극적인 행사를 지켜보거나 거기 참여함으로써 얻을 수 있는 치료적 이점에 대한 힌트를 제공한다. 일부에서는 공연 형식의 직접적인 치료적 가치를 논하고 그것을 연극치료의 일부로 포함시키기도 한다(Read Johnson, 1980; Read Johnson and Munich, 1975; Mazor, 1966).

보완재와 부속물

1947년 라스너는 『임상 심리학 저널』에 「소년범을 대상으로 한 진단적-치료적 기법으로서 희곡 쓰기와 연기」라는 글을 기고하였다. 극적 기법을 언어 치료 프로그램을 위한 평가 도구로 사용한 것이다. 이와 비슷하게 엘리스의 「진단과 치료를 위한 극적 놀이의 활용」(Ellis, 1954)과 군의 「집단 심리 치료에서 환자간 상호 작용의 자극제로서 극적 장면의 실연」(Gunn, 1963) 역시 언어 치료를 보조하는 수단으로 진단 과정에서 극적 기법을 활용한다. 이밖에도 다른 보기를 많이 들 수 있으며, 이것이 치료에서의 드라마라는 두 번째 흐름을 형성한다. 여기서는 치료 과정 혹은 집단 심리 치료, 재활, 레크리에이션, 사전 평가 등 여타 치료 영역의 부속물로서 드라마를 강조한다.

이 접근 방식은 앨프리드 솔로몬의 광범한 저작인 「연극 치료」

(Solomon, 1950)에 가장 잘 요약되어 있다. 그는 여기서 드라마를 치료적 의도를 가지고 활용할 수 있다고 말한다. "그러나 이러한 치료적 의도는 드라마만 사용해서는 성취될 수 없으며, 집단 심리 치료 상황에서 심리 치료와 정신분석의 기법과 함께 사용해야 한다"(1950, 247).

1939년에 있었던 프랭크 쿠란의 작업이 이러한 접근을 잘 보여준다. 그 작업에서는 행동상의 문제로 치료를 받던 사춘기 소년들이 〈프레임드〉와 〈깡패는 어떻게 만들어지는가〉(Curran, 1939, 215) 같은 희곡을 쓰고 공연하였다. 그러나 의상과 무대 장치를 모두 갖춘 그 공연은 어디까지나 소규모 집단 언어 작업과 "더 깊이 있는 탐사가 이루어지는"(1939, 269) 개인 치료를 위해 내용을 창조하는 방식으로 간주되었다.

이러한 흐름에서 드라마는 치료에 유용하다고 간주되면서도 그 효능이나 안전성을 인정받기 위해 "공인된" 또 다른 형식의 치료를 필요로 한다. 드라마는 다른 부분에서 다룰 내용을 끌어내는 보완재로 사용되거나 혹은 다른 것의 일부로서 — 예를 들어, 진행 중인 언어 심리 치료에 삽입된 짧은 연행 — 내담자의 변화를 보조할 수 있다. 요컨대 기존의 치료 형식에 부속되거나 종속적인 것으로 존재할 뿐이다.

치료로서 드라마?

1930년대 말부터 1970년대 초까지 변화의 주요 매체이자 독자적인 치료로서 드라마에 대한 인식이 강화되었다. 그러나 그 개념과 용어와 형식은 여전히 다른 영역의 그것과 혼동되어 쓰이기 일쑤였다.

이 흐름은 연극치료의 분명한 개념과 작업 방식과 언어를 찾기 위한 노력 그리고 치료로서 드라마 활용의 효율성 여부를 검증하려는 시도로써 특징지을 수 있다. 그러한 작업은 흔히 특정한 작업을 구체적으로 설명하고, 또 방법론이나 일련의 일반적 논리나 가정을 밖에서 끌어오려는 노력으로 이어지곤 한다. 작업의 이러한 특성은 치료로서 드라마 개념이 새로운 것이라는 사실에 기인한다. 부속물 혹은 보완재의 개념에서는 등을 돌렸지만 아직까지 연극치료가 정확히 무엇인지 그 정체성에 대한 충분한 감이 없는 것이다. 이때까지도 상당수의 작업이 여전히 상대적인 고립 속에서 행해지고 있었고, 그러한 가운데 많은 사람들이 동일한 방향성을 가지고 작업하였으며, 교육이나 작업 치료 같은 유사한 배경을 가진 사람들끼리 집단을 형성하기 시작했다.

세 번째 영역의 보기로는 르페브르의 「심리 치료의 기법으로서 극적 상연을 위한 이론적 기저」(Lefevre, 1948), 맥밀런의 「만성 퇴행 환자를 위한 연기 활동」(McMillen, 1956), 코스의 「아동 치료에서 집단 과정으로서 비구조화된 인형극」(Kors, 1964) 등을 들 수 있다.

1968년 서프의 작업은 이 흐름의 전형을 보여 준다. 그는 한 집단과의 작업을 바탕으로 보다 광범한 방법론으로의 일반화를 꾀하였고, "연극치료"라는 용어와 함께 드라마를 작업의 주된 수단으로 사용하였다. 그러나 그것은 특수하고 상이한 형태의 작업이 아니라 교육/훈련의 방법론을 의료 환경에 적용한 것으로 간주되었다.

1968년 서프는 켄터키 주 루이스빌의 주립 중앙 병원 아동 치료 센터에서 청소년과 작업을 하였다. 정신과는 당시 어린이 연극을 연출하면서 지속적으로 워크숍을 진행하던 서프에게 6주 동안 시험 운영을 하게 한 다음 정규 프로그램으로 지원하였다. 세션은

주 1회로 진행되었고 "학생들"을 위한 학습 기술을 강조했다. 서프
는 그 작업을 연극치료라 표현하면서 이렇게 말한다.

> 드라마 경험은 혼란을 겪는 청소년의 인성 발달을 도울 수 있다. 역
> 할 연기뿐 아니라 기능적인 기법 훈련 역시 자기를 실현하고 다른
> 사람들과 접촉을 갖는 데 가치 있는 도움을 줄 수 있다. 나는 배우
> 훈련에 쓰이는 것과 똑같은 활동을 정신과 환자들에게 사용한다
> (Cerf, 1972, 112).

그는 창조성을 강조하여 창조적 상상과 음성 표현 그리고 집중력
을 작업 목표로 설정했다. 그리고 연극치료의 주목적은 연극적 결
과물보다 그 과정에 초점을 맞춘다(1972, 117). 서프는 또한 "심리극
은 환자의 문제를 직접적으로 다룬다는 점에서 보다 '직면적'이
다. 그에 비해 연극치료에서는 환자가 얼굴을 가리는 방패 뒤에 숨
어서 편안하게 자신의 정서적 문제들을 해결한다"라고 연극치료
와 심리극을 비교한다(1972, 123).

교육연극협회에서 발간한 팸플릿 『정신 지체 성인을 대상으로
한 드라마』는 연극치료를 "드라마를 건설적으로 경험하는 것"
(Slade, Lafitte and Stanley, 1975, 3)이라 표현하며, 서프의 글과 몇 가지
특징을 공유한다. 그 팸플릿에 인용된 작업은 모두 슬레이드의 영
향을 받은 영국 어린이 연극 교육 과정을 이수한 사람들이 주도한
것이었다. 따라서 이들이 연극치료라고 표현한 작업은 곧 성인을
대상으로 한 "어린이 연극"이라 할 수 있다. "세심하게 적용된 어
린이 연극이며, 연극치료 전체의 광범한 형식 중의 극히 일부[이
며]… 고도의 사회적 훈련과 다양한 수준의 능력에 대한 이해를 포
함[한다]"(1975, 4).

에일린 라피트는 "병원 의사에게 치료로서의 가치를 평가받기 전에" 연극치료라는 말을 써서 괜한 "불만을 사지" 않기 위해 환자와 스탭에게 "창의적인 움직임"이라고 소개된 한 작업을 기록하고 있다(1975, 5). 거기서 그는 작업의 목표가 참여자의 개인적인 공간 지각을 돕고 언어 유창성을 증가시키며 고립되지 않고 환상을 통해 의사소통하게 하기 위함이라고 밝히고 있다. 일주일에 닷새를 하루 30분씩 4주 동안 만났다. 작업의 내용은 라반의 영향을 받은 움직임 작업과 즉흥극 및 "상상 놀이"와 "개인적인 움직임 놀이"를 포함한 어린이 연극 기법을 혼합하였고, 만날 때마다 스탭이 디자인한 다른 주제와 구조를 가지고 진행되었다.

그 팸플릿에는 연극치료 작업이 신생 분야이기 때문에 겪는 몇 가지 모호한 점과 어려움이 묘사되어 있다. 예를 들어, 드라마를 치료라 부르기를 주저하는 것과 같은 것들이다. 그러나 그런 경우에는 내담자와 스탭이 서로 다른 틀거리를 가지고 작업에 임하는 결과를 초래할 수 있으며, 작업 과정을 기술하는 방식과 용어에서도 교육과 치료 사이에 혼동이 생기게 된다. 어린이 연극은 엄연히 교육 철학과 실천에 굳게 뿌리내린 접근이기 때문이다. 그런 한편 이 대목은 역사적인 관점에서 연극치료가 막 생성되는 장면에서 그 탄생의 고투를 보여 준다는 점에서 매혹적이다. 거기에는 드라마가 치료적으로 활용될 수 있다는 느낌이 있으며, 경험적인 검증을 통해 그 타당성을 입증하고자 하는 욕망이 있다. 물론 기존의 권력 — 병원 의사 — 에게 인정받고자 하는 욕구와 머뭇거림도 함께 섞여 있다.

초기의 일부 작업은 드라마를 치료적 변화의 핵심에 놓고 그것을 "연극치료"라는 용어로 표현한다. 뒤에서 보게 되겠지만, 1930년대 말의 슬레이드의 작업이 그 한 예가 된다. 또한 같은 시기의 두 가지 뛰어난 사례를 플로어셰임과 호르비츠의 작업에서 찾아볼 수 있다.

플로어셰임은 「연극치료」(Florsheim, 1946)라는 논문에서 드라마 과정을 자기 작업의 전면에 내세운다. 그녀는 희곡의 연행을 치료로 활용한다. 밀네의 〈소년 집으로 오다〉와 인형극 〈말머듀크와 빨간 바나나〉와 같은 다양한 텍스트를 사용해서 그 속에 잠재된 치료적 가치를 설명한다. 곧 연기한 역할과의 동일시, 집단 창조 과정의 일부가 되는 데에서 얻을 수 있는 이점과 자각, 무의식의 억압된 요소들(해당 사례에서는 적대감)이 사회적으로 수용 가능한 형식으로 표현될 수 있다는 점 등이다.

사례 연구 4.1: 실베스터의 꿈

이 세 번째 영역의 초기 작업의 사례 가운데 가장 흥미로운 것은 1940년대에 집단을 대상으로 한 셀마 호르비츠의 작업이다. 그녀는 집단 치료에서의 "자발적 드라마"를 아동을 대상으로 한 기법이라고 묘사한다. 집단 전체가 함께 드라마를 만드는 과정에서 환상이 통합되고, 치료사는 거기서 호르비츠가 "작용의 매체"라고 표현한 것을 얻는다(Horwitz, 1945, 252). 이 치료적 드라마의 목적을 그녀는 다음과 같이 요약한다:

> 드라마는 어린이와 집단에게 매우 광범한 의미를 가지고 있으며, 그 치료적 과제 역시 드라마를 만들고 환상을 창조하도록 자극하는 것뿐 아니라 드라마로부터 파생된 내용을 다루는 데까지 두루 걸쳐 있다(1945, 252).

그녀는 「집단 치료 기법으로서 자발적 드라마」에서 치료사가 개입하지 않은 상태에서 드라마에서 비롯된 주제와 관련하여 내담자들이 개인적인 문제를 연기하게 하는 것의 위험성을 지적하고 있다.

"집단 드라마"가 "시급한 처치가 필요함에도 불구하고 치료사가 접근할 수 없었던 문제들"을 끌어내는 데 어떻게 사용되었는지를 보여 주는 한 사례가 있다(1945, 259). 9살부터 11살 사이의 소년 아홉 명으로 이루어진 집단에서 아이들은 자기들을 "매파"라고 불렀다. 그들은 자신의 문제를 집단 속에서 연기하면서 집단과 소통했다.

18번째 세션에서 호르비츠는 집단에 나타난 새로운 긴장에 주목했다. 그것은 아이들 네 명이 집과 학교에서 어려운 상황에 처했기 때문이었다. 빌과 대니는 학교에서 퇴학당할 위기에 놓여 있었고, 톰은 부모의 이혼 소식을 들었고, 에디는 위탁 가정에 가게 될 거라는 사실을 알게 되었다. 호르비츠는 이미 이러한 일들을 동료들에게 들어 알고 있었다. 그 전에는 아이들이 이런 이야기를 그녀에게 하지 않았다고 한다 — 그것은 "아마도 치료사의 사랑을 잃게 되지 않을까 하는 두려움과 착한 아이가 되겠다는 당시의 간절한 욕구 때문"인 것 같다(1945, 260). 그녀는 의상을 준비하여 아이들이 "자발적 드라마"를 만들게끔 유도했다.

그러나 집단은 직접 연행을 하지는 않고, 대신 "실베스터의 꿈"을 담은 희곡을 함께 썼다.

아이들은 서로 앞 다투어 열정적으로 아이디어를 내놓았고, 그 결과 "싸우는 두 형제에 관한" 희곡이 만들어졌다. 호르비츠는 아이들의 요구에 따라 아들들이 싸울 때 크게 화를 내는 엄마를 연기했다. 두 형제는 못되게 굴 벌로 침실에 갇힌다. 그리고 "큰 형"인 실베스터가 꿈을 꾸는데, 꿈에는 형과 동생이 모두 등장한다.

꿈에서 실베스터는 은행을 털고, 학교에서 "심술궂은 선생님"과 함께 있는 "동생"이 화자 역할을 한다.

> 그 다음에는 아이들이 모두 사과처럼 생긴 고무공을 가지고 동그랗게 둘러앉는다. 선생님은 아이들이 자기에게 주려고 사과를 가지고 왔다고 생각한다… 그리고 잠시 후 그녀가 말을 하려고 일어선 순간, 아이들이 "선생님을 위한 사과"를 노래하면서 일제히 손에 들고 있던 공을 선생님에게 던진다(1945, 263).

호르비츠는 서로 다른 꿈속에서 몇 가지 주제가 교차되는 것 — 형제 사이의 경쟁, 엄마에 대한 공격, 훔치기, 선생님에 대한 공격 — 에 주목하였다. 그녀는 또한 드라마 속에서 아이들이 "학급" 대신에 얼핏 "치료 집단"이라고 한 말실수를 놓치지 않았다. 연행에서 그녀는 엄마와 교사라는 치료사와 별로 다르지 않은 인물을 연기하였다.

리허설이 시작되었다. 호르비츠는 함께 작업하고 창조하는 과정과 연행의 주제와 내용을 치료적으로 모두 활용한다. 실베스터를 연기하는 동안 빌은 역할 뒤로 "사라져버리고" 거칠고 소란스럽게 변하였다. 욕설을 퍼부으며 "기꺼이 미워하는 마음"으로 동생에게 주먹을 날렸다. 그리고 호르비츠에게도 "진짜 심술궂은 엄마"가 되어야 한다고 이르는 것을 잊지 않았다(1945, 265).

빌이 마치 "크게 화가 난" 연출자같이 굴면서 실베스터의 역할도 "폭군처럼" 연기하자 집단은 그와 함께 작업하지 않겠다고 했다. 그러자 빌은 오히려 자기를 따돌린다고 아이들에게 고래고래 고함을 질러댔다. 그녀는 이 전체 과정을 "처음으로… 빌은 다른 아이들과 치료사 앞에서 집과 학교에서 하는 행동을 그대로 드러냈다"고 표현하고 있다(1945, 265). 이러한 빌의 행동은 이후 과정에서도 계속되었다.

호르비츠는 빌이 집단 드라마 덕분에 엄마와 형제들에게서 받은 감정적 충격을 모두 치료사와 치료 집단에 전이할 수 있었다고 생각한다. 다른 데에서 표현을 하긴 했지만, 그때까지 집단에서는 한번도 내보이지 않았던 갈등에까지 치료가 접근할 수 있었던 것은 빌이 집단 안에서 자신의 문제를 연기함으로써 비로소 가능했다는 것이다. 그리고 나서 빌은 그 문제를 연행과 토론을 통해 풀어갈 수 있었다.

호르비츠는 드라마의 창조와 연행을 "내용과 전이 관계"의 맥락에서 본다(1945, 273). 그녀는 집단 작업을 하면서, 또 한편으로는 빌과 개별적으로 말을 위주로 하는 세션을 진행하기도 하였다. 때로는 아이들이 빌의 "경쟁자"가 되어 집단에서의 토론을 방해하였기 때문에 다른 아이들이 없는 데에서 빌이 집단 내에서의 작업을 통찰할 수 있게 도우려는 의도였다.

"집단 치료 기법으로서 자발적 드라마"라는 기법 자체의 명칭이 드러내듯, 드라마를 집단 치료의 맥락 아래 둠에도 불구하고, 그리고 내용을 두고 내담자들과 토론할 때는 드라마 집단 밖으로 일부 빠져 나옴에도 불구하고, 호르비츠는 드라마 안에서 치료적인 변화를 위해 직접적이고 의도적으로 작업한다. 그녀의 작업은 드라마를 본질적으로 치료로서 사용한다. 내담자가 드라마로써 자신의 문제를 표현하고 탐험하는 것이다. 그것은 분명 놀이 치료가 아니며, 고전적인 심리극과도 구별된다.

호르비츠는 의상, 대본 쓰기, 즉흥 연기, 역할 작업, 분명한 치료 반경 내에서의 리허설을 포함하여 드라마와 연극 과정을 다양하게 사용한다. 여기서는 드라마가 다른 치료의 보조 수단이라는 개념은 전혀 찾아볼 수 없으며, 치료 작업의 일차적인 매체가 된다. 호르비츠는 작업의 목적, 목표, 드라마의 치료적 가치, 극적 치료 내에서의 치료사의 역할에 있어 본받을 만한 명확성을 보여 준다.

이렇게 "연극치료"라는 용어는 실제 작업에 대한 세부적인 기록이 축적되고 또 그 작업을 분석하고 정당화하기 위한 여러 가지 이론과 개념이 형성됨에 따라 여러 사람의 힘으로 창조되었다. 그리고 그것은 1960년대보다 훨씬 이전의 일이었다. 앞에서 말한 세 가지 영역과 그 각각의 사례는 여러 사람이 다양한 방식으로 치료로서 드라마를 개척해 온 과정을 보여 준다.

개인에서 직업까지

세 사람과의 인터뷰: 슬레이드, 린크비스트, 제닝스

개인적으로 작업하던 사람들이 서로 만나고 조직과 협회를 만들어 교육 과정을 시작하면서부터 연극치료는 일관된 모습으로 성장하기 시작하였다. 이 장을 열면서 말했던 것처럼, 그 과정은 미국과 네덜란드와 영국에서 비슷하게 전개되는데, 여기서는 영국의 경우를 모델로 삼아 그 면면을 자세히 따라가 보기로 한다.

여기에는 피터 슬레이드, 빌리 린크비스트, 수 제닝스와의 인터뷰가 실려 있다. 이들 세 사람은 연극치료가 영국에서 하나의 독립된 분야이자 정식 직종으로 등장하게 된 것과 밀접한 관련을 가지고 있다. 그들의 작업은 시기적으로 매우 넓은 범위에 걸쳐 있지만, 다음 자료는 연극치료의 발달 초기에 초점을 맞추고 있다. 우리는 그들의 이야기에서 발달 초기의 연극치료에 관해 지금까지 언급한 많은 것들, 곧 치료의 보조재 혹은 부속물로서 드라마를 보는 초기의 개념, 그리고 거기서 치료적 변화의 주요 양상으로서 드라마로의 이행, 그에 따라 드라마가 과연 치료로서 유효한가를 분명히 하고 또 그에 합당한 언어와 방법론을 찾고자 하는 노력, 그리하여 직업 기구와 교육 과정을 만들어 내기까지의 움직임을 확인할 수 있다.

교육에서의 드라마에 관한 독창적인 저서 『어린이 연극』(1954)을 쓴 이후로 거의 30년 동안, 슬레이드는 연극치료를 "교육적 목적을 위한 단순한 방법론의 치료"라고 설명하였다(Schattner and Courtney, 1981, 78). 그는 심리극이 "부여된 구조와 상징"을 특징으로 한다면, 연극치료는 놀이에서 영감을 얻은 활동을 강조하고 촉진자에게 영향을 받는 하나의 초점보다는 드라마 경험 자체에서 발생하는 치유에 바탕을 둔다고 둘을 대비시킨다. 이것은 연극치료에 대한 슬레이드의 관점을 잘 드러내 준다. 인터뷰에서도 볼 수 있듯이, 그는 어린이의 "자유 놀이"에서 드라마를 치료로 활용할 수 있다는 영감을 얻었다고 말한다.

슬레이드가 영국의 연극치료에서 가장 중요한 초기 개척자들 중 한 사람이라는 사실을 부인할 사람은 아무도 없을 것이다. 그런데 빌리 린크비스트와의 인터뷰에서도 확인되듯이, 그의 공헌이 지속적으로 과소평가되어 온 것 또한 사실이다. 슬레이드는 주로 『어린이 연극』이라는 책으로 알려져 있다. 그가 말하듯이, 연극치료와 관련한 그의 초기 작업은 어린이 연극을 성인을 대상으로 확장한 것이라 할 수 있다. 슬레이드는 인터뷰에서 1939년에 영국의 학협회에 제출하는 논문에 어떻게 해서 연극치료라는 말을 쓰게 되었는지를 말해 준다. 그리고 연극치료에서의 자신의 작업을 원형 심리학의 입장에서 설명하고 있다.

피터 슬레이드와의 인터뷰

연극치료와의 인연은 내가 『어린이 연극』(1954)에서 연극치료를 언급하기 훨씬 이전에 시작되었습니다. 1950년대까지 나는 다양한 어린이를 만나고 여러 학교를 거치면서 수많은 것들을 경험으로 축적했지요. 학교에서 드라마를 사용하기 시작한 건 1920년대부터였는데, 이유는 내가 학교에서 그다지 행복하지 않았기 때문이었어요. 우리는 학교 언덕에 올라가 춤을 추고 즉흥극을 하곤 했지요. 극의 내용은 주로 우리가 미워해 마지않았던 선생님들에 대한 것이었고요. 공식적인 무대는 내게 전혀 충족감을 주지 못했거든요. 그러다가 나중에 연극을 하게 되었을 때 아이들을 관찰하다 보니 직업 배우인 우리들이 하는 것과 아이들이 하는 것이 상당히 다르다는 느낌이 들었어요. 실제로 아이들은 그들만의 연극을 가지고 있었어요.

　나의 초기 작업은 우스터셔에서 시작한 예술 센터와 일부 연관이 있습니다. 거기서 내 드라마와 어린이 연극 작업을 발전시켰지요. 나를 찾아온 어린 배우들이나 자신감이 부족한 어른들을 상대로 배우들에게 자신감을 북돋워주기 위해 사용했던 무대 기법을 적용했거든요. 1935년부터 시작된 그 작업은 아주 초보적인 치료였어요.

1937년부터 1939년 사이에 융을 바탕으로 한 심리 치료사였던 크레이머와 런던에서 일종의 동업을 했습니다. 나는 그 즈음 원형 심리학 단체라 할 수 있는 목회 심리학 협회를 주도한 키친 박사의 환대를 받았고, 크레이머와 함께 그 모임의 명예 회원이 되었어요. 키친 박사는, "우리는 자네가 융이 말한 '적극적 명상'[1]이라는 게 무엇인지 그 세계를 우리에게 보여줄 거라고 생각하네. 솔직히 말해 우린 그게 뭔지 잘 모르겠거든"이라고 말했지요. 참으로 멋진 말이지요? 그 말대로 되었는지는 알 수 없지만 어쨌거나 나는 노력을 했습니다!

1930년대 말에는 영국의학협회에서 연극치료에 대해서 처음으로 발표할 기회를 얻었어요. 그때 나는 그러는 편이 더 힘을 받을 거라고 생각했기 때문에 처음부터 연극과 치료를 나누지 않고 한 단어로 붙여 썼지요. 그리고 그것은 당시에 아주 거친 반향을 불러일으켰습니다. 의사들은 연극치료를 우습게 여겼고, 모두들 하나같이 상상을 두려워했어요. 그래서 나는 "만일 여러분의 환자들이 나나 다른 누군가와 함께 드라마를 한다면, 그래서 많은 것들을 상상하게 된다면, 그 다음에는 우리들이 상상을 해야 할 차례입

---

1) 융의 치료는 의식과 무의식의 만남을 통한 개성화 과정을 지향한다. 그를 위해 무의식과 대면하여 동화하는 하나의 방법으로 꿈을 분석한다. 적극적 명상은 무의식과 대화할 수 있는 또 다른 방법으로서 무의식에서 일어나는 감정, 환상, 강박관념, 백일몽의 내용을 비판이나 경계 없이 적극적으로 의식화하여 경험하는 것이다. 적극적 명상은 그림이나 글 또는 춤으로 표현될 수 있으며, 드라마로도 가능하다.

니다. 왜냐하면 환자들이 있는 곳이 바로 거기니까요"라는 말로 이야기를 시작하곤 했지요.

융이 말한 투사는 내가 사용하는 의미와 약간 다른 것이어서 크레이머는 내가 하는 말을 늘 이해하지 못했어요. 물론 원형 심리학에서 말하는 투사가 내가 쓰는 의미와 아주 동떨어진 것은 아닙니다. 내가 생각하는 투사는 우리가 내면의 드라마를 우리 외부에 있는 다른 대상에 옮겨놓고 그것을 가지고 노는 겁니다. 그에 비해 융적인 의미에서의 투사는 불만족스럽거나 꽉 찬 적개심을 다른 대상에게 옮겨 쏟아냄으로써 증오의 과정이 A에서 B로 이동하는 것을 말하지요.

어쨌든 크레이머와 공동으로 작업한 덕분에 내담자들이 목회 심리학 협회를 통해 우리에게 찾아왔어요. 당시에 나는 연극치료사는 똑똑하려고 애써선 안 되고, 모든 것을 할 수 있다고 믿어서도 안 된다고 늘 생각했어요. 왜냐하면 그때는 심리 치료가 겨우 시작 단계를 지나고 있는 시점이었는데도 사람들은 이미 그 단계를 어느 정도 지나왔다는 것을 확인하고 싶어했기 때문이에요. 그래서 나는 "혼자만의 분석에 시간을 낭비하고 싶지 않습니다. 나는 여러분이 생각하는 심리 치료사가 아닙니다. 내가 아는 한 내 일은 의사와 함께 작업하면서 여러분이 하고 있지 않은 것을 향해 내가 얼마나 더 나아갈 수 있는지를 보는 것입니다"라고 말하곤 했지요.

크레이머는 융의 방법대로 접근해서 일련의 꿈을 찾아내 분석하곤 했어요. 나는 그와 다른 방을 썼는데, 내담자들이 찾아오면 여러 가지 상황을 즉흥적으로 연기하기도 했고, 그들이 원할 때는 때때로 꿈 장면을 만들어 보기도 했습니다. 그 꿈은 대개 다른 방에서 크레이머와 이야기하던 것이었어요. 당시에는 작업을 일대일로 진행했었어요. 그러면서 종종 비약적인 성취를 맛보곤 했죠. 내담자들이 나와 함께 연기하면서 크레이머의 분석에서는 얻지 못했던 발견을 했거든요. 중요한 뭔가를 기억해 냈던 거죠.

　나는 내담자들이 무엇을 내놓든 상관없이 그것을 가지고 작업을 했습니다. 우리가 추구하는 게 무엇인지 말해 줄 수 있다면, 그런 느낌이 온다면 뭐든지 할 수 있게 했지요. 그런데 놀라운 사실은 그것이 투사적이고 개인적인 놀이[1]에 대한 내 생각을 입증해 주었던 거예요. 그러니까 크레이머는 투사적인 활동을 했고 나는 개인적인 활동을 했는데, 그 이후로 나는 늘 이 둘의 균형이 아주 중요하다고 말해 왔습니다. 사람들은 살면서 매 시기마다 둘 중 한 가지를 필요로 하고, 그것은 궁극적으로 우리가 인생의 중요한 단계에서 긴히 소용되는 특정한 인성을 갖게 될 때까지 계속됩니다. 물론 나중에 질병이나 노화로 점점 더 몸을 자유로이 쓰지 못하게 되면, 그때 다시 한 번 둘 중에서 어떤 활동을 더 많이 선택하는가에 변화가 생기게 되지요.

　기차를 타는 것에 어려움을 겪던 한 남자가 있었어요. 그 사람은 자기가 왜 그런지 이유를 몰랐고, 크레이머와 작업을 하면서도 계속해서 그 문제가 불거져 나왔지요. 그가 내게 왔을 때, 우리는 함께 기차에 탄 장면을 연기했어요. 여기에 이렇게 앉아서 "당신은 기차 안에 있고 나도 기차 안에 있습니다. 지금 우리는 아침을 먹

---

1) 놀이는 그것을 연구하고 사용하는 사람에 따라 다양하게 분류된다. 일례로 수 제닝스는 극성의 발달 정도에 따라 놀이를 체현, 투사, 역할의 세 종류로 구분한다. 여기서 피터 슬레이드가 말하는 투사적 놀이와 개인적 놀이는 놀이 활동에 필요한 대상이나 매체의 유무에 따른 구분이다. 다시 말해, 놀이하는 사람이 내면의 드라마를 특정한 매체나 대상을 통해 한 번 걸러 표현하는 것이 투사적 놀이라면, 개인적 놀이는 그러한 필터를 거치지 않고 놀이하는 사람이 직접 표현하는 활동을 가리킨다.

고 있는 중입니다." 그러고 나서는 "오늘 신문 보셨나요?"라거나 그와 비슷한 말을 던져서 그가 말문을 열게 하곤 했지요. 그런 다음 그의 마음에 더 가까이 다가가기 위해 보이지 않는 신문에서 이야깃거리를 골라 계속해서 대화를 하다 보면 뭔가 중요한 실마리가 잡히곤 했어요. 그 남자는 갑자기 "오 세상에! 충돌이야!"라고 했어요. 나는 "아니요. 이 기차는 아무렇지도 않아요. 사고는 다른 곳에서 난 겁니다"라고 대꾸했죠. 그러자 그는 "맙소사, 빌어먹게도 당신 말이 맞아요! 맞다구요!" 하면서 기차 타기를 두렵게 만든 한 충돌 사고를 기억해 냈어요. 너무나 사랑했던 사람들을 그 사고로 잃었던 거죠.

기억의 발견은 이처럼 아주 흥미롭지만 어떻게 그럴 수 있었는지를 항상 알 수는 없지요, 안 그런가요? 나는 다만 그것이 개인적 놀이와 투사적 활동을 병행한 덕분이라고 믿는답니다. 그렇게 해서 우리가 다시 어린아이처럼 될 수도 있고, 원하는 것을 거침없이 내뱉을 수도 있게 되니까요. 당시에 나는 드라마가 교육과 사람들의 회복을 돕는 데 유용하다고 말하곤 했었죠. 아마도 오랫동안 그 생각을 머리 속으로 하고 있었던 게 틀림없어요. 그렇지 않았다면 "치료"라는 말을 쓰지 않았을 테니까 말이에요.

나는 1930년대에 모레노가 쓴 글을 읽고 뉴욕에 있는 그에게 편지를 썼어요. 우리는 전쟁이 끝난 다음 만났고, 나는 『어린이 연극』을 그에게 보내주었지요. 내가 관심 있었던 건 전반적인 방식이었어요. 당시 나는 이 나라 사람들에게 드라마가 중요하다는 걸 혹은 드라마가 기여할 부분이 많다는 걸 설득하느라 아주 힘든 나날을 보내고 있었고, 그래서 누군가 심리극을 하고 있다는 사실에 관심을 가졌던 것뿐이에요. 내 작업에 진정으로 영향을 준 사람이 누구냐고 묻는다면 나는 아무도 없다고 말할 수밖에 없어요. 우연히 융을 만나 그가 내 속에 있는 뭔가를 풍부하게 해주기는 했지만 말이에요. 또 연기에 관한 내 생각들이 러시아 양반에게서 빌려온 것이 아니냐는 질문을 자주 받곤 하는데, 내가 스타니슬라브스키를 알게 된 건 세월이 한참 지나고 나서였고, 그 전에는 그에 관한 자료를 읽어 보지도 못 했었죠.

나는 단순한 방식으로 사람들의 마음속에 드라마를 심어주고 수천 가지 다양한 활동으로 드라마를 활용한다면, 분명 우리 삶의 모든 것이 풍부해질 것이라고 믿었습니다. 왜냐하면 내가 생각하기에 드라마는 곧 삶을 행하는 것이기 때문이지요.

1960년대와 1970년대 초반까지 여러 조직이 생겨나면서 거기서 주도적으로 교육 과정과 연합 기구를 만들어 나가기 시작했다. 처음에는 연극치료 교육 과정이 단기이거나 지역 연극이나 작업 치료, 공연 같은 다른 과정의 일부로 편입되기도 했다.

가장 중요한 초기 교육 프로그램으로는 세서미 단기 과정과 캣츠 프로그램을 꼽을 수 있다. 메리언 (빌리) 린크비스트가 개설한 이들 프로그램은 영국 및 해외의 병원과 복지 시설과 연계를 맺어 활동할 수 있었다. 세서미는 1964년에 설립되었고, 당시의 교육 과정은 단기 집중 방식으로 구성되었다. 웰쉬 작업 치료 학교의 교장인 코노는 1966년에 첫 번째 교육 과정을 마친 뒤 그 훈련 내용을 다음과 같이 요약하였다.

드라마, 마임, 음악, 움직임을 다음 방식에 따라 정신 장애인을 대상으로 활용할 수 있다. 학습의 형식으로서, 신체상의 확립을 위해, 말을 하지 못하는 사람들을 위한 의사 표현 수단으로, 정신 질환을 앓고 있는 환자를 위해 드라마는 자신감을 준다… 환상을 수용 가능한 형식으로 표출할 수 있게 하며, 정신적이고 신체적인 기능을 전반적으로 강화한다(Lindkvist, 1966).

지금에 와서 세서미는 현장에서 일하는 사람들이 "드라마와 움직임을 가지고… 치료에서 전문적인 수준으로" 작업할 수 있도록 준비시키는 것을 교육 목표로 내세우고 있으며(Central Sesame Course Information, 1993), 그를 위해 린크비스트의 작업에 바탕을 두되 라반과 슬레이드 그리고 융의 특성을 조금씩 가미한 접근법을 사용하고 있다. 첫 번째 세서미 단기 교육 과정은 1964년에 런던의 가이 병원에서 25명의 작업 치료사를 대상으로 실시되었다. 세서미의 정체성은 움직임에 특히 비중을 둔다는 면에서 영국의 다른 교육 과정들과 구별된다. 일례로 1990년에 린크비스트는 그 교육 과정을 일러 "드라마 움직임 치료"라고 하였다(Lindkvist, 1990).

(메리언) 빌리 린크비스트와의 인터뷰

나를 생각하게 만들어 나조차도 생소한 방식으로 드라마를 개발하게 된 동기는 내가 꾼 꿈이었습니다. 이제부터 내가 어떻게 해서 그런 꿈을 꾸게 되었는지 설명하겠지만, 설명은 어디까지나 설명일 뿐이겠지요. 그건 꿈이었으니까요. 간단하게 말하면, 꿈에서 난 병원을 보았어요. 그런데 그 병동에서는 정신병원에 들어서면 으레 느껴지는 분열된 느낌 대신 사람들이 모두 모여 함께 움직임과 즉흥극을 하고 있었지요. 그들에게서는 세상 밖에 있는 듯한 느낌, 그러니까 일종의 초월감 혹은 융합의 느낌이 풍겨났어요. 그 꿈에

서 깨어났을 때 비로소 나는 무엇을 해야 할지를 알게 되었고, 그
래서 그렇게 하기 시작했지요! 그렇게 해서 모든 게 시작된 거랍니
다.

　그 꿈에 대해 더 자세히 설명하자면, 내게는 자폐증이 있는 딸
이 하나 있는데, 그 애가 병원에서 치료를 받고 있었어요. 나는 틈
만 나면 그 애를 찾아갔고 집으로 데려오기도 했습니다. 그 꿈을
꾼 게 1964년경이었는데, 딸을 보려고 병원을 찾은 게 1954년부터
였으니까 10년 넘게 그 일을 계속했지요. 내게 병원은 일종의 저주
같았고 무서웠어요. 보이는 것이라곤 전혀 융합되지 않는 사람들
뿐이었으니까. 난 그런 분위기가 싫었고, 거기 있는 동안 눈과 귀에
들어오는 것들이 모두 두려웠어요. 당시에 나는 종교 드라마 단체
인 래디우스 협회의 회원이었는데, 마침 그때는 사람이 부족하고
장차 나아갈 방향을 모색하고 있던 터라 뭔가 새로운 길이 없을까
찾고 있던 중에 꿈에서 그런 주제가 떠올랐던 거예요. 그러니까 그
꿈은 두 가지 ― 병원에서의 내 경험과 래디우스와의 관련 ― 가
합쳐져서 나타난 것 같습니다. 그리고 난 또 런던 시티 리트[1]의 일
부로 10년 동안 학제와 상관없이 음성 표현과 즉흥극, 움직임, 대본
연기 훈련을 받고 있었고요.

　훈련을 받는 동안 나는 나와 사람들에게 일어나는 변화를 주의
깊게 관찰했습니다. 한 번은 사람들이 전부 구멍 뚫린 종이 봉투를
머리에 쓰고 움직인 적이 있었는데, 그때 한 여자가 평소와는 전혀
다른 모습을 보여 주었어요. 그 점이 아주 흥미로웠지요. 또 〈거실〉

---

1) 런던 시민에게 시각 예술, 공연 예술, 언어, 컴퓨터, 대안 치
　료 등을 경험할 수 있는 기회를 제공하면서 청각 장애인, 학
　습 장애인, 노숙자 등을 위한 사업을 실행하는 일종의 문화
　복지 프로그램이다. 85년의 오랜 역사를 갖고 있다.

이라는 작품을 했는데, 거기서 난 헬렌 아줌마 역할을 했고, 내 여
동생 역할은 나와 아무런 공통점이 없는 사람이 연기했어요. 그런
데 이상하게도 연기를 하면서 그녀와 아주 가까워지게 됐어요. 단
지 극에서 자매로 나왔기 때문에 말이죠. 거기서 난 또 뭔가를 깨
닫게 되었어요. 참여한 극에 따라서 내가 어떻게 변하는지에 관심
이 생긴 거죠. 상황이 이렇게 흘러가고 있었고, 그러면서 또 한쪽으
로는 계속해서 병원의 상황을 고민하고 있었던 거예요.

그때까지 나는 슬레이드나 모레노를 몰랐습니다. 그들에 대해
서는 아주 문외한이었지요. 음악 치료나 미술 치료에 대해서도 들
어본 바 없어서 내게는 전혀 새로운 것들이었답니다.

래디우스 협회 사람들에게 처음으로 내 생각을 이야기하니까,
누군가 "글쎄, 당국에서 그런 걸 하고 싶었다면 벌써 뭔가 하지 않
았을까요?"라고 반문했어요. 그래서 나는 지금 그렇게 되고 있고,
또 그렇게 될 거라고 대답했지요! 우리는 곧 워크숍을 열어서 작업
치료사와 간호사 그리고 병원에서 환자들과 작업하는 사람들을 초
청했어요. 그리고 드라마와 움직임을 가르쳐 주면, 그들은 그 내용
을 기억했다가 환자들에게 사용했지요. 정말 소박하고도 천진한
개념이었지요. 그때만 해도 나는 심리적인 의미를 전혀 몰라서 그
것을 이론적으로 설명하거나 숙고해 보지도 않았습니다. 단지 꿈
을 꾸었을 뿐이죠!

꿈을 꾸기 얼마 전에는 또 무심코 라디오를 틀어놓았다가 시빌
손다이크가 "드라마는 심리학이다"라고 말하는 걸 듣게 되었어요.
그 문장이 귀에 들어오는 순간, 마치 머리에 총을 맞은 듯한 충격
이 느껴졌고, "그래, 저 사람 말이 백번 옳아"라고 생각했지요. 그
런 일들이 있었답니다.

나는 "연극은 어디에서나 행해져야 한다"고 주장했습니다. 그

렇게 말한 이유 중 하나는 래디우스에 전국의 교회를 순회하며 공연하는 극단이 있었기 때문입니다. 나는 그들이 최신 작품을 양로원 등지의 시설에까지 가지고 갈 수 있을 거라고 생각했지요. 다른 한편으로 그건 교육을 할 수 있는 기회이기도 했어요. 그야말로 일석이조였던 셈이죠! 그러니까 극단이 찾아가서 공연을 하면, 현지의 스텝은 우리에게 와서 교육을 받는 거였어요. 그때 나는 사납게 날뛰는 말처럼 누구도 말릴 수 없는 기세로 전국을 누비고 다녔지요.

첫 번째 만남 중 하나는 런던 가이 병원 요크 클리닉의 정신과 의사인 데이비드 스태포드 클락 박사와의 만남이었습니다. 그는 "가이 병원에서 작업 치료사를 대상으로 교육을 하실 수 있겠습니까?"라고 물었죠. 나는 "그러지요"라고 답했고, 그것이 맨 처음 과정이 되었습니다. 나는 주로 온 나라를 돌아다니면서 지방 정부에 이 아이디어를 알리고 워크숍을 조직하는 일을 했고, 그 일은 아무런 저항 없이 일사천리로 진행되었습니다. 나의 첫 번째 교사이자 초기 워크숍의 기본이 되는 지식을 제공해 준 사람은 배우와 드라마 교사들이었고요.

하지만 우리는 한번도 "연극치료"라는 말을 사용하지 않았어요. 1970년대까지도 치료 작업에서 그런 말은 존재하지 않았지요. 우리는 항상 우리 자신을 움직임과 드라마 활동가라고 불렀고, 당연히 우리의 위상은 심리 치료를 돕는 사람 혹은 치료팀의 일원이라고 생각했죠. 지금도 역시 그러한지에 대해서는 확실히 잘 모르겠지만, 20년 전인 1970년대에는 정말로 그랬어요. 1972년에는 왓포드의 카지오 대학에서 일 년 동안 일일 과정을 운영했고, 1974년에 드디어 세서미에서 전일제 일 년 과정을 시작하게 되었지요.

1965년에 피터 슬레이드를 만나 치료와 드라마와 움직임에 대해 이야기를 나누었던 것으로 기억합니다. 피터가 세서미 회의에서 "여러분은 심리학에 대해서 좀 더 배워야 한다는 것을 알고 있습니다"라고 말했던 게 그때였지요. 우리는 그 말을 "쓸데없는 소리! 우리는 예술갑니다! 심리학에 대해서는 우리와 함께 일하는 사람들이 알고 있어요. 우리는 순수한 예술 형식을 다룰 뿐 우리가 사용하는 것도 예술이고 사람들에게 영향을 미치는 것 역시 예술입니다"라고 받았고요. 우리가 그때 쓴 영향이라는 말은 분명히 심리적 영향을 의미했습니다. 하지만 그 세계와 언어에 대해서 아는게 없었기 때문에 ─ 우리는 예술가였지 ─ 우리가 무슨 말을 하고 있는지를 몰랐던 거죠. 그렇지만 피터의 말은 옳았고, 그래서 우리는 공부를 하기 시작했어요.

피터 슬레이드는 우리와 함께 작업했고, 우리는 그의 책을 읽었습니다. 나는 오래전부터 그가 어린이 연극에 대한 철학을 정립함으로써 치료에 기여한 바가 상당함에도 불구하고 그에 합당한만큼 존중받고 있지 못하다고 생각해 왔습니다. 물론 세서미 학교를 세우고 활성화시킨 건 우리였지요. 세서미는 30년 동안 활발한활동을 벌이고 있습니다. 내가 모르게 이바지한 사람들도 있겠지만, 드라마와 움직임 치료가 무엇인지에 대한 일관된 그림을 만들고 30년 동안 한자리를 지켜낸 것은 아시는 대로 우리들이랍니다. 정말 꿈같은 일이지요!

....

1960년대와 1970년대에 수 제닝스는 프랭 프로젝트, 임상 드라마 그룹과 센터, 연극치료센터, 세인트 앨번 대학의 연극치료 교육 프로그램 등 여러 가지 중요한 일들을 주도적으로 진행해 왔다. 그녀는 또한 영국과 외국에서 여러 교육 과정이 개설되는 데 영향을 끼

쳤고, 영국 최초의 연극치료사를 위한 직업 기구를 조직하는 데에
도 기여하였다. 1973년 그녀는 잘 알려진 『임상 드라마』를 출간하
였고, 이후로도 같은 주제에 대하여 광범한 저술을 남기고 있다.

수 제닝스와의 인터뷰

뒤돌아보면 연극치료에는 "시작"이라고 할 만한 것이 없었다고 생
각됩니다. 아마 나도 그 말을 사용했겠지만, 그랬다면 그건 나중의
지식 탓으로 돌려야 하겠지요. 하지만 특정한 발판, 그러니까 연극
치료로 이끈 하나의 계기, "그것이 어떠어떠하게 시작되었다"라고
말하기는 어렵지 않을 겁니다. 아마도 그것은 한동안 묵혀둔 채로
있다가 새로운 방식으로 시작되었다고 할 수 있을 겁니다.

　　내게 있어 연극치료의 시작은 17살 무렵으로 거슬러 올라갑니
다. 그때 나는 드라마 학교에 다니면서 주말에 정신병원에서 아르
바이트를 했었는데, 어느 날 그곳의 수퍼바이저가 심리극 이야기
를 해주었지요. 그는 심리극이란 말을 하진 않았지만 환자들을 대
상으로 하는 드라마에 관해 일러주면서 내게 병원에서 드라마를
할 수 있겠느냐고 물어왔답니다. 내가 드라마 학교에 다니는 걸 알
고 있었거든요. 덕분에 나는 하얀 가운을 입고 간호사 제닝스로 일
을 했지요. 그리고 또 하나, 내가 연극을 시작한 지 얼마 되지 않았
을 때, 드라마가 실제로 내게 치유적이라는 체험이 있었습니다. 드
라마가 내 어린 시절의 상처들을 어루만져 주었지요.

　　그 동안 나는 고든 와이즈먼과 함께 많은 작업을 해왔습니다.
우리는 어떻게 하면 학교 밖의 일상적이지 않은 장소, 예를 들어
고아원, 정신병원, 교도소 등지에서 드라마를 할 수 있을까 고심했

지요. "연극치료"라는 단어는 한 번도 쓰지 않았어요. 임상 드라마 그룹의 기원은 1960년대 초반에 있었던 국제 연극 선의 프로젝트 였지요. 그때는 베를린 장벽을 넘나드는 연극 집단을 꾸리는 것이 유일한 목표였어요. 프랭은 그 프로젝트를 줄여 부른 별칭으로, 해프닝, 의식, 축제나 행사를 뜻한답니다. 순회를 하면서 우리는 학습 장애를 다루는 독일의 한 병원에 가게 되었는데, 우리 중 아무도 심한 학습 장애인과 작업을 해본 사람이 없었어요. 그런데도 다행히 거기서의 작업이 꽤 성공적이었고, 그래서 그런 작업을 지속하기 위한 프로그램을 만들게 되었지요. 임상 드라마 그룹은 1962년에 시작해 1960년대 말까지 활동했고, 임상 드라마 센터는 1967년인가 그 이듬해부터 1971년까지 지속되었어요. 그때 래리 버틀러가 놀이 공간을 시작했고, 1971년에 임상 드라마 센터를 드라마 센터로 바꾸면서 비로소 연극과 치료라는 별개의 두 단어를 하나로 합친 연극치료에 뛰어들게 되었던 거예요.

고든 와이즈먼과 함께 임상 드라마 그룹을 시작한 건 1960년대 초였지만, 나는 그전에도 세인트 앨번에 있는 특수 학교에서 임상 드라마를 하면서 성 조지 병원 정신병 센터와 말보로에서 드라마 교사로 일을 했어요. 말하자면, "특별한 욕구를 갖고 있는 사람들과 하는 드라마"에 흥미를 갖고 있었던 거죠. 나는 또 런던 작업 치료 학교에서 작업 치료사가 되려는 학생들을 가르치기도 했고, 세인트 앨번의 특수 보육 시설에서 일한 적도 있어요.

우리는 드라마와 음악을 통해 아이들이 하지 못하는 일들을 할 수 있게 만드는 것이 가능하다고 믿었고, 당시 우리가 했던 작업은 아이들의 성숙을 돕는 데에 주력하는 것이었지요. 그것은 임상 드라마 그룹과 센터 역시 마찬가지였어요. 일종의 사회 교육처럼 말이죠. 그러니까 예를 들어 애초부터 없었거나 시설병[1]으로 인해 상실된 성숙의 단계를 드라마를 통해 제대로 밟아가도록 도왔던 겁니다.

모레노와 심리극에 대해서는 1970년대까지도 모르고 있었어요. 피터 슬레이드와 교육 연극을 알게 된 것도 고든 와이즈먼이 코벤트리에서 벨그레이드 연극 집단과 함께한 작업이 계기가 되었지요. 사람들은 내게 종교 드라마 모임에 나가 보라고 권하면서, "세서미와 빌리 린크비스트에게 꼭 전화하세요, 그녀도 당신과 비슷한 걸 하고 있어요"라고 일러주었어요. 실제로 세서미 이사회와 영국의 종교 드라마 모임과 연락이 닿아 만남을 갖기도 했지만 거기서 이렇다 할 만한 상호 자극이 일어나지는 않았지요.

하지만 우리 모두를 하나로 사로잡은 것이 있었는데, 그게 바로 피터 슬레이드가 쓴 『사람됨의 길잡이로서의 연극치료』(1959)였어요. 그것은 마치 봉화와도 같아서 1960년대 중반쯤 세상에 알려지자마자 우리 모두가 두 손에 움켜쥐었답니다. 나는 아직까지 그 책이 던져준 충격을 기억합니다. 어떤 사람은 그 책을 대단한 물건이라고 부르기도 했어요.

나는 1960년대 초반까지 작업 치료사들이 레크리에이션을 위해 드라마를 사용했다는 사실을 잘 알고 있습니다. 예술 치료의 출현과 함께 나타난 문제는, 예술 치료가 실제로 어디서 유래되었는지를 알지 못한 채 작업 치료와의 연관성을 일체 부인하려 한다는 점입니다. 어떤 면에서는 1930년대와 1940년대에 희곡 읽기와 드라마 활동이 "유익한 것"으로 여겨졌기 때문에, 덕분에 우리 같은 사람들이 1950년대와 1960년대에 좀 더 쉽게 무대를 확장할 수 있었다고

---

1) 교도소나 정신병원 등의 기관에 오랫동안 수용되어 있는 사람들에게 나타나는 현상으로, 해당 시설의 생활 방식에 사고와 움직임이 제한되어 사회로 돌아가는 데 재적응 훈련이 필요한 상태를 말한다.

할 수 있습니다. 말하자면, 연극치료는 처녀지가 아니라는 거죠.

　나는 연극적 사회 심리학에 대해서도 전혀 모르고 있다가 나중에야 접하게 되었어요. 스밀란스키의 사회극 놀이는 들어서 알고 있었고 거기서 영향을 받았지요. 나는 그것을 서점에서 발견하고는 세인트 앨번의 특수 보육 시설로 가져갔어요. 그곳에 있던 아동 교육 심리학자는 "이 사람들이 다음엔 또 무엇을 생각할까요?"라고 말했죠. 나 역시 무척 흥분되었어요. 내 작업뿐 아니라 내가 생각을 풀어나가게 된 계기와 너무나 많은 연관이 있었기 때문이에요! 그건 우연이었어요. 그때만 해도 놀이 치료에 대해서 전혀 들어본 적이 없었고, 안타깝게도 마가렛 로웬펠드의 작업도 알지 못했으니까요. 1960년대에 나는 정신분석을 공부했고, 그러면서 머리 속에서 드라마와 분석을 연관시키고 있었어요. 하지만 그것은 적절한 틀이 아니었죠. 그래서 1969/1970년 무렵에 가서는 임상 드라마 혹은 연극치료를 위한 또 다른 틀거리를 찾아 헤매기 시작했죠. 당시 연극치료는 고유한 틀거리를 갖질 못했고, 그래서 뭔가 다른 더 큰 범주 안에 있어야 한다고 생각했거든요. 그리고 그렇게 찾아낸 것이 바로 인류학과 의식, 예술의 인류학이었습니다.

　그렇게 1970년대에 접어들어 모든 여건이 성숙되면서 미술 치료가 첫발을 뗄 수 있게 되었지요. 처음에 세인트 앨번에서 임상 미술이라는 이름으로 시작된 과정이 나중에는 미술 치료로 바뀌어 진행되었어요. 당시 우리는 치료라는 이름을 붙이려면 뭔가 거대한 단계를 거쳐야만 한다는 듯이 우리 작업을 그냥 임상 드라마라고만 불렀답니다. 그런데 1970년 무렵 드디어 임상 드라마에서 연극치료로의 그 한 걸음이 놓여졌어요. 연극치료. 심리 치료가 한 단어이기 때문에 연극치료 역시 띄어 쓰지 않고 한 단어로 붙여 말합니다. 슬레이드도 한 단어로 말했고요. 우리는 서로 같은 길을 가면서도 한 번도 마주치지 않았지만, 그는 우리 작업의 든든한 후원자가 되어 주었어요. 버로니카 셔본 역시 없어서는 안 될 존재로, 임상 드라마 센터에 와서 강의를 해주었구요.

연극치료사협회가 1976년에 만들어졌고, 협회를 구성하면서 회원의 자격을 놓고 두 가지 요건이 논의되었습니다. 한 가지는 당연히 드라마와 관계된 자격일 테고, 다른 한 가지는 연극치료 훈련과 무관하게 심리 치료 훈련을 받은 적이 있는지를 묻는 것이었지요. 사람들은 심리학 학위가 있거나 심리 치료 훈련을 받고 그 위에 연극치료 경력을 쌓은 사람들과 드라마나 연극을 배경으로 한 사람들을 구별하고 싶어했어요. 그렇게 해서 심리 치료나 심리학 교육을 받았다는 사실을 대외적으로 알리고자 한 거지요. 심리극과 연극치료는 1970년대에 보다 활발하게 관계를 맺기 시작했어요. 1976년에 협회를 창립했을 때 체르카 모레노가 첫 번째 회합에 참석해 주었고, 나는 그녀를 환영하기 위해 마르시아 카프에게 개회사를 맡겼죠. 심리극과 연극치료의 대화가 시작된 거죠.

10년이란 시간은 사람들에게 에너지와 아이디어를 가져다주고, 사람들은 그것으로 퍼즐의 여러 조각을 모아 독창적이지는 않더라도 새로운 형태의 조합을 만들어 냅니다. 나는 이 세상 어떤 것도 독창적이지 않다고 생각해요. 연극치료와 관련해서 내가 한 일이 있다면 그것은 그저 전쟁이 끝난 뒤 전에 하던 작업을 전력을 다해 밀어붙인 것뿐이랍니다.

나는 시시때때로 변형이라는 단어를 곱씹어 봅니다. 사람들에게 뭔가를 강요하는 대신 에너지를 실제로 변형하는 방식을 제공할 수 있었던 것은 바로 드라마와 같은 구조를 통했기에 가능한 일이었습니다.

세 사람은 연극치료 형성기의 경험을 전해 주었다. 서로 약간의 접촉이 있기는 했지만 모두 저마다의 경로를 거쳐 지금의 위치에 이르렀으며, 연극치료에 대한 나름의 관점을 형성해 왔다. 세 사람은 인터뷰에서 각기 개인적 상황과 경험, 아이디어, 계획, 기회, 우연한 사건들 — 라디오에서 시빌 손다이크의 말을 들었다든지, 어린 나이에 간호사 옷을 입고 드라마를 하게 되었다든지, 우연히 책 한 권을 고른다든지 하는 식으로 — 이 모두 합해져 독특한 조합을 이루어 왔음을 보여 주고 있다. 그러나 그 복잡한 중에도 이 책의 앞장에서 설명한 연극치료의 발달 단계는 뚜렷하게 예증되었다. 슬레이드, 린크비스트, 제닝스는 모두 아이디어를 가지고 개인적으로 작업하는 데에서 시작하여 다른 사람들과 만나게 되었고, 그것을 거쳐 조직이나 모임을 만드는 데로 나아갔다. 보완재로서 드라마, 치료와 관련한 드라마를 지칭하는 표현 찾기, 실험을 통해 효능을 증명하려는 시도, 독자적인 치료로서 드라마에 대한 점층적 강조 등의 주제가 세 사람의 증언 속에 잘 나타나 있다. 인터뷰는 또한 연극치료가 여러 가지 출발점으로부터 서서히 한 군데로 집중되면서 발전되어 왔음을 보여 준다. 다시 말해서, 한 시기 한 곳의 한 사람이나 한 집단에 의해 시작된 것이 아니라는 것이다. 그럼에도 불구하고 슬레이드가 린크비스트와 제닝스에게 일종의 시금석이 되어 주었다는 사실 그리고 그의 작업 방식과 "연극치료"라는 용어에 담긴 역사적인 의미는 다시 한 번 주목할 필요가 있다.

교육과 조직

1960년대와 1970년대 초반에 많은 조직과 교육 과정이 개발되었다. 영국의 어린이 연극 자격 과정, 임상 드라마 센터, 연극치료센터, 세서미 학교 그리고 스코틀랜드 에딘버러의 퀸 마가렛 대학 과정이 여기에 포함된다.

네덜란드에서는 1940년대 후반부터 예술 치료사의 교육과 활동이 "활동 지도사" 교육 과정의 발달과 밀접하게 관련을 가지고 진행되어 왔다. 예를 들어, 1947년에는 아메르스포르트에서 전쟁 고아들에게 예술과 놀이를 활용하기 위해 청소년 작업자를 대상으로 한 교육 프로그램이 시작되었다. 미들로 콥세호프의 미코엘에서도 사회 복지와 청소년 관련 작업자들을 지역 사회 기관, 소아정신병원, 기숙 학교 같은 시설에 내보내기 위해 훈련하였다. 이때 치료가 교육 내용의 일부로 포함되었고, 1950년대에는 예술 활동이 과정의 일부로 편입되기 시작했다. 이러한 흐름 속에서 드라마는 놀이 치료에 많은 영향을 받았다. 1950년대에 렉스 빌스는 『놀이의 수단』을 썼고, 얀 봄스루이터는 치료로서 드라마에 관한 논문을 여러 편 썼다. 두 사람 모두 네덜란드에서 치료로서 드라마 발달에 큰 영향을 끼친 인물이다. 1960년대 초에는 네덜란드 예술치료협회와 함께 창조적 표현 치료 협회가 설립되었다. 1974년부터 미들로는 드라마와 같은 전공으로 4년제의 창조적 치료 부문의 학위를 수여하였다. 1978년에는 호게스쿨 니메겐이 연극치료 전공으로 4년제 예술 치료 과정을 개설하였다. 그리고 1981년에는 창조적 표현 치료 협회 안에 순수하게 연극치료만을 위한 지부가 조직되기도 했다. 지부를 만들려면 100명 이상의 회원을 확보해야 한다고 한다.

1971년에는 뉴욕 시의 터틀 베이 음악 학교에서 연극치료 단기 과정이 시작되었다. 거트루드 샤트너는 미국에서의 연극치료와 그 교육 과정의 발달에서 중요한 역할을 했다. 그녀의 작업은 나치 수용소에서 살아남은 사람들과 함께한 작업에 뿌리를 두었다. 그 집

단은 폴란드의 한 작은 마을에서의 삶을 다룬 유태인 작가 알레이
헨의 작품을 공연하였다. 그녀는 사람들이 그 과정에 참여하면서
"깨어나고, 스스로 즐기며, 함께 작업할" 수 있었다고 말한다
(Schattner and Courtney, 1981, xxi). 그리고 그녀는 또한 연극 작업을
통해 "치유 과정의 도구로서 드라마"에 눈뜨게 되었다(1981, xxi).
이 분야의 다른 개척자들과 마찬가지로 거트루드 샤트너 역시 뉴
욕의 링컨 스퀘어 네이버후드 센터에서 어린이를 대상으로 작업하
였고, 1970년대 초반에는 터틀 베이 과정의 개설에 관여하였다.
1979년에 전미연극치료협회가 결성되었고, 같은 시기에 석사 과정
이 두 곳에서 생겨났다. 한 곳은 샌프란시스코 안티오크 대학 심리
학과의 연극치료 세부 전공 석사 과정이고 다른 한 곳은 뉴욕 대학
연극치료학과의 석사 과정이다.

교육 과정과 연합 기구의 발달과 함께
연극치료는 어떻게 변화되었나?

1980년대 초의 글에서 프라이리어와 플레시먼(1981)은 연극치료
작업의 주요 양식에서 나타나는 변화의 양상에 주목한다. 그들은
연극치료의 작업 양식이 내담자에 의한 공연, 인형극, 기존 희곡의
상연으로부터 자발적인 역할에 바탕한 작업으로 이동하고 있다고
보고한다. 여기서 1987년에 데이비스가 정리한 몇 가지 요점을 살
펴보는 것도 흥미로울 것이다. 그는 "구체적으로 심리 치료적인 영
역으로의 점진적 전환"을 지적하면서, 연극치료 작업이 자발성과
창조성을 북돋우는 일반적 시도로부터 "중요한 정서적 주제를 탐
험하기 위해 개인화된 극적 행동을 통해 보다 강도 높게 구조화되
고 세심하게 통제된 체계"로 움직여 가고 있다고 말한다(Davies,

1987, 120). 연극치료의 이러한 발전 경향은 이밖에도 많은 이론가
와 작업자들이 인식하였을 것이다.

이 장에서 살펴보았듯이, 연극치료는 하나의 직업이자 특정한
치료 형식으로서 명확한 정체성을 확립해 왔으며, 그 과정에는 여
러 가지 요인이 함께 작용했다. 치료로서 드라마와 관련된 사람들
사이의 접촉이 증가된 것, 직업 기구와 교육 과정의 설립, 연극치료
사례 자료와 이론적 저작의 축적 등이 그것이다. 여기에 덧붙여 치
료 효능을 평가하려는 시도가 함께 증가하였고, 그것은 다시 치료
로서 드라마가 가진 잠재력과 타당성에 대한 한층 강화된 자신감
과 교육 과정에서의 명확한 기준과 구조를 낳았다.

연극치료는 전후를 기점으로 특히 1980년대와 1990년대에 여
러 나라에서 발전되었다. 1980년에 만들어진 ECARTE(예술 치료의
훈련과 교육을 위한 유럽 협회)의 작업은 유럽 공동체 내에서 교육
과정을 개발하고 국가간 교류를 증진하는 데 중요한 역할을 하였
다. 인도, 이스라엘, 포르투갈, 독일, 아일랜드, 자메이카, 노르웨이
같은 나라들에서도 교육 과정과 안정된 실천 과정이 존재하거나
개발되고 있는 중이다.

서로 다른 예술 치료(음악, 미술, 무용) 사이의 논의와 토론도
성장해 왔다. 초기에 그러한 논의의 장을 마련한 것은, 1977년 안소
니 스톨 박사의 주재 하에 세서미와 연합하여 만든 영국 치료 예술
연구원(BISAT)이었다. "예술의 실천을 통한 치유 작업을 개발하고
조화시키는 것"(Lindkvist, 1977)을 목표로 내건 그 학회에서, 일부는
예술 치료 분야가 각각의 분리된 전문성과 정체성을 유지해야 한
다고 주장하고, 또 다른 일부는 분리의 분열적 속성을 들어 예술
분야 사이의 공통점을 강조하기도 했다. 예를 들어, 맥니프는 모든
창조적 예술 치료는 "치료적 변형의 과정으로서 창조성을 우선적

으로 사용"한다는 점에서 뚜렷하고 명확한 정체성을 공유한다고
주장한다. 그는 또한 "창조성의 일부에 국한된 매체의 구분을 통
해"(McNiff, 1986, 15) 존재하는 전문적 정체성이 더 이상 그 정당성
과 합리성을 인정받지 못하는 1980년대와 1990년대의 상황을 덧붙
인다.

　　연극치료와 관련한 논쟁거리 가운데 한 가지는 그 다양성을 어
떻게 받아들일 것인가에 관한 것이었다. 연극치료의 초기 발달 단
계에서는, 이 책에서도 살펴보았듯이, 여러 개인과 단체들이 개별
적으로 작업을 했다. 그리고 이것이 연극치료 작업 방식과 접근법
의 광범한 다양성을 가져왔다. 그런데 근년에 와서 연극치료 교육
과정이 만들어지고 일부 국가에서 연극치료가 하나의 직업으로 인
정받아 등록되면서, 전국 연합 조직이 통제하는 직업 기구가 설립
되기에 이르렀다. 그리하여 교육 과정과 전문화 그리고 등록 제도
를 통한 이 통합의 단계는 보다 동질적이고 일관된 연극치료 형식
혹은 모델에 대한 욕망을 낳고 있다.

요약

물리 라하드는 "우리는 바야흐로 반짝이는 아이디어와 광범한 경
험 그리고 그것을 보다 이론적인 접근으로 개념화하려는 욕구가
살아 있는 시대를 향해 전진하고 있다"라고 말했다(Lahad, 1994,
182). 많은 작업자들이 이론적 관점에서 연극치료가 어떻게 해서
효과적인지를 정리하는 작업을 요구하기 시작했다. 1장에서 언급
했듯이, 지금까지는 많은 연극치료 저작들이 일련의 기법을 나열
하거나 이런 저런 모델을 끝없이 늘어놓는 것으로써 연극치료를

정의하려는 경향을 보여 왔다. 그리고 라하드는 이를 염두에 둔 듯
이, 이제는 "경험과 모델에서 이론으로 나아갈 필요가 있다"라고
말한다(1994, 182). 다음 장에서는 이러한 주제를 살펴보고자 한다.
다시 말해, 연극치료 작업의 핵심 과정을 요약하고, 연극치료를 개
념적으로 또 실제적으로 설명하는 이론을 제시하고자 한다.

DRAMA
AS
THERAPY
Theatre as Living

3부

5. 연극치료의 치료적 요인
아홉 가지 핵심 과정

개관

이 장에서는 연극치료가 어떻게 해서 효능을 발휘하는지를 규명하고자 한다. 그러기 위해서 연극치료 작업을 구성하는 여러 가지 요소들을 하나하나 짚어볼 것이다. 이 요소들은 드라마와 연극 형식 그리고 그 과정이 치료적일 수 있는 근거를 설명해 준다. 그러나 이 요인들 자체가 특정한 기법이나 방법론을 이루지는 않으며, 다만 모든 연극치료의 근본 과정과 관계될 뿐이다.

아홉 가지 핵심 과정과 관련해서 드라마와 연극에는 연극치료와 연극치료사의 흥미를 특히 자극하는 주요 영역이 있다.

- 극중 인물로 들어가 연기하는 과정
- 연극적/극적 세계와 상태로 들어가는 과정

- 연극적/극적 소통
- "연극적 틀거리"와 "현실적 틀거리"의 관계. 이는 연극치료 바깥에 누군가의 실제 삶에서 일어나는 사건과 연극치료 세션의 반경 내에서 일어나거나 재현되는 사건 사이의 차이점과 유사성을 일컫는다.
- 공연 과정. 이는 공연이 창조되는 경로를 말한다. 공연이 만들어지기까지는 여러 과정을 거친다. 가장 보편적인 과정은 이렇다. 공연할 희곡/내용의 선택, 배역과 연습, 최종적인 공연 형식으로 다듬기, 관객 앞에서 상연하기, 상연의 반복, 공연 종료.
- 관객 그리고 연극에서의 지켜보기 과정

이제부터 이러한 배경을 가지고 연극치료 작업에서 핵심을 이루는 일련의 과정을 이야기할 것이다. 나는 그 과정의 상당수가 연극적 뿌리에서 연유함을 밝히기 위해 위의 영역을 거론하였다. 그것들은 드라마와 연극의 치유적 잠재력이 연극치료를 통해 어떻게 실현되는지를 보여 준다. 그 아홉 가지 과정은 다음과 같다.

- 극적 투사
- 치료를 위한 공연 과정
- 연극치료에서 감정이입과 거리두기
- 구현과 의인화
- 관객과 지켜보기
- 체현: 신체의 극화
- 놀이
- 삶-드라마 연관
- 변형

각 과정을 살펴본 후에는 해당 주제의 관점에서 실제 사례를 분석할 것이다. 이는 각 과정에 대한 이론이 특정한 연극치료 작업의 효용을 이해하는 데 어떻게 기여하는지를 보이기 위해서이다.

극적 투사

월셔는 『역할 연기와 정체성』(1982)이라는 책에서 무대 공간과 관객의 관계를 조명함으로써 대부분의 연극치료 작업에서 극적 투사가 기능하는 방식을 일러주고 있다. 그는 사람들이 꾸준히 극장을 찾는 이유는 거기서는 자기 자신을 "좀 더 선명하게" 볼 수 있기 때문이라고 말한다. 월셔는 그리고 그것이 우리가 우리 자신을 파악하고 이해하는 데 바탕을 이룬다고 이야기한다. "자기 자신을 보러가는 것은 본다는 바로 그 행위 속에서 개인에게 변화를 가져온다"(Wilshire, 1982, 5)

이는 곧 우리가 우리 자신을 이해하거나 파악하는 방식에서 관점의 전환이 일어날 수 있음을 말한다. 그리고 그것은 극장에서 일어날 수 있는 또 다른 현상과 연결되어 있다. 배우를 지켜볼 때 관객은 무대에서 벌어지고 있는 것에 몰입하기도 하고 동시에 거리를 두어 멀어지기도 한다. 그리하여 한 명 또는 그 이상의 극중 인물과 관계를 맺거나 혹은 인물들을 통해 체험되는 서사적 행동과 관계를 형성한다. 이 두 과정을 동일시와 투사라고 표현할 수 있다.

우리는 관객으로서 무대 위에 있는 인물 중 한 사람의 특성, 다시 말해 그의 동기나 경험이나 태도에 동일시한다. 그리고 동일시는 곧잘 투사를 동반하여 우리는 우리 자신의 동기와 감정 그리고 경험을 배우들이 우리에게 제공하는 형상에 던져 넣는다. 그렇게 극의 내용과 행동을 지켜본 결과로서, 공연이 이루어지는 동안 그 투사된 감정에 대한 관계가 변화된다. 그리고 그것이 다시 투사를 통해 연결되었던 우리 자신의 어떤 측면을 느끼고 이해하는 데 영향을 미치는 것이다.

우리가 배우와 공연과 맺는 관계는 이러한 투사된 감정의 작용으로 일부 설명된다. 우리의 투사된 욕망과 극중 사건의 영향력 사이에는 어떤 역동이 생겨나고, 그 안에서 커지고 작아지는 가능성을 통해 투사된 감정에 몰입하기도 하고 그와 상호 작용할 수도 있다. 윌셔에 따르면, 이러한 보기/지켜보기와 투사의 행위가 극적 과정의 근본을 이룬다.

앞에서 말한 대로 우리는 극중 인물과 "나란히 서 있으며" 동시에 관객으로서 "거리를 유지"한다. 이것은 연극에서나 연극치료 세션에서나 공히 해당된다. 배우는 역할을 취하고 거기 몰입하여 역할에 자신을 투사한다. 그들은 자신이기를 멈추지만 그러면서도 여전히 자기를 잃지 않는다. 극장에서 관객은 자신을 극중 인물의 딜레마와 감정적인 상황에 투사한다. 이와 비슷하게 연극치료에서 내담자는 가상의 인물이나 역할을 맡을 수 있다. 그리고 사물을 가지고 놀거나 무대를 만들기도 하고 신화를 연행하기도 한다. 그러면서 여러 가지 정체성을 취함과 동시에 자신의 여러 양상을 극적인 내용에 투사한다. 집단과 자기 속에 작은 극장을 하나 짓는 것이다.

고전적인 프로이트적 입장에서는 투사와 동일시를 주요한 방어 기제로 간주한다. 그러나 연극치료에서 극적 투사는 내면의 감정적 상황과 외부의 형식과 존재 사이에 필수적인 관계를 창출한다는 측면에서 중요한 의미를 갖는 현상이다.

극적 투사 — 요약

1. 연극치료에서 극적 투사는 내담자가 자신의 어떤 측면이나 경험을 연극적 또는 극적 내용이나 연행에 투사함으로써 내적 갈등을 외화하는 과정을 말한다. 내담자의 내적 상태와 외부의 극적 형식의 관계는 행동을 통해 형성되고 발달된다. 극적 표현은 관점을 창조함으로써 변화를 가능하게 할 뿐 아니라 투사된 내용의 연행을 통해 탐험과 통찰의 기회를 제공한다.

2. 극적 투사는 내담자가 치료 과정에서 다루고자 하는 주제를 탐험하는 수단으로서 극적 과정으로 들어가는 통로가 된다.

3. 극적 표현은 내담자의 문제를 새롭게 재현한다.

4. 투사를 통해 내담자의 내면 상태와 그 외적 표현 사이에 극적인 대화가 일어날 수 있다.

5. 내담자는 표현과 탐험을 통해서 문제와 새로운 관계를 맺을 수 있다.

6. 이로부터 새로운 관계 안에서 문제의 재통합이 일어날 수 있다.

치료를 위한 공연 과정

치료를 위한 공연 과정이란 연극치료의 틀거리 내에서 이루어지는 공연 방식을 말한다. 지속 기간과 강도의 측면에서 상당히 다른 지점들이 있지만, 연극치료에서의 공연 과정 역시 그 핵심은 일반 공연과 기본적으로 같다. 치료를 위한 공연은 욕구 구체화하기, 시연하기, 보여 주기, 빠져 나오기의 과정으로 진행된다. 이것은 분명히 일반 공연에도 해당되는 과정이지만 치료적 틀거리 내에서는 다른 의미와 가능성을 갖게 된다.

연극치료에서 욕구 구체화하기는 내담자나 집단 안에서 문제를 표현하고자 하는 욕구가 일어나는 방식을 말한다. 시연하기는 의식 내부에서 진행되는 연습이나 내담자의 욕구를 최대한 만족시키는 극적 표현을 찾아내기 위한 무대 작업과 관련된다. 보여 주기는 내담자가 다른 사람들과 작업하거나 또는 개인 작업의 경우에 연극치료사(186-8쪽을 보시오)와 극적 형식이나 연행을 나누는 표현 과정이다. 빠져 나오기는 내담자가 극적 현실에 몰입된 상태에서 빠져 나오는 것을 말한다.

이 공연 구조 안에는 두 가지 주요한 치료 효과가 있다. 하나는 내담자가 공연 제작 과정에서 다루고 싶은 내용에 맞는 표현과 작업 방식을 찾을 수 있다는 점이다. 내담자는 시연과 보여 주기 단계에서 일어나는 극화를 통해, 예를 들어 여러 가지 역할을 맡거나 대안적인 행동 방식을 연출해 봄으로써 문제와의 새로운 관계를 모색할 수 있다. 여기서 초점은 내담자가 표현한 내용을 탐험하는 데에 있다.

일부 내담자에게는 내용과 상관없이 욕구를 구체화하고 시연하고 보여 주는 공연 제작 과정 자체가 치료적일 수 있다. 신체화나 재현에 참여함으로써 문제에 대한 내담자의 관계가 변화되기도 한다. 다시 말해, 당면한 문제와 관계된 이야기나 신화를 만들거나 혹은 연행하는 데 참여하는 것만으로도 내담자는 삶의 경험에 대한 통찰을 얻을 수 있다는 것이다(10장을 참조하시오).

또한 다른 사람들과 함께 극적 표현을 창조하는 과정에서 치료 효과가 나타나기도 한다. 내담자가 연행 과정에서 다른 집단 성원과 치료사와 맺는 관계의 양상은 연극치료 집단 밖에서 다른 사람들을 경험하고 관계 맺는 방식을 반영한다. 내담자는 연극치료 공간이라는 상대적인 안전함 속에서 까다로운 관계 유형을 재구성할 수 있다.

연극치료에서 공연은 관객과 배우가 뚜렷하게 구분되는 대다수 일반 연극의 조건과 관행을 꼭 따를 필요는 없다. 따라서 어떤 접근 방식을 취하는가에 따라 공연 과정의 세부가 폭넓게 달라질 수 있다. 어떤 상황에서는 형식적이고 전통적인 연극 형식을 따라 기존 대본을 선택하여 대사를 외우고 무대 장치를 세울 수도 있고, 또 어떤 경우에는 전적으로 즉흥에 의존할 수도 있으며, 혹은 모래상자와 놀잇감 같은 놀이의 재료를 활용할 수도 있다. 그렇게 해서 집단 안이나 집단 밖의 사람들에게 공연을 보여줌으로써 작업을 마무리할 수 있으며, 또는 진행 중에 있는 즉흥 작업을 간단하게 공개하는 것으로 공연을 대신할 수도 있다.

상황에 따라서는 작업을 아무에게도 공개하지 않을 수 있으며, 그런 경우에는 완결된 행동에 대한 내담자의 소감이 보여 주기를 대체한다. 내담자가 혼자서 놀잇감을 가지고 노는 놀이 중심의 작업이 그러한 예가 될 것이다. 집단 즉흥 작업에서도 내용이 공연 중심의 "보여 주기" 단계에 이르지 않을 수 있으며, 그런 경우에는 연극치료사가 보여 주기를 위한 유일한 증인이 된다.

치료를 위한 공연 과정 — 요약

1. 치료를 위한 공연은 다루고자 하는 특정 주제를 분명히 한 다음 그것을 드라마로써 표현해 가는 과정이다. 여기서 공연은 해당 내용을 표현하고 그에 접근하는 통로를 창출하는 가장 우선적인 역할을 담당한다.

2. 욕구 구체화하기, 시연하기, 보여 주기의 구조는 문제를 탐험하기 위한 도구이다.

3. 빠져 나오기는 내담자가 내용에 대한 직접적인 극적 몰입에서 빠져 나오게 하는 수단이다.

4. 공연 제작 과정은 내담자가 그 안에서 다루는 내용이나 주제와 상관없이 그 자체로 치료적일 수 있다.

5. 내담자는 공연 제작 과정에서 여러 가지 역할을 맡을 수 있다. 특정 장면에 등장하는 인물이 될 수도 있고, 어떤 장면에서는 연출자가 될 수도 있으며, 또 어떤 순간에는 관객이 되기도 한다. 이렇듯 다양한 역할을 맡는 것은 해당 경험에 대한 관계에 변화를 줄 수 있으며, 표현된 내용을 받아들이는 관점을 바꿀 수 있다는 점에서 치료적이다.

6. 내담자는 공연을 만들면서 드라마라는 매체에 참여해 봄으로써 자신의 창조성을 경험할 수 있다. 그리하여 그 경험을 바탕으로 드라마에서 다루었던 문제나 상황에 대해 보다 창의적으로 접근할

수 있게 된다. 이 창의성은 또한 내담자가 또 다른 관점에서 문제를 바라보게 함으로써 변화를 이끌어낼 수 있다. 예를 들어, 연극치료 밖의 실제 삶에서 내담자들은 어떤 문제에 부딪혀 꽉 막혀 있다고 느낄 수 있다. 그러나 드라마 속에서는 여러 가지 새로운 대안을 실험하거나 전혀 다른 해결책을 찾아 창조적으로 참여할 수 있다.

연극치료에서 감정이입과 거리두기

감정이입과 거리두기는 연극과 연극치료에서 두 개의 대립되는 과정이자 요소로 표현되곤 한다. 그러나 나는 이 두 가지 모두 극장이나 치료 집단에서 우리가 극적 현상에 반응하는 방식의 일부라 보는 편이 더 적절하다고 생각한다. 물론 둘 중 어느 한 가지가 좀 더 지배적일 수는 있지만 완전한 거리두기나 완전한 감정이입이란 있을 수 없다. "건강은 감정과 사고의 균형을 요구한다"(Landy, 1986, 98)라는 말에서도 알 수 있듯이, 이들 과정은 중재를 통해 개인이 사람들뿐 아니라 삶의 여러 경험과 관계 맺는 방식으로 작용해 왔다.

극적 감정이입은 배우와 관객 사이에 형성된 연결 끈을 말한다. 그것은 극중 인물에게 동일시하고 감정을 개입시킬 수 있는 관객의 능력에 달려 있다. 감정이입에는 또한 배우가 자기 안에서 역할에 동일시되는 부분을 찾아내고 감정적인 공명을 이끌어내면서 만들어지는 역할에 대한 감정이입이 있다. 이런 식의 접근 방식과 표현은 스타니슬라브스키의 작업이나 "메소드" 연기에서 가장 두드러진다.

거리두기는 브레히트의 소외 효과와 연관된 접근 방식이다. 배우는 "무대 위에서 자신을 극중 인물로 완전히 변형시켜서는 안 된다"(Brecht, 1964, 137). 바꿔 말해, 감정이입과 강한 동일시를 형성하기보다 인물에 대해 생각하고 판단하며 또 그에 기대하는 바를 표현하는 비판적 반응에 힘을 싣는 것이다. 이러한 접근은 공연의 순전한 연극성을 강조한다. 현실의 환영을 창조하기를 마다하고 관객의 눈앞에서 일어나는 것들이 실제가 아닌 극적 재현임을 공공연히 드러낸다. "사람들로 하여금 극장의 세계를 자각하게 하는 것… 거기에서는 매순간 연극적 현실이 진행되고 있다. 무대에 놓인 의자 하나가 또 다른 연극 무대가 되는 것이다"(Handke, 1971, 57).

연극치료에서 이 두 가지 현상은 극적 표현의 정서적 작용, 곧 감정적 몰입과 분리의 핵심을 이룬다. 그리고 문제에 접근해 가는 과정과 역할 벗기 혹은 해당 문제에 대한 관점을 창조하는 데에서도 중심이 된다. 그 개념들은 또한 연극치료에서 내담자가 제기된 문제와 관련하여 얼마나 몰입하고 있는지 그 수위를 가늠하는 틀거리가 된다.

서구 연극 전통에서는 "바람직한 반응"의 척도로 정서적 강렬함을 강조하는 경향이 있다. 그러나 연극과 드라마에는 몰입과 분리가 모두 실재하며, 연극치료에서도 고도로 몰입되고 정서적으로 표현적인 행동만큼 거리를 둔 작업 역시 내담자에게 중요함을 명심할 필요가 있다.

사용된 극적 재료의 형식과 구조가 특정한 반응을 촉진할 수 있다. 그 특성에 따라 어떤 활동과 접근법은 감정이입을 촉진하며, 반대로 어떤 것들은 거리두기를 자극하기도 한다. 예를 들어, 어떤 사물의 특질을 그것이 재현하는 사람의 특성과 연결짓는 웜업(그러니까 딱딱한 나무 조각을 무뚝뚝하고 고집스럽고 완고한 어떤 사람과 연결시키는 것)은 내담자가 사물에 대해 감정이입적인 관계를 형성하도록 부추길 것이다. 그리고 사물의 실제 용도와 기능을 설명하는 역할 벗기 활동이라면(곧 나무 조각은 그저 나무 조각일 뿐이라는 사실을 강조하는 것) 거리를 둔 분리적인 반응을 촉진할 것이다.

많은 활동이 둘 중 어느 한 가지 반응을 자극하는 데에 쓰일 수 있다. 그러나 접근 방식과 작업 맥락에 따라 감정이입과 거리두기에 대한 강조점이 달라질 수도 있다. 예를 들어, 역할 바꾸기나 분신 기법은 내담자가 연기하면서 막 감정을 이입하기 시작한 역할에서 빠져 나오게 함으로써 직접적인 거리두기의 효과를 거둘 수 있다. 더 자세히 말하면, 역할 바꾸기에서 내담자는 방금 전까지 연기하던 역할에서 빠져 나와 다른 사람과 역할을 바꾼다. 그러니까 엄마와 딸을 연기하던 두 사람이 잠시 서로 역할을 교환하는 것이다. 그렇지만 거기서 나타나는 거리두기 효과는 본래의 역할로 돌아갔을 때 훨씬 더 큰 감정이입을 가져올 수 있고, 그 결과 역할 바꾸기가 오히려 연행에 정확성과 정서적 깊이를 더할 수 있다. 마찬가지로 분신 기법도 말로 표현되지 않았거나 인식하지 못했던 감정을 표출시킴으로써 연행에 대한 감정이입과 정서적 반응을 강화할 수 있다. 한편 상황을 표현하는 데 지나치게 몰입해 있는 내담자의 경우에는, 역할 바꾸기가 거리두기 장치로 활용될 수도 있다. 그러므로 연극치료사는 무엇보다 구체적인 맥락 ─ 연행의 특정 순간에서 내담자의 욕구와 감정이입/거리두기 현상과 관련한 각 활동의 특성 ─ 을 고려할 필요가 있다.

연극치료에서 감정이입과 거리두기 — 요약

1. 감정이입은 어떤 작업에서든 정서적 공명과 동일시 그리고 고도의 정서적 몰입을 촉진한다. 역할이나 사물 혹은 극적 상황이나 극적 활동에 대한 감정이입의 발달은 그 자체로 치료적인 작업이 될 수 있다. 예를 들어, 다른 사람을 이해하거나 공감하는 능력이 부족하여 사람들과 건강한 관계를 꾸려 나가지 못하는 내담자에게 특히 그러할 것이다. 극적 작업 안에서 발달된 감정이입적 반응은 내담자가 연극치료 집단 밖의 현실에서도 사람들에게 감정이입하도록 도울 수 있다. 감정이입은 이후 작업 과정에 잘 참여하도록 내담자를 준비시키는 데 중요한 역할을 하곤 한다. 이것은 주인공으로서 자신의 문제를 다루게 될 내담자나 분신으로 연기하게 될 사람들 모두에게 해당된다.

2. 거리두기는 사고와 성찰과 조망에 더 무게를 둔다. 브레히트의 용어로 표현하자면, 내담자는 제시된 문제에 대한 독자로서 기능하는 것이다. 이것은 내담자가 탐험에서 빠져 나오게 된다는 것이 아니라 좀 다른 각도에서 문제와 관계를 맺게 됨을 말한다. 거리두기 접근법은 내담자가 자기 자신이나 주제에 대한 시각을 창조하도록 도울 수 있다. 그러한 반응을 만들어 내는 능력은 그 자체로 치료적인 작업일 수 있다.

3. 극적 내용에 적극적으로 개입하든 혹은 그에 대해 증인/관객으로서 남든 내담자는 감정이입과 거리두기의 두 과정을 모두 경험한다. 연극치료에서 감정이입과 거리두기의 기능은 서로 관련되지만 "배우"와 "관객"에게 각기 다르게 작용한다.

4. 어떤 반응이나 활동이든 내담자는 두 과정을 모두 경험하며, 거기서 연극치료 과정의 원동력이 생성된다. 이 두 과정 사이의 긴장이나 이동이 연극치료 작업의 본질인 역동적 변화를 창출하는 것이다. 예를 들어, 내담자는 역할로 들어가 움직인 다음 역할 벗기를 통해 살펴보는 과정에서 연행하면서 해당 역할이 조우했던 상황과 역할 자체를 통찰하고 변화된 관점을 얻을 수 있다.

5. 감정이입과 거리두기의 수위를 도구로 삼아 연행 혹은 극적 활동에서의 반응, 즉 내담자가 극적 내용과 어떤 관계를 맺었는지를 평가할 수 있다.

의인화와 구현

극적 재현은 연극치료 세션에서 내용을 표현하기 위해 선택된 수단으로서 그것은 보편적으로 "의인화"와 "구현"이라는 두 가지 양상으로 나뉜다.

　　의인화는 사물을 극적으로 사용하여 인간적 특질이나 면모를 나타내는 행위이며, "생명이 없거나 추상적인 대상을 마치 살아 있는 듯이 혹은 사람과 같은 특징이나 감정이 있는 듯이 대하는 것"이라 정의할 수 있다(Abrams, 1981, 65).

　　『베로나의 두 신사』에서 어릿광대 라운스는 의인화를 이용해 다음과 같은 가족 조각상을 만들어 보인다.

　　그렇지, 그때 광경을 좀 보여드리지… (구두를 벗는다) 이 구두는 내 아버지고… 아냐, 이 왼쪽 구두가 우리 아버지지. 아니 아니, 이

왼쪽 구두가 우리 어머니야… 아냐, 이것도 저것도 아냐… 암 그렇지, 그렇지. 이쪽 구두 바닥은 형편없군… 구멍이 뚫린 이쪽 구두가 우리 어머니고, 이쪽은 우리 아버지고… 젠장! 이제 됐군… (구두를 자리 위에 놓는다) 그리고 이 지팡이는 내 누이동생. 그앤 백합꽃같이 희고, 막대기같이 호리호리하다.[1]

"구현"은 다른 사람을 흉내 내거나 페르소나를 창조하거나 혹은 브레히트적인 의미에서 누군가를 연기해 보여 주는 과정을 말한다. 연극치료에서 구현은 즉흥 연기를 하거나 가상의 인물이나 내담자의 경험에서 취한 어떤 사람의 역할을 연기하는 것과 관련된다. 랜디는 구현을 다양한 페르소나나 역할을 취하고 연기함으로써 "인성을 만들어 내는" 능력이라고 정의했다(Landy, 1994, 30).

연극치료에서 내용을 극화하고 연행하는 수단은 역할 맡기나 서구 연극의 전통적인 인물의 재현을 넘어 훨씬 광범하다. 역할은 단지 연극치료의 연행에서 사용되는 재현 형식의 일부를 차지할 뿐이다.

내담자는 다양한 표현 형식으로 치료 과정에서 문제를 재현할 수 있다. 에슬린은 극적 형식을 신체 자체를 사용하는 표현 기법과 신체를 대상으로 삼는 재료의 두 가지 영역으로 분류한다(Esslin, 1987, 61). 그에 따르면, 연극치료에서는 주로 내담자의 몸과 표정과 목소리를 이용한 모방적 표현과 공간을 활용한 다른 사람들과의 상호 작용, 그리고 분장, 가면, 의상, 소도구를 이용한 기법을 사용한다고 할 수 있다.

---

1)『베로나의 두 신사』, 신정옥 옮김, 전예원, p. 53

의인화와 구현 — 요약

1. 내담자는 극적 틀거리 안에서 감정, 주제나 사람, 자기 자신 혹은 자신의 어떤 양상을 재현한다. 이것은 대개 구현 — 뭔가를 묘사하거나 자신의 일부를 연기하는 것 — 이나 의인화 — 재현하기 위해 사물(놀잇감이나 인형 등의)을 사용하는 것 — 로 이루어진다.

2. 극적 재현은 다음의 단계를 따라 진행된다.

- 내담자는 치료 과정에서 제기된 주제를 드라마를 통해 재현하고자 하는 정서적 욕구를 가지고 있다. 그것은 특정한 주체(억압적인 사장과 같은)와 명확하게 동일시되기도 하고, 그보다 덜 명확한 감정(불안)인 경우에는, 먼저 즉흥극을 통해 탐험한 다음 의인화나 구현의 형식으로 접근할 수 있다.
- 재현 — 가상의 인물이나 놀이에서 사용되는 사물을 가지고 하는 — 과 상상적 관계로 진입한다. 그러기 위해서는 반드시 적절한 거리를 유지하면서 동시에 충분히 흥미로운 상태가 조성되어야 한다.
- 이후에 진행될 구현 또는 의인화 작업을 위해 맥락(장면을 만들거나 인물들을 소개하는 등)을 형성한다.
- 드라마(즉흥 연기나 의인화/구현을 사용하여 대본이나 이야기를 만들어 연행함으로써)를 통해 재현한다.
- 내담자를 위해 의인화/구현의 의미를 탐색한다. 이 단계는 작업 과정에서 증인이나 다른 역할로 참여한 사람들을 위해서도 필요하다.
- 적극적인 재현에서 떠나 특정 활동 내에서의 관계를 마무리

한다.

3. 의인화와 구현은 해당 문제에 대한 탐험과 내담자의 표현에 초점을 맞춘다.

4. 의인화와 구현은 내담자에게 다른 존재/사람이 되어 보는 기회를 제공할 수 있다. 이것은 감정이입의 과정을 촉진하고, 내담자가 다른 사람들과 관계 맺는 방식을 발달시키는 데 도움을 줄 수 있다. 또한 다른 사람의 입장에서 문제를 바라보게 해준다.

5. 내담자는 의인화와 구현을 통해 허구적이고 상상적인 내용에 몰입함으로써 주제를 새로운 방식으로 변형하고 탐험할 수 있게 된다. 창조된 가상의 세계라는 안전망이 내담자로 하여금 현실에서 억압하거나 부정했던 것들을 마음껏 펼쳐내고 탐험할 수 있게 해준다.

관객과 지켜보기

여기서 "관객"은 행동을 "지켜보는" 역할을 말한다.

지켜보기는 연극치료에서 다른 사람들이나 자기 자신에게 관객이 되어 주는 행동의 중요한 양상이다. 피터 브룩은 그의 글 「깡통 따개 같은 세상」과 「또 다른 세계로 들어가기」에서 연극치료 집단이 주의 깊게 새겨야 할 경고를 들려준다. 그는 "연극 형식이나 즉흥 연기 등을 혼자서 훈련 방법으로 사용하는 신실함이 도리어 폐쇄된 세계를 만들어 낸다." 이것은 "무시무시한 상황이며… 극

히 파괴적"(Brook, 1988, 127)이라면서, 관객이 존재하지 않는 실험
연극 작업을 성토한다. 여기 인용된 그의 표현은 여러 지점에서 연
극치료 활동이 "혼자" 행해질 때 내담자가 얻게 될 결과를 경계하
는 것처럼 들리기도 한다. 그는 또 "그것은 진정으로 연극의 존재
전체를 부정하는 것이다"라고 말하고 있다(1988, 127). 여기서 그가
일관되게 비판하는 것은 바로 관객의 부재다. 브룩은 관객을 연극
에 근본적인 의미를 부여하는 존재로 간주한다(1988, 234). 관객과
배우의 만남이 빚어내는 "열기" 속에서 "절정"을 경험할 수 있기
때문이다. 그는 그 만남을 "준비된 사람들(배우)과 준비되지 않은
사람들(관객)의 역동적인 관계, 만남"이라고 표현한다(1988, 236).

연극의 핵심 요소로서 관객과 배우의 만남을 강조한다는 점에
서 브룩은 브레히트와 보알 같은 많은 연극인들과 생각을 같이한
다. 관객이 존재하지 않는 연극 상황에 대한 브룩의 염려는 연극치
료에도 시사하는 바가 적지 않다. 사실 연극치료의 이론과 실제에
서 가장 뒤쳐진 부분 중 하나가 바로 관객이다. 연행에 참여한 사
람들과 관련한 극적 작업에 대해서는 많은 연구들이 행해졌지만,
그에 비해 연극치료에서 관객의 개념은 소홀히 다루어져 온 것이
사실이다. 샤트너와 코트니의 『치료에서의 드라마』(1981)나 로버
트 랜디의 『억압받는 사람들을 위한 연극치료』(1986) 같이 핵심적
인 이론서들조차 "역할," "소도구," "연기," "카타르시스," "코러
스," "놀이," "연극 게임," "의상," "배경"을 모두 포함한 색인 목록
에 "관객"을 빠뜨리고 있다. 연극에 "근본적인 의미"를 부여하는
존재가 색인에서 누락되었다는 사실은 무엇을 말해 주는가?

나는 연극치료 집단 안에도 관객의 기능 혹은 지켜보기가 존재
하며 매우 핵심적임을 인정하지만, 그것이 일반 연극에서와는 분
명히 다르게 작용한다는 것을 말하고 싶다. 나는 연극치료가 폐쇄

집단을 유지함으로써 브룩이 연극의 본질이라 부른 핵심적인 만남의 "열기"를 놓치고 있다고 보지 않는다. 오히려 그것은 연극치료 안에서 다양한 방식으로 존재하며, 연극치료적 효과와 집단의 치료적 변화 작업에서 중요한 기능을 하고 있다.

앞에서 나는 연극치료에서의 지켜보기 행위를 개인적 통찰이나 발달의 맥락에서 자기 자신이나 다른 사람들에게 관객이 되어 주는 것으로 정의했다. 연극치료에서 관객의 두 가지 양상 ― 다른 사람들을 지켜보고 자기 자신을 지켜보는 기회 ― 은 똑같이 중요하다. 대다수 연극 작업에서는 시연 단계에서 공연 단계에 이르기까지 이들 양상에 변동이 있기 마련이다. 시연 단계에서 배우들과 연출자는 미래의 관객을 예상하면서 스스로 진행 중인 작업의 관객으로 기능한다. 공연 단계에 이르면 실제로 객석에 있는 관객의 반응이 주가 되면서 변화가 생긴다. 그러나 연극치료에서는 치료 작업의 일부로 공연을 하는 경우를 제외하고는 이러한 변화가 뚜렷하게 일어나지 않는다. 연극치료에서는 작업을 지켜보는 존재로서 초대된 관객이란 드문 경우이기 때문이다.

연극치료에서 관객 현상은 참여자들 사이에 그리고 참여자와 촉진자 사이의 일련의 가능한 상호 작용 가운데 존재한다. 앞에서 말한 일반 연극의 두 가지 양상은 이들 상호 작용과 닮았지만 그 형식과 효과는 다르다.

나는 그 과정을 이렇게 요약한다:

연극치료에서
- 내담자는 다른 사람들의 작업에 관객이나 증인으로 참여할 수 있다.
- 내담자는 자기 자신에 대한 증인이 될 수 있다. 예를 들어,

분신이나 역할 바꾸기 혹은 자기 자신의 일부를 나타내는 사물을 사용함으로써 가능하다.

- 내담자는 자기 자신과 삶의 경험에 대해 이전과 다르게 개입할 수 있는 능력을 계발함으로써 자신의 경험에 대한 "관객"으로서의 측면을 발달시킬 수 있다.
- 작업 과정에서 내담자는 지켜봄의 대상이 됨으로써 지지나 인식의 경험을 얻을 수 있다.
- 내담자는 자기 경험이나 자신의 특정한 측면을 관객 역할을 하는 다른 사람들(다른 참여자들이나 연극치료사)에게 투사하는 과정에서 자신의 문제를 표현할 수 있고, 그것이 다시 치료적 과정을 촉진한다(Jones, 1993, 48).

연극치료에서 지켜보기는 한 사람이 다른 사람 또는 다른 사람들의 즉흥 연기를 관찰할 때, 집단 전체가 두 사람 혹은 작은 모둠의 즉흥 연기를 지켜볼 때, 그리고 좀 더 지지적인 방식으로는 개인 작업을 하는 동안 다른 참여자들과 치료사가 그 역할 연기나 연행의 관객이 되어 줄 때 일어난다.

연극치료에서는 관객으로서의 역할을 의식하는 정도도 편차가 매우 크며, 관객의 자리가 막으로 분명히 구별되어 있고 줄지어 늘어선 의자에 앉게끔 되어 있는 일반 연극의 형식성을 띠지 않는다. 대신 연극치료의 내담자는 자기 자신이나 다른 사람들에게 참여적인 관찰자가 된다. 어떤 순간에는 문제를 가지고 씨름하면서 연행의 중심에 서 있다가, 그 다음 순간에는 관객이나 분신의 역할을 할 수도 있다. 마찬가지로 관객이었던 사람이 갑자기 다른 사람의 연행에서 어떤 역할을 맡아 연기하거나 분신을 하게 되기도 한다. 내담자들은 행동하면서 동시에 지켜보기를 요구받는다. 그리고 자기 자신에 대해서도 관객인 동시에 관객이 아니게 된다.

연극치료에서 관객-배우의 관계는 영역이나 역할을 뚜렷하게 구분하지 않을 수 있으며, 반대로 관객의 역할을 맡을 사람과 연행에 참여할 사람을 공간적으로 분명하게 갈라놓을 수도 있다. 후자의 경우에는, 드라마에서 배우로 참여하는 사람들과 관객의 자리에 있는 사람들 사이에 서로 다른 관계가 만들어진다. 양자 사이에 보다 큰 거리감이 만들어지고 지켜보는 행위가 좀 더 뚜렷해진다. 그뿐 아니라 안전감을 창출하고 역할이나 연행에 들어가고 나가는 것에 관한 경계를 확립하며 초점과 집중도를 높이고 작업의 연극성을 독려하는 다양한 효과를 가져 온다. 관객에서 배우로의 전환은 조망과 통찰을 가능하게 함으로써 변화의 축으로 기능할 수 있다.

관객의 존재는 다양한 방식 — 지지자, 대립자, 안내자, 동료, 연행에 참여할 수 있는 대기자 — 으로 활용될 수 있다. 예를 들어, 주인공은 관객에게 형벌을 내리는 존재, 판단하는 사람, 모든 것을 이해해 주는 사람, 경쟁자 등을 투사할 수 있다.

관객의 특성은 집단의 역동에서 매우 중요하다. 내담자 개개인이 관객 역할의 유형을 어떻게 상상하느냐가 작업에 중요한 영향을 미친다는 말이다. 집단이나 개인이 관객이 되는 것에 대해서 갖고 있는 정체성에 따라 편이 갈리거나 서로에 대해 판단적이 되는 등 집단의 역동이 달라진다.

관객과 지켜보기 — 요약

1. 지켜보기는 연극치료에서 다른 사람들이나 자기 자신에게 관객이 되는 행위로서 두 가지 양상이 모두 똑같이 중요하다.

2. 연극치료에서 관객은 상호 작용적이며, 그 역할이 배우와 공식적으로 구분된 채 공연이 끝날 때까지 지속되는 서유럽의 전통 연극과는 상당히 거리가 멀다. 한 세션 내에서 내담자는 관객과 배우의 역할과 기능을 모두 경험할 수 있다.

3. 연극치료에서 관객-배우 관계는 일련의 가능한 상호 작용으로 구성된다.

- 다른 참여자들이나 촉진자가 지켜보는 앞에서 행동한다
- 다른 참여자들을 지켜본다
- (비디오나 역할 바꾸기 혹은 사물에 의해 재현되는) 자기 자신을 지켜본다

4. 관객은 극적 투사의 과정뿐 아니라 집단의 역동과 시각 그리고 지지의 창조에서 중요한 역할을 할 수 있다.

체현: 신체의 극화

연극에서 신체는 배우의 상상을 표현하고 머리 속에 있는 생각을 찾아 드러내는 것을 돕는다. 관객은 또한 움직임과 소리와 상호 작용을 통한 배우의 신체적 표현에 의해 연행에 몰입하게 된다. 문화권을 막론하고 연극과 드라마 형식은 대부분 배우의 신체를 소통의 주요 도구로 삼는다. 배우는 얼굴, 손, 움직임, 목소리, 곧 신체를 통해 역할과 생각과 관계를 발견하고 표현한다. 관객은 연극을 주로 무대 공간에서 벌어지는 신체적 표현으로 경험한다.

신체의 극화는 연극치료에서도 이에 버금가는 중요성을 갖는

다. 이것은 개인이 자신의 몸과 관계 맺는 방식과 관계되며, 몸으로 연극치료의 극적 활동에 참여할 때 발달된다. 연극치료에서 체현은 신체를 통해 그리고 신체에 의해 자기가 실현되는 방식을 말한다. 신체는 자기와 타자 사이에 발생하는 소통의 주된 수단으로서 몸짓과 표정과 목소리에 기댄다(Elam, 1991). 이밖에도 신체가 의식뿐 아니라 무의식과 소통하는 방식에도 관심이 모아지고 있다.

사회학자들은 신체가 사회적 공간에서 제시되는 방식과 정체성이 어떻게 연관되는지를 고민해 왔다. 일부 학자들은, 자기self가 상황에 따라 그에 맞게 선택된 페르소나를 제시하며, 다른 사람들과의 관계 속에서 신체적 표현과 행동을 통해 정체감에 도달한다고 말한다.

코트니(Courtney, 1981)는 신체, 행동, 변화 그리고 드라마 사이의 연계의 중요성을 강조했다. 위트킨은 우리가 우리 자신과 세상과 조우하는 방식을 "정서적 지능"이나 두 종류의 반응 혹은 "실연performance 지식"이라는 개념으로 설명했다. 세상에 대한 한 가지 반응 방식은 사건을 직접 경험하는 것이고, 다른 한 가지는 경험으로부터 구축된 좀 더 일반적이거나 추상적인 이해이다. 코트니는 드라마에서 우리가 우리 자신을 알고 세상에 반응함에 있어 신체가 특정한 역할을 담당한다고 주장한다. 다시 말해, 드라마에 참여할 때 개인은 주로 행동하는 신체를 통해 또 그에 의해 지식을 얻는다는 것이다. "극적 지식은 분리가 아닌 실제적이고 실질적이며 신체적인 참여를 통해 획득된다"(1988, 144).

극적 활동에 신체적으로 참여함으로써 신체와 의식은 발견을 공모한다. 신체적 표현, 곧 몸을 통해 주제를 찾고 만나고 실현하는 것이다. 문제나 주제를 극적으로 재현하는 가운데 얻게 되는 이 신체화된 지식과 존재는 내담자의 문제를 말로 설명하거나 묘사하는 것과 연극치료를 결정적으로 구별짓는다.

코트니가 말하듯이, 주제를 신체적 표현으로 행위화하는 것은 문제를 그 자리에서 신체적으로 경험하는 것과 관련된다. 그것은 내담자가 체현을 통해 "지금 여기에서" 주제를 제시하고 조우하게 됨을 뜻한다. 연극치료에서는 위트킨(Witkin, 1974)의 두 가지 체험 양식을 조합함으로써 주제에 대한 탐구를 더욱 심화시킬 수 있다. 내담자는 문제를 행동으로써 물리적으로 표현하면서 직접적이고 신체적인 경험을 통해 탐험한다. 그리고 그에 더하여 문제를 성찰하는 것이다. 연극치료에서 체현은 내담자가 연행을 통해 문제와 신체적으로 조우하는 것이며, 그것은 감각과 정서를 통해 얻은 그 지식을 보다 추상적인 성찰로 얻은 지식과 조합해 낸다.

연극은 대개 개인의 정체성을 감추는 것이라 여겨지며, 이는 광범한 문화권에서 공히 인정받는 사실이다. 그런데 연극치료는 연극적 변형의 이 개념을 역으로 개인의 변화를 이끌어내는 데에 활용한다. 7장에 자세히 나오듯이, 연행을 하면서 극화된 혹은 가장된 자기를 만들고 그 안에 들어가는 과정을 치료적 변화에 이용하는 것이다. 극적 정체성을 취하면서 개인은 평소와 다르게 움직이고 말하고 반응하고 느낄 수 있다. 그리고 그러한 신체적 변화는 내담자가 기존의 정체성, 관습, 규칙, 자기를 경험하는 방식, 다른 사람들과의 관계에서 놓여나 자유로워질 수 있게 한다. 요컨대 신체를 변화시키고 가장함으로써 오히려 더 자유롭게 개인의 문제를 탐험할 수 있게 되는 것이다. 그리하여 내담자는 이 확장된 자유를 통해 새로운 존재, 행동과 관계 맺기 방식을 찾을 수 있는 기회를 얻으며, 또한 극적 정체성 혹은 가장 속에서 경험한 것을 현실의 삶과 연결할 수 있게 된다. 극적 세계에서 경험과 정체성의 신체적 변화가 내담자의 일상의 정체성과 현실에 변화를 가져오는 것이다.

체현 — 요약

1. 개인의 정체성과 신체가 관련되는 방식은 연극치료에서 중요한 요소이다.

2. 일반적으로 체현은 내담자가 문제를 신체적으로 표현하고 "지금 여기"에서 일어나는 극적 재현의 틀 속에서 그것과 만나는 방식을 말한다. 체현을 통해 내담자는 치료에서 제기된 문제를 더욱 깊이 있게 탐구할 수 있다. 그러므로 연극치료에서 신체의 사용은 내담자의 참여의 강도와 특성을 결정짓는 요소라 할 수 있다.

3. 이 과정은 특정한 경로를 거쳐 연극치료에서 변화를 가져온다.

- 첫 번째 영역은 내담자가 신체의 잠재력을 계발하는 것과 연관된다. 여기서 신체는 극적 기술의 측면에서 집중적으로 부각된다. 예를 들어, 사람들과의 효과적인 소통과 같이 내담자가 신체를 좀 더 효율적으로 사용하도록 돕는 데에 극적 작업의 초점이 맞추어진다. 이것은 제닝스가 "자기 몸을 긍정적, 효율적, 창조적 방식으로 사용하는 데 어려움을 겪는"(1975, 27) 사람들과 관련하여 언급한 영역과 관계된다.

- 두 번째 영역은 평소와 다른 정체성을 연기하는 과정에서 내담자가 얻는 이점과 치료적 가능성에 주목한다. 여기서 자기는 평소와 다른 신체적 정체성을 취함으로써 변형된다. 이

변형은 통찰과 새로운 관점 그리고 방출을 가져올 수 있으며, 그것은 다시 창조된 정체성 바깥의 내담자의 현실에서 변화를 낳을 수 있다. 예를 들어, 내담자는 몸과의 관계에서 새로운 가능성을 받아들일 수 있게 된다.

- 세 번째 영역은 신체에 영향을 미치는 개인적, 사회적, 정치적 요인을 탐험하는 작업과 관련된다. 여기서 연극치료는 몸과 관련된 정서적 외상의 경험이나 신체상 등을 탐험할 수 있는 기회를 제공한다.

놀이

연극치료에서 놀이는 어린이와 어른을 모두 아우르는 과정이며, 다음과 같이 여러 가지 의미로 쓰인다.

- 연극치료 경험이 북돋울 수 있는 전반적 태도 또는 틀거리: 유희성
- 연극치료의 한 표현 형식으로서 놀이를 사용하는 것
- 치료적 변화 과정에서 놀이의 발달 모델을 사용하는 것
- 연극치료 세션에서 놀이 공간을 창조하는 것

유희성과 놀이 공간

연극치료에서 놀이 공간의 창조는 일상 세계로부터 분리되어 독자적인 규칙과 존재 방식을 가진 영역을 만들어 내는 것이다. 연극치료에서 내담자는 현실과 유희적인 관계를 맺는다고 할 수 있다. 그

러나 그것이 반드시 현실에 대한 유머러스한 반응을 말하는 것은 아니다. 연극치료에서 유희성은 내담자가 시간과 공간 그리고 일상적 규칙과 한계에 대해 특별한 관계를 갖는 것, 곧 놀이와 짝지어 언급되곤 하는 자발성과 창조성의 상태에 들어가는 방식을 의미한다.

놀이 내용

놀이 활동은 연극치료에서 표현 언어이자 치료 과정의 일부이다. 세션의 초기 단계에서는 흔히 게임 형식의 놀이를 이용하며, 웜업 활동 역시 게임에서 영감을 얻거나 발전시키는 경우가 많다. 또한 놀이 활동은 유희적인 틀거리나 공간을 만드는 데에도 즐겨 사용되며, 집단의 특성에 따라 작업을 진행하는 데 적합한 도구로 놀이 언어가 선택되기도 한다. 놀이는 많은 사람들에게 극적 언어의 일부로 인정받고 있다.

놀이의 발달

연극치료는 놀이의 발달 모델이나 아이디어를 활용한다. 대다수 문화권에서 놀이의 발달 양상은 복합성이 점차 증가하는 연속체를 따라 진행되는데, 연극치료에서 활용되는 모델들은 이러한 사실에 대한 인식을 공유한다. 그 세부는 다양하지만 연극치료에서 놀이의 발달 개념은 두 가지 방식으로 활용된다. 첫 번째는 내담자의 놀이/드라마 기술을 발달시키고 표현의 범주를 확장하는 것이다. 그러한 놀이 발달 단계는 개인이나 집단이 놀이나 극적 작업의 관점에서 이후에 어떤 것을 탐험하거나 발달시킬 수 있을지를 알려주는 틀거리를 제공한다는 점에서 도움이 된다. 두 번째는 놀이의 발달 단계와 인지와 정서, 대인 관계의 발달 단계 사이의 관계를 인식하는 것이다.

놀이 과정에서 발달은 인지와 정서, 대인 관계의 발달에서 변화를 동반하는 경우가 많다. 그러므로 내담자는 연극치료에서 드라마의 발달 단계를 거침으로써 정서적으로나 인지적으로 발달할 수 있는 것이다.

발달적 관점은 또한 내담자의 문제를 발달 과정상의 고착이나 왜곡으로 해석하기도 한다. 캐터넉은 이를 "우리의 여정에서 꽉 막혀 멈춰 있는 단계"라고 표현한다(Cattanach, 1994, 29). 이렇게 볼 때, 연극치료에서 놀이의 사용은 고착이 일어난 상태를 재창조하여 그 단계를 보다 만족스러운 방식으로 다시 경험케 하는 것과 관련된다.

놀이 — 요약

1. 유희성은 내담자가 놀이라는 특별한 상태에 들어감으로써 만들어진다. 연극치료 세션은 현실과 유희적인 관계를 맺는 공간이다. 이 관계의 특징은 사건과 결과 그리고 기존의 생각에 대해 보다 창조적이고 유연한 태도를 가질 수 있다는 점이다. 이는 나아가 내담자가 자기 자신과 삶의 경험에 대해 유희적이고 실험적인 태도를 취할 수 있게 해준다.

2. 놀이는 표현적 연속체, 곧 드라마의 일부로 간주된다. 놀이는 연극치료에서 내담자가 문제를 탐험하거나 표현하는 특정한 언어(사물 놀이, 놀잇감, 게임)로 사용된다.

연극치료에서 놀이의 내용은 대개 여러 가지 사물과 상징적인 놀잇감을 갖고 노는 놀이, 모형을 이용하여 작은 세상을 만드는 투사 작업, 거친 몸싸움 놀이, 인물을 맡아 연기하는 가장 놀이, 게임 등을 포함한다.

3. 또한 놀이는 발달적 연속체와 관련된다. 이 연속체는 인지와 정서 그리고 대인 관계의 발달과도 연관된다. 내담자에 따라서는 새로운 발달 단계로 이행하는 것이 연극치료 작업의 주된 내용이 되기도 한다. 예를 들어, 심한 학습 장애를 가진 내담자라면 치료 작업은 그를 어떤 단계에서 다른 단계로 진행시키는 데에 주력할 수 있으며, 그때의 단계 이동은 혼자 놀던 데에서 협동 놀이로의 변화가 될 수도 있고, 내담자가 자신이 속한 환경과 주변 사람들과 상호 작용할 수 있게 되는 그런 식의 치료적 변화가 될 수도 있다. 혼자만의 활동에 머무르기보다 다른 사람들을 자각하고 사물을 사용하여 상호 작용하기 시작하는 것이다.

4. 놀이는 때로 문제가 있거나 고착이 발생한 어린 시절의 발달 단계로 되돌아가는 통로가 되기도 한다. 그런 경우 연극치료에서 놀이 과정은 내담자가 당시의 경험과 자기 자신을 다시 만나 발달 단계를 제대로 다시 통과할 수 있게 돕는 것을 목적으로 한다.

삶-드라마 연관

공연이나 연행 가운데는 서구의 전통 연극처럼 연극 세계와 현실의 삶이 분명하게 나뉘는 경우가 있고, 또 축제나 일부 사육제의 유형에서 보여지듯이 드라마와 현실이 일정 시간 혹은 처음부터 끝까지 서로 섞여 있는 흐름이 있다. 그리고 또 다른 갈래로 드라마와 연극이 사회나 현실을 반영하는 기능을 부여받기도 한다. 정치적 연극이나 일부 문화권에서의 인형극 또는 의식적 표현의 일부 형식들이 그러하다. 코트니(1983)는 배우를 경계 — 이곳도 아니고 저곳도 아닌 그 사이 — 에 있는 존재라고 표현했다. 배우는 가상의 세계로 들어가 연행하지만, 그 출발점과 종착점은 "일상적" 현실이다.

연극치료에서는 현실과 드라마 사이에 밀접한 연관이 존재한다. 이는 연극치료의 변화 과정의 본질이면서 또한 의도된 바이기도 하다. 만일 이러한 연관이 존재하지 않는다면, 내담자는 현실과 분리된 연극치료의 세계를 창조하고 거기에만 머물게 될 것이다. 새로운 존재 방식과 변화와 통찰 그리고 새로운 관계와 발견이 연극치료 공간 안에 갇혀서, 내담자는 현실의 경험을 연극치료에 가지고 들어올 수도 없고, 거꾸로 연극치료에서 경험한 것을 세션 혹은 집단 밖의 현실로 옮길 수도 없게 되어 치료에 반하는 결과를 가지고 올 수 있다. 많은 이론가들이 치료에서의 극적 상태를 위니콧의 "전이적 공간"(Winnicott, 1974) — 주체적 세계와 객관적 세계 사이에 발생하는 영역 — 에 비유해 왔다. 그리고 블래트너 부부는 현실을 유순하고 안전하게 만들어 주인공이 "창조적 모험"을 감행할 수 있게 하는 심리극의 "유동적 차원"에 빗대어 치료에서의 삶과 드라마의 연관을 설명한다(Blatner and Blatner, 1988a, 78).

삶-드라마 연관 개념은 의도적인 개인의 변화라는 틀 안에서 현실을 끌어와 드라마와 접촉하게 하는 것이 가지는 치료적 잠재력을 인식하게 한다.

삶-드라마 연관 — 요약

1. 연극치료 작업은 특정한 사건이나 경험을 역할 연기하거나 즉흥 연기하는 경우처럼 때때로 현실을 직접 극적으로 재현하기도 한다.

2. 또 다르게는 특정한 현실의 경험을 간접적인 방식으로 극화하기도 한다. 신화적 내용을 재-연행하거나 추상적이거나 구체적이지 않은 움직임과 노래를 사용하는 행위 예술적인 작업이 그러하다.

3. 많은 활동이 현실과 다양한 차원에서 동시에 연관을 맺는다. 내담자가 역할 연기로 엄마와의 상호 작용을 현실적으로 재현하면서 해결되지 않은 문제를 탐색한다고 해보자. 그 경우에 역할 연기는 문제를 제시한 내담자와 다른 배우들과 관객에게 서로 다른 의미로 다가갈 수 있다. 예를 들어, 엄마와 딸로 의인화된 상호 작용은 자기 내면의 두 측면 사이의 투쟁을 상징하는 것일 수도 있다.

4. 때로는 내담자가 삶-드라마의 연관성을 분명하게 의식하기도 한다. 자기 삶에서 특정한 주제를 선택하고 그와 관련된 극적 표현의 창조로 신중하게 진행해 가는 것이다. 그러나 경우에 따라서는 내담자가 그것이 자기 자신이나 삶과 어떤 접점을 갖고 있는지 알지 못한 채 작업에 참여하기도 한다. 어떤 이야기를 꾸며내 연행하는 경우를 예로 들 수 있다. 그럴 때 내담자는 연행하는 동안 혹은 그 후에야 자기 자신과의 연결점을 찾을 수 있을 것이다. 내담자는 다른 사람의 드라마에 참여하기도 한다. 그들은 다른 내담자의 문제를 가지고 즉흥 연기를 하거나 특정한 역할을 연기하겠지만, 그

런 경우에도 그들의 삶과 연결된 주제가 자발적으로 떠오를 수 있다. 일부 내담자들은 드라마의 경험을 인지적 인식이라기보다 연극치료에서의 연행과 집단 바깥의 현실 사이의 연관으로 받아들이기도 한다. 연극치료 과정에서 어떤 활동을 하면서 내담자가 상황에 반응하는 방식이나 주제에 대해 느끼는 방식이 변화될 수 있다. 그러나 그러한 변화가 세션 안에서 언제나 명확하게 드러나거나 뚜렷하게 의식된다고 할 수는 없다.

5. 연극치료 공간이 일상 현실의 일부가 아니라 그와 연관되어 있다는 사실은 일부 내담자에게 매우 중요하다. 아르토는 연극에서의 "진실한 행동"을 향한 욕구를 언급했다. 그 말로써 그가 의미한 바는 어떤 연극에서는 "실질적인 결과 없이" 행동할 수 있는 자유가 있다는 것이다(Sontag, 1977, 177). 솔로몬 역시 연극치료에 대해 이와 비슷한 말을 했다. 그것은 "…현실을 만족시켜야 한다는 부담에서 벗어나 무의식의 욕구를 좇을 수 있도록 현실에서 충분히 떨어져 있는 상태"여야만 한다(Solomon, 1950, 267).

6. 작업의 특성에 따라 삶-드라마의 연관이 지속적으로 인식되기도 한다. 이것은 내담자가 혼란스러워하거나 지나치게 강박적인 현실 인식을 보이는 경우에 중요하다. 그러나 사례 연구 "탑 속의 왕자"(353-62쪽 참조)에서와 같은 내담자들이라면, 삶-드라마의 연관을 직접적으로 의식하지 않는 방식으로 작업할 필요가 있다.

변형

변형이 연극이나 드라마의 핵심이라는 데에는 많은 이론가와 현장 작업자들이 의견을 같이한다. 변형은 드라마와 연극 과정의 대다수 국면에서 관찰된다. 예를 들어, 그냥 인간에서 배우 혹은 관객으로 바뀌는 것이나, 어떤 사물이나 소도구가 다른 대상을 재현하게 되는 것 등이다. 셰크너(Schechner, 1988, 110)는 연극적 변형을 두 가지로 나눈다. 한 가지는 의식적인 몸짓과 전시로써 반사회적이거나 유해한 행동을 대체하는 것과 관련되며, 다른 한 가지는 어떤 경험을 가공의 인물이 연행하는 허구적 재현으로 변형하는 것이다. 예브레이노프는 더 나아가 변형을 모든 연극의 핵심에 가져다 놓는다:

> 변형은⋯ 모든 연극 예술의 본질로서 미학적 예술의 본질인 조형에 비해 좀 더 원시적이고 쉽게 얻어진다(1927, 25).

리드 존슨은 연극치료에 대한 토론에서, "내면 현실의 흐름이 밀물과 썰물처럼 바뀌듯이"(1991, 285) 인간의 의식은 언제나 변형 중에 있다고 하면서, 그에 빗대어 자기의 연극 모델을 설명한다. 즉 개인은 "희곡이 아닌 즉흥극의 인물⋯ 어떤 존재가 아니라 어떻게 되어 가는 존재이며, 쉼 없이 진행되는 경험을 적극적으로 구성하는 인물"로 간주되어야 한다는 것이다(1991, 286).

연극치료의 극적 과정은 이 "되어가기," 변형을 통한 내담자의 발달을 촉진한다. 변형은 내담자가 연극치료에서의 연행을 통해 경험하는 상태의 변화를 말하며, 그러한 변화는 치료적이다.

리드 존슨은 이것을 내담자의 내적 감정과 이미지 그리고 연극치료에서 경험하는 인물과 활동 그리고 관계 사이에서 창조되는 역동적인 관계라고 표현한다(1991, 291). 그는 변형이 일어나는 과정을 일련의 단계로 기술하고 있다. 연극치료에서 내담자는

- 문제를 표현한다
- 풀리지 않거나 고통스러운 주제를 떠올리고 대면한다
- 그것을 가지고 작업한다

존슨은 이 과정을 다음의 관점에서 분석한다.

- 경험을 고백하기
- 극적 형식 안에서 적극적으로 개입하기
- 문제를 해결하고 통합하기

연극치료의 극적 재현과 탐험은 문제의 재배열과 재조직화로 묘사될 수 있다. 이러한 변형은 흔히 파괴적으로 경험될 수도 있다. 앤더슨은 성장을 뭔가를 "경험하는 어떤 방식의 해체"라고 말한다 (Anderson, 1977, x). 케슬러 역시 창조적 발달이 추론과 인식의 전통적인 형식을 잠정적으로 해체하는 것과 관련된다고 말하면서 그와 같은 대열에 선다. "분화된 사고 틀에서의 탈피, 사고 원리의 해체, 제약으로부터의 해방 뒤에 새로운 순전함으로 다시 열리는 시야… 그리고 새로운 통합체로의 재통합"(Koestler, 1977, 5).

연극치료에서의 변형 — 요약

1. 현실의 경험이 무대에서 재현되는 사건으로 변형된다.

2. 일상에서 만나는 사람들은 역할이나 극중 인물로 변형된다.

3. 사물은 뭔가 다른 것의 재현으로 변형되거나 그 구체적인 특질에 다른 의미를 부여함으로써 변형된다.

4. 연극치료에서 일상 현실의 경험과 존재 방식은 경험을 다루고 인식하는 극적인 방식과 접촉하게 된다. 그에 따라 현실의 경험은 그 다른 극적 현실에 의해 변형될 수 있다.

5. 일상생활, 자기와 사건을 경험하는 통상적인 방식은 극적인 언어의 사용으로 달라진다. 연극치료에서 자기는 이야기의 연행이나 인형을 통해 표현될 수 있고, 사건은 겪는다기보다 예를 들어 즉흥 연기로 나타낼 수 있다. 이것은 현실의 경험이 연행의 즉흥극적인 특질을 취하게 됨을 뜻한다. 그리하여 그것을 연기하고 또 재연기하는 과정에서 경험의 수정과 실험이 가능해진다. 그렇게 극적 언어는 표현과 감정 그리고 관계의 새로운 가능성을 열어보임으로써 경험을 변형할 수 있다.

6. 드라마를 만드는 데 참여하는 과정, 연행에 잠재된 창조적 만족감은 그 자체로도 변형적일 수 있다. 이것은 부분적으로 정체성의 변형에 기인하는, 즉 연극치료에서는 내담자 안에 있는 예술가가 전면에 부각되는 것이다. 내담자는 극적 결과물을 창조하고 극적 과정에 참여하면서 사고와 감정과 창조성을 모두 조합한다. 이 조합은 자기 자신과 세상을 이해하고 그에 반응하는 내담자의 서로 다른 양상들, 그의 생각과 정서와 창조성을 하나로 묶어내기 때문에 변형적 잠재력을 지닌다. 흔히 이 양상들은 서로 분리되어 낱낱

으로 존재하지만 연극치료는 내담자가 이들 요소를 하나로 모아내
도록 요구한다.

7. 내담자가 연극치료사나 다른 참여자들과 맺는 관계는 변형적으
로 경험될 수 있다. 연극치료 집단에서는 과거의 관계, 지나간 경험
들, 기존의 반응 방식을 현재로 가져올 수 있다. 그리고 내담자는
집단 안의 관계 속에서 그리고 드라마 속에서 그것들을 재구성할
수 있다.

사례 연구 5.1: 불 괴물

이 사례는 정신과 낮병동에 다니는 12명의 환자로 구성된 연극
치료 집단의 여섯 번째 세션을 옮긴 것이다. 이 세션은 두 시간
동안 진행되었다. 대다수 참여자들이 같은 지역에 살고 있었
다. 낮병동의 작업은 상담과 집단 활동을 강조하는 심리 역동
적 접근을 바탕으로 했다. 내담자들은 연극치료 외에도 언어
집단 치료를 받았고, 일부는 미술이나 음악 치료를 병행했다.
　　그 전주에 내담자들은 끈, 단추, 점토, 나무 조각 등의 주어
진 재료를 사용하여 자기 삶에서 어렵게 느껴지는 상황과 감정
을 조각상으로 만들었다. 그런 다음 모두 함께 그에 대해 이야
기를 나누었다.
　　각 내담자는 감정에 이름을 붙인 다음, 작은 물건들을 골라
그 느낌을 경험한 인물이 한 명 이상 등장하는 이야기를 만들
었다. 이야기는 어떤 사람이나 어떤 것에 관한 것이어야 했고,
내담자가 이름 붙인 감정과 당면한 문제 그리고 그 문제를 극
복하는 과정을 담게 했다. 이후 몇 주 동안 그 이야기를 연행하

고 탐험하게 될 것이라고 말해 주었다.

한 내담자는 "슬픈"과 "무방비의" 느낌을 선택하였고, 그 것을 고양이 한 마리와 젖은 실뭉치 그리고 담배 한 갑을 실은 구멍난 배 한 척이 호수 위에 떠 있는 모습으로 조각하였다. 또 자기 감정을 고통이라 이름짓고 자동차 운전대, 드릴, 붕대, 횃 불을 선택한 내담자도 있었다.

여섯 번째 세션은 이 이야기들을 연행하고 탐험하는 첫 시 간이었다. 내담자 중 한 사람인 지나가 자기 이야기를 가지고 하고 싶다고 말했다. 그 전까지 그녀는 활동에 그다지 활발하 게 참여하지 않았었다. 치료사인 나에 대한 반응 역시 적대적 일 때가 많았고, "당신은 날 도울 수 없어요"라고 말한 적도 두 번이나 있었다.

지나는 다른 참여자들에게 역할을 나누어 주었다. 의자 몇 개를 놓고 각각이 이야기에 나오는 인물이나 요소를 나타내게 했다. 그리고 한 사람에게 새의 역할을 맡기고, 다른 두 사람에 게는 마을 사람을 연기하게 했다. 그녀는 상자와 나무 막대를 사용하여 숲을 만들고, 두꺼운 큰 도화지로 입을 나타냈다. 한 사람이 숲의 가운데 있는 흥분한 심장 역할을 했다. 나머지 참 여자들은 지정된 구역에 관객으로 앉아 있었다.

지나는 내 요청에 따라 등장 인물들을 자기가 정한 연기 구 역 안에 저마다의 모습으로 배치하여 조각상을 만들었다. 그리 고 자기가 불 괴물을 연기하겠다고 결정했다.

불 괴물은 꺼져버렸다. 불꽃이 모두 사라졌다. 불 괴물은 마을 사람들이 근처 숲에서 베어온 나무로 지핀 불 속에 살았 었다. 그런데 마을 사람들이 괴물에게 더 이상 나무를 가져다 주지 않았고, 그래서 서서히 죽어 가게 되었다. 곧 불꽃 하나 남

지 않고 사라지겠지만 아직은 연기가 모락모락 피어나고 있었
다. 괴물의 심장은 숲의 한가운데 있었지만 겁에 질려 숲으로
갈 수조차 없었다. 불붙은 몸으로 움직인다면 불꽃이 숲으로
번져 심장마저 타버릴지도 모르기 때문에 두려워하는 것이다.
불꽃이 옮겨 붙을까봐 아무도 불 괴물을 도와주려 하지 않았
다. 숲 속의 개간지에 놀러온 새들도 깜짝 놀라 멀리 날아가 버
렸다. 괴물은 마지막 숨을 내쉬면서 곁에 선 나무 꼭대기에 내
려앉은 새를 불렀다. 괴물은 새에게 심장을 찾아 달라고 부탁
했다. 새는 그러마 했고, 그래서 둘이 함께 숲으로 들어갔다. 새
는 불 괴물의 머리 위로 날면서 심장이 있는 곳으로 찾아갔다.
쫓기듯 흥분해 있던 불 괴물은 심장을 발견하자 마음이 누그러
졌고, 몸에서는 맹렬한 불꽃 대신 그을음 같은 연기가 뿜어져
나왔다. 불꽃이 잦아든 덕분에 심장을 몸속에 집어넣을 수 있
었다. 괴물을 연기할 때 지나의 움직임은 굼뜨고 자신감이 없
었다. 그런데 심장을 되찾는 대목에서는 마치 짧은 공연을 하
듯이 전혀 다른 걸음걸이를 선보였다. 그녀는 넘치는 자신감과
자긍심으로 숲을 활보하였다.

　연행의 끝부분에 사람들은 역할 안에 있는 상태에서 의자
에 앉아 자기가 맡은 인물의 관점에서 이야기가 어땠는지를 말
했다. 그런 다음 의자에서 일어나 몸을 흔들면서 연기한 역할
을 벗어내고, 의자 곁에 놓인 방석으로 자리를 옮겨 관객에게
자신의 본래 이름을 말했다. 그리고 극중 인물이 아니라 자기
자신으로서 다시 한 번 역할을 연기한 소감을 발표했다.

　지나는 새가 자기가 필요로 하는 어떤 것임을 느꼈다고 말
했다. 불 괴물로서 그녀는 심장이 몸에서 멀리 떨어져 있다고
느꼈다. 그녀는 그에 대해 정확히 설명하지 못 했지만, 그것은

감정이 결여된 그녀의 모습을 반영하는 것이었다. 그녀는 심장이 몸으로 돌아오기를 원했고, 심장을 되찾은 후에는 더 이상 불안하지 않아서 좋았다고 말했다. 그녀는 때때로 아무도 곁에 오고 싶어하지 않을 만큼 격렬한 감정에 휩싸이곤 한다고 말했다. 이어서 다른 내담자들이 느낌을 나누었다. 새를 연기했던 사람은 자기가 쓸모 있는 존재이며 두려움을 극복했다는 데서 긍정적인 느낌을 받았다고 말했다. 심장을 연기한 내담자는 우울함을 느꼈고 여전히 그 느낌이 남아 있지만 거기에 압도당할 만큼은 아니라고 말했다 — 그것은 그녀의 이야기와 관련되었다.

관객과 연행에 참여했던 내담자들이 동그랗게 모여 약 20분 동안 그날의 작업을 전체적으로 돌아보았다. 관객 중 일부는 연행을 보면서 느낀 감정을 말해 주었다.

그 이후 몇 주 동안 지나는 이야기에 대한 성찰을 심화시켰고, 그런 주제를 바탕으로 하여 다른 작업들을 진행하였다. 다른 내담자들 역시 지나와 비슷한 방식으로 각자의 이야기를 가지고 작업하였다.

지나는 극적 투사를 통해 작업에 참여하였다. 여러 가지 작은 물체와 이야기의 다양한 역할로써 자신의 문제를 나타낸 것이다. 그러나 이를 전적으로 의식적인 과정으로 보기는 어렵다. 그녀는 이야기의 출발점이 된 기본 감정과 플롯 그리고 인물과 이야기 속의 감정을 선택했지만, 그 모든 과정은 그녀의 삶이나 내적 갈등의 요소를 직접적으로 반영하려는 의도 없이 그냥 떠오른 것이라 할 수 있다.

지나의 문제는 의인화와 구현의 과정을 통해 실현되었다. 생명이 없는 사물(심장이나 숲과 같은)로 특정한 인성을 표현했고 이야기를 구성하는 데 활용했다. 구현은 마을 사람들과 불 괴물의 연행에서 나타났다. 그리고 지나와 불 괴물과 이야기의 다른 요소들 사이에, 배우와 그가 맡은 역할 사이에, 또 관객과 연행 사이에 감정이입적인 반응이 형성되었다. 이것은 지나가 연행을 시작하는 부분에서 각 등장 인물의 분신을 보여 주었을 때, 인물들이 의자에서 말했을 때, 그리고 연기를 하는 동안에 이루어졌다. 거리두기는 역할 벗기 과정에서 활용되었다.

체현은 배우들이 역할에 신체적으로 들어갔을 때 일어났다. 특히 어기적거리는 걸음걸이로 괴물을 연기했을 때와 심장을 되찾은 후의 변화에서 지나의 고조된 감정을 읽어내는 것은 매우 흥미롭다. 삶-드라마 연관은 내담자의 감정에서 출발하여 이야기를 만들 때, 이야기를 말하고 연행하는 과정에서 지나의 현실과 관계된 주제와 감정과 딜레마가 드러나는 방식을 통해, 그리고 역할을 벗고 세션을 마무리하면서 지나가 드라마와 현실을 연결짓는 지점에서 나타났다. 여기에 한 가지 덧붙인다면, 지나가 치료사인 나와 가졌던 관계(전에 그녀는 "내가" 자기를 도울 수 없다고 느꼈다)가 새와의 관계로 나타난 방식을 들 수 있다. 그녀는 자기가 도움을 받아들이려 하지 않았다고 말함으로써 이런 사실을 암시했다. 그녀에 대한 나의 관계 그리고 새와 괴물의 관계는, 그녀가 현실에서 "도움"에 대해 가졌던 태도를 반영했다는 점에서, 삶-드라마 연관성을 뒷받침한다고 볼 수 있을 것이다. 이야기는 지나가 괴물로서 새의 도움을 받아들임으로써 기존의 태도를 새롭게 바꾸는 작업을 시작할 수 있게 해주었다.

변형은 여러 가지 방식으로 일어났다. 사물이 이야기의 구성요소와 내담자의 삶의 양상에 관한 은유로 변형되었을 때가 그러하며, 내담자들이 일상의 정체성을 이야기 속의 의인화나 구현으로 변형했을 때가 또 그러하다. 그리고 연행에서의 변형이 내담자의 문제의 실질적이고 잠재적인 변형을 반영했을 때 또 다른 차원의 변형이 일어났다. 예를 들어, 새와 괴물 혹은 괴물과 심장의 관계에서 나타난 변형은 지나와 연행에 참여한 사람들과 관객에게 중요한 의미를 지닌다고 보인다.

지나가 자신의 삶이 사물과 연행에 반영되는 것을 볼 때 **지켜보기**가 일어났다. 그것은 또한 집단이 말로써 반응하고 역할을 맡아 연행에 참여했을 때, 그리고 연행과 자기 자신 사이에 연관을 형성하고 그것을 의식하는 과정에서 나타났다. 지나는 이야기 자체와 그 속의 괴물을 연기하면서 새로운 존재와 관계 방식을 고려할 수 있는 자유를 획득하였고, 그리하여 개인적 주제와 문제에 대해 "유희적인" 관계를 맺을 수 있었다. 그것은 창조된 극적 세계의 유희적 공간과 허용적 본질 덕분이었다. **치료를 위한 공연 과정**은 세션 초반에 욕구를 찾아내는 단계에서 출발하여 감정에 이름을 붙이고 이야기에 필요한 요소를 구성하는 것으로 시작되었다. 그런 다음 이야기를 만들고 배우들이 지나의 작업 속에서 역할로 들어갔을 때까지를 시연이라 할 수 있다. 이야기의 연행은 공연 단계에 해당한다. 마무리는 이야기가 끝나고 배우들이 의자로 돌아와 앉았을 때로 볼 수 있다. 역할 벗기는 연행을 성찰하고 의자에서 일어나 몸을 흔든 다음 자기 이름을 말하고 연기했던 경험을 나누는 부분에 해당한다. 객석과 무대의 구분 없이 모두가 원으로 둘러 앉아 세션 전체에 대해 돌아보았을 때가 완결이다.

요약

이 장에서 언급한 아홉 가지 핵심 과정은 우리가 연극치료의 실제를 이해하고 검증하는 데 하나의 틀거리로서 기능한다. 결코 완전무결하지는 않지만, 그것들은 연극치료의 핵심에 있는 드라마와 연극 과정을 이해하는 방식이 되어 줄 것이다.

랜디가 말했듯이, 연극치료는 "예술과 과학이 교차하는 복합적인 학문임에도 불구하고" 일차적으로는 예술이다(1986, 229). 따라서 이 아홉 가지 과정은 드라마와 연극에 뿌리를 두고 있으며, 예술 형식에 잠재된 본질적인 치유력이 연극치료 내에서 어떻게 발현되는지를 보여 준다.

DRAMA
AS
THERAPY
Theatre as Living

4부

6. 극적 투사

연극적 허구의 특징은 그것이 이상하게도 현실이면서 동시에 현실
이 아닌 것으로 인식된다는 점이다.

리처드 코트니, 「아리스토텔레스의 유산」

개관

투사는 우리 자신의 어떤 측면이나 감정을 다른 사람이나 사물에
게 옮기는 것으로서 대개 무의식적으로 일어난다. 투사의 양상은
일상에도 존재한다. 우리가 세상을 이해하고 그와 관계 맺는 방식
의 일부라는 의미에서, 메인은 투사를 "정상적인 정신 활동"이라
고 묘사한다(Main, 1975, 64).

　우리는 흔히 다른 사람들이나 사물에 우리의 감정을 덧입히곤
한다. 심리 치료사인 앨리스 틸가드는 아이들이 무의식적으로 자
신의 슬픔을 가을 나무에 투사하여 낙엽을 "나무의 눈물"이라고
표현하기도 한다는 점을 지적하였다(Cox, 1992, 164).

　한편 투사는 창조적 활동에 영감을 주기도 한다. 에드바르드
뭉크는 1893년 무렵 〈절규〉를 그리게 된 배경을 회고하면서, 피요

르드 해변을 산책하다 마주친 일몰의 풍경이 마치 "자연을 찢어내는 크고 끝없는 비명"처럼 느껴졌다고 말하고 있다(Dunlop, 1977). 여기서 우리는 뭉크가 불안과 절망의 자기 감정을 일몰에 투사하였음을 알 수 있다. 그는 〈절규〉를 그림으로써 그 투사를 부분적으로 재현하고 탐험하였던 것이다.

셰익스피어의 앤토니 역시 쇠락해 가는 자신의 운명을 느끼면서 하늘을 올려다본다. 거기서 구름은 흩어졌다 모이기를 반복하면서 용에서 곰으로 또 높은 성채에서 다시 산으로 끊임없이 모습을 바꾸고 있었다. 그는 부하 이로스에게 구름의 모양을 말해 주면서 자기 앞에 닥친 혼란과 파멸에 대한 느낌을 거기에 투사하고 있음을 깨닫는다.

> 이로스, 지금 네 장군의 모양이 바로 그렇다. 여기 있는 난 앤토니이다. 그러나 그런데도 이 모습을 이대로 버티어 나갈 수가 없단 말이다.
>
> (앤토니와 클레오파트라, 4막 14장 12-14)[1]

그는 내면의 감정을 외부의 형식에 투사하고 있다. 그렇게 무의식적으로 감정을 투사하면서 그것을 자기가 처한 상황과 연결짓고, 또 그에 대한 통찰 — 그는 자신 역시 본래의 형태를 유지할 수 없음을 깨닫는다 — 을 얻게 된다. 통찰을 수반하는 이러한 무의식적 투사의 과정은 연극치료에서 투사를 사용하는 방식과 유사하다.

연극치료는 내면의 정서적 상처나 문제를 극적 재현으로 투사하도록 격려한다. 투사 과정의 일상적이고 창조적인 양상을 치료

---

1) 『앤토니와 클레오파트라』, 신정옥 옮김, 전예원, p. 164.

적 목적을 위해 활용하는 것이다. 연극치료에서 투사는 내면의 감
정 상태와 외부의 극적 형식 또는 존재 사이에 필수적이고도 특별
한 관계를 만들어 낸다는 점에서 의미가 있다. 연극치료에서는 투
사된 내용을 탐험하면서 그것을 치료 작업의 일부로 끌어들인다.

　이 장에서는 연극치료에서 투사가 일어나는 방식과 투사 현상
의 치료적 잠재력을 자세하게 살펴보고자 한다.

극적 투사를 한눈에 들어오게끔 명확하게 보여 주는 앤토니의 구
름과 비슷한 실제 사례가 있다. 그 작업은 정서 장애 아동과 행동
장애 아동을 위한 런던 특수 학교에서 지금도 진행 중인데, 여기
인용된 부분은 워크숍의 다섯 번째 세션이다. 그때 나는 집단에게
"다루기 어려운 느낌과 관계"라는 주제를 제시하였다. 그리고 그
테두리 안에서 가면과 의상을 통해 개인적인 주제를 탐험할 수 있
게 했다. 13살짜리 소년 피터가 스포트라이트 아래 서 있다. 망토를
두르고 얼굴에는 제 머리의 두 배만한, 반짝거리는 새까만 헬멧 모
양의 가면을 쓰고 있다. 어떻게 보면 그 차림새는 마상 창 시합에
참가한 중세 기사 같아 보이기도 한다. 지난주에 피터는 거의 삼십
분 동안 헬멧 가면을 검은 크레용으로 덧칠하고 또 덧칠했다. 가면
을 쓰면 얼굴이 전혀 보이지 않는다. 밖을 볼 수 있게 겨우 눈 있는
데에만 작은 틈을 내었는데, 그나마도 위에 덮개를 달아 끈을 잡아
당기면 완전히 가려지게 만들었다. 피터는 그런 차림으로 천천히
사람들을 향해 돌아서서는 가면에 덮여 잘 들리지 않는 목소리로,
"먼저 내 앞에 무릎을 꿇지 않는 자는 나를 볼 수 없다"라고 말한
다.

　앤토니가 구름을 통해 자신을 본 것처럼 이 까만 헬멧 가면 역
시 극적 투사의 도구가 된다. 앤토니처럼 피터는 자신의 어떤 측면

을 헬멧의 형식을 빌려 해석하고 있는 것이다. 그러나 앤토니가 이로스에게 하는 말이 일상적 행동의 일부라면, 특수 학교에 다니는 이 소년의 경우는 좀 더 복합적이다.

구름을 향한 투사는 앤토니에게 현실의 상황과 연결되면서 순간적인 통찰을 가져다준다. 그에 비해 헬멧에 대한 투사는 뭉크가 〈절규〉를 그리면서 겪었던 과정에 비견할 수 있다. 피터는 연극치료 집단에서 헬멧을 만들고 사용하면서 투사를 탐험하고 발전시킬 수 있는 용기를 얻은 것이다. 치료사로서 나는 피터가 문제되는 자신의 모습을 정확하게 표현하고 검증할 수 있는 형식을 찾아낼 수 있도록 도우려고 노력했다.

내면의 문제와 극적 표현의 이러한 연관은 연극치료에서 투사를 사용할 때 핵심이 되는 부분이다.

연극치료는 다양한 방식으로 연극과 드라마의 투사적 가능성을 활용한다. 그러나 심리학과 연극에서 통용되는 투사의 개념은 연극치료의 그것과 다르다. 그렇다면 그 차이는 무엇인가? 연극치료는 변화를 촉진하기 위해 투사를 어떻게 활용하는가? 먼저 심리학과 연극에서 투사를 대하는 방식을 살펴본 연후에 피터와 헬멧으로 돌아와 이들 질문에 답하면서, 연극치료에서의 극적 투사의 개념을 정의해 보자.

투사: 심리학적 관점

얄롬은 『집단 심리 치료의 이론과 실제』(1985)에서 투사를 "자신의 특성(그러나 자신의 것이 아니라고 생각하는) 중 일부를 다른 사람에게 전가시킨 다음 그 대상에게 비정상적인 매력이나 반감을 느끼는 것"으로 구성된 무의식의 과정이라고 표현한다(Yalom, 1985, 117). 심리 치료에서 이해하는 바 투사의 개념은 일련의 핵심 단계로 나타낼 수 있다.

먼저 "투사자" 혹은 내담자는 제어할 수 없는 감정을 경험한다. 두 번째는 그 제어되지 않는 감정/상태를 없애거나 통제할 목적으로 다른 사람에게 덧씌우는 무의식적 환상의 단계이다. 그 다음에는 자기 대신 그 사람이 이러한 감정을 갖게 만들려는 무의식적 의도와 상호 작용적인 압력이 나타난다.

여기서 강조점은 방어 기제로서의 기능에 주어진다. 투사를 특정한 감정을 자기 외부로 떼어내 부인하는 방식으로 간주하는 것이다. 그리하여 심리 치료는 토론과 분석을 통해 내담자가 이 과정을 통찰함으로써 자기 것이 아니라고 부인했던 측면이나 감정을 재통합할 수 있게 하는 데에 목적을 둔다.

연극치료의 관점은 이와 다르다. 얄롬이 언급한 방식이 일부 활용되기는 하지만, 연극치료에서 투사의 개념은 좀 더 넓게 볼 필요가 있다. 랜디는 고전적인 프로이트적 관점에서 볼 때 동일시나 투사는 분명 방어적인 과정이지만, 연극치료에서는 그와 달리 "치료적 극화의 균형 잡힌 형식"을 창조하는 데 활용될 수 있다고 지적한다(Landy, 1986, 74).

연극치료에서는 투사가 극적 형식과 연결됨으로써 내담자가 내면의 갈등을 외적으로 재현하는 데 참여하고 창조하고 발견할 수 있게 한다는 점을 강조한다. 그리고 그것이 바로 랜디가 말하는 "치료적 극화"이다. 연극치료에서 투사는 방어적으로만 쓰인다기보다 표현을 위해 쓰이기도 한다. 내담자가 다루기 힘든 감정을 자기 외부의 대상에 전가시키는 데까지는 동일하지만 연극치료에서는 그것이 극적 형식 안에 자리 잡기 때문이다. 그리하여 내담자는 치료 과정에서 그 형식을 가지고 작업할 수 있게 된다.

이것은 두 가지를 의미한다. 첫째 연극치료에서 투사는 내담자의 내적 감정의 특성과 영향력을 취하여 드라마를 가능케 하는 방식으로 기능한다. 그리고 그 후에는 역할, 가면, 인형, 사물 놀이 등의 극적 형식을 통해 투사의 정체를 탐험할 수 있다.

심리 치료와 연극치료는 이 부분에서 결정적으로 다른 입장을 취한다. 심리 치료는 방어 기제로서 투사에 초점을 맞추고, 연극치료는 내담자가 자기 문제를 극적 재료에 투사하도록 돕는 역할을 강조한다. 연극치료에서 내담자는 투사의 힘을 빌려 자신의 문제를 표현하고 탐험할 수 있게 된다.

투사: 연극적 관점

윌셔는 『역할 연기와 정체성』(1982)에서 무대 공간과 관객의 관계를 연극치료 작업과 상당 부분 연관시켜 논하고 있다. 그는 우리가 연극을 필요로 하고 연극에 끌리는 이유 중 한 가지가, "좀 더 선명한" 우리 모습을 보고 싶어하기 때문이라는 진부한 표현에서 성큼 나아가, 드라마와 연극은 우리가 우리 자신을 파악하고 이해하는 방식의 기본을 이룬다는 논지를 전개한다. "자기 자신을 보러 가는 것은 본다는 바로 그 행위 속에서 개인에게 변화를 가져온다"(Wilshire, 1982, 5).

왜 우리는 연극에서 "우리 자신을 보는" 것일까? 그것이 "변화"와 무슨 관계일까? 홀랜드가 "우리는 공연이라는 외부의 현실에서 우리 안에 숨겨진 것들을 발견한다"라고 했듯이(Holland, 1964,

347), 나는 연극에서 자신을 보는 데 있어 투사가 중요한 역할을 한다고 생각한다.

그리고 연극에서는 배우와 관객이 모두 투사에 참여한다.

배우의 투사: 리어의 유산

배우는 동기나 경험 또는 태도를 통해 맡은 역할의 특성에 동일시하기 쉬우며, 그것은 또 투사를 동반하기 마련이다. 이는 부인되거나 억압받거나 외면당한 배우의 감정 혹은 인성의 어떤 측면들이 배우가 연기하는 인물에 의해 표출될 수 있음을 의미한다. 이런 방식으로 배우는 자신의 일부를 역할에 투사한다. 셰익스피어 왕립극단의 배우인 브라이언 콕스는 리어왕을 연기하면서 투사로 인해 자기가 어떻게 "인성적으로 영향을 받았는지"(Cox, 1992, 57)를 묘사하고 있다.

그는 자신의 두려움을 리어의 상황과 경험에 투사하였다. "나역시 꽤나 늙었다"라고 자신을 리어와 연결지어 이해한 것이다. 역할을 연기하면서, 그는 나중에 늙어서 사랑하는 사람들에게 거절당할지도 모른다는 두려움을 리어의 상황에 투사하기 시작했고, 그러면서 점점 더 불안을 느끼게 되었다. 수용되기를 원하는 그의 개인적 욕망은 "끊임없이 거절당하고 거절당하고 거절당하는" 리어에 대한 강한 반응에서 나온 것으로 보인다(1992, 57). 그는 공연이 끝나고도 이 투사에서 벗어나지 못했다. "내가 떼어내지 못한 많은 것들, 늙은이가 되어버린 듯한 느낌과 몸의 감각 그리고 정말로 짐스럽게 느껴지는 온갖 것들, 그 리어의 유산이 아직도 내 주변을 서성이고 있다"(1992, 57).

이 예는 배우가 자신의 두려움을 어떻게 역할에 투사할 수 있는지를 보여 준다. 역할은 배우가 투사한, 미처 표현되지 않은 감정을 증폭시킬 수 있다. 그런데 콕스는 그 투사를 풀어내지 못한 채 작업을 마쳤고, 그래서 리어가 여전히 그 "주변을 서성이고 있다"고 느끼는 것이다. 늙은이가 되어버린 느낌, 거절당했다는 느낌, 그리고 뭔가를 제거해야 한다는 느낌이 그것이다. "유산"이라는 용어는 어떤 사람이 죽은 후에 누군가에게 물려줄 요량으로 남긴 것을 말한다. 리어의 역할은 콕스가 더 이상 그 역할을 연기하지 않는다는 점에서 죽었다고 볼 수 있다. 그러나 투사는 아직도 그에게 남아 있고, 그것을 인식하는 것만으로는 콕스의 고통을 잠재우기가 어렵다는 사실은 분명하다.

여전히 "짐"을 진 채 마무리가 덜 된 이 상황은 연극이 투사를 가지고 작업할 수 있는 진정한 기회, 다시 말해 배우 개인의 측면에서 그것을 탐험할 수 있는 기회를 주지 않고 있음을 잘 보여 준다. 그림 6.1은 이 과정을 요약한다. 콕스의 개인적인 두려움이 리어를 탐구하고 공연하는 데 투사되었고, 그 투사가 해결되지 않은 채 "꽉 막힌 상태"로 남아 있는 것이다.

콕스의 사례는 한편으로 내담자가 연극치료에 참여할 때 간혹 병원 측에서 드러내곤 하는 두려움이 어떤 것인지를 보여 준다. 내담자와 병원 관계자 모두 역할에 대한 투사가 투사된 특정 감정을 증폭시키기 때문에 증상을 완화시키는 대신 문제를 자극하거나 악화시킬 거라는 환상을 갖고 있는 경우가 많다. 브룩스는 매사추세츠의 정신병원에서 했던 마라/사드 공연에서 이와 같은 상황을 언급하고 있다:

한 간호사가 물었다, "쟤은 어떤 역할을 하나요?" 그는 주역을 맡았고, 나는 그가 연기할 인물이 어떤지를 설명했다. 그러자 그녀는

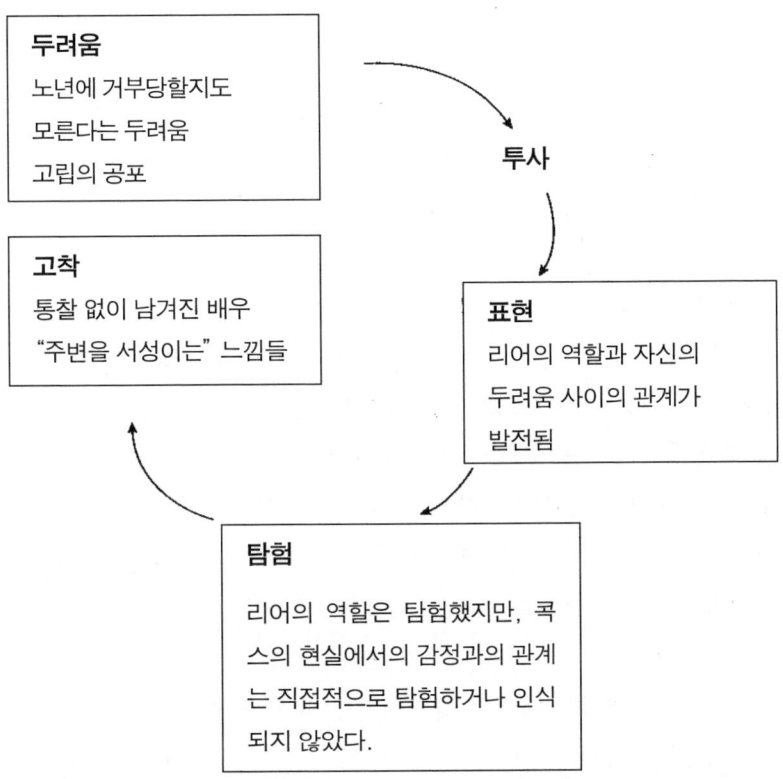

두려움

노년에 거부당할지도
모른다는 두려움
고립의 공포

투사

고착

통찰 없이 남겨진 배우
"주변을 서성이는" 느낌들

표현

리어의 역할과 자신의
두려움 사이의 관계가
발전됨

탐험

리어의 역할은 탐험했지만, 콕
스의 현실에서의 감정과의 관계
는 직접적으로 탐험하거나 인식
되지 않았다.

그림 6.1 브라이언 콕스와 리어왕

"어머, 안돼요! 잭이 여기서 딱 그렇게 하고 있단 말예요!" 라면서 말
렸다(Brookes, 1975, 433).

나는 이 같은 태도가 연극치료보다 연극에서 더 문제가 된다고 생
각한다. 연극 형식은 투사의 표현을 가능케 하지만 그 경험을 해결
하거나 풀어낼 기회를 허락하지는 않는다.

투사하는 관객

관객과 배우가 투사를 경험하는 방식에는 근본적인 차이가 있다. 배우는 역할에 직접적으로 투사하는 반면, 관객은 역할을 지켜보면서 일정한 거리를 두고서 투사한다. 그러나 그 과정은 유사하다. 관객 역시 자신의 동기와 감정 그리고 경험을 배우가 제공하는 형상에 쏟아 넣을 수 있다.

관객은 자신의 감정이나 상황을 무대에서 벌어지는 상황이나 인물에 투사할 수 있다. 그리고 인물이나 줄거리가 그 투사된 감정을 충족시키는 행동을 좇아 특정한 방향으로 흘러가기를 바랄 수도 있다. 그러므로 일단 관객이 무대와 투사로 연결되기만 하면, 극 안에서 벌어지는 일들은 거기에 투사된 관객의 일부와 역동적인 관계를 발달시키게 된다.

이러한 투사 행위는 배우와 관객이 연극에서 관계를 맺는 여러 경로의 근본을 이룬다. 역할은 관객과 배우 모두가 일상에서 표현하지 못한 자신의 일부를 투사하도록 초대한다. 연극치료에서 투사는 그것이 발생하는 맥락과 목적 그리고 잠재력의 측면에서 연극에서의 투사와 구별된다.

어쨌든 연극과 연극치료의 주요한 차이는 연극치료 경험이 투사에 대한 탐험과 해결의 기회를 제공하는데 비해 연극에서는 오직 투사된 감정의 표현만을 허용한다는 데 있다.

연극치료에서의 극적 투사

여기서는 연극치료에서의 "극적 투사"를 정의하려 한다. 그러기 위해 먼저 다양한 연극치료 기법들 속에서 투사가 어떻게 사용되는지를 살펴보자.

사례 연구 6.1: 피터와 헬멧

피터는 정서 장애와 행동 장애 아동을 위한 특수 학교에 다녔다. 그는 다른 사람과의 관계에서 폭력을 쓰거나 그렇지 않으면 아예 위축되었고, 어른이나 또래와의 접촉을 대부분 거부했다. 또래와의 관계는 주로 공격적인 말과 신체적인 폭력으로 일관하였고, 대화에서도 역시 명령투나 지시조였다. 무단으로 결석을 하거나 교실에서 빠져 나간 적도 있었고, 사람들과 함께 있을 때는 입을 꼭 다물고 눈맞추기를 피했다. 그러나 그런 행동을 지적하거나 그에 대해 이야기해 보려고 하면 노골적으로 부인하곤 했다. 피터는 교사 중 한 사람이 진행하는 드라마 수업에 참여했는데, 그 교사와 교육 심리학자가 그에게 연극치료 집단 과정을 추천하였다. 그 작업은 의상을 만들고 퍼포먼스를 통해 관계를 탐험하는 것을 주된 목표로 했다.

다섯 번째 세션에 접어들어 집단은 가면과 의상을 만들었다. 그리고 앞에서 말한 것처럼, "다루기 어려운 감정과 관계"라는 주제 아래(215쪽을 보시오) 여러 가지 활동을 하였다.

피터는 여러 가지 옷가지와 재료를 가지고 의상과 가면을 만들면서 주제를 반영하는 형식을 창조했다. 그리고 우리가 집단에 제시한 활동을 통해 주제를 탐험하면서 자기만의 디자인 혹은 해석을 발전시켰다. 가면과 의상을 빌어 스탭이나 다른 참여자들이 쉽게 이름 붙인 어떤 것이 아닌 자기 내면의 정서적 집착을 반영하고자 했다.

그렇게 해서 말로는 형식을 입힐 수 없었던 자신의 일부를 가면과 의상에 투사할 수 있었다. 피터는 꽉 쥔 주먹 그림이 반복되는 프린트 이미지로 망토를 장식했다. 그리고 그 망토에 어울리게 디자인한 헬멧 가면을 썼다. 의상을 만든 다음에는 추상적인 움직임과 이야기를 가지고 다른 사람들과 즉흥적으로 상호 작용하면서 자기가 만든 의상의 특징을 탐험했다. 그러니까 가면과 의상에 바탕하여 인물을 창조하고 짧은 즉흥극까지 만든 것이다.

피터는 공격성, 침묵, 상호 작용의 엄격한 통제 등 앞서 언급한 자신의 특징을 한층 더 과장한 페르소나를 창조했다. 대화를 갑자기 중단할 수 있도록 눈구멍에 덮개를 단 가면이나 엄청난 힘을 가진 요술 망토가 그 예라 할 수 있다. 앞에서 말한 대로 그는 스탭과는 자신의 문제를 드러내 이야기하려 들지 않았다. 그런데 이 작업은 그에게 문제가 되는 자신의 모습, 곧 사람들과 관계 맺는 능력을 제한하는 측면을 표현할 수 있는 기회를 주었다. 피터는 즉흥 연기를 하면서 자신의 문제를 헬멧과 망토에 투사하였다. 즉흥극은 매번 학생들이 연기하던 인물을 떠나는 순간에 정확히 맞추어 끝맺도록 했다. 그런 다음에는 인물과 그것을 연기한 느낌에 대해 이야기를 나누는 시간을 가졌다.

피터는 이 활동에서 두 가지 성과를 얻었다. 첫 번째는 세션에서 역할을 벗고 어두운 헬멧을 쓴 인물에 대해 이야기할 수 있었다는 사실이다. 나중에는 헬멧을 쓴 인물과 일상에서의 자기를 연결지어 말할 수 있게 되었다. 다시 말해, 전에는 그의 생활과 행동에서 없는 듯 감춰졌던 모습을 밖으로 끌어내 성찰하기에 이른 것이다.

즉흥극은 또한 헬멧에 대하여 이전과 다르게 행동하는 대안적 방식을 찾아내도록 유도했다. 즉흥 연기를 하면서 헬멧 인물은 점차 극단적인 성향에서 멀어지기 시작했다. 어두운 헬멧에 대해 사람들과 이야기를 나눈 다음부터, 피터는 다른 인물들과 함께 플롯을 짜거나 협력하여 뭔가를 하면서 활동에 좀 더 적극적으로 참여하는 모습을 보여 주었다. 그리고 우리는 또 한 번 헬멧과 피터의 실제 생활과의 관계 측면에서 그와 관계 맺는 이러한 다양한 방식에 대해 이야기할 수 있었다.

두 번째 성과는 고정된 양태의 관계에서 벗어나 뭔가 다른 시도를 해볼 수 있는 여지가 피터에게 주어졌다는 점이다. 내면의 두려움과 환상을 외부의 극적 재료에 투사함으로써 고착되고 닫힌 행위에 접근할 수 있는 통로를 얻은 것이다. 투사는 또한 문제를 살펴볼 수 있도록 일정한 거리를 창출하고 또 그것을 고쳐 새롭게 바꿀 수 있는 실험의 공간이 되어 주었다. 그리하여 이 작업의 결과로 피터가 다니는 학교의 교육 심리학자가 토론에 참여하게 되었다.

피터가 겪는 어려움은 무엇보다 그가 자신의 문제를 말로 전혀 인정하지 않는 것이라 판단되었다. 그는 다른 사람들에 대해 완전한 불신과 두려움을 표현하고, 자기가 원하는 경우가 아니면 일체의 접촉을 거부하면서도 말로는 전혀 그렇지 않다고 완강하게 부인했다. 그리고 그것이 "막힌" 상황을 만들었다. 그런데 연극치료 집단에서 피터는 그러한 자신의 모습을 극적 형식에 투사하였고, 역할을 맡아 가면과 의상을 만들고 즉흥

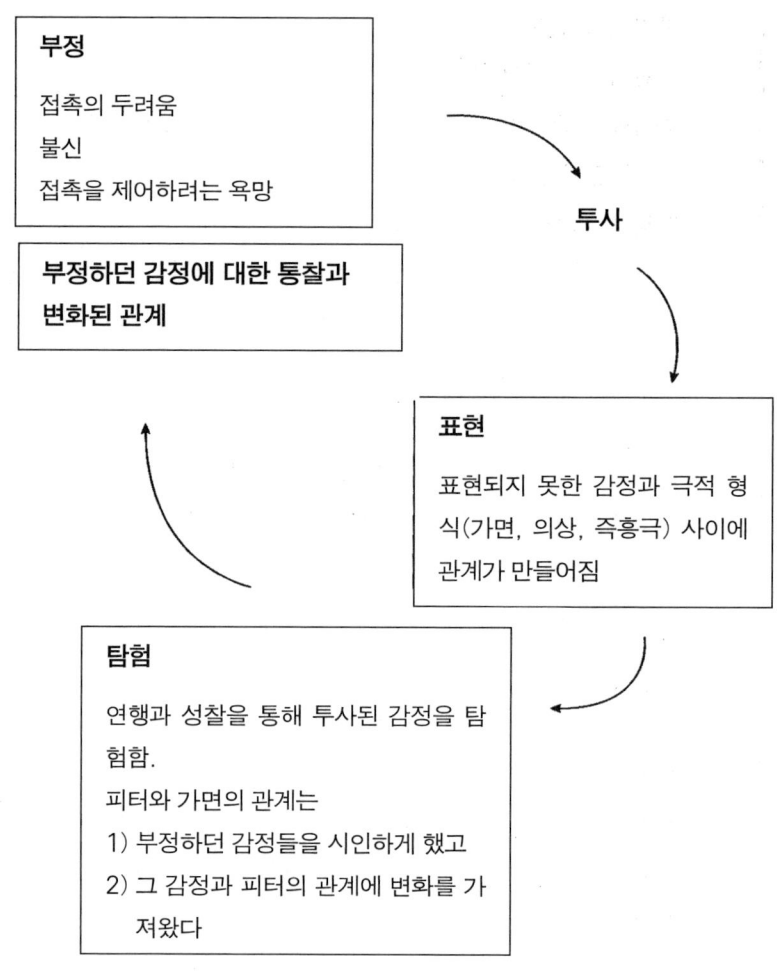

부정

접촉의 두려움
불신
접촉을 제어하려는 욕망

투사

**부정하던 감정에 대한 통찰과
변화된 관계**

표현

표현되지 못한 감정과 극적 형
식(가면, 의상, 즉흥극) 사이에
관계가 만들어짐

탐험

연행과 성찰을 통해 투사된 감정을 탐
험함.
피터와 가면의 관계는
1) 부정하던 감정들을 시인하게 했고
2) 그 감정과 피터의 관계에 변화를 가
　져왔다

그림 6.2 피터와 극적 투사

연기를 하면서 그것을 탐험하고 발전시킬 수 있었다. 그리고
역할을 벗고 투사에서 분리되는 과정에서 자신의 문제를 터놓
고 이야기할 수 있게 되었다. 체험과 탐험을 통해 자기에 대한
이해와 인식을 새롭게 변화시킬 수 있었던 것이다.

그림 6.2는 피터의 경험을 보여 준다. 그것은 그림 6.1의 브라이언 콕스의 경우와 비교할 수 있다. 콕스는 자신의 감정에 대해서 아무런 설명 없이 체험을 종결하였기 때문에 투사 과정의 말미에 "고착"될 수밖에 없었다. 그에 비해 피터는 작업 과정에서 자신의 삶과 경험을 탐험함으로써 그에 대한 통찰을 얻을 수 있었다.

연극치료에서 투사 과정이 활용되는 경로는 기본적으로 다음과 같이 정식화할 수 있다. 피터의 작업은 많은 측면에서 이를 예증해 준다.

상자6.1 연극치료에서 극적 투사

- 연극치료에서 극적 투사는 내담자들이 자기 자신의 어떤 양상이나 경험을 연극적이거나 극적인 재료 혹은 연행에 투사함으로써 내적 갈등을 외화하는 과정이다. 내담자의 내적 상태와 외부의 극적 형식의 관계는 행동을 통해 성립되고 발달된다.
- 극적 투사는 내담자의 문제를 탐험하는 수단으로서 극적 과정에 접근할 수 있게 해준다.
- 극적 표현은 내담자의 문제를 새롭게 재현한다.
- 투사는 내담자 내면에 환기된 상황이나 문제와 그에 대한 외부적 표현 사이에 극적인 대화가 일어나게 해준다.
- 극적 표현은 투사된 문제를 연행함으로써 탐험과 통찰의 기회를 제공함과 동시에 특정한 관점을 창조함으로써 변화를 가능케 한다. 내담자는 표현과 탐험 모두를 통해 투사된 문제와 새로운 관계를 이루어낼 수 있게 된다.
- 그리하여 내담자는 새로운 관계 안에서 투사한 문제를 재통합할 수 있다.

연극치료의 투사 기법

극적 투사는 연극치료에서 다양한 방식으로 일어날 수 있다. 주로 검사와 진단 그리고 평가에 활용되며, 치료 작업의 기법과 접근법으로 쓰이기도 한다. 그러나 이들 영역은 모두 투사적인 극적 도구의 창조와 그 도구의 사용 그리고 경험으로부터 의미를 취하는 방식으로 나눌 수 있다. 투사를 위한 극적 도구에는 사물을 이용한 놀이 작업, 조각상 만들기, 움직임과 인물을 활용한 즉흥 연기, 인형극, 대본, 가면 등이 있다. 이들 중 상당수가 연극치료의 핵심 활동으로 다른 장에서 다시 검토하겠지만, 여기서는 특히 극적 투사의 과정에 집중하여 살펴보고자 한다.

검사

12장에서는 다양한 사전 평가와 평가 활동을 비롯해 극적 투사와 관련된 실제 영역을 다루고 있다. 여기서는 투사 검사 작업의 기본만을 간단하게 언급할 것이다.

"투사" 검사는 투사 현상을 활용한다. 투사 검사에서는 먼저 내담자에게 잉크 반점 혹은 일련의 모형이나 인형처럼 비교적 중립적으로 보이는 자극이나 싱어가 『어린이의 가장 세계』(1973)에서 표현한 것처럼 "상대적으로 애매모호한 자극"을 준다. 그런 다음 내담자에게 주어진 재료를 가지고 원하는 대로 이야기를 만들거나 해석하게 한다. 요컨대 내담자에게 모호하거나 애매하다고 판단된 중립적인 재료를 주고서, 밀라가 말한 바 "최소한의 객관적인 정보"를 제공하게 하는 것이다. 단 "내담자가 만들어낸 그것은 필연적으로 그의 정서적 특성을 반영한다는 사실을 전제로 한다"

(Millar, 1973, 148).

연극치료에서 투사 검사는 먼저 "상대적으로 애매모호한 자극"이 될 만한 극적 형식을 창조한 다음, 내담자로 하여금 그 자극을 투사 검사로 활용하게 만들고, 그 결과로부터 어떤 결론이나 의미를 끌어내는 단계로 진행된다.

작은 세상

모형이나 놀잇감으로 세상을 만드는 작업은 치료와 분석 분야에서 오랜 역사를 갖고 있다. 클라인은 아동을 대상으로 한 정신분석 작업에서 자발적 놀이와 투사적 놀이를 사용하였다. 밀라(1973, 226)에 의하면, 그녀는 프로이트가 성인을 치료하기 위해 사용했던 언어적 자유 연상을 자발적 놀이로 대체하였다고 한다. 클라인은 아이들이 자유롭게 노는 과정에서 보여 주는 행동이 모두 그들의 소망, 두려움, 쾌감, 갈등, 자각하지 못하는 집착을 상징한다고 가정하였다. 그리고 아이들은 다른 사람들이나 그들에 대한 감정을 반영하는 역할을 치료사에게 부여하는데, 그 역할은 아이가 현재 겪고 있는 문제들과 연결되어 있다. 여기서 치료사가 할 일은 놀이를 해석해 줌으로써 아이가 그 사실을 의식할 수 있게 만드는 것이다.

이 과정은 다음과 같은 단계로 구성된다.

상자6.2 **극적 투사와 작은 세상**

- 내담자는 문제를 경험하거나 문제가 되는 무의식의 문제와 조우하고 있다.
- 이것은 놀이의 내용이나 놀이하는 동안 치료사와 맺는 관계 속에 투사

> 된다.
> - 치료사는 내담자의 놀이나 내담자와 치료사 사이에 형성되는 관계를 해석한다.
> - 내담자는 문제를 자각하고 의식하게 되며, 그리하여 변화를 시도할 수 있게 된다.

클라인은 주로 투사 놀이에 사용되는 가족 모형을 가지고 작업했다. 그 기법과 접근법은 다음과 같다.

- 내담자와 놀이로써 의사소통하기
- 이야기의 초점으로서의 놀이/놀이로 시작하여 사회적 상황을 만들어 내기
- 놀잇감을 몇 가지로 제한하기
- 상처가 되었거나 상처일 것이라 짐작되는 경험을 장면으로 만들어 연행할 수 있도록 격려하기

로웬펠드의 세상 그림 기법은 정확히 이러한 작업 방식에 바탕을 두고 구조화된 형식 안에서 치료와 놀이에 관련된 유사한 개념들을 활용한다. 그것은 사람, 동물, 울타리, 교통 수단, 집의 모형 그리고 점토, 종이, 끈 등의 "구조화되지 않은 재료"와 함께 물과 모래 상자를 주고서 마음대로 놀게 하는 것이다. 그런 다음 아이에게 자기가 만든 세상을 치료사에게 설명하고, 다음에 무슨 일이 일어날 것인지 이야기해 보게 한다.

로웬펠드(Lowenfeld, 1970)는 이 도구가 특별한 기술을 요구하지 않는 다차원적 언어라고 말한다. 그것은 "그림 그리기와 조각상 만들기라는 '기가 막힌' 그물로도 포획되지 않는 내적 경험과 개

념의 표현"을 촉진하는 것을 목적으로 한다.

세상 그림 기법을 처음에 사용하는 방식은 "다리"와 "그림 만들기"의 두 부분으로 나뉜다. 기본적인 개념은 서로를 이해하지 못해 사이가 벌어진 아이와 어른이 강 양편에 떨어져 살고 있고, 그래서 내담자인 아이와 치료사가 그 강을 가로지르는 다리를 만들어야 한다는 것이다. 치료사는 아이가 모래 상자에 관심을 갖게 한 다음, 모래를 옮길 수 있고 물을 쓸 수도 있으며 혹은 상자 바닥의 파란 부분이 물을 나타낼 수도 있다고 설명해 준다. 그런 뒤에 놀잇감 상자를 주고 거기 있는 것들을 사용해서 모래 위에 "그림"을 만들어 보게 한다. 방에 있는 물건은 무엇이든 쓸 수 있다. 치료사는 또한 그림이 반드시 "사실적"일 필요는 없으며, 사물을 특이한 방법으로 사용하고 싶다면 얼마든지 그렇게 해도 된다고 일러준다.

"만들기"를 마친 다음에는 아이가 그림에 부여한 정확한 의미를 찾아내야 한다. 그리고 그 작업은 사진이나 그림으로 기록하도록 한다.

세상 기법은 다음과 같은 단계로 거칠게 나눠 볼 수 있다.

상자6.3 **극적 투사와 세상 기법**

- 도입: 내담자가 재료에 익숙해지고 활동을 통해 반복적으로 탐험함으로써 관계를 맺을 수 있게 한다.
- 내담자가 유아기의 경험을 투사로 재현하고 거기에 깊이 몰입하게 된다.
- 내담자는 무의식의 과정을 탐험한다. 재료를 활용하여 문제를 표현하고 탐험하며 또 그 문제와의 관계를 변화시킨다.

- 내담자가 재료에 점점 더 몰입하지 않게 되면서 환상 경험이 줄어든다.

연극치료사가 이상에서 말한 접근을 사용할 수 있는지 의문을 제기할 수도 있다. 그러나 그것은 극적 놀이와 마찬가지 원리로 연극치료의 범주 안에 편입될 수 있다(8장 참고). 또한 연극치료사는 이 작은 세상 기법에 극적인 표현을 부가함으로써 또 다른 가능성을 열 수 있다.

그러한 작업 방식은 축소된 모형 속에 하나의 연극 공간을 창조하며, 내담자와 치료사는 그 치료적 공간에서 사물을 주된 매체로 극적인 재현 작업을 함께한다. 밀라는 그것을 자유 연상에 비유했지만 그보다는 좀 더 복합적인 관계를 갖는다고 할 수 있다. 바우어 역시 밀라가 클라인의 놀이 작업을 자유 연상에 비유한 것은 과소평가라고 정확하게 지적하고 있다. 로웬펠드의 세상 기법을 포함하여 이 작업 영역에서는, "아이들이 오랜 기간에 걸쳐 천천히 진행되는 작업 속에서 다시 한 번, 때로는 반복적으로 스트레스를 극복해 나가는 세상"이 창조된다(Bowyer, 1970, 109).

작은 규모의 재현 작업은, 내담자의 몸을 사용한 표현이나 "실제 규모"의 "보다 큰" 연행[1]에 비할 때, 허구적인 가공의 세계와 내

---

1) 연극치료에서는 표현 대상이나 매체의 크기에 따라 재현의 규모를 세 가지로 분류한다. 대상의 실제 크기에 준한 현실 규모의 재현을 기준으로 그보다 훨씬 작은 크기로 축소된 재현과 거대하게 확장된 재현이 존재한다. 이를 구체적으로 말하면 빵과 인형 극단처럼 큰 인형이나 대형 가면을 사용하고 의식이나 신화를 표현하는 것이 "실제보다 큰 규모"에 속하고, 모형 놀잇감을 이용한 조각상이나 손인형 놀이 등은 "실제보다 작은 규모"의 활동에 속한다.

담자 사이에 유사하면서도 색다른 관계를 만들어 낸다. 작은 세상 작업과 "보다 큰" 연행 사이의 주된 차이점 네 가지를 요약하면 다음과 같다.

- 훨씬 큰 규모의 현실을 모형으로 축소하여 재현하는 놀이 세상은 내담자가 사건이나 주제와 맺는 관계에 영향을 준다. 놀이 세상의 모형은 크기가 작아서 내담자가 이리저리 쉽게 움직일 수 있다. 따라서 내담자는 현실의 사건이나 주제를 다룰 때보다 모형을 물리적으로 변화시키면서 보다 큰 통제력을 느낄 수 있다. 이는 다시 유사 관계를 통해 실제 사건이나 주제와 관련하여 모종의 변화를 시도하도록 내담자를 북돋울 수 있다.

- 어떤 사물을 선택하는가 역시 재현된 주제에 대한 내담자의 의식에 영향을 미친다. 예를 들어, 이미 특정한 형식(작은 인형, 가축)으로 존재하는 사물로 중요한 타인을 재현하거나 혹은 "아무렇게나" 선택한 사물이 실연/놀이 과정에서 의미를 실현할 때, 그 사물의 형식은 작업에 또 다른 차원의 자각이나 그와 연관된 다른 차원의 해석을 부여할 것이다. 질감(부드러운, 딱딱한, 털이 복슬복슬한), 정체성(소, 굴삭기, 아기) 혹은 연관된 기억(어린 시절의 좋은 기억이 어떤 사물과 연관될 수도 있고, 물이나 모래를 싫어했던 기억이 특정한 경험에 연결될 수도 있다) 등이 내담자가 주제와 맺는 관계에 영향을 준다.

  그리하여 재현된 대상 본래의 것과는 잠재적으로 다른 인식을 가져오게 된다. 즉, 아버지를 나타내는 트럭에는 현실의 아버지에게는 없는 핸들, 바퀴, 기어, 짐칸, 경적 등이 달려 있다. 극적인 사물로서 트럭은 움직일 수 있고, 경적으로 소리를

낼 수 있으며, 바퀴를 갈아 끼울 수도 있고, 망가지기도 하며, 그렇기 때문에 내담자가 아버지에게 갖고 있는 감정의 다양한 양상을 드러낼 수 있다. 요컨대 상이한 형태, 물리적 특질, 배경(모래 상자에서의), 다른 것들과 관련한 위치 등이 모두 정보의 원천인 셈이다. 만일 내담자가 아버지를 털이 북슬거리는 코끼리로 나타낸다면, 그것은 돌처럼 딱딱하고 차가운 물체를 고르는 경우와는 매우 대조되는 선택이 될 것이다.

• 사물을 가지고 노는 것에 대해 어떤 문화적 연상을 갖고 있느냐가 그 경험의 틀을 결정한다. 보통은 사물 놀이가 아이들의 전유물로 인식되며, 그에 따라 놀이의 내용은 내담자의 어린 시절이나 최근 혹은 과거와 관계가 있는 아이와 연관되기 쉽다.

• 내담자와 치료사의 관계는 모형 세계가 작업의 핵심 언어로 자리 잡으면서 달라진다. 사물들이 치료사와의 관계에 대한 내담자의 인식을 반영할 수 있다.

연극치료에서도 이 작은 세상 기법을 극적 연속체의 일부로 활용할 수 있다. 피터 슬레이드(Slade, 1981)는 투사적 놀이와 개인적 놀이를 구분한다.

투사적 놀이는 도구 일습과 모래 상자를 가지고 하는 것이며… 개인적 놀이는 아이들이 역할을 맡아 현실에서처럼 움직이고 소통하면서 그 책임을 검증하는 것이다(1981, 194).

나는 그러나 투사 작업과 여타 극적 영역을 그렇게 명확하게 구분하는 것을 좋아하지 않는다. 8장에서 설명하겠지만, 나는 특정 영역을 "투사된" 것과 그렇지 않은 것으로 한계 짓지 않고 폭넓은 표현 범주의 일부로 포괄하여 서로 넘나들 수 있게 한다는 점에서 연속체의 개념을 선호한다. "현실에서처럼 움직이고 소통하면서… 역할"(1981, 194)은 극적 연속체의 다른 양상들과 마찬가지로 투사 작업의 일부가 될 수 있다. 그리고 이것이 받아들여진다면, 내담자가 모형으로 만든 작은 세상과 더욱 깊은 극적 관계를 구축할 수 있다. 사물을 활용한 작업을 역할 연기나 즉흥극 또는 움직임으로 발전시킴으로써 더욱 확장하고 증폭시킬 수 있는 것이다.

인형

연극치료에서 인형극은 이러한 사물 작업의 확장이라고 볼 수 있다. 인형도 모형과 똑같은 방식으로 투사의 도구가 될 수 있으며, 따라서 앞에서 말한 투사적 과정은 인형에도 마찬가지로 적용된다. 인형의 물리적이고 상상적인 특질은 사물 작업과 즉흥 연기 사이에 또 하나의 극적 참여 방식을 불러낸다. 8장에서 언급한 대로(307쪽을 보시오), 인형은 놀이에서 사물을 상징적으로 사용하는 데에서 한 단계 나아간 것이라 할 수 있다. 그러므로 인형은 투사의 측면에서도 사물의 사용과 전혀 다른 영역이라기보다 그로부터의 진전이라 할 수 있다.

한편 중요한 차이점 또한 존재한다. 인형에는 내담자의 신체가 물리적으로 개입된다. 예를 들어, 장갑 인형은 내담자가 손을 넣는 과정에서, 막대 인형은 막대로 인형을 조종하는 과정에서 또 다른 관계가 만들어진다. 그림자 인형은 막대로 조작하면서 영사막에

상을 비추지만, 조종자가 인형을 "마주 볼 수는" 없다. 인형의 이러한 특성은 투사 작업에 영향을 미친다. 손 인형의 경우에는 인형에 손을 넣어 움직이는 신체적 행동이 조종하는 사람과 인형 사이에 밀접한 관계를 만들어 감정이입을 촉진한다. 인형의 팔다리에 막대를 연결하여 움직이는 막대 인형은, 조종하는 행위가 그대로 노출되어 조종자가 일정한 거리를 유지한 채 인형에 대한 통제력을 눈으로 확인하게 된다. 이것은 감정이입과 거리두기가 뒤섞인 감정을 만들어 낸다.

그 크기가 조종자의 몸집을 넘어서는 거대한 인형 역시 투사 관계에 영향을 미친다. 그것은 잠재적으로 뭔가에 압도당한 느낌이나 부모의 권위와 관련된 주제를 투사하게 한다.

인형은 대부분 다른 사물이 할 수 없는 방식으로 움직일 수 있다. 인형이 "행동"하는 데에는 특정한 문화적 연상이 작동한다. 다시 말해, 내담자가 인형을 가지고 놀 때는 다른 물체를 가지고 놀 때와는 다른 일련의 기대를 갖게 된다는 뜻이다. 그런 기대에는 주로 드라마를 통해 목소리를 부여하고 인간적이거나 동물적인 특징을 덧입힘으로써 인형에 "생명"을 불어넣고자 하는 욕구가 포함된다. 인형 작업은 극적인 감정이입의 측면에서 잠재적으로 매우 강렬하여 다른 사물 작업에 비해 훨씬 두드러지는 경향이 있다. 이렇게 볼 때, 투사 작업 내에서 인형은 강렬한 감정이입을 초래하고, 사물 놀이에 비해 본질적으로 거리감을 덜 주며, 다양한 극적 가능성을 신체적 관계(손, 막대, 그림자)라는 명확한 과정으로 수행하는 형식이라 할 수 있다. 그러므로 인형에 대한 투사는 다른 사물에 대한 투사와는 질적으로 구별된다.

가면

표현주의의 창시자로 불리는 벨기에의 화가 앙소르는 가면을 연약한 생명체가 들어가 숨는 속 빈 조개껍데기라고 표현했다. 연극치료에서 쓰이는 가면이 이와 유사하다. 극적 투사와 관련하여 가면은 세 가지 생각해 보아야 할 점들을 갖고 있다. 우선 사물 작업의 일환으로서 가면의 형식은 내담자가 그 형식에 투사한 내용의 본질에 영향을 미친다. 곧 아무것도 없는 빈 가면에 내담자가 어떤 경험을 투사한다면, 어릿광대 가면은 그와 다른 경험을 끌어낼 것이며, 내담자가 직접 만든 가면은 앞서와는 또 다른 체험을 유발할 것이다.

두 번째는 브룩이 말한 바 "가면은 가면을 벗은 모습을 드러내 보여 준다"는 역설과 관련된다(Brook, 1988, 219). 가면을 일러 제2의 피부의 창조라 하는 것은 내담자가 가면을 통해 자신의 일부를 드러낼 수 있음을 뜻한다. 가면은 가면을 쓴 채 말하고 움직이는 존재가 진정으로 자기 자신이 아니라 단지 가면일 뿐이라는 느낌을 갖게 한다. 이로써 내담자는 자신의 모습 중에서 특히 가면의 특성에 의해 부각된 어떤 감정이나 행동 방식을 투사하게 된다. 가면은 일상에서라면 억눌렀을 문제들을 밖으로 드러내 표현할 수 있는 자유를 창출하고, 그 덕분에 내담자는 평소에 부정하거나 숨겨온 자신의 모습을 가면에 투사할 수 있게 된다. 요컨대 가면이 가면을 벗기는 것이다.

세 번째는 가면이 내담자의 인성이나 경험의 특정 양상을 투사하도록 격려하는 방식과 관련된다. 가면은 선택적 특성, 곧 고정된 형태를 갖는다. 다시 말해, 얼굴처럼 계속해서 표정이 변하면서 움직이기보다 한 가지 틀로 제한된다. 그 결과, 가면에는 나머지가 배

제되는 대신 내담자의 한 가지 양상 혹은 특징이 부각되고, 내담자
는 그것을 집중적으로 탐구하게 된다.

가면은 평소에 표현을 거부당했던 자기 모습을 강조하면서 특
정 양상에 대한 집중을 촉진한다.

대본과 이야기

연극치료에서 내담자는 기존의 텍스트를 사용할 수도 있고, 작업
과정에서 대본을 새로 만들 수도 있다. 그리고 이 두 가지를 병용
하여 기존의 텍스트에서 개인적인 연관과 의미와 해석을 찾아낸
다음, 즉흥극이나 더 심화된 연관을 탐험하는 작업으로 발전시킬
수도 있다. 요즘에는 작가나 치료사의 의도를 점차 덜 강조하면서
대신 내담자가 중요하다고 느끼는 의미나 주제에 대한 관심과 중
요성이 부각되고 있다. 이미지, 상호 작용, 인물, 텍스트에 대한 반
응 등이 모두 그러한 것에 속한다. 10장에서 보겠지만, 내담자는 텍
스트나 이야기에서 개인적인 의미를 찾을 수 있다. 저시는 이를 두
고 "이야기-인물과 개인 사이의 긍정적이고 투사적인 동일시의 잠
재력은 새로운 존재 방식을 일깨워 준다"라고 말했다(Gersie, 1991,
242).

연극 공연을 제작하는 데에도 텍스트에 대한 해석의 개념이 포
함된다. 에슬린이 『드라마의 해부』(1978, 88)에서 밝히고 있듯이, 관
객이 극장을 찾게 되는 계기 중 일부는 해당 텍스트에 대한 배우
혹은 연출자의 고유한 해석을 보기 위함이다. 그런 의미에서 연극
치료에서 텍스트를 활용한 투사 작업은 연출가나 배우의 해석 작
업과 유사한 과정에 의존한다. 말하자면, 연극치료는 내담자가 텍
스트를 재료로 하여 내면의 집착을 투사하고, 또 그것을 탐구의 수

단으로 사용하는 방식에 관심을 기울인다.

요약

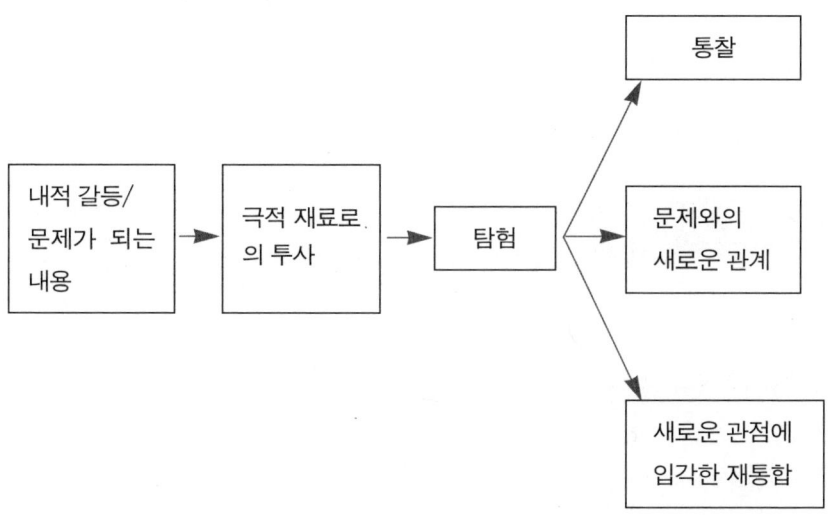

그림 6.3 **연극치료에서의 극적 투사**

작은 세상 만들기, 가면 작업, 이야기와 대본 등 이상에서 살펴본 영역은 모두 기본적인 과정을 공유하고 있다.

그림 6.3이 보여 주듯이 연극치료와 투사 과정이 만나는 방식의 핵심에는 네 단계가 있다. 앞서 그 개별적인 차이를 개괄하였지만, 가장 단순한 차원에서 극적 투사는 모든 연극치료의 핵심부에 위치한 과정이라고 말할 수 있다. 투사는 내담자가 내면의 갈등을 극적 재료에 투사하여 문제가 되는 부분을 드라마의 치유적 잠재력과 연결할 수 있게 해준다.

이 장에서는 극적 투사가 내담자의 문제를 탐험하는 데 어떤 방식으로 관련되는지를 살펴보았다. 내담자가 연극치료 집단에서 이루어지는 드라마 속에서 자기 자신을 보고 느낄 수 있게 하는 것이 바로 그러한 과정이다. 그러한 통찰과 카타르시스가 없다면 변화의 가능성도 몰입의 가능성도 존재할 수 없을 것이다.

7. 극적 신체

연극의 역사는 인간 형태의 변모의 역사다.

슐레머(그로피우스, 『바우하우스의 연극』)

개관

20세기 초반 독일의 바우하우스 운동은 주로 미술과 건축에서의 작업으로 알려져 있다. 그러나 문화를 개혁하려 했던 그들의 시도는 연극에까지 영향을 미쳐 드라마와 치료 분야에서 신체를 고찰해 볼 수 있는 유용한 출발점을 제공해 주었다. 오스카 슐레머는 대본 쓰기 워크숍의 리더로 바우하우스에서의 작업을 시작하였고, 나중에는 그것을 점차 변형하여 바우하우스 "무대 공방"으로 바꾸는 운동을 주도했다. 바우하우스 무대 공방이라는 이름은 발터 그로피우스가 붙인 것이다. 그 공방의 생산품 중 일부는 글이나 사진 또는 도면의 형식으로 전해지고 있다. 기록된 이미지들은 바우하우스의 제품과 의상을 상당수 담고 있지만, 그 모든 것은 그로피우스의 중심되는 연극적 목적, 곧 신체를 통한 무대 공간의 체험으로

귀결된다.

사진은 기괴한 생물들, 일부는 금속이고 일부는 살이며 척추에서 곧바로 사지가 뻗어나온 사람들을 다중 노출 카메라로 포착하였다. 그로피우스와 슐레머는 "연극적 공간에서 나타나는 신체의 변형"을 보여 주는 도해를 만들었다(Gropius, 1979, 5). 슐레머의 연기 형식은 일련의 선으로 에너지를 방사하는 형상, 곧 가슴과 배에서 기하학적인 파동을 내뿜는 배우의 모습으로 표현된다(사진 7.1과 7.2를 보시오). 그 형상과 관객의 공간은 빈 그릇이며, 배우가 "몸과 움직임으로써 연기할 때 비로소" 채워진다(Gropius, 1979, 20). 이 장 앞머리에 인용한 말에서 볼 수 있듯이, 슐레머와 그로피우스는 연극을 인간 형태의 변모로 간주한다.

바우하우스의 접근에 따르면, 신체는 극적 공간에 들어서면서 변화된다. 인간의 형상과 그 표현은 무대에서 자동적으로 변화되어, "몸짓 혹은 동작 하나하나가 의미 있는 개념으로서 고유한 행동 영역으로 번역된다"(Gropius, 1979, 92). 객석에 있는 사람도 그 "구역"에서 자리를 옮겨 무대에 서면 "마법의 후광"이 입혀지는 것이다. 굳이 극장의 객석과 무대가 아니라 어떤 사람이 호기심에 가득 찬 사람들에게 뭔가를 보여 주기 위해 뒤로 두세 걸음만 물러서는 경우에도 그와 똑같은 변화가 일어날 수 있다.

바우하우스 이념의 종착점이었던 "총체극"의 수립은 그러나 "검은 금요일" 이후 히틀러와 나치가 권력을 잡으면서 수포로 돌아갔다. 총체극의 원대한 꿈은 실현되지 못했고 그 아이디어 또한 전혀 열매를 거두지 못했다. 그러나 바우하우스의 실험은 극적이고 연극적인 공간에서 신체를 이해하고 다루는 접근 방식을 도입하였고, 그리하여 연극치료에서의 극적 신체에 대한 논의에 도움을 주고 있다. 바우하우스는 배우가 공연을 할 때 신체에서 일어나

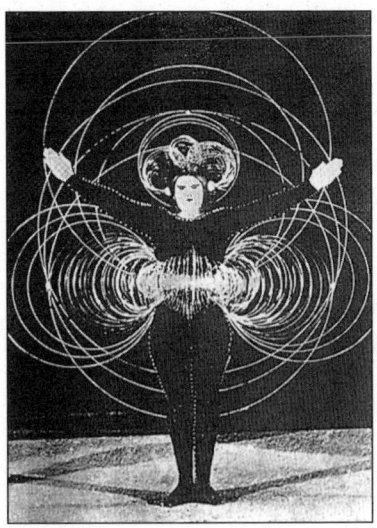

사진 7.1
연극적 공간에서 슐레머의
신체 변형(from Gropius, 1979)
ⓒ Wesleyan University

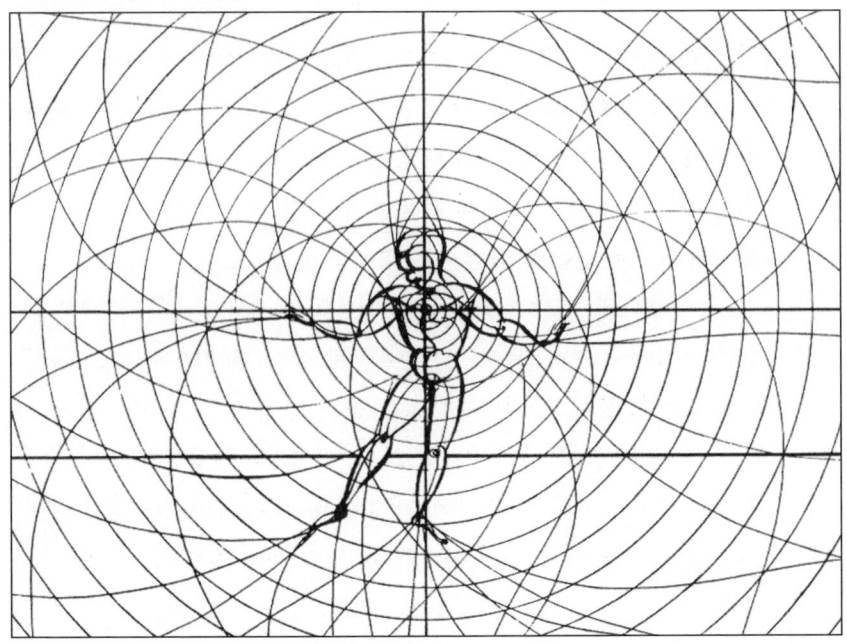

사진 7.2
연극적 공간에서 슐레머의 신체 변형(from Gropius, 1979)
ⓒ Wesleyan University

는 변화와 신체에서 에너지가 방출되고 만나는 경로에 관심을 가졌고, 이 장에서 나는 그 질문을 연극치료를 향해 다시 던지려 한다. 연극치료에서 연행에 들어갈 때 내담자에게는 어떤 변화가 생기는가? 연극과 드라마와 연극치료에서 신체의 역할은 무엇인가? 개인의 정체성과 그것을 실연하는 신체 사이에는 어떤 관계가 있는가?

"극적 신체"라는 용어는 연극적 혹은 극적 행위와 관계된 신체를 일컫는다. 극적 신체는 상상과 현실이 만나는 장소이다.

배우는 신체를 빌어 상상을 표현하고, 신체는 배우가 상상 속의 생각을 찾아 드러낼 수 있게 도와준다. 관객의 상상력은 움직임과 소리와 다른 사람과의 상호 작용을 통한 배우의 신체적 표현에 의해 작동된다. 전 세계를 통틀어 대다수의 연극과 드라마 형식은 신체를 소통의 주된 수단으로 삼는다. 화가가 붓과 캔버스와 물감을 가지고 작업한다면, 연극적 표현의 주된 매체는 신체다. 배우는 얼굴 표정, 손, 움직임, 곧 신체를 통해 생각과 역할 그리고 관계를 발견하고 표현한다. 따라서 관객은 연극을 일차적으로 무대 공간에서의 배우의 신체적 표현으로 경험하게 된다.

연극치료에서도 내담자의 신체는 이와 유사한 의미를 갖는다. 뒤에서 자세히 살펴보겠지만, 연극치료 작업 과정에서 내담자들은 몸에 가면을 덮어쓰거나 의상으로 몸의 형태를 가장하며, 신체 지도[1]를 그려서 몸을 나타내기도 하고, 또 몸에 색칠을 하거나 다른 사람의 역할이나 인물을 맡아 자기와 다른 신체적 정체성을 입곤 한다. 즉흥극을 마친 뒤에 한 내담자가 이렇게 말했다. "그건 나처

---

1) 몸의 윤곽을 실물 크기로 그린 다음, 느낌에 따라 신체 각 부위를 다양한 방식으로 표현하는 것이다. 사례 연구 7.4 를 참조할 것.

럼 느껴졌지만 나는 아니었어요." 이 말은 연극치료에서의 신체에 관한 많은 주제를 집약하고 있다. 그녀는 자신을 가장된 정체성의 일부로 느꼈지만, 그러면서도 뭔가 다른 차이를 인식한 것이다. 코트니(1983)는 드라마에서의 탐험과 발견에서 신체가 매우 중요하다고 주장한다.

이 장에서는 신체와 정체성 그리고 연행에 관련된 이론적이고 실제적인 주제를 검토할 것이다. 먼저 극적 신체의 개념을 정의하고 연극치료와의 관계를 살펴보면서, 신체가 연극치료에서 치료적 변화의 주요 초점이 될 수 있는 상세한 근거들을 검토할 것이다.

극적 신체의 배경

신체와 정체성

신체와 "자기"의 관계 그리고 신체와 사회의 관계는 다양한 학문 분야 — 신학으로부터 의학과 정신분석학을 거쳐 인류학에 이르기까지 — 에서 논쟁과 탐구의 대상이 되어 왔다.

이러한 논쟁 가운데 아래 네 가지 영역이 특히 연극치료에서의 극적 신체를 고려하는 데 중요하다고 할 수 있다.

- 신체와 개인의 정체성의 관계
- 신체에 대한 사회의 규제
- 신체적 표현과 의사소통
- 사회적 페르소나의 구축에서 신체의 역할

정신분석(James, 1932; Deutsch, 1947, 1952; Lowen, 1958)과 대상 관계 이론(Krenger, 1989)은 신체와 정서 그리고 정체성을 잇는 관계를 제안하였다. 로스버그-겜턴과 풀(Rossberg-Gempton and Poole, 1991)은 정신분석적 접근을 다음과 같이 요약한다. "마음과 몸은 하나의 기능적 단위로 간주된다. 무의식의 내용은 에고가 조절하는" 신체적 표현을 통해 외화될 수 있다. 그러나 그들은, 신체적 움직임이 비록 중요하게 여겨진다 해도, "내담자가 그러한 움직임과 관련된 그리고 신체적 감각에 동반되는 감정을 언어화하지 못한다면 치료적 개선이 일어날 수 없다"고 덧붙이고 있다(1991, 40).

이러한 입장은 일부 무용 치료사의 지지를 얻고 있다. 시걸(Siegal, 1984)은 "사람은 몸과 함께, 몸속에서, 몸을 통해 살고 있기 때문에 그 총체적 존재가 삶의 신체적 경험에 영향을 받는다"라고 말하고 있다.

자기는 흔히 몸에 의해 그리고 몸을 통해 실현된다고 여겨지기도 하며, 그때 둘의 관계는 이중성이나 긴장의 역학으로 나타난다. 예를 들어, 기독교 전통에는 육체와 영혼의 싸움이라는 주제가 깊이 스며 있다(Marcuse, 1969). 또한 『토템과 터부』(1950)가 보여 주는 신체에 대한 프로이트적 입장은 개인 내에서 만족과 사회적 규제 사이의 긴장을 강조한다. 니체(Nietzsche, 1967)와 발터 벤야민(Benjamin, 1955) 두 사람은 모두 신체적 표현의 분리, 곧 아폴론적 사회와 디오니소스적 사회의 분리를 지적하고 있다. 아폴론적 표현은 합리적이고 추론적이며 분석적인 것을 강조하고, 디오니소스적 표현은 도취와 성적 황홀경 그리고 춤추는 육체의 광기로 특징지어진다. 그들은 이들 양태 중 어느 한쪽을 배제하고 다른 신체적 표현을 강조하는 사회의 경향에 대해 논의한다.

터너는 이러한 이중성의 역사를 성찰하면서, 서구의 철학과 이론에서는 신체가 제약이자 잠재력으로서 나타나는 신체/자기 관계를 보여 준다고 결론짓고 있다(Turner, 1982, 4). 그 잠재력은 자기를 표현하고 발견하며 발달시키는 수단으로서 신체를 말한다. 그리고 제약이라 함은 자기와 사회가 신체를 규제하는 방식으로 이해될 수 있을 것이다. 이러한 제약은 곧잘 개인에게 부과되는 일련의 한계나 규제와 연합하기도 한다(Scheflen, 1972). 예를 들어, 여성주의 사회 이론(Mitchell and Rose, 1982)과 푸코의 저작(Foucault, 1976)은 사회가 신체의 표현을 제약하고 활용하는 방식들을 지적한다. 성적 활동, 공적 표현과 사적 표현, 가족, 사회적이고 경제적인 행동 모두를 신체적 행동과 표현뿐 아니라 개인에 대한 억압의 측면에서 분석하는 것이다.

서구 문화권 내에서, 개인의 정체성과 신체의 관계는 그러므로 이중성의 전통에서 그 특징을 찾을 수 있다. 이상에서 언급한 자료에서 알 수 있듯이, 정체성과 신체 그리고 사회 사이에는 분명히 긴장이 존재한다.

신체는 자기와 다른 사람들 사이에서 발생하는 의사소통의 주된 수단으로 표현되곤 한다. 이것은 몸짓과 표정과 목소리를 통해서 가능하다(Elam, 1991). 사람들은 신체가 의식 차원에서뿐 아니라 무의식의 차원에서 소통하는 방식에 관심을 기울이고 있다(Lorenz, 1966; Argyle, 1972). 더글러스는 『순수함과 위험』(1966)에서 신체가 어떻게 은유적인 방식으로 소통하는지를 밝히고 있다. 신체는 또한 여러 가지 표식과 옷차림을 통해 사회적 지위, 연령, 성별, 종교 등의 정체성을 표시하는 일종의 표면으로 쓰이기도 한다(Polhemus and Benthall, 1975). 이러한 접근은 신체를 소통의 열쇠이자 정체감의 주된 양상으로서 강조한다. 신체는 개인의 정체성을 다른 사람들에게 소통시킨다. 신체는 또한 개인이 고유한 정체감에 도달하는 수단이자 사회와 개인을 연결하는 표현 매체로 간주된다.

사회학자들은 사회적 공간에서 신체가 제시되는 방식과 정체
성의 관계를 살펴왔다. 특히 사회적 페르소나를 구축할 때 신체가
어떤 역할을 하는지를 분석한 고프만(1972)은, 자기가 신체적 표현
과 행동을 통해 상황에 따라 그에 맞게 선택된 페르소나를 제시하
고 정체감을 얻는다고 말한다.

극적 신체의 핵심 주제

공간화된 열정: 드라마에서의 신체적 소통

연극에서 인물의 묘사는 부분적으로 배우의 신체적 표현에 의해
이루어진다. 관객이나 다른 배우들이 몸을 통해 주어지는 기호에
반응하는 것이다(Elam, 1991; Frost and Yarrow, 1990). 앞에서 보았듯
이 사회학자와 정신분석가와 인류학자들은 몸을 소통의 매체로 취
급한다. "몸의 움직임은 특정 문화에서 발견되는 사회적 관습, 습
속, 역할 관계의 의사소통으로 간주될 수 있다"(Lomax, Bartenieff
and Pauly, 1968). 그리고 이 과정은 연극 형식에서 특히 집중적으로
조명된다고 여겨진다. 많은 드라마와 연극 이론이 배우의 신체를
의사소통의 집중적인 초점이자 외부로 뻗어나가는 강력한 충동의
핵심이라고 말한다(Artaud, 1958; Brook, 1968; Grotowski, 1968). 르코
크는 이 과정을 강렬한 마임 연기 속에서 아름답게 표현하고 있다.

우리가 사람들에게 보여 주는 것은 내부로부터 나온다. 내면과 외
부의 공간 사이에는 일종의 연계, 반향이 존재한다. 내가 만약 신체

적인 행동을 한다면 — 밀거나 당기거나 하는 — 그것은 내면의 정
서, 사랑이나 증오와 유사하다…. 공간에 열정을 새기는 것이다
(Lecoq in Forest and Yarrow, 1990, 101).

단순히 밀거나 당기는 동작만으로도 내적 감정이 강렬하게 드
러날 만큼 신체는 의사소통에 있어 특별한 지위와 특질을 부여받
는다. 나는 또한 르코크가 지적한 연극적 소통 행위에서 신체가 차
지하는 우선성에 주목한다. 연극에서 소통자로서 신체가 가지는
중요성은 폴란드의 기호학자인 카우잔의 작업에서도 확인할 수 있
다. 그는 신체를 여덟 부위 — 극적 공간에서 배우의 얼굴 표정, 몸
짓, 움직임, 분장, 머리 모양, 의상, 목소리의 두 가지 양상 — 로 나
누고, 그와 관련된 무대 표현을 13가지 기호 체계(Kowzan, 1968)로
정리하고 있다.

바우하우스의 이미지에서와 같이 신체는 연극적 소통의 주된
수단이며, 극적 공간은 신체의 그러한 소통을 강화하거나 변화시
킨다.

거짓된 진실

신체와 드라마의 관계에서 끊임없이 제기되는 한 가지 주제는 속
임수로부터 진실이 나온다는 역설에 관한 것이다. 연극적이고 극
적인 형식의 본질은 개인의 정체성을 감추는 것과 관련된다. 이는
패드스토우의 말, 아프리카 아사로의 진흙 인간(Schechner, 1988,
127), 『영원한 왕자』에서의 리처드 시슬락(Grotowski, 1968, 29-31) 혹
은 〈성난 황소〉에서 제이크 라 모타를 연기하기 위해 체중을 23kg
이나 불린 로버트 드 니로 등을 통해 광범한 문화권에서 사실로 확

인된다. 이들 모두가 드라마 속에서 개인의 신체를 다른 형태로 변형한다. 눈, 표정, 움직임, 자세, 몸무게, 흉터, 옷, 분장, 진흙을 모두 동원하여 연기하는 사람의 본래 모습과 상태를 바꿈으로써 극적 정체성을 창조하고 또한 신체적으로 인식하는 것이다.

연극을 훈련할 때 극적 형식 안에서 몸의 일상적 움직임을 분해하는 법을 가르치는 것은 여러 문화권에 공통되는 현상이다. 800개의 무드라 혹은 기본 운용 방식(64가지의 다리 동작, 9가지의 머리 동작, 11가지의 시선 처리 방식)을 갖고 있는 엘리자베스 시대의 무용극과 인도 고전극 등이 이에 해당된다(Yoshihiko, 1971). 하지만 나는 서구의 자연주의적 연기 역시 이러한 거짓된 신체, 가장된 신체의 틀 속에 들어간다고 생각한다. 배우는 특정한 신체적 변형의 체계에 따라 무대에서 연기하는 법을 익히고, 관객 역시 그것을 기대한다. 변형의 체계 가운데 가장 명확한 것이 바로 의상과 분장이며, 배우는 그에 더하여 자세, 움직임, 얼굴 표정, 신체적 특징을 활용하여 가장하는 법을 배운다.

여기서의 역설은 많은 연극과 드라마(예를 들어, 소포클레스, 셰익스피어, 입센, 브레히트, 보알)가 관객에게 진실 — 삶과 그 일부인 사회에 대해서 — 드러내기를 목적으로 한다는 사실이다. 배우는 보다 큰 진실을 다루는 틀거리 속에서 작업하지만, 그것을 이루는 방식은 말 그대로 신체를 거짓되게 가장하는 것이다. 바꿔 말해, 연극은 진실을 말하기 위해 속인다고 할 수 있다. 배우는 그렇게 가장한 상태에서 진실을 마음껏 드러낼 수 있는 자유를 얻는다.

이 역설적 과정의 또 다른 측면은 그로토프스키의 신체적 연극 작업(Grotowski, 1968)과 스칸디나비아에서 가진 오딘 시어터의 최근 작업(Barba and Savarese, 1991)에서 나타난다. 그로토프스키에게 있어 배우의 신체는 "내적"인 내용이 발현되는 매체이다. 그의 기본 전제는 진실한 자기가 신체의 일상적인 사용에 의해 가려지거나 거짓되게 꾸며진다는 것이다. 그러나 고양된 상태에 있을 때는 그 내적인 진실이 눈에 보일 수 있도록 자기 자신을 변형할 수 있다. 다시 말해, 배우의 일상적 정체성이 극적 제시나 역할에 의해 감춰지는, 그 특별한 가장의 상태에서 신체는 계시와 진실을 실어 나르는 도구가 되는 것이다.

앞으로 보겠지만 연극치료에도 동일한 역설이 존재한다. 내담자는 일상의 정체성을 벗어난 신체적 가장을 창조하면서 평상시라면 별로 가능하지 않을 개인적 계시에 참여할 수 있다.

극적 신체 구축하기

일부 전통 연극은 신체 훈련을 매우 엄격하게 한다. 예를 들어, 카타칼리는 눈과 얼굴 훈련만 해도 수없이 많은 종류가 있다. 그것을 배우는 사내아이들은 보통 8살에서 16살 사이에 훈련을 시작하여 6년 동안 "말 그대로 마사지와 춤을 통해 카타칼리에 적합한 형태의 몸으로" 만들어진다(Schechner, 1988, 270). 그 훈련은 개인이 극화된 자기로 들어갈 수 있게 하는 중요한 경로로 간주된다. 보알은 『억압받는 사람들을 위한 시학: 브라질에서의 민중 연극 실험』(1974)에서 자기와 극적 신체 그리고 훈련의 관계를 약간 다른 관점에서 보고 있다. 그 역시 제어의 맥락에서 신체 훈련의 필요성을 강조한다. 그러나 그가 신체 훈련을 통해 추구하는 것은 관객이 배우가 될 수 있게 하는 방법, 즉 공연을 수동적으로 수용하는 데에서 벗어나 공연의 생산자로 변모하는 여정이다. "생산 수단을 제어하려면 무엇보다 자신의 몸을 제어할 수 있어야 하고, 몸을 좀 더 표현적으로 만들기 위해서는 그에 대해 잘 알아야만 한다"(Boal, 1974, 125).

보알은 드라마에서 신체가 의미와 이해와 힘의 열쇠라고 생각한다. 그는 관객을 배우로 변형하는 네 단계의 과정을 제시하는데, 그 가운데 "몸에 대해 알기," "몸의 표현력 키우기," "언어로서의 연극"(1974, 127)이라고 불리는 앞의 세 단계는 모두 신체 훈련과 관련된다. 이 작업을 통해 그는 참여자들이 자신의 몸을 자각하고 신체의 자유로운 운용을 방해하는 사회와 개인이 부과한 "결함"(1974, 128)과 함께 긍정적인 표현의 가능성을 찾아낼 수 있게 돕고자 한다.

여기서는 연극과 드라마와 관련하여 신체 훈련의 두 가지 양상이 집중적으로 부각된다. 첫 번째는 신체 훈련이 특별한 연극 언어 및 개인 — 분리된 극적 신체 — 의 연극적 정체성의 창조와 연결되는 방식이다. 두 번째는 신체 훈련이 공연을 위해 개인의 신체적 표현 가능성을 개선할 수 있다는 점이다. 그것은 또한 개인을 신체에 대한 보다 완전한 자각으로 이끌 수 있다.

연극치료 작업에서의 극적 신체

신체를 중심으로 한 작업에서 연극치료는 다양한 접근과 기법을 사용한다. 그것들은 세 영역으로 나눌 수 있는데, 각 영역이 서로 완전히 분리되지는 않지만, 극적 신체와 관련하여 작업의 각기 다른 양상을 묘사하는 데에는 도움이 된다.

첫 번째는 내담자가 자기 몸의 잠재성을 계발하는 것과 관련된다. 두 번째는 내담자가 연극치료 내에서 신체적으로 다른 정체성을 취함으로써 갖게 되는 치료적 가능성과 이점을 특히 강조한다. 세 번째는 신체에 영향을 미치는 개인적, 사회적, 정치적 요인을 탐험하는 작업에 초점을 맞춘다.

잠재적 신체를 계발하기

첫 번째 영역에서는 흔히 신체를 보다 효율적으로 사용하거나 그 안에 사는 것을 강조하여 주된 치료적 목표로 설정한다. 그러나 상황에 따라서 이 "몸에 살기"는 준비 작업이 될 수도 있다. 예를 들어, 내담자가 자기 몸에 살지 않고서는 의인화나 구현을 통해 다른 정체성을 재현하는 신체 능력을 계발하기가 어렵기 때문이다.

치료의 주된 초점으로서든 준비로서든 이 작업은 대개 상자 7.1에 정리된 영역과 관련된다.

상자7.1 **잠재적 신체와 관련한 주요 관심사**

- 내담자가 자기 신체와 맺고 있는 관계의 발달 수준
- 내담자가 극적 활동 내에서 신체를 이용하여 성취할 수 있는 소통의 범위와 특질
- 극적 활동 내에서 내담자가 다른 사람들과 맺는 신체적 관계의 범위와 특질

여기서 제시된 문제들은 자기 몸을 소유하거나 몸과 관계를 맺는 데 어려움을 경험하는 내담자에게 해당된다. 예를 들어, 정신적 외상이나 마비 증상을 겪은 후에 운동 기술의 측면에서 몸을 물리적으로 이용하는 데 문제가 생길 수 있다. 그런 경우에는 내담자들이 다른 사람들과의 일상적인 관계에서 신체를 활용하는 데 집중하게 될 것이다. 예를 들어, 장기 입원해 있다가 곧 사회로 복귀할

사람들이 여기에 해당될 텐데, 그들은 오랜 병원 생활로 인한 시설
병 때문에 적절한 사회적 기술을 갖추기가 쉽지 않다.

　일반적으로 이러한 영역의 연극치료 작업은 신체의 가능성과
관계의 범주를 계발하지 못해서 어려움을 겪는 사람들에게 적합하
며, 주로 발달상의 주제가 문제로 제기된다. (연극치료에서 신체의
발달 단계에 관한 자세한 사항은 8장을 참조하시오.)

　내담자에 따라서는 이 영역에 주로 초점을 맞춰 작업하기도 한
다. 소통 과정에서 신체를 활용하는 방식에 문제가 있는 경우가 그
예가 될 것이다. 그때 연극치료 작업은 자기 몸을 가지고 소통하는
개인의 능력을 향상시키는 데에 목표를 둔다.

사례 연구 7.1: 잠재적 신체

정신병원 사회 복귀 프로그램의 일환으로 6명의 내담자가 복
지 시설로 옮겨갈 수 있도록 돕는 연극치료 집단이 있었다. 그
러기 위해서 집단은 사람들이 보다 효과적으로 소통할 수 있게
하는 것을 목표로 했고, 내담자들 역시 그 안에서 각자의 목표
를 정했는데, 그중 상당수는 다른 사람과 관계 맺는 법의 기본
에 관한 것이었다. 내담자들은 대부분 그에 대한 불안을 표현
했고, 실제로 많은 수가 병동 밖에서 다른 사람들과 관계 맺는
경험을 거의 해보지 못했다. 따라서 곧바로 역할을 입고 상황
을 연기하는 활동으로 들어가기에는 무리가 있었다. 사전 평가
결과, 내담자들은 자신의 신체와 효율적으로 소통하지 못했고,
모방 기술 역시 매우 미미했다.

　처음에는 내담자들이 자신의 신체와 맺고 있는 관계에 초
점을 맞추었다. 우물거리는 말과 눈맞추기를 피하는 데에서 내

담자들의 기술 부족과 불안을 읽을 수 있었다. 그래서 자기 신체와 다른 방식의 관계 맺기를 시도할 수 있도록 용기를 북돋우는 게임과 활동을 했다. 여러 사람 중에서 눈이 마주친 사람과 자리를 맞바꾸는 놀이나 여러 가지 상상의 물건을 전달하는 놀이를 하고, 신체의 표현 범주를 확장하는 스트레칭과 신체 훈련을 하기도 했다. 그런 다음 눈맞춤을 오래 유지하도록 고안된 활동으로 진행하여, 나중에는 조각상 만들기로 발전시켰다. 여러 가지 정서 — "닫힌," "열린," "자신 있는," "과묵한" — 를 담은 신체 조각을 만들면서 표현의 범주를 넓혀 갔고, 나중에는 간단한 대화를 하는 연행을 시도하기도 했다. 역할을 맡는 대신 자기 자신으로서 "지루한"이나 "흥미로운"처럼 여러 가지 정서를 가지고 상호 작용했다.

내담자들은 또 사람들이 소통하고 싶어하는 이유와 소통을 통해 나누고자 하는 것이 무엇인지에 대해 이야기를 나누었다. 토론에서는 버스 승차권을 사야 하는 상황에서 친구를 만들고 대화를 나누고 싶은 욕구에 이르기까지 다양한 의견이 나왔다. 즉흥극을 한 뒤에는 연행을 하면서 든 느낌과 자기 자신과 다른 사람들이 몸을 얼마나 효율적으로 사용했는지에 대해 의견을 나누었다. 눈맞춤, 목소리, 대화할 때의 자세 등이 주로 언급되었다. 아래에 정리한 체계가 피드백과 모니터 과정을 구조화하는 데 도움을 주었다.

극적 신체: 의미와 소통 분석
(카우잔과 파비스의 기호 체계에 대한 존스의 적용)

이 작업에서는 특히 극적 활동과 관련한 신체와 소통에 초점을 맞

추고 있다는 점에서 카우잔(1968)이 분류한 다섯 가지 연극 영역이
유용하다. 다음 체계(상자 7.2-7.5)는 카우잔의 연극 기호 체계 분류
와 공연 분석을 위한 파비스 질문지(Pavis, 1985)를 응용한 것이다.
그것은 참여자와 연극치료사가 연극치료 과정에서 극적 신체를 가
지고 효율적으로 소통하고 의미를 창조하는 능력을 사전 평가하고
관찰하는 과정을 돕기 위한 것이다. 각 규준은 효율성의 측면에서
낮은 수준, 적절한 수준, 높은 수준으로 평가되며, "높은," "적절
한," "낮은"의 의미는 집단과 함께 논의한다.

앞서 말한 사례에서 우리는 당사자와 동료 그리고 치료사의 평
가와 피드백을 모두 함께 사용했다. "높은(H)"은 해당 영역이 매우
효율적으로 운용되었음을 의미하며, "적절한(S)"은 향상될 수 있는
핵심 영역이 몇 군데 보인다는 뜻이며, "낮은(L)"은 해당 영역이 효
과적으로 운용되지 못했고 세부를 자세히 살펴볼 필요가 있음을
나타내는 것으로 합의했다. 그리고 두 사람의 의사소통에 관한 즉
흥극을 하기로 결정한 다음 각자에게 평가 양식을 나누어 주었다.
그 결과 내담자들은 명확한 피드백을 얻고 그에 근거하여 각자 소
통의 측면에서 새로운 목표를 세울 수 있었다.

상자7.2 극적 신체

한 곳에만 표시하시오

얼굴 표정	L	S	H
- 정서적 범위	☐	☐	☐
- 의도한 표정의 표현	☐	☐	☐
- 그 표정에 대한 (다른 사람들의) 적절한 수용	☐	☐	☐
- 다른 사람들의 얼굴 표정을 효과적으로 읽기	☐	☐	☐
- 다른 사람의 표현에 적절하게 반응하기	☐	☐	☐

얼굴 표정(상자 7.2). 각 영역의 세부 사항은 내담자들과 함께 결정한 몇 가지 특정 초점으로 구성된다. 그러니까, 예를 들어 정서적 범위라면, 내담자들이 중요하다고 느끼는 일련의 감정들 — 행복감, 슬픔, 분노, 흥미로움, 격려 — 이 배치될 수 있는 것이다. 한 사람이 지은 표정의 의도와 정서를 여러 사람이 함께 읽어내는 작업은 다른 사람들의 표현이나 감정에 대한 반응을 탐험하는 작업으로 발전할 수 있다.

상자7.3 **극적 신체**

몸짓	한 곳에만 표시하시오		
	L	S	H
- 의도한 감정을 표현하기 위한 몸짓이나 자세의 범위	☐	☐	☐
- 그 자세와 몸짓에 대한 (다른 사람들의) 적절한 수용	☐	☐	☐
- 다른 사람의 몸짓을 효과적으로 읽어 내기	☐	☐	☐
- 다른 사람의 몸짓이나 자세에 대해 적절하게 반응하기	☐	☐	☐

몸짓(상자 7.3). 이 주제와 관련해서는 격려하거나 환영하는 몸짓/자세 그리고 닫힌 자세/몸짓과 열린 자세/몸짓의 차이를 살펴볼 수 있다. 또 다르게는 분노 표현하기, 다른 사람의 주의나 흥미 끌기, 자신 있고 확신에 찬 몸짓과 자세를 탐구해 볼 수도 있다.

움직임(상자 7.4). 여기서 사람들은 걷기, 다른 사람에게 다가가기, 다른 사람과의 접촉 피하기를 살펴본다. 사회적 공간의 측면에서는 주로 대화를 할 때의 거리와 근접성 또는 낯선 사람과 한 공간

상자7.4 **극적 신체**			
	한 곳에만 표시하시오		
극적 공간에서의 움직임	L	S	H
- 움직임의 범위	☐	☐	☐
- 여러 사람과 함께 있을 때 공간을 사회적으로 사용하기	☐	☐	☐
- 의도대로 공간을 사용하기	☐	☐	☐
- 다른 사람들의 움직임을 인식하기	☐	☐	☐
- 다른 사람들의 공간 사용을 인식하기	☐	☐	☐

에 있을 때와 친한 사람과 있을 때의 움직임을 비교하는 것이 주제
가 될 수 있다.

상자7.5 **극적 신체**			
	한 곳에만 표시하시오		
음성 표현(어휘와 어조)	L	S	H
- 음성 표현의 범위	☐	☐	☐
- 소통상의 효율성	☐	☐	☐
- 다른 사람이 말하는 것을 정확하게 읽기	☐	☐	☐
- 적절한 음성 표현으로 반응하기	☐	☐	☐

음성 표현(상자 7.5). 집단은 음성 표현이 사용되는 방식의 측면에
서 공적이고 사적인 상황, 소리 지르기와 속삭이기, 화자와 청자의
관계(예를 들어, 친구, 낯선 사람) 등 다양한 감정과 맥락을 탐험한
다. 그리고 목소리가 잘 들리는지, 상황에 비해 지나치게 크지는 않
은지 등의 효율성을 검증한다. 이는 또한 음성 표현을 통해 다른

사람들의 감정을 읽어내고 그에 대한 반응을 조절하는 방식을 살피는 데까지 발전할 수 있다.

요약: 잠재적 신체

이러한 작업 방식에서 극적 신체는 사람들이 일상생활에서 자기 몸과 관계 맺는 방식에 영향을 주는 데 활용된다. 연극치료 공간과 극적 활동을 통해 사람들은 자기 신체를 활용하는 방식과 그 잠재된 가능성을 발견할 수 있다. 그뿐 아니라 즉흥극이 음성 표현이나 몸짓과 관련하여 새로운 기술을 개발할 수 있게 도와준다는 점에서 훈련의 기능도 함께 가진다고 할 수 있다. 극적 투사를 통해 내담자들은 그들이 창조한 구현이나 의인화에 개인적으로 몰입된다. 내담자는 자기 신체와 새로운 관계를 맺고 또 몸을 통해 다른 사람들과 관계 맺는 방식에서 발전을 기할 수 있다. 극적 신체는 일상의 신체에는 허용되지 않는 자유를 가지며, 그리하여 연극치료의 연행은 내담자가 자기 신체와 맺는 관계를 변형시킨다. 그리고 삶-드라마 연관을 통해 내담자의 삶에 영향을 줄 수도 있다. 내담자는 연극치료 과정에서 신체와 새로운 관계를 맺고, 그것을 다시 일상의 삶으로 동화시킬 수 있는 것이다.

신체 변형

연극치료에서 신체 변형은 정체성을 바꾸거나 수정하는 극적 행위를 통해 선택된 특성을 일컫는 말이다. 신체 변형은 곧바로 다른 사람들에게 드러나며, 내담자는 그것을 자신의 몸, 곧 체현을 통해 경험하게 된다. 내담자는 다른 인물을 연기할 수도 있고 신체를 이용하여 어떤 사물이나 특질, 예를 들어 흐르는 물이나 유혹을 의인화할 수도 있다.

신체 변형을 위한 전제

연극치료에서 다른 페르소나로의 변형을 성취하기 위해서는 특정한 수준의 기술과 능력이 필요하다. 다른 정체성을 충분히 표현하려면 우선 내담자가 자기 몸에 살 수 있어야 한다. 이는 다시 말해서 내담자가 신체 각 부분을 인식할 뿐 아니라 몸 전체를 자기 자신으로서 동일시할 수 있어야 함을 의미한다. 또한 내담자는 혼란스러워하거나 고통을 느끼지 않으면서 자연스럽게 다른 사람이나 사물을 연기할 수 있어야 한다. 그리고 극적 발달이라는 측면에서도 극중 인물, 다른 정체성이나 다른 특성을 취할 수 있어야 한다(8장 참조). 치료사는 그러므로 신체 변형과 관련된 작업을 시작하기 전에 내담자가 이러한 능력을 갖추고 있는지 점검할 필요가 있다.

준비

이 작업의 한 가지 측면은 내담자의 모방적 신체 기술을 살펴보고 개발하는 것으로 상자 7.6에 요약되어 있다.

이러한 기술들은 개별적인 활동뿐 아니라 여러 사람이 함께하는 즉흥극에서도 연습할 필요가 있다. 그때는 다른 사람의 몸짓 표현을 이해하고 말없이 몸짓으로 소통하는 능력에 주의를 기울인다.

또한 다른 정체성을 묘사함에 있어서는 움직임을 고려하지 않을 수 없다. 여기에는 걷기, 앉기, 감정을 나타내기 등 사람들이 움직이는 방식을 표현하는 데 필요한 다양한 동작을 창조하는 능력이 포함된다. 대근육과 소근육 운동 능력, 추상적 움직임, 특정한 문화 양식에 따른 움직임 등 사실적이지 않은 움직임 역시 점검하

상자7.6 **모방 기술 점검표**

한 곳에만 표시하시오

내담자는 이렇게 할 수 있는가?	A	B	C
• 상상의 사물을 몸짓으로 표현할 수 있는가?	☐	☐	☐
• 신체적 활동을 몸짓으로 표현할 수 있는가? (예를 들어, 산에 오르기, 먹기)	☐	☐	☐
• 감각을 몸짓으로 표현할 수 있는가? (예를 들어, 춥다, 덥다)	☐	☐	☐
• 감정을 몸짓으로 표현할 수 있는가? (예를 들어, 슬프다, 기쁘다)	☐	☐	☐
• 좀 더 추상적인 특징이나 현상을 몸짓으로 표현할 수 있는가? (예를 들어, 어두워지는 것, 전기)	☐	☐	☐

A=그렇다 B=약간 그렇다 C=그렇지 않다

고 계발할 필요가 있다.

　내담자의 음성 표현 범위 역시 목소리의 사용 방식이라는 측면에서 고려되어야 한다. 내담자들은 다양한 방식으로 소리 내고 말을 전달하며, 다른 사람들/방송에서 쓰는 단어나 말투나 리듬 등을 똑같이 따라할 수 있는가?

　신체 변형을 위해서는 먼저 내담자들이 이러한 기술을 조합하여 다른 정체성을 일관성 있게 묘사할 수 있는지, 그리고 다른 정체성을 표현하면서 다른 사람들과 즉흥극을 연기할 수 있는지를 점검하는 것이 중요하다.

변형된 신체

연극치료에서는 신체를 다른 페르소나나 다른 특징을 띠는 존재로 변형하는 것을 다양한 방식으로 활용한다.

구현이나 의인화를 통해 다른 페르소나를 취할 때, 내담자는 자신의 신체와 현실에서와는 다른 관계를 맺을 수 있는 기회를 얻는다. 다른 정체성을 취함으로써 발생하는 거리는 내담자로 하여금 신체를 대안적으로 사용하는 방식을 실험할 수 있게 해준다. 인물 속에서의 경험 또한 내담자가 새로운 것을 발견하거나 억압된 주제에 접근할 수 있도록 도와준다.

사례 연구 7.2: 변형된 신체 — 산에 오르기

정서 장애와 행동 장애 청소년을 위한 특수 학교에서 우리는 사람들이 서로 관계 맺는 방식을 탐험하였다. 집단이 서로에게 구사하는 신체 언어는 일반적으로 공격과 폭력이었으며, 그것은 집단 밖에 있는 관계에서도 마찬가지였다. 참여자들은 등산에 관한 즉흥극을 하면서 다양한 페르소나와 함께 책임감, 돌봄, 배려 없음과 같은 주제를 다룰 수 있었고, 번갈아가며 "리더," "무책임한 어릿광대," "말썽꾸러기," "믿음직한 사람" 같은 다양한 신체적 역할을 연기했다.

여러 가지 역할을 소화한 덕분에 참여자들은 각각의 신체적 특징을 연기하면서 관계에서의 신체 언어 레퍼토리를 확장할 수 있었다. 신체적 공격성을 나타내는 역할도 있었지만 나머지 역할들이 여태까지와는 다른 방식으로 관계를 맺을 수 있게 도와주었다. 집단은 역할을 통해 비로소 기존과 다른 유형의 신체적 행동을 경험할 수 있었던 것이다.

사례 연구 7.3: 변형된 신체 — 뒤로 쓰러지기

즉흥극을 하는 동안 한 내담자가 몸이 심하게 쇠약해서 자꾸만 뒤로 자빠지는 인물을 연기했다. 사람들은 그 인물을 옮기고 붕대로 싸매 주고 돌봐 주면서 끊임없이 "구조"해야 했다. 그녀가 일부러 그런 특성을 선택한 건 아니라고 했기 때문에 그 인물은 "난데없이 나타난" 셈이 되었다. 그러나 즉흥극을 하면서 그리고 후에 성찰 단계에서, 그녀는 즉흥극에서 직면하게 된 자신의 모습 때문에 고통스러워했다. 그녀의 삶에 엄연히 존재함에도 불구하고 전혀 인식하지 못했던 것에 직면한 것이었다. 첫 번째는 자꾸만 쓰러지는 그 인물이 자기 어머니와 많이 닮았다는 사실이었다. 두 번째로 그녀는 자신의 몸 안에 어머니가 살아 있는 느낌이 얼마나 친숙한가를 깨달았다. 그리고 이것은 다시 그녀 자신도 어머니처럼 살아오면서 몸을 가지고 사람들을 뜻대로 움직이고 통제해 왔다는 통찰을 가져왔다.

　　나중에 인물에 대해 이야기하면서, 그녀는 자신의 몸을 좀 더 철저하게 자기 것으로 만들고 싶다고 말했다. 이러한 통찰이 이후 작업의 출발점이 되어, 우리는 인물 즉흥극을 통해 그녀의 신체를 탐험하기도 했다. 이 사례는 다른 정체성을 취하는 과정에서 나타나는 신체적 변형이 어떻게 내담자 자신의 신체와 정체성의 관계를 통찰하게 하는지를 보여 준다.

요약: 변형된 신체

내담자가 극적 신체로 들어갈 때 발생하는 변화가 연극치료에서 매우 중요하다는 사실은 앞에서 한 차례 언급한 바 있다(251-2쪽 참고). 그 변화는 치료 작업의 주된 초점이 된다.

이때 극적 공간과 극적 신체의 안팎으로 들어가고 나가는 과정을 명확히 구분 짓는 것은 매우 중요하다. 극적 투사를 통해 내담자는 고도의 정서적 에너지로 구현에 몰입한다. 그런데 내담자가 다시 자기 자신의 몸에 살면서 "두 가지 신체"의 관계를 살펴보기 위해서는 연기한 인물로부터 빠져 나오는 것이 중요하다. 바로 이지점에서 극적 신체와 내담자의 일상의 신체의 통합(삶-드라마 연관)이 일어나기 때문이다.

작업은 신체를 사용하는 방식을 다시 익히는 것으로 완결될 것이다. 그것은 작업의 진행 과정을 보다 깊이 통찰하고 내담자의 신체 경험을 좀 더 심도 있게 탐험하는 도약대가 될 수도 있다.

신체적 기억과 두 가지 신체

연극치료에서 내담자는 신체와의 관계, 곧 문제가 되는 기억과 경험을 신체적 자기와 관련하여 탐험할 수 있다. 때때로 특정한 활동이 강렬하거나 까다로운 감정 혹은 반응을 유발할 수 있다. 그것은 내담자의 현재 경험과 관계될 수도 있고, 과거에 뿌리를 두거나 과거와 현재가 뒤섞인 문제일 수도 있다. 그리고 자기 신체에 대한 경험을 다루는 작업에서는 사회적이고 정치적인 측면 역시 고려해야 할 중요한 요소라 할 수 있다.

이 작업은 여러 가지 방식으로 진행될 수 있지만, 그 기본 과제는 내담자가 자기 신체에 관한 경험을 탐험할 수 있게 해주는 적절한 극적 장치를 찾아내는 것이다.

집단의 작업은 참여자들이 신체상의 측면에서 자기 몸과 맺고 있는 관계를 다룰 수도 있다. 이때 초점은 문제를 형성한 요소들을

탐색하는 데에 주어질 것이며, 내담자들이 극적 작업을 통해 신체
적 자기와 지금까지와는 다른 관계를 맺도록 하는 데에 목표를 둘
것이다.

이런 종류의 작업은 대개 섭식 장애처럼 몸과 관련된 문제를
갖고 있는 사람들이나 정서적 외상이나 장애와 관련하여 신체적
증상을 경험하는 사람들을 대상으로 한다.

사례 연구 7.4: 신체 지도

한 내담자가 자기 몸을 실물 크기로 그린 다음 몸의 각 부분을
여러 가지 모양과 색깔로 표현한 지도를 만들었다. 예를 들어,
위는 숲처럼 색칠하고 손은 밝은 빨강으로 칠했다. 그리고 나
서 그녀는 각 부분을 만지면서 숲이 된 듯 혹은 빨간 손이 된
듯 말하는 의인화의 방식으로 지도를 극적으로 탐험하였다. 이
것은 또 신체 부위들끼리의 대화로 발전되어 그녀와 신체상의
관계를 탐험하는 것으로 이어졌다.

여기서 신체 지도의 이미지는 대본이면서 동시에 추상적
이거나 무의식적인 감정과 몸에 대한 내담자의 경험을 구체화
하는 통로가 되었다. 내담자는 극적인 신체 지도가 만들어낸
변화에 힘입어 그 극적 이미지와 연행 그리고 자신의 관계를
탐험할 수 있었다. 신체를 그림으로 그리고 연행하는 변화된
경험은 일련의 새로운 인식을 유발함으로써 하나의 관점을 창
조한 것이다. 이 작업은 전체적으로 극적 신체를 내담자의 실
제 신체와 자기에 재통합하는 데 소용되었다.

이 사례는 연극치료에서 앞서 언급한 원칙(253쪽 참조) — 내

담자는 반드시 자기 신체를 명확히 인식하고 그 속에 살 수 있어야 한다 — 이 얼마나 중요한지를 잘 보여 주고 있다. 만일 이 작업에서 그와 같은 요건이 충족되지 않는다면, 내담자는 자기 신체와 동떨어져 분리된 느낌을 가지게 될 것이다. 그 원칙은 또한 세션을 마무리할 때 연행과 내담자를 재통합하는 것이 특히 중요하다고 강조한다. 그렇지 못할 경우에, 내담자는 자신의 몸과 자기로 되돌아오지 못하고, 극적 창조와 현실을 연관지을 수 있는 기회도 잃게 될 것이다.

요약

신체는 드라마와 연극치료에서 의사소통과 표현의 주된 도구로 쓰인다. 사람들은 신체를 통해 표현하고 다른 사람들과 접촉한다.

연극치료에서 극적 신체의 사용은 일련의 변화에 의해 유형화된다.

- 개인의 신체는 극적 형식 안에 있을 때나 밖에 있을 때나 물리적으로는 본질적으로 같은 상태이다. 그러나 극적 행동이나 공간으로 들어갈 때는 개인이 자신의 몸과, 그 몸과 정체성의 관계를 경험하는 방식에 변화가 일어날 수 있다.

- 그 변화는 행동 및 신체 그리고 자기와 다른 사람들과의 관계에서의 변환과 관련되며, 그 변환은 극적 공간의 경계 내에서 작동하는 규칙으로 인해 발생한다. 이 규칙은 통상 드라마 외부의 현실에 존재하는 규칙과 구별된다.

- 내담자는 고양된 혹은 특별한 상태에 있는 것으로 인식된다. 이 것은 인식의 수정, 초점과 반응의 변화, 감각의 예민화와 관련 된다.

- 개인의 정체감은 극적 활동에서 외양과 신체 언어를 물리적으 로 바꿈으로써 변화될 수 있다.

- 그에 따라 다른 사람들이 개인의 신체와 정체성을 인식하고 그 와 관계 맺는 방식이 달라진다. 이것은 사람들이 개인과 함께 드라마에 직접 참여하거나 혹은 관객으로서 간접적으로 참여 하는 경우에도 해당된다.

- 이 변화는 평상시와 다른 몸짓과 표정의 언어를 사용하는 데 에서 오는 변형과 관련된다. 그 언어는 훈련과 연극적 전통에 근거하며, 연극치료 내에서는 구현과 의인화로 이어진다.

- 개인이 신체적으로 극적 행동에 몰입함에 따라, 그것은 다시 신체의 범주와 잠재력에 대한 자각의 확장으로 이어질 수 있다.
- 드라마에서 신체를 집중적으로 체험함으로써 개인은 자신의 몸, 그 몸과 맺고 있는 관계, 그리고 그에 영향을 미치는 사회 적이거나 개인적인 요소를 살필 수 있게 된다는 점에서 보다 자각적으로 변화될 수 있다.

연극치료사라면, 공연의 측면에서 신체가 할 수 있는 것뿐 아 니라 연극치료의 연행에 참여하는 동안 신체와 관련하여 개인의 정체성에 어떤 변화가 일어나는지를 반드시 인식해야 할 것이다.

앞에서 정의한 바와 같이 극적 신체는 드라마에서 개인과 그 신체의 관계를 표현하는 것이다. 이 장에서는 극적 신체와 관련된 세 가지 작업 방식을 정리하였다. 한 가지는 연극치료에서 연행을 통해 내담자의 "잠재적 신체"를 계발하는 것이고, 두 번째는 극적 형식을 통해 신체를 변형하는 것이며, 세 번째는 연극치료가 신체와 관련한 기억들을 불러일으키고 다루는 방식과 관련된다.

8. 놀이와 놀기

아이들이 가장 좋아하는 것은 연극, 다시 말해 외부에서 주어진 현
실을 자기 스스로 창조한 어떤 것으로 변형하는 것이다.

예브레이노프, 『삶에서의 연극』

개관

놀이는 드라마와 매우 밀접하며 연극치료의 내용과 과정의 원천이
된다.

예브레이노프는 놀잇감의 교육적 가치를 연구한 소비에트 말
라키에-미로비치의 작업을 논하면서 놀이와 드라마의 이러한 밀
접한 관계에 대해서 언급하고 있다. "모든 어린이는 피할 수 없는
현실로부터 새로운 현실을 창조해 내는 능력을 갖고 있다"
(Evreinov, 1927, 36). 아이들은 "자연이 인간에게 일종의 '연극에 대
한 의지'를 심어놓았기 때문에 굳이 배우지 않아도," 자연스럽게
그들 "만의 연극"을 창조한다(1927, 36).

연극치료의 핵심을 이루는 많은 개념들이 어린이의 놀이와 극
적 놀기에 대한 연구와 작업에서 시작되었다는 사실은 참으로 흥

미룹다. 1908년 빈의 공원에서 아이들과 함께했던 모레노의 실험으로부터 "연극치료"라는 용어를 가장 먼저 쓴 피터 슬레이드의 어린이 연극 작업까지, 치료로서 드라마를 활용하는 것에 대한 영감은 놀이에서 발견되어 왔다. 놀이는 드라마의 치료적 활용과 상당한 관련을 갖고 있다. 블래트너는 "드라마와 심리극 그리고 어린이의 놀이가 갖고 있는 공통의 토대"에 대해 언급한 바 있다(Blatner and Blatner, 1988a, 51).

연극치료사와 연극치료의 내담자에게 놀이는 표현 범주의 일부이며, 그 안에서 의미를 창조하고 문제를 탐험하며 치료적 변화를 이뤄낼 수 있다. 그리고 그러한 관계의 핵심은 바로 내담자가 놀이 과정에서 의미를 찾는 방식에 있다.

놀이는 치유적 특성을 갖고 있다고 여겨져 왔다. 연극치료에서 개인과 집단은 놀기를 통해 당면한 문제를 성찰하고 다룰 수 있다.

사례 연구 8.1: 추락하는 남자

이 현상에 관한 가장 훌륭한 연구 중 하나가 브라운과 커리 그리고 티트닉(Brown, Curry and Tittnich, 1971)의 작업이다. 그들은 우연히 추락 사고를 목격하게 된 아이들을 관찰하였다. 가로등에 매달려 일하던 한 남자가 7m 가량 높이에서 떨어져 죽었는데, 아이들 열두 명이 거기서 불과 몇 걸음 떨어지지 않은 곳에서 놀다가 그 현장을 보게 되었다. 사고가 나고 몇 달 뒤에 교사들은 그 아이들 — 모두 세 살에서 여섯 살 사이였다 — 의 놀이를 기록하여 놀이와 아이들의 심리를 연구하였다.

관찰 결과, 사고 이후 몇 달 동안 아이들의 놀이에 그 사건이 반영되고 있음을 확인할 수 있었다. 아이들은 뛰어내리고 점프하는 동작을 하면서 "시체 어딨지? 시체를 가지고 빨리 병원에 가야 되는데"라고 말하거나 "그 사람처럼 떨어져"라고 서로 가르쳐 주면서 머리부터 떨어지는 시늉을 하기도 했다(1971, 29). 그리고 눈과 코와 입에서 흘러나온 피, 헬멧을 쓰고 있던 모습, 병원과 같은 세밀한 부분을 모두 표현했다. 그뿐 아니라 추락과 죽음에 관련된 여러 가지 위험한 상황 — 고양이 한 마리가 총에 맞아 나무에서 떨어진다 — 을 만들었다. 아이들은 그렇게 몇 개월 동안 한 아이가 떨어져 죽으면 병원에 데려가 청진기로 진찰하는 놀이를 되풀이했다.

연구자들은 아이들이 이 놀이를 통해 경험에 적응하고, 스트레스와 충격을 처리하며, 눈앞에서 본 죽음과 그로 인한 공포를 받아들인다고 표현했다. 놀이는 경험을 탐험하고 해결하는 자연적인 방식이다. 단순히 경험에 대해 이야기하는 것만으로는 연행에서의 심층적인 참여와 감정과 환상의 원활한 작용에 도달할 수 없을 것이다.

연극치료는 삶의 문제나 마음의 상처를 다루는 수단으로서 놀이의 이러한 자연적인 과정을 활용한다. 놀이는 다음의 세 가지 경로로 연극치료와 만난다.

- 첫 번째로 연극치료 내에서 유희성과 놀기 과정 전반은 치료적 변화의 도구가 될 수 있다.
- 두 번째는 발달상의 놀이와 드라마 개념으로, 여기서 둘은 발달의 한 연속체에 속한 서로 다른 두 단계로 간주된다. 연극치료에서 그 연속체는 내담자에 대한 사전 평가와 변화가 일어

나는 방식에 모두 관련된다.

- 세 번째는 내용에 관한 것이다. 놀이는 특정한 영역의 내용과 관련되고 또 그 내용을 특정한 방식으로 다룬다. 다시 말해, 놀이에는 대개 특정 주제와 특정 표현 양식이 있으며, 그 표현에 관한 규칙이 딸려 있기 마련이다. 또한 놀이는 현실과 특별한 관계를 맺는다. 놀이의 이 내용과 형식 그리고 현실과의 관계는 연극치료에서 내담자가 경험을 탐험하고 표현하는 특정한 방식이 된다.

놀이란 무엇인가?

20세기의 관점

호이징가는 놀이를 "진지하지 않지만" 동시에 놀이하는 사람을 강렬하게 그리고 전적으로 몰입시키는, 의식적으로 "일상적" 삶의 바깥에 서는 자유로운 활동이라고 정의하고 있다. 자주 인용되는 그의 표현에 의하면, 놀이는 "물질적인 이익이나 이득을 전혀 기대할 수 없는 활동이다. 그것은 정해진 규칙과 방식에 따라 그에 맞는 적합한 시공간 안에서 이루어"진다(Huizinga, 1955, 13). 놀이라는 새로운 화두를 던진 그의 『호모 루덴스』(1955) 이후로 상반된 시각으로 놀이를 바라보는 여러 가지 주장과 연구가 뒤를 이었다. 연극치료는 호이징가가 놀이를 정의하고 해석하는 방식과 다소 모호한 관계를 갖고 있다. 이 장에서 보게 되겠지만, 호이징가가 "몰입"이라고 표현한 특성, 시공간의 추상적인 경계, 일상 현실의 바깥에 서기의 개념은 모두 연극치료와 놀이의 관계를 잘 설명해 주는 반면에, 이익이나 이득이 없다는 개념, 일상 현실과의 거리와 무관성에 대한 함의는 연극치료 틀거리 내에서 놀이를 고려할 때 반드시 의심해 보아야 할 대목이다.

20세기에 들어 우리는 놀이를 새롭게 이해하게 되었다. 생물학, 심리학, 심리 치료, 인류학에서 경제학자와 대기업, 교육학자에 이르기까지 다양한 영역에서 놀이를 재검토하였고, 그 결과 놀이를 다르게 표현하고 정의하는 새로운 접근들이 나타나게 되었다. 이러한 변화는 놀이가 심리적이고 정서적인 발달에 그리고 학습과 창조성과 관련되는 방식에 대한 통찰을 제공하였다. 그리고 이러한 다시 보기는 놀이가 연극치료에서 활용되게 된 배경과도 관련이 있다.

놀이에서 정신분석 이론의 영향력은 상당하다. 정신분석은 주로 정서적 외상의 경험과 그것이 개인의 심리적 성숙과 발달에 미치는 영향력을 다루고 통제하는 방식으로서 놀이에 강조점을 둔다. 이러한 접근법은 클라인(1961), 위니콧(1953, 1974), 액슬린(Axline, 1964), 에릭슨(Erikson, 1963)에 의해 개발되어 왔다.

예를 들어, 클라인은, 6장에서 말했듯이, 자발적인 놀이로 언어적인 자유 연상을 대신했다. 그리고 아동을 대상으로 한 정신분석에 모형 놀잇감을 사용한 투사 놀이를 포함시켰다. 에릭슨은 어린이의 심리 성적 갈등이 놀잇감을 이용한 놀이에 반영되는 방식에 관심을 가졌다(1963, 80). 노이바우어는 이러한 접근 방식의 핵심적인 관심사를 요약하여, 놀이를 소망과 환상의 표현으로서 "그것은 충족시키고자 하는 원망들의 연행이며 그 고유한 비현실에 대한 자각이다"라고 정의하고 있다(Neubauer, 1987, 8).

놀이와 관련하여 위니콧의 전이 대상과 현상의 개념 그리고 잠재적 공간에 대한 고려는 특히 중요하다(Winnicott, 1953, 1966). 그는 놀이와 대상의 영역을 창조성의 기원으로 간주한다.

아기는 실제 대상을 창조적으로 사용하고, 창조적으로 살기 시작한다. 만일 이러한 기회를 얻지 못한다면, 그 아기에게는 놀거나 문화적인 경험을 할 수 있는 영역이 존재하지 않을 것이다(1966, 371).

또한 놀이는 지적 발달의 한 요인으로서 어린이의 사고 과정 성숙에 기여하고, 그것을 반영한다고 간주되었다. 이러한 관점을 지지하는 핵심 인물인 피아제(Piaget, 1962)는 어린이의 연령과 놀이의 유형을 연결 짓는 인지적 발달 단계를 정리한다. 상자 8.1은 이를 요약해 보여 준다.

상자8.1 피아제 — 인지 발달 단계로서의 놀이

감각 운동(연습 놀이) — 0-2세
전조작적(상징 놀이) — 2-7세
구체적 조작(규칙이 있는 게임) — 7-11세

그는 어린이가 정보를 동화시키고 세상에 대한 경험에 적응하는 데 있어 놀이가 차지하는 역할을 강조한다.

이 밖에도 파튼(Parten, 1932)과 에릭슨(1965) 그리고 하우즈(Howes, 1980)는 사회적 발달에서 놀이의 역할과 성인의 삶에 대한 연습(Groos, 1901)으로서 놀이에 주목하였다.

놀이는 또 교육 분야에서도 재조명되었다. 미국에서 존 듀이는 "행동에 의한 학습"을 강조하였다. 그리고 위니프레드 워드는 1930년에 저 유명한 『크리에이티브 드라마』를 출간하였다. 루소,

프뢰벨, 페스탈로치의 아동 중심 학습 이론과 맞닿는 이런 접근은 놀이를 레크리에이션이나 주변적인 활동이라기보다 경험과 조우하고 그에 대해 학습하는 방식으로 새롭게 이해했다.

한편 슬레이드, 웨이, 히스코트, 볼턴 같은 영국의 작업자들은 공연처럼 어떤 결과물을 만들어 내는 것보다는 극적 놀이와 그 과정의 교육적 가치를 강조하면서 놀이와 드라마를 연결시켰다. 그들은 놀이를 자기 자신 및 자신과 환경의 관계를 탐험함으로써 세상을 이해하고 시험하며 학습하는 방식으로 이해했다. 그리고 읽기와 쓰기, 언어 발달 과정에서 놀이가 차지하는 역할을 조명하였다(Garvey, 1974; Pellegrini, 1980).

이러한 새롭고 다양한 접근에서 놀이는 흔히 심리적이고 창조적인 복합성을 가지고 발달하는 일련의 다양한 단계로 정의되곤 한다. 수많은 발달 모델이 존재하지만 그중에서 연극치료에 의미 있는 영역은 드라마와 놀이의 관계이다. 놀이는 독자적인 영역이면서 동시에 드라마의 초기 형식 — 복합적 연속체의 한 끝에 존재하는 — 으로 간주되며(Courtney, 1981; Smilansky, 1968), 그런 방식으로 드라마에 내재하는 많은 기능과 특성을 계발한다. 놀이는 또한 감각 운동 놀이, 상징적 놀이, 극적 놀이, 드라마로 이어지는 일련의 발달 단계로 구분되기도 한다.

상자 8.2는 놀이에 대한 이러한 새로운 접근의 핵심적인 관심사를 요약해 보여 준다.

상자8.2 **놀이의 주요 영역**

- 현실을 탐험하고 학습하는 방식으로서 놀이

- 현실을 탐험하고 학습하는 방식으로서 놀이
- 일상의 시간과 공간 및 규칙과 경계와 특정한 관계를 맺고 있는 특별한 상태로서 놀이
- 개인의 경험과 관련하여 상징적 관계를 갖고 있는 놀이
- 난해하거나 외상적인 경험을 다루는 수단으로서 놀이
- 개인의 인지적, 사회적, 정서적 발달과 놀이의 관계
- 발달적 연속체의 일부로서 드라마와 놀이의 연계

의미와 놀이

사례 연구 8.2: 실와 소녀들의 놀이

이집트 실와에 사는 여자 아이들을 대상으로 한 연구는 아이들이 놀이에서 성인 여자의 활동과 의식을 얼마나 자주 재현하는지를 보여 준다. 아이들은 밀짚 인형을 만들어 헝겊으로 남자, 여자, 어린아이로 꾸미고, 돌로 집을 만든 다음 여러 가지 행사나 의식을 세세한 부분까지 모두 "가장의 방식으로 놀이한다. 그리하여 결혼, 할례, 요리, 사회적 만남을 모두 모방한다" (Ammar, 1954, 119).

이 과정은 아이들이 놀이를 통해 자기들이 목격한 사건에 숙달되고 친숙해지는 법을 배우는 것이라고 말할 수 있다. 그러한 경험은 현실 — 아이에게 의미 있는 것들 — 에 동화하고 그에 적응하는 데 없어서는 안될 부분으로 간주된다.

쇼는 놀이와 지능 발달 그리고 의미의 창조가 긴밀하게 연결되어 있다고 말한다. 앞서 예로 든 종류의 경험은 "경험적 데이터" ("만약 ~라면"의 공공연한 연행)의 "상징적 변형"의 형식에 바탕을 두고 있다(Shaw, 1981, 72). 그녀는 그것이 인간의 지능 발달에 필수적이며, 어린이가 세상과 조우하면서 그 속에서 의미를 발견하고 만들어 가는 기본적인 방식이라고 말한다.

볼턴 역시 이와 유사한 입장을 취한다. 초기의 놀이는 혼자 혹은 나란히 놀면서 주변을 둘러싼 세계에서 개인적인 의미를 찾아내는 것으로 유형화된다. 그리고 좀 더 복잡한 놀이 형식에서 드라마로의 발달은 의미의 상호 발견과 그 발견의 소통과 관련한 변화에 초점을 맞춘다. 극적 놀이에서 어린이는 독자적인 발견뿐 아니라 연행을 통해 찾은 의미를 공유하는 상호 발견을 경험한다. 볼턴은 자의식과 효과적인 표현에 대한 욕망을 지적하면서, 극적 놀이에서 의미의 인식과 상호 작용의 중요성을 강조한다. 거기에는 "참여자 모두가 공유할 수 있는 구체적인 행동과 관련된 어떤 의미"가 있음에 틀림없다(Bolton, 1981, 185).

블래트너와 블래트너 또한 놀이와 드라마에서 의미 찾기 과정을 강조한다. 심리극의 관점에서 그들은 놀이 활동을 분류와 해결 그리고 분석의 영역에 등치시키며, 나중에는 드라마가 그 무대를 차지한다고 본다. 곧 어린이에게 놀이가 있다면, 어른에게는 극적 양식이 있다는 말이다. 놀이는 세계를 정서적으로 용납하고 이해하며, 문제를 명료하게 해서 새로운 접근법을 시험하고자 하는 어린이의 노력이라 할 수 있다. 블래트너와 블래트너는 가장 놀이를 어린이가 자신의 경험과 능력을 시험하는 장으로 묘사한다. 나아가 그들은 "성인기에 이것은 드라마 활동으로 변한다"라고 말한다 (1988a, 50). 쇼와 볼턴이 언급한 현실의 경험을 상징적으로 재생산

하는 아동의 놀이는 블래트너와 블래트너에 의해 치유와 치료의 방향으로 발전하게 된다. "드라마는 놀이라는 자연적 현상의 보다 성숙한 확장이며, 경험의 상징적 조작을 위한 이 능력은… 심리 사회적 치유에서… 중요하다"(1988a, 75).

위니콧은 놀이를 유아가 내면 세계와 외부 경험의 관계를 형성하는 데 있어 본질적인 "잠재적 공간"의 일종으로 규정한다. "놀이는 사실 심리 내적 현실의 문제도 아니며, 외적 현실의 문제도 아니다"(Winnicott, 1966, 368). 이 공간은 의미와 관계의 측면에서 개인의 정체성과 주변 세계의 협상이 발생하는 곳이다.

현실과 상징적 관계를 맺는 이 특별한 상태의 창조는 연극치료에서 내담자가 의미를 찾아내는 방식의 일부이기도 하다. 현실과의 소통과 협상, 현실의 조작과 숙달, 놀기 상태를 유형화하는 시험과 동화의 개념은 모두 놀이가 치료에서 표현되는 방식과 관련된다. 다음 사례는 치료 맥락에서 놀이의 이러한 양상들을 잘 보여준다.

사례 연구 8.3: 곰과 여우

로월드는 「공간과 시간에서 치료적 놀이」(Loewald, 1987)에서 폴이라는 내담자에 대해 말하고 있다. 다섯 번째 세션에서 폴은 곰 모양의 손인형을 집더니 로월드에게는 여우 인형을 주었다. 곰이 여우를 물어뜯어 죽였다. 곰 인형은 그 뒤로도 몇 주 동안 죽이기를 반복한다. "매 세션마다 폴은 아주 강하고 악한 마음을 가진 곰을 연기했고… 나에게는 언제나 붙잡혀 죽는 사람의 역할을 주었다"(1987, 183). 마지막에 가서야 그 곰은 "다음 시간이 또 있을 테니까"라면서 인형 몇 개를 겨우 살려 두었다. 로월드는 폴이 이를 통해 자기 자신과 엄마가 "서로에게 품고 있는 분노"를 풀어낸다고 이해한다(1987, 186). 여기서 곰은 폴이면서 동시에 엄마이며, 놀이는 폴이 가진 분노와 분노에 대한 공포를 표현한다. 폴은 집에서도 "폭시"라는 헝겊 인형을 가지고 놀았는데, 폭시가 "착하면서도 고약하다"고 주의를 주면서, 엄마에게 폭시를 먹이고 말을 걸고 자기와 함께 침대에 눕히라고 요구했다. 엄마에 의하면, 이것은 매우 중요한 변화로서 "오랫동안 폴이… 허락한 가장 친밀한 행동"이다(1987, 186).

이 사례는 부분적으로 폴이 자기 자신과 엄마의 분노에 대한 두려움을 놀이로써 접근한 것으로 이해할 수 있다. 곰의 파괴적 행동은 분노에 압도될까봐 두려워하는 마음이자 소멸의 공포에 대한 불안으로 해석할 수 있을 것이다. 치료에서 여우와 곰 인형은 그 두려움을 표현하고 정복하기 위해 사용되며, 폴은 그를 통해 생존의 가능성 — "다음 시간"이 있기에 몇몇 인형이 살아남을 수 있었다 — 을 발견하고 허락한다. 그리고 그 다음에 로월드가 말하는 화해가 따른다. 폴은 치료에서 사용했던 여우 인형을 현실의 "폭시"라는 헝겊 인형으로 전이시킨다. 즉, 곰에 대하여 분노가 아닌 다른 관계를 맺을 수 있다는 발견이 현실로 옮겨가서는 엄마와의 관계에서 전환을 모색하기 위해 헝겊 인형을 사용하는 것으로 나타난 것이다.

이 사례는 치료에서 놀이라는 특별한 상태의 창조를 잘 보여주고 있다. 폴은 문제가 된 자기 삶의 측면들과 상징적 관계를 형성한다. 그는 세션 내에서 놀기를 통해 현실의 요소와 유비 관계를 만들고 조작함으로써 자기와 엄마의 분노에 가까이 다가갔다. 어떤 의미에서는 놀기가 그로 하여금 자기 감정에 숙달되고 그 감정과 엄마를 대하는 새로운 방식을 시험할 수 있게 해준다. 그리하여 폴은 그것을 현실에서 시험할 수 있게 된다.

"곰과 여우"는 아이들이 놀이를 통해 의미를 찾고, 그들에게 일어나는 것들을 이해하고, 정서적으로 받아들인다는 블래트너의 주장을 지지한다.

놀이에서 의미의 창조는, 이 장의 첫 부분에서 밝힌, 연극치료의 세 가지 영역 — 유희성과 놀기 과정 전반, 발달적 틀거리, 놀이 내용 — 모두에 핵심적이다. 그 세 영역에 공히 관련되며, 폴의 작업에서 예증된 놀이를 통한 의미 찾기의 주요 양상은 다음과 같다:

- 경험의 상징적 변형
- 세계 속에서 의미 찾기
- 분류하기, 해결하기, 분석하기
- 숙달과 학습
- 내면과 외부 현실의 관계를 협상하기

놀이에서 문화적 요인

연극치료사는 놀이와 관련하여 문화적이고 사회 경제적인 요인을 반드시 고려해야 한다. 많은 사람들이 놀이의 다양한 문화적 형식과 과정, 사회적 의미 그리고 사회 경제적 지위에 따라 어린이와 어른이 놀이에 어떻게 서로 다르게 반응하는가를 연구해 왔다 (Sutton-Smith, 1972, 8). 그러한 연구로부터 얻어진 결론은 매우 광범위하다. 일부 연구자는 "결손" 개념에 따른 문화적이고 사회 경제적인 차이를 탐구했다. 그들은 특정 문화나 사회 경제적 지위에서 극적 놀이나 사물 놀이를 금지하는 것과 같은 특정한 과정을 관찰한다. 예를 들어, 어떤 문화권에서는 아이들을 "경제적 자산"으로 간주하여 노동에 참여하게 함으로써 놀기를 방해한다. 레빈이 케냐 구지 족의 아동기를 관찰한 연구에서도 볼 수 있듯이, 어른들은 아이들의 놀이를 적극적으로 막는 것이다(Levine and Levine, 1963, 9). 또 어떤 문화권에서는 놀이가 본질적으로 부재한다고 여겨지기도 한다(Ebbek, 1973).

그러나 이들 연구 중 일부가 취하고 있는 방법론에 의문이 제기되어 온 것도 사실이다. 페인, 맥로이드, 스토크는 "만일 비서구권 사회의 하층 계급에 속하는 유아와 아동에게서 풍부한 환상 놀이의 증거가 관찰되지 않았다면, 그것은 우리가 그들의 놀이를 식별할 수 있는 바른 방법이나 기법을 갖고 있지 않기 때문일 뿐이다"라고 하면서 연구자의 적절치 못한 자세를 비판하였다(Johnson, Christie, Yawkey, 1987, 145). 그들은 결손보다는 차이에 주목하는 연구를 옹호하면서 「통합된 학교에서 아프리카계 미국인의 말 놀이에 대한 검토」나 혹은 1986년 놀이 연구를 위한 인류학 협회의 「아랍 베두윈 어린이의 사막에서의 놀이와 도시에서의 놀이」 같은 보다 최근의 연구를 인용한다.

연극치료사에게 문화적 차이 안에서 놀이의 맥락을 고려한다는 것은 매우 중요하다. 인형, 사물, 공간, 관계의 사용은 문화권에 따라 달라진다. 피텔슨(Feitelson, 1977)은 중동 일부와 아프리카 사회 그리고 예루살렘에 거주하는 북아프리카인과 유럽 이민자에게서 나타나는 놀잇감과 사물의 서로 다른 역할에 대해 논의하였다. 놀이에서 사물이 주된 역할을 하지 않는 문화나 가정에서 자란 아이들에게는 그렇지 않은 배경을 가진 아이들과 다른 방식으로 다가가야 할 것이다.

놀이와 연극치료

연극치료에서 놀이는 어린이와 어른이 모두 관련되는 과정을 일컫는다. 놀이는 연극치료의 일부로서 놀기 형식으로 내담자를 참여시킨다는 점에서 모든 연극치료 작업에서 일익을 담당한다. 많은 웜업이 놀이 — 게임과 같은 — 형식과 관련되는 것만 보아도 이는 실제적으로 증명된다. 연극치료 작업은 놀이 활동과 과정을 치료적 개입의 양식으로 사용할 수 있다. 그것은 또한 개념적인 차원에서도 작용한다. 연극치료는 내담자가 자기 자신 그리고 다른 참여자들과 현실에 대해 유희적인 관계를 맺도록 한다고 말할 수 있다.

그러나 연극치료에서의 놀이는 어린이가 일상의 자발적인 환경에서 자연스럽게 행하는 놀이와는 분명히 다르다. 연극치료에서 놀이가 기능하는 방식은 일상의 그것과 분리되어 있고 특정한 측면을 강조한다. 따라서 자연적인 놀이 상태가 연극치료 내에서 총체적으로 재-창조된다는 개념은 부정확한 가정이다. 연극치료에서 놀이는 일상적인 놀이와는 다른 특정한 경계와 틀로써 진행되며, 그것이 목표로 하는 조건 역시 일상의 놀이와 관련되면서도 구별된다. 이 장에서는 그러한 차이를 명확히 하고, 연극치료가 놀이와 놀이 과정을 활용하고 그것과 관련 맺는 방식을 살펴보면서 실제 작업에서 어떤 기법을 사용하는지를 검토할 것이다.

핵심 개념

놀이 영역은 연극치료 작업의 일반적 과정에 대한 이해와 놀기와 관련된 특정한 방법론의 발달이라는 면에서 연극치료에 상당한 영향력을 행사해 왔다. 여기서는 놀이와 연극치료의 관계에서 핵심되는 개념들, 곧 놀기와 유희성, 놀이 내용과 "놀이 변환," 발달과 관련된 주제에 대해 논하려 한다.

놀기와 유희성

연극치료에서는 "유희성"에 접근하는 통로가 곧바로 치료 작업의 핵심으로 이어지는 경우가 많다. 놀기에 접근함으로써 자발성으로 통하는 길을 내고 또 창조성에까지 이를 수 있다. 이 과정은 그 자체로 치료적이라고 볼 수 있으며, 자발성의 창조가 치료적일 수 있다는 점에서 치료의 주된 목표를 형성할 수도 있다. 연극치료에서 유희성은 내담자가 자기 자신과 다른 사람 그리고 삶에 자발적인 방식으로 참여할 수 있게 해준다. 다시 말해, 전에는 고착적이고 창조적이지 않은 방식으로 반응했던 문제를 창조적이고 유희적인 태도로 대면할 수 있게 해준다.

놀이 내용과 "놀이 변환"

어린이든 어른이든 연극치료의 내담자에게 놀이는 작업에서 의미를 발견하는 방식이자 내용의 한 영역으로서 중요하다. 놀이는 구체적인 활동과 개인이 주변 세계를 다루는 특정한 방식에 의해 특징지어지며, 그것은 놀이가 연극치료에서 보여 주는 특징적 면모의 일부를 이룬다.

「고등한 영장류에게서 나타나는 놀이 행동: 리뷰」(1969)에서 로이조스는 영장류의 놀이의 기능을 밝히려고 노력한다. 그녀는 그것이 다른 맥락에서 나타나는 양식을 빌려오거나 적용하는 "행동"이라고 말한다. 제자리에 있을 때 이러한 양식은 명확하고 직접적인 목표나 결과물을 갖는 듯 보인다. 그녀는 이렇게 말한다:

> 놀이에서 이러한 유형이 나타날 때, 그것들은 본래의 동기에서 떠난 것처럼 보이며, 본래 동기화된 맥락에서 나타나는 동일한 양식과 질적으로 뚜렷이 구별된다(Loizos, 1969, 228-9).

여기서 강조점은 의미의 변화, 곧 "놀이 변환"에 주어진다. 놀기에서도 현실의 많은 구조나 형식이 유지되지만 그 의도는 현실에서와 다르다. 피아제(1962)는, 놀이에서 개인의 관심은 목적에서 활동 그 자체 — 놀이의 쾌감을 즐기는 것 — 로 옮겨진다고 말했다.

데이비드 리드 존슨은 "참여자들에 의해 현실 세계로부터 의식적으로 분리된, 상상의 영역에 속한 대인 관계의 장"이라는 점에서 연극치료 집단과 놀이 공간을 결합시킨다(Read Johnson in Schattner and Courtney, 1981, 21). 셰크너 역시 워크숍 경험을 놀이에 비유함으로써 이 주장에 울림을 더한다. 그는 워크숍은 현실을 둘러싼 놀기 방식이자 행동을 "재배열, 과장, 분해, 재조합, 예시"함으로써 검증하는 수단이라고 말한다. 워크숍은 "집단 내의 관계가 집단 내의 공격성에 위협받지 않는 상태에서 활성화되도록" 보호받는 시간과 공간이다(Schechner, 1988, 103-4).

놀기의 상태와 현실의 이러한 유비 관계는 연극치료에서 특히 중요하다. "놀이 변환"의 개념은 연극치료에서 놀이 활용의 지렛대가 된다. 로이조스와 피아제가 말했듯이, 현실의 요소는 놀이에서도 그대로 유지되지만 현실에서와 다른 동기 — 즐거움, 탐험, 동화 — 에 복무한다. 요컨대 놀이 변환이란 현실을 놀이 공간 안으로 불러들여 실험과 이해를 촉진하는 방식으로 다루는 것을 말한다.

연극치료에서 놀이의 양식은 이러한 "놀이 변환"을 촉진하고 심화시키는 데 활용된다. 또한 그 과정은 의도적인 변화를 지향한다.

발달적 접근법

앞에서 언급한 대로 20세기에는 상당량의 연구가 발달 과정에 집중되었고, 특히 놀이와 놀이 과정에 대해 그러하였다. 이러한 연구는 개인의 인지적이고 심리적인 발달에 관심을 갖는다. 놀이에 의한(혹은 놀기에 동반되는) 심리적, 인지적, 정서적 발달은 연극치료와 관련한 놀이의 중요성의 세 번째 영역을 형성한다.

놀이는 드라마 발달의 전조라 할 수 있다. 그림 8.1-5와 표 8.1과 8.2가 말해 주듯이, "놀이"와 "드라마"로 표현되는 활동 사이에는 뚜렷한 연관이 존재하며, 그것은 풍부한 의미와 점증하는 복합성의 연속체를 형성한다. 연극치료사는 이러한 극적 연속체를 가지고 작업한다. 이 연속체와 관련된 세부 과정은 연극치료사가 작업을 이해하고 활용하는 데 매우 중요하다. 여기서는 극적 발달의 개념과 그것이 연극치료에서 활용되는 방식을 살펴볼 것이다.

연극치료의 실제와 놀이

연극치료의 도구로서 놀이의 일반적 과정

어떤 연극치료 작업에서든지 그 도입부에서 집단의 놀이 언어를 찾아내는 일은 매우 중요하다. 이것은 집단이 노는지 놀지 않는지를 파악하는 것과 관련된다. 만일 노는 경우라면, 놀기가 어떤 방식으로 일어나는가? 놀지 않는다면, 놀이의 부재가 어떻게 나타나는가? 진단적 관점에서 문제로 제시되는 주제는 놀이 언어를 통해 드러날 수 있다.

그런 다음에는 놀이 과정이 앞으로 진행될 치료 작업의 일부로 활용될 수 있을지 여부를 고려해야 한다.

그리고 나서는 치료 작업 내에서 놀이의 위치를 정한다. 이는 대개 놀이 과정과 언어의 소개 혹은 집단의 자발적인 놀이 혹은 놀기의 활용에 관련된다.

이러한 접근은 일련의 단계로서 상자 8.3과 같이 정리할 수 있다.

상자8.3 **연극치료 가이드 — 놀이 언어 찾아내기**

- 집단 내에 있는 놀이 언어 배우기. 지금 여기에서 무엇이 일어나고 있는가?
- 놀이의 관점에서 무엇이 일어나고 있는가 혹은 일어나지 않았는가? 해당 집단에서 일어나지 않는 혹은 겉보기에 활용되고 있지 않는 놀이 내용이나 과정은 없는가?

- 해당 집단에서 놀이 언어를 어떻게 치료적으로 사용할 것인가?
  (a) 집단에게 치료적으로 유효한 놀기 방식이 있는가?
  (b) 집단 내에서 유실된 놀이의 발달 요소를 치료 작업에 연관시킬 수 있는가?
  (c) 내담자들이 직면한 문제를 탐험하고 그와 소통하는 방식으로 놀이를 활용할 수 있는가?
- 연극치료사는 연극치료 환경 안에서 효율적인 놀이 과정을 어떻게 만들어낼 것인가?
- 놀이와 관련한 사전 평가가 연극치료 집단의 목표와 집단 내에서 잠재적 놀이 활동과 놀이 공간을 개발하는 데 어떻게 연관되는가?
- 연극치료 작업 안에서의 놀이와 놀이 바깥에 있는 내담자의 현실을 어떻게 연결할 것인가?

위의 질문은 연극치료의 효능 내에서 놀이의 일반적 과정이 나타내는 특징적인 면모를 정리해 준다. 앞에서 말했듯이, 연극치료에 관계된 특정한 놀이 영역과 놀이 과정이 있다.

연극치료에서의 놀이 내용

랜디는 놀이를 연극치료의 실제를 형성하는 "극적 예술 매체"(Landy, 1986, 52)의 주요 영역 중 하나라고 본다. 그는 아동의 놀이, 특히 극적 놀이와 성인으로서 놀 수 있는 능력을 중요하게 꼽는다(1986, 56). 연극치료에서 사용되는 활동은 다음과 같다:

- 감각 운동/신체 놀이

- 모방 활동
- 사물 놀이
- 상징적 놀잇감 놀이
- 놀잇감으로 작은 세상을 만드는 투사 작업
- 거친 몸싸움 놀이
- 인물을 연기하는 가장 놀이
- 게임

연극치료는 놀이를 극적 활동의 일부이자 그 시작으로 간주한 다는 점에서 피터 슬레이드의 접근을 그대로 따른다고 할 수 있다 (Slade, 1954). 주로 놀이 활동에 초점을 맞추는 작업이 있는가 하면, 또 다른 작업에서는 놀이와 함께 역할 연기 같은 좀 더 복잡한 극 적 활동이 섞이기도 한다.

연극치료에서 놀이 공간의 사용

놀이 세계의 창조

연극치료에서 놀이의 중요한 양상 한 가지는 놀이로 들어가는 것 이 어떤 "특별한" 상태와 공간으로의 진입을 의미한다는 것이다. 놀이를 연구하는 사람들은 저마다 서로 다른 양상을 강조함에도 불구하고 이 현상만은 예외적으로 공히 관심을 갖는다.

피텔슨과 란다우(Feitelson and Landau, 1976)는 이스라엘의 쿠르 드 족 난민들에 대해 쓰면서 놀이 공간과 관련한 문화적 차이를 언 급하였다. 코헨(Cohen, 1969)과 암마(Ammar, 1954) 또한 놀이 공간의

창조와 활용에 관한 비교 문화적 주제를 다루었다. 서튼-스미스
(1979)는 놀이 공간에 대한 문화적 태도들이 서로 다르며, 이것이
다시 놀이에서 공간 사용 방식에 영향을 미친다는 점에 주목한다.
일부 문화에서는 어른들이 놀이를 방해하고 놀이 공간을 적극적으
로 파괴하는 것이 관찰되며, 또 아이들이 아주 어린 나이 때부터
노동에 참여하는 사회적 유형이 나타나기도 한다(Levine and Levine,
1963). 서튼-스미스(1979)는 그러한 문화권에서는 놀이에 할당되는
물리적 공간과 시간이 최소화된다고 주장해 왔다. "어른들은 생존
을 위해 무엇이 필요한지 알고 있기 때문에 아이들 놀이에 시간을
낭비할 여유가 없다"(1979, 6). 그러나 슈워츠먼(Schwartzman, 1978,
192)은 이러한 관점에 도전하여 놀이에 관한 다양한 비교 문화적
연구를 언급하면서, 경제 활동을 하는 경우에도 사실상 아이들은
놀기와 일을 조합하는 방식을 고안해 낸다고 말하고 있다.

연극치료에서 놀이 작업은 그리핑의 네 가지 준비 영역과 일치
한다. 그리핑(Griffing, 1983)은 놀이를 준비함에 있어서 어른들이 (a)
시간, (b) 안전한 공간, (c) 적절한 재료, (d) 사전 준비 경험을 제공
할 필요가 있다고 말한다. 싱어(1973)는 상상 놀이의 기술을 개발하
기 위해서는 물리적 공간과 사생활 보호가 필수 요건이라고 말했
다. 또 일부 이론가들은 장려되거나 모델로 제시된 현실에 대해
어린이가 "만일 ~라면"이라는 가설적 자세를 가져야만 한다고 말
한다(Singer, 1973; Smilansky, 1968).

치료 상황에서도 놀이의 특성이 나타날 수 있다. 그러나 거기
에는 일상의 놀이와 비슷한 점이 있음에도 불구하고 한편으로는
변환을 이해하는 데 핵심이 되는 차이점이 있기 마련이다. 연극치
료에서 놀이 과정은 일상의 놀이와 달리 내담자를 대상으로 하는
의도적인 치료 프로그램의 일부이며, 또한 성인인 치료사가 놀이

구역 어딘가에 늘 함께한다.

연극치료 작업은 놀이에 필요한 조건을 만들어 내는데, 그 내용의 상당 부분은 구조와 형식 면에서 일상의 놀이와 동일할 것이다. 그러나 그것이 발생하고 담겨지는 그릇은 언제나 치료적 틀거리이다.

변환의 1단계는 현실로부터 혹은 현실과 관련된 활동을 특별한 시간과 공간 내에서 놀이 형식으로 재생하는 것이다. 그것은 현실과 동일한 맥락을 가지지 않으며 일상의 틀거리 밖에 있다.

연극치료에서 2단계는 이 활동을 놀이의 특성을 유지하면서도 내담자에게 개인적인 치료적 변화를 제공한다는 목표 아래 새로운 틀거리로 중심 이동을 하는 것과 관련된다.

치료 안에서 행해지는 놀이는 치료적 맥락 밖에서 일어나는 놀이와 비슷하면서도 다르다. 유사성은 치료 작업에서 그리핑(1983)이 말한 놀이의 발생에 필수적인 조건이 형성된다는 점과 그 내용의 상당 부분이 형식과 구조 면에서 동일할 것이라는 점이다. 그러나 놀이의 형식과 구조 그리고 내용에 특정한 목적이 부여된다는 점에서는 다르다. 연극치료에서 놀이는 형식적 변환을 통해 내담자를 대상으로 한 의도적인 치료 작업의 일부가 되는 것이다. 여기에 연극치료사가 놀이 구역에서 떠나지 않고 계속해서 머무른다는 또 다른 차이를 덧붙일 수 있다.

다음 두 사례는 치료 작업에 속한 놀이 세계의 이러한 양상을 보여 준다.

사례 연구 8.4: 제인

캐터닉은 신체적으로 학대당한 내담자 제인이 치료 내에서 놀이 공간을 어떻게 창조하는지를 묘사한다. 먼저 내담자는 안전함과 경계가 확립될 때까지 시간과 공간을 시험한다. 제인은 처음에 놀잇감을 이것저것 쑤석거리고 문지르면서 공간의 안전함을 시험한다. 캐터넉은 치료 과정 초기의 제인을 떠올리며 이렇게 말한다. "한 주 뒤에 내가 다시 왔을 때 제인은 왜 더 놀겠다고 떼를 쓰지 않았을까? 내가 정말로 놀잇감을 가지고 다시 올 거라고 믿었을까? 물론 모든 어른들이 거짓말을 하는 건 아니다"(Cattanach, 1992, 94).

앞서 말한 "놀이 공간"의 양상을 이 예에서 쉽게 찾아볼 수 있다. 그리핑(1983)의 네 가지 요소 가운데 시간과 공간 그리고 재료가 검증되고 확립된다. 그리고 치료사가 이러한 요소를 제공하고 유지하는 것과 더불어 놀잇감을 건드려보는 내담자의 행동을 사전 준비 경험의 일부로 볼 수 있을 것이다. 그러나 제인의 첫 번째 세션은 "혼란스럽다." 세션이 끝나갈 무렵 그녀는 소리를 지르며 울었고, 그러한 반응이 한동안 지속되었다(Cattanach, 1992, 94). 캐터넉은 그에 대해 이렇게 이야기한다. "제인은 화를 내면서 계속해서 놀겠다고 고집을 부렸다. 나는 다시 한 번 단호한 태도를 보여 주었고, 결국 규칙을 지켰다"(1992, 95). 여기서 치료사는 특별한 공간을 훼손치 않고 온전하게 사용하는 모델을 보여 준다. 빅슬러는 놀이 공간의 보존이란 내담자가 지켜야 할 여러 가지 경계를 세우는 것이라고 말한다. 즉 내담자는 놀이 장비 이외의 물건을 망가뜨리면 안 되고, 치료사를 공격해도 안 되며, 정해진 시간을 넘길 수 없고, 놀잇감이나 장비를 없애거나 방 밖으로 던져도 안 된다(Bixler, 1949, 1-11). 캐터넉의 작업은 이러한 경계 설정을 그대로 보여 준다. 이렇듯 과정 초기에 놀이 공간을 창조하고 시험하고 나서, 제인은

가족 인형을 사용하여 몇 번씩이나 뜨거운 물에 밀쳐 넣어진 것과
같은 경험을 재연하면서 "학대로 인한 분노와 고통을 성공적으로
표출"할 수 있었다(1992, 94).

사례 연구 8.5: 종이와 사물

지역 사회 기관에서 광고를 내 연극치료에 참여할 사람을 모집
하였다. 다음의 기록은 총 20회 프로그램 중에서 일곱 번째 세
션이었고, 집단에는 8명이 있었다. 그날은 참여자들에게 여러
가지 물건을 가지고 오게 한 다음 거기서 자연스럽게 나오는
주제를 가지고 원하는 방식대로 작업을 할 계획이었다. 사람들
은 혼자서 놀 수도 있고 여럿이 어울려 함께 놀 수도 있었다.

　안나는 상자에서 여러 가지 물건과 휴지를 꺼내 몇 분 동안
그것들을 이렇게 저렇게 움직이거나 다양하게 조합하면서 가
지고 놀았다. 그러더니 그중에서 일부를 골라 조그맣게 쌓아놓
았다. 나중에는 물건 하나를 휴지로 덮고는 나머지 물건으로
휴지 가장자리를 눌러놓았다. 안나는 휴지를 입으로 불었지만
여러 가지 물체로 단단히 고정되어 있어 움직일 수 없었다. 증
인 역할을 하는 짝과 함께 그녀는 물건들을 의인화했다. 먼저
휴지를 누르고 있는 작은 물건들에게 목소리를 주자, 그것들은
"저녁밥 주세요," "사랑해 주세요," "넘어졌어요, 도와주세요"
등 하나같이 뭔가를 요구하는 투로 말했다. 그런 다음 그녀는
갑자기 조용해지더니 휴지에 덮여 있는 물건을 만지면서 나지
막한 목소리로 말했다. "도와주세요. 도와주세요." 그리고 휴지
를 찢으면서 "이제 그녀는 숨 쉴 수 있어"라고 말했다.

이 사례에서 안나는 여러 가지 물건과 휴지를 가지고 놀고 있다. 이러한 활동은 재료를 가지고 그 물리적이고 재현적인 특성을 탐험한다는 측면에서 전형적인 사물 놀이라 할 수 있다. 그렇지만 놀기 활동은 치료적 틀거리 내에서 일어나며, 따라서 개인적 변화를 목표로 한다. 그리핑(1983)이 나눈 네 가지 영역에 맞게 치료사는 분명한 시간, 안전한 공간, 재료, 사전 준비 경험을 제공하였다. 안나는 놀이 작업을 개인적 문제와 연결 짓는다. 그녀는 놀기를 통해 문제를 성찰하고, 집단 밖의 실제 삶에서 시도해 보지 못한 해결책을 연극치료의 놀이 세계 안에서 실험하였다. 연극치료 공간은 사물 놀이가 일어날 수 있는 기회를 만들었다. 그리고 안나가 놀이를 통해 현실의 삶을 성찰하고, 놀이 변환 — 현실의 재연을 통해 가능한 현실을 "가지고 노는" 것 — 을 이루게 해주었다. 다시 말해, 노는 가운데 필요한 변화를 시도해 볼 수 있게 한 것이다.

제인과 안나의 사례에서 놀기는 치료적 틀거리 안에서 일어나고 발전한다. 내담자들이 몰입함에 따라 놀이는 제인이 학대당한 경험에 목소리를 부여하고 안나가 자신의 고통을 표현할 수 있게 하는 통로로 기능하였다. 안나는 별다른 생각 없이 그냥 놀았을 뿐이라고 말했다. 어떤 일이 벌어질지 전혀 예상한 바 없었지만, 휴지와 물건들이 "저절로 그런 것처럼" 말을 했다는 것이다. 그리고 그에 대한 반응으로 휴지를 찢은 것도 "갑자기, 난데없이" 나온 행동이었다고 그녀는 말했다. 안나는 이것이 "불가사의하게" 느껴졌다고 했다. 소리 내어 말했어야 하는 뭔가를 그녀가 너무 오래 억누르고 있었던 것이다. 그래도 휴지를 찢고 나서는 마치 뭔가가 함께 "파괴된" 것처럼 슬퍼하기도 했다.

연극치료에서 놀이는 특별하게 창조된 촉진적 맥락 내에서 일어난다. 제인과 안나의 사례 모두 치료적 틀거리 안에서 놀기를 통해 문제를 탐험하고자 한다. 문제를 표현하고 탐험하며 그 해결을 모색하기 위해 내담자와 치료사가 함께 놀이를 창조하는 것이다.

발달적 접근과 놀이-드라마 연속체

앞에서 언급한 바와 같이 놀이의 발달에는 다양한 모델이 있다. 그리고 그중 다수가 연속체의 개념을 갖고 있다. 연극치료에서 연속체로서 놀이 개념은 사전 평가의 도구로, 내담자에게 적합한 놀이의 발달 단계를 찾아내는 수단으로, 그리고 치료적 변화를 이해하는 방식으로 활용된다.

놀이는 종국에 드라마로 발전하는 연속체의 일부이며, 그 연속체는 창조적 발달과 심리적 발달 그리고 기술적 발달의 측면으로 나누어 살펴볼 수 있다.

놀이-드라마 연속체

특정한 발달 단계는 연극치료의 실제에서 그에 따른 특정한 함의를 가지며 다양한 방법론과 연관을 맺는다.

놀이와 드라마를 사용할 때 집단에 적합한 발달 단계를 찾아내는 일은 매우 중요하다. 해당 집단이 속해 있다고 판단되거나 작업할 수 있을 것 같은 또는 작업하기로 선택한 지점을 제대로 파악하지 못한다면, 참여자와의 소통이 상당히 힘들어질 것이다. 치료사는 집단이 놀이와 드라마의 어떤 영역을 가장 잘 활용하여 거기서 의미를 발견할 수 있는지를 파악할 필요가 있다. 슈워츠먼은 놀이와 관련한 발달 개념이 문화에 따라 다르게 나타나는 경우가 많다고 지적하면서, 『변형』(1978)에서 다양한 환경에서의 여러 가지 놀이를 비교하고 있다. 또한 포르테스는 탈리니즈 어린이의 발달 단계를 들어 놀이에 대한 구체적인 발달 연구를 제시한다(Fortes, 1938). 어윈은, 치료사가 놀이에서 드라마로 이어지는 과정을 알고 있다면, 내담자가 드라마와 놀이를 어떻게 사용할 것인지를 결정하는 데 매우 유용하다고 말했다. 그녀가 지적한 대로, 치료 과정에 있는 많은 내담자와 어린이가 "놀이 내용과 형식 면에서 모두 고착이나 퇴행을 경험"한다(Irwin, 1983, 105). 그러므로 놀이에서 드라마로의 발달 연속체에 대한 이해는 "치료사가… 적절한 매체와 재료를 통해 그것을 다루고 활용하는 데에서 일어나는 변환에 민감하게 대처하도록 도울 수 있다"(1983, 150).

놀이-드라마 연속체의 요약

가장 먼저 개인은 자기의 몸을 발견하고, 부모와 같은 중요한 타인과 관계를 맺는다. 이 단계에서 놀이는 각 신체 부위와 신체의 발견 그리고 중요한 타인과의 접촉에 관련된다. 그리고 나중에는 구체적인 사물과 그 물리적 특징과의 관계 — 구르기, 쥐기, 떨어뜨리기 — 를 형성하는 것으로 발전한다. 그 다음에는 뭔가를 재현하는 놀잇감이나 개인적인 의미를 담은 상징으로서 사물을 가지고 노는 상징 놀이의 발달이 뒤따른다. 처음에는 혼자서 놀거나 중요한 어른과 함께 논다. 혼자서 하는 단독 놀이 다음에는 대개 병행 놀이가 온다. 병행 놀이는 놀잇감을 가지고 옆에 있는 다른 아이와 비슷하게 놀지만 함께 어울려 놀지는 않는 것을 말한다. 그 다음 단계가 바로 함께 노는 협동 놀이로, 사물 놀이나 간단한 사회극 놀

이 — 짧은 시간 동안 다른 정체성을 연기하는 활동 — 가 여기에
속한다. 그리고 끝으로 극적 놀이에서 드라마로 전환되는 단계가
온다. 이것은 다른 사람들과 관계를 유지하면서 하나의 정체성을
취하여 연기하는 보다 지속적인 활동이다. 그리고 드라마는 다른
사람들에게 활동을 보여 주고 벌어지고 있는 것들의 의미를 소통
한다는 점에서 좀 더 의식적이다.

　　이상은 놀이 발달 단계에 대한 일반적인 요약일 뿐 모든 사람
에게 해당하는 유일한 과정이라고 볼 수는 없다.

이제부터는 연극치료와 관련하여 이러한 발달 과정의 주요 양상을
정리하면서 그 쓰임새에 따라 두 종류로 나누어 볼 것이다. 첫 번
째는 그림 8.1-8.5로 놀이-드라마 연속체에 따라 발달의 주요 양상
을 요약한다. 그리고 두 번째는 인물과 사물의 특정 영역에 초점을
맞춘다.

　　발달 단계는 상자 8.4에 요약되어 있다.

상자8.4 놀이-드라마 연속체의 주요 양상

- 감각 운동 놀이
- 모방 놀이
- 가장 놀이
- 극적 놀이
- 드라마

　　그림 8.1-8.5는 각 단계의 주요 양상을 말해 준다. 예를 들어,
"모방 놀이" 단계는 잇달아 나타나는 다섯 가지 영역의 능력으로
요약할 수 있다.

연극치료사는 구분된 단계를 그에 딸린 활동이나 영역 안에서만 작업해야 한다고 이해하기보다, 내담자를 위해 표현과 의미의 부가적인 영역을 열어놓는 것이 바람직하다. 인용된 사례에서 볼 수 있듯이 발달 단계는 집단의 연령과 상관없이 유효하다. 그리고 학습 장애가 있는 사람들에게는 발달 단계가 순차적인 흐름으로서 중요하며, 이것은 발달상의 진전을 목표로 하는 다른 집단의 경우에도 마찬가지이다.

그림 8.1-8.5는 드라마의 발달에 대한 이해를 도울 뿐 아니라 특정 발달 단계에 있는 집단이 어떤 활동을 할 수 있는지를 확실히 하는 데에도 사용된다. 하지만 그것은 모든 집단에 예외 없이 적용되는 법칙이 아니라 일반적 윤곽일 뿐이다.

다음은 놀이와 극적 놀이 그리고 드라마의 관점에서 본 주요 발달 단계를 요약하고 있다. 각 영역에는 해당 발달 단계의 주된 특징을 가리키는 제목을 붙였다.

감각 운동 놀이

소리와 움직임

자기 몸과 각 신체 부위를 탐험한다

사물에 대한   **운동**

물리적 탐험과 접촉   구르기, 기기, 서 있기, 걷기

다른 사람과의
신체적 관계

그림 8.1 감각 운동 놀이: 운동 놀이와 사물의 물리적 특성의 사용

연버그는 감각 운동 단계를 "공간을 통한 움직임과 외부 세계에 있는 사물의 조작"으로 유형화한다(Jernberg, 1983, 128). 다음 사례는 이 감각 운동 단계가 어떤 식으로 존재하고, 연극치료 작업에 참여하는 성인의 극적 표현 범주에서 얼마나 중요한지를 잘 보여 준다.

사례 연구 8.6: 엘렌

"엘렌은 까꿍 놀이에서 하듯이 두 손을 눈 위에 얹는다. 그 장난스런 몸짓 때문에 우리 둘 다 웃음을 터뜨린다. 나는 이완되기 시작하고… 엘렌과 나 사이에 접촉과 교환이 일어나면서 두려움이 한결 누그러진다. 확실히 말할 수 없지만 나는 그녀도 나와 비슷한 감정을 경험하고 있다고 믿는다"(Schattner and Courtney, 1981, 72).

여기서 극적 표현은 그림 8.1에 나와 있듯이 주로 "소리와 움직임" 그리고 "다른 사람과의 신체적 관계"에 관련된다. 감각 운동 놀이는 두 내담자 사이에 관계를 만들고, 연극치료 집단 안에서 유희적인 관계와 표현이 가능함을 알게 하는 데 도움을 준다.

단독 놀이의 일부 유형 역시 이 범주에 포함된다. 이것은 연극치료에서 개인적인 내담자 작업이나 집단 내에서 내담자가 개인적인 놀이에 참여할 때 발생할 수 있다. 다음 사례는 심한 학습 장애를 가진 성인 집단과의 작업에서 얻어진 것이다. 사전 평가 과정에서 그들은 사물을 상징적으로 사용할 수 없고 역할을 맡아 연기할 수도 없다는 결과가 나왔다. 그러나 내담자들은 사물과 주변에 있는 여러 가지 것들의 구체적인 특성에 관심을 보였다. 단 치료 환경 내에서 다른 사람들과 전혀 관련을 갖지 않았고, 그래서 내담자들이 서로 더 많이 접촉할 수 있게 돕는 것을 목표 중 하나로 삼게 되었다.

사례 연구 8.7: 사물

내담자들은 물체를 밀고 당기고 굴리면서 가지고 놀았다. 첫 주에는 주로 혼자서 놀았다. 그래서 나는 내담자들에게 물건을 건네주고 내담자들과 나란히 가지고 놀면서 물체를 통해 관계 맺기를 시도했다. 나중에는 내담자들도 내게 물체를 되돌려주고 또 내가 쓰는 물건을 함께 가지고 놀기 시작했다. 작업 후반부에 가서는 물체를 사용해 여럿이 함께 놀기도 했다. 굴리고 밀고 두드리는 그 모든 활동은 물체의 구체적인 특성과 관련을 가졌다.

이것은 연극치료에서 구체적이고 상징적이지 않은 방식으로 사물을 사용하는 감각 운동에 바탕한 작업의 예이다. 사물에 상징을 부여하지 못하는 집단의 경우, 사물의 구체적인 성질을 가지고 작업한다면 (a) 환경과 관련지을 수 있는 내담자의 능력을 계발하고, (b) 밀기에서부터 굴리기, 던지기, 잡기에 이르기까지 사물의 구체적인 특징에 대한 반응의 레퍼토리를 확장하며, (c) 물체의 사용을 통해 다른 사람들과의 관계 형성을 촉진할 수 있다.

모방 놀이

연극치료 작업은 이 영역에서 극적 모방의 발달 범주가 갖고 있는 치료적 가능성을 강조한다. 여기에는 얼굴 표정과 신체적 모방 및 사물 사용의 모방이 포함된다.

몸짓의 즉각적 모방

소리의 즉각적 모방   얼굴 표정의 즉각적 모방

물체 움직임의 즉각적 모방

그림 8.2 모방: 현상의 간단한 모사

사례 연구 8.8: 얼굴 표정 모방/신체적 모방

심한 학습 장애를 가진 집단과 만나면서 처음에 몸짓과 얼굴 표정 그리고 움직임의 모방으로 활동을 시작했다. 덕분에 참여 자들 사이에 관계가 만들어졌고, 접촉과 놀기라는 초점이 생겼다. 작업은 얼굴 표정을 가지고 놀기로 진행되었다. 입 크게 벌리기, 동시에 하품하기, 눈 크게 뜨기. 그리고 거기서 더 나아가 얼굴과 몸을 이용한 표현 범주의 확장을 시도했다. 참여자들은 얼굴과 신체의 표현을 서로 따라하기 시작했다. 신체적 몸짓과 얼굴 표정의 모방은 참여자들 사이의 관계를 더욱 발전시키고 상호 접촉의 구조와 언어를 확립하는 통로가 되었다.

사례 연구 8.9: 몸짓의 모방

자폐 성향이 있는 청년을 대상으로 15회에 걸쳐 모방과 병행 움직임에 바탕을 둔 언어를 통해 관계 형성에 주력하는 프로그

램을 진행했다. 청년은 접촉이 일어날 때마다 사람들이 지나치게 가까이 다가왔다는 듯이 밀쳐내곤 했다. 그래서 연극치료 세션은 그가 사람들에게 곁을 내주고 접촉할 수 있게 도울 수 있는 의사소통 형식을 확립하는 데에 주력했다. 발달 면에서 볼 때, 내담자는 사물을 상징적으로 사용하지 못했고 인물을 맡아 연기할 수 없었다. 그리고 말 대신 "과자"나 "화장실" 등을 나타내는 몇 가지 기호 언어로 소통했다. 하지만 그는 몸짓을 따라할 수는 있었고, 그래서 그의 몸짓을 흉내 내거나 모방함으로써 접촉을 시도하고 다지는 작업을 했다. 시간이 흐르자 그는 내가 하는 몸짓을 모방하기 시작했고, 그 매체를 통해 우리는 접촉을 형성하고 대화를 이어갈 수 있었다.

가장 놀이

어떤 사물을 나타내기 위해

다른 사물을 조합하여 사용함

(즉, 조약돌로 케이크를 나타낸다)

단일한 가상의 행동을 연기하기 (즉, 물 마시기나 땅파기를 모방한다, 단 앞뒤 흐름 없이)	상징적 놀잇감의 기능적 사용 (즉, 놀잇감 전화를 사용한다)
누군가를 모방하고 있음을 표시하기 위해 다른 사람의 옷을 걸치는 것(즉, 아빠를 나타내려고 아빠의 모자를 쓴다)	실제로 존재하지 않는 사물을 재현하기 위해 몸을 쓰는 것/마임을 하는 것 (즉, 손으로 사과를 만들어 보인다)

그림 8.3 가장 놀이: 재현을 위한 사물의 사용과 가장 놀이의 시작

어윈은 5살짜리 테레사가 엄마의 죽음에 대해 보인 반응을 기록하고 있다.

사례 연구 8.10: 테레사

"그녀는 기린을 앞세워 모래 상자 안에다 동물들을 한 줄로 늘어놓았다. '엄마 기린'이 '나쁜 괴물'에게 죽임을 당하자 아기 기린은 '친구들 모두'를 이끌고 숲에 들어가 엄마를 찾았고, 또 시신을 파내 엄마를 되살리려 했다"(Irwin, 1983, 27).

어윈은 이 사례에서 아이가 자신의 고통과 환상 속에서의 부정 그리고 엄마를 되살리고 싶은 소망을 다루고 있다고 해석한다. 테레사는 엄마의 죽음이라는 현실과 그 현실을 부인하고 싶은 욕망 사이에서 내적 갈등을 드러낸다. 여기서는 간단한 사건을 표현하기 위해 사물을 조합하는 것과 기린을 상상적으로 사용하는 가장 놀이의 요소가 나타난다. 놀잇감을 통해 엄마의 죽음을 둘러싼 자기 감정을 표현하는 것은 감정 표현의 수단과 함께 작업을 풀어나갈 수 있는 언어를 제공한다.

극적 놀이

사례 연구 8.11: 에이미

에이미는 인형의 집을 사용하여 엄마와 관련한 문제를 가지고 놀았다. "엄마"로서 에이미는 다른 아이들한테 가면 안 된다고 말하면서 딸을 집에 가두곤 했다. 한번은 "교활한 괴물로부터

다른 존재들–사람이나 동물의 지속적인 묘사(즉, 여우로서 일련의 활동을 지속한다)	사물을 가지고 복합적으로 놀기 (다른 사람들이 사물을 사용하는 것을 인식하고 이해하고 상호 작용한다)
대근육과 소근육을 능숙하게 조절 하여 물체를 표현하고 사용하기	신체를 이용하여 다양한 가상의 현실을 표현하는 능력
자기나 다른 사람으로서 5분 미만 의 꾸며낸 상황(흐름이 있는 짧은 사건)을 연기하기	상황의 일부로 사물을 사용하는, 가장 놀이에서 소품을 활용하는 능력
정체성(즉, 농부와 그의 아내) 을 연기하는 것과 관련된 간단한 게임	놀이하는 동안 다른 사람들 과 협동하고 적절하게 반응 하기

그림 8.4 극적 놀이: 환상을 유지하고 다른 사람의 역할을 연기함

안전하게 지켜야"한다며 아이들을 전부 집안에 가두기도 했다. 또 다른 활동에서는 다른 아이가 엄마 역할을 맡아서 아이들을 한 줄로 세워 산책을 시킨 다음에 안전하게 집에 돌아와 차를 마시게 해야 한다고 고집을 부렸다.

에이미의 엄마는 아이를 혼자 남겨둔 채 문을 잠그고 집을 비우는 일이 잦았고, 결국 에이미는 엄마에게 버림받고 보호 시설에 보내졌다. 연극치료 세션은 에이미가 다른 아이들과 함께 이러한 감정을 놀이로 표현할 수 있는 기회를 제공했다. 돌봄과 버림에 관한 주제는 아이들 대부분이 공감하는 것이었다. 아이들은 짧은 시간 동안 인물을 유지할 수 있었고, 상상의 현실에 참여할 수 있었으며, 시나리오 안에서 함께 작업할 수 있었다. 상황과 정체성을 일관되게 유지하는 시간은 매우 짧았지만, 그런 정도의 표현만으로도 아이들은 간단하게 인물을 연기하고 다른 관점을 경험할 수 있었다. 또한 그것을 통해 불안을 경험했던 상황을 재연하면서 자신들의 문제를 놀이로 풀어내고 함께 이야기할 수 있었다. 엄마를 연기하면서 에이미는 자신의 혼란을 우리에게 설명할 수 있었고, 정서적 외상의 경험을 놀이할 수 있었다.

드라마

자기 자신이나 다른 존재로서
5분 이상 가상의 상황
(일련의 사건들)을 연기하기

역할을 유지하고 다른 사람들과 적절하게 상호 작용할 수 있는가	맡은 역할과 관련된 다른 사람들과 일련의 상상의 사건을 전개할 수 있는가
관객/배우의 공간과 그 관계를 사용하고 의식하기	연행을 위해 주제를 정하고 플롯을 준비할 수 있는가
대본을 활용하는 능력	드라마를 만드는 과정에서 역할의 배분(즉, 연출자/배우 역할)

극적 산물을 다른 사람들과
소통하는 것에 대한 의식

그림 8.5 드라마: 관객을 의식하면서 연행을 지속함

이 단계에 이른 내담자는 연행의 종류를 일정하게 유지할 수 있다(9장 참고). 그리고 자기의 극적 재현에 대한 복합적인 몰입을 지속할 수 있다.

표 8.1과 8.2는 연극치료의 발달에서 두 가지 주요 양상인 인물과 사물의 활용에 초점을 맞춘 것으로 유사한 내용을 서로 다르게 제시해 보여 준다. 이것은 개인이 사용할 수 있는 극적 언어의 수준을 가늠하는 것뿐만 아니라, 사례 연구 8.12(307-8쪽을 보시오)에서도 볼 수 있듯이, 발달상의 진전이 어디까지 진행될 수 있는지를 짐작하는 데에도 유용하다. 표 8.1과 8.2는 연극치료의 두 가지 주요 영역 — 인물이나 역할 연기 그리고 사물과의 관계 형성 — 에서 중요한 발달 단계의 흐름을 자세히 보여 주고 있다.

표8.1 **인물 표현**

1. 단독 놀이를 하면서 몸으로 여러 가지 페르소나를 표현한다: 간단한 접촉
2. 협동 놀이를 하면서 몸으로 여러 가지 페르소나를 표현한다 — 간단한 접촉
3. 지속적인 신체적 표현
   — 한 가지 페르소나의 유지
   — 의상의 단순한 활용
4. 다른 인물들의 표현을 지속적으로 인식하고 그에 개입하며 그들과 협동한다. 신체적이고 상상적인 일관성을 가지고 인물을 표현한다.
5. 신체적 범주의 확장과 인물의 신체적 표현에 대한 상상적 탐험
   — 의상의 복합적 활용
6. 자기와 인물의 관계/차이에 대한 명확한 자각
7. 표현에 대해서 토론하고 성찰하며 수정할 수 있는 능력

이러한 접근에서 연극치료 작업은 내담자에게 치료적으로 의미 있는 발달상의 전환을 포함하거나 그에 초점을 맞추는 것으로 간주된다. 이것은 여러 가지 방식으로 일어날 수 있다.

내담자는 특정한 발달 단계에 갇혀 있을 수 있다. 그것은 내담자와 그 정체성의 관계에서의 결손이나 내담자가 사물이나 다른 사람들과 맺는 관계에서 문제를 야기한다. 예를 들어, 내담자는 사물과 상징적인 관계를 맺지 못할 수도 있고, 협동 놀이에 참여하지 못하는 경우도 있다.

연극치료사는 내담자가 위치한 단계가 어디인지를 분명히 할 필요가 있고, 그 특정한 단계에서 내담자의 기능과 관련된 것이 무엇인지 고려해야 한다. 발달 단계의 측면에서 치료 작업은 내담자가 앞으로 나아가거나 다양하게 발전하도록 — 새로운 놀이 단계로 진입함으로써 내담자의 성장이 가능해지도록 — 도울 수 있는 조건이나 상황을 만드는 것이다. 이는 다시 말해 자기와 사물 혹은 자기와 다른 사람들 사이에 새로운 종류의 관계를 창조하는 것을 의미한다.

그런 다음에는 내담자가 현재와 다른 발달 단계에서 잘 기능할 수 있게 하는 데 초점을 맞춘다. 일부 사례에서 이것은 보다 높은 발달 단계로의 진행을 뜻하며, 또 다른 경우에는 결손이 있거나 역기능적인 발달 단계에서 작업하는 것을 의미하기도 한다. 놀이 세계 안에서의 이러한 성장과 성숙은 놀이의 영역 밖에서 자기와 사물 그리고 다른 사람들과 관계를 맺는 법을 새롭게 익히는 것과 병행될 수 있다. 놀이 과정은 정서적, 인지적, 사회적, 정서적 발달과 연결된다.

표8.2 사물 활용

1. 제공된 사물에 대한 신체적 접촉 — 손, 입, 시각적 접촉: 쥐고 있기/놓아 주기
2. 사물의 물리적 특질의 탐험 — 존재/부재에 대한 관심, 움직임
3. 물리적 특질에 따라 사물끼리 관련을 가지도록 혼자서 움직이기 — 조작하기, 쌓기, 모으기
4. 단일한 사물에 의미 부여하기. 나무 블록을 자동차라고 하듯이 하나의 사물을 마치 다른 사물인 것처럼 사용한다. 또는 상징적 놀잇감을 사용한다. 즉 커피포트와 컵을 가지고 물을 붓고 커피 마시는 시늉을 한다.
5. 사물을 조합하여 장면으로 만든다 — 물마시는 인형: 이런 식으로 사물을 사용하여 혼자서 가장 놀이를 한다.
6. 병행 놀이 — 가까이 있는 다른 사람들과 비슷한 물건을 가지고 놀되 서로 접촉하지는 않는다.
7. 사회적 놀이 — 사물을 가지고 다른 사람들과 관계를 맺으면서 같은 활동을 한다.
8. 놀이에서 역할과 이야기를 돕는 소도구로서 사물을 사용함 — 가방, 가발, 옷 등
9. 극적 페르소나로서의 사물 — 인형
   드라마에 소도구로 쓰이는 사물 — 사실주의적이고 상징적인
   의상과 가장으로서의 사물 — 가면

사례 연구 8.12: 놀이의 발달

샌드버그는 13살 된 내담자에 대해 이야기한다. 그는 드라마를 불안해했고, 집중적인 극적 연행을 유지하기에는 표현 범주의 폭이 너무 좁았다. 그녀는 두 달 동안 간단한 게임, 비언어적 변형, 짧은 마임, "어린 나무, 늙은 나무, 여러 가지 동물들"을 가지고 작업했다(Sandberg in Schattner and Courtney, 1981, 41). 작

업이 한 달을 넘기면서 처음으로 세션이 시작할 때부터 끝까지 이어지는 긴 상호 작용이 나타났다. "그는 캥거루 역할을 맡았다… 그는 두 마리 캥거루가 백인 사냥꾼들에 맞서 살기 위해 싸움을 벌이는 미화되지 않은 플롯을 만들어 냈다"(1981, 41).

여기서 샌드버그는 연극치료 작업에서 발달상의 진전에 대한 이해를 활용한다. 내담자는 가장 놀이 단계 — 실제로 존재하지 않는 사물을 몸으로써 나타내기, 단일한 가상의 행동을 연기하기 — 에서 작업을 시작한다. 그것이 그가 의미를 발견할 수 있는 단계이기 때문이다. 그런 후에 내담자는 자신감과 기술을 획득하면서 극적 놀이 — 캥거루의 표현을 유지하고 흐름이 있는 짧은 사건을 연기하는 — 로 진행해 간다.

 내담자 혹은 집단은 극적 형식을 충분히 활용하는 단계에 이르기 전에 다양한 단계를 철저히 익힐 필요가 있다는 점에서 여러 발달 단계를 동시에 진행하는 경우가 있다. 그것은 다른 사람들에게 다가가는 방식이나 기술을 학습하거나 복습하는 것일 수 있으며, 혹은 집단 내에서 일어나는 퇴행(즉, 집단이 사물을 가지고 상징적으로 작업하기를 거부하는 것)과 관련될 수도 있다.

요약

드라마와 놀이는 발달의 연속체를 구성한다. 이 연속체의 일부로서 놀이는 연극치료에서 내담자가 의미를 창조하고 문제를 탐험하는 데 사용하는 표현 언어로 기능한다.

 연극치료에서 놀기는 내담자가 자신의 자발성으로 통하는 문을 찾아내거나 창조하는 방식이다. 이 과정에서 일부 내담자들은 연극치료의 주된 치료 혜택을 경험하기도 한다.

연극치료는 현실과 유희적인 관계를 창출한다. 연극치료 공간은 내담자가 자기 삶의 요소들을 가지고 놀 수 있게 — 문제를 재구성하고 새로운 가능성이나 구도를 시험해 볼 수 있게 — 해준다. 이를 두고 "놀이 변환"이라고 표현한다. 이 유희적인 탐험은 연극치료 외부의 내담자의 삶으로 통합될 수 있는 변화를 생산할 수 있다.

놀이로부터 드라마에 이르는 발달적 연속체에 대한 이해는 사전 평가와 평가 작업에 도움을 줄 수 있다. 그것은 또한 내담자가 연극치료에서 작업할 수 있는 적절한 표현 단계를 찾아내는 데 도움이 된다.

또한 놀이-드라마 연속체의 발달에 대한 이해를 활용하여 인지적이고 정서적이고 사회적인 발달을 도모할 수 있다. 예를 들어, 내담자가 연극치료에서 사용할 수 있는 극적 발달 단계상의 변화는 인지적이거나 사회적인 변화를 동반할 수 있다.

9. 역할

주술로 비를 그치게 할 때는 붉게 달아오른 뜨거운 돌에 물을 쏟아 붓는다… 비는 단지 재현되는 것이 아니라 물방울 하나하나에 진정으로 깃들어 있다고 느껴진다.

카시러, 『언어와 신화』

개관

연행에서의 역할은 연극에서 개인이 취한 극적 페르소나를 말한다. "역할"이라는 용어는 연극에서만이 아니라 실제 생활에서의 정체성을 표현하고 분석하는 방식으로 사용되어 왔다. 예를 들어, 모레노(1960)는 정체성의 범주를 세 가지 유형으로 분류하여, 먹고 자는 활동을 포함하는 신체적 역할과 가족, 경제, 직업 분야의 활동을 말하는 사회적 역할 그리고 환상이나 내면의 삶에서 비롯되는 심리극적 역할로 구분한다. 랜디는 역할을 인성의 기본 "단위"로서 자기 자신과 다른 사람에 대한 생각과 감정을 담는 그릇이라고 표현한다. 자기는 여러 가지 역할이나 단위로 구성된다. 그리고 어떤 역할이든 그 단위에 걸맞은 고유함과 일관성을 제공하는 구체적인 특질을 갖고 있다(Landy, 1994, 7).

미드(1934)와 고프만(1959)의 작업은 역할에 대한 연극치료의 접근에 많은 영향을 끼쳐 왔다. 미드는 자기가 사회적 상호 작용을 통해 발달된다고 생각한다. 개인이 다양한 맥락에서 수행하는 역할을 통해 정체성을 확립한다고 간주하는 것이다. 고프만은 자기와 역할 그리고 그 밖의 것들이 어떤 식으로 관련되는지에 대한 이해를 돕기 위해 연극을 은유 삼아 개인과 집단 그리고 사회를 묘사한다. 이들을 비롯해 사빈(Sarbin, 1986), 사빈과 앨런(Sarbin and Allen, 1968), 햄프슨(Hampson, 1988) 등은 자기와 정체성의 본질, 역할과 인성, 연극과 삶의 관계에 대한 연극치료의 논의에 도움을 주었다(Read Johnson, 1988; Landy, 1994; Meldrum, 1994).

심리극이나 사회 심리학은 대개 치료에서의 역할을 역할 기능의 극화와 연결 짓는다. 하지만 연극치료에서는 역할을 역할 기능의 극적인 작업 방식으로 한정하지 않는다. 그보다는 좀 더 광범한 의미에서 개인이 취할 수 있는 가상의 정체성 혹은 페르소나를 의미하며, 실제 생활에서 내담자의 정체성 전반을 이루는 다양한 양상을 이해하는 데 사용하기도 한다. 연극치료 작업에서는 치료사와 내담자가 모두 가상의 역할을 취할 수 있다.

역할은 문화의 변화와 시대의 흐름에 따라 그 창조 방식과 기능 방식이 급속하게 변천해 왔지만, 그럼에도 불구하고 연극이 존속하는 동안 언제나 그 일부를 차지해 왔다. 1장과 3장에서 언급했듯이 역할의 활용은 다양한 문화에서 치유와 관련되며, 심리 치료와 정신 건강 분야에서 극화된 역할 작업을 활용하는 중요한 변화가 유럽과 미국을 중심으로 진행되어 왔다.

연극치료에서 역할의 맥락

연행에서의 자기

연극치료에서 역할을 이용한 작업은 모두 자기가 다양한 가상의 정체성을 취할 수 있다는 사실을 전제로 한다. 그리고 이는 다시 가상의 자기가 연행될 수 있다는 개념으로 발전된다. 연극치료에서는 연행된 가상의 자기와 내담자의 일상의 정체성 사이에 역동적이고 격렬한 긴장이 성립되고, 그 관계가 역할 작업에서 치료적 변화를 가져오는 바탕으로 간주된다.

연극치료에서 역할은 세 가지 방식으로 창조된다:

1. 내담자는 자신의 것이 아닌(다른 사람이나 동물 또는 사물이나 추상적인 특질) 가상의 정체성을 연기한다.

사례 연구 9.1: 발레복

포피라는 한 젊은 여자가 자기에게 의미 있는 중요한 물건으로 어린 시절에 부모님이 사주신 발레복을 골랐다. 그 옷은 너무 작아서 한 번도 입어보지 못하고 옷장에 넣어두기만 했었다. 그런데 포피는 집을 떠나 독립한 후에도 그 옷을 버리지 않은 채 지니고 있었다. 그러면서도 그 이유를 모르겠다고 말했다. 세션에서 포피는 발레복의 역할을 연기했다. 처음에는 마임으로 옷의 모양을 보여준 다음, 옷을 사람들 가운데 가져다 두는 동작을 했다. 그리고 옷을 놓아둔 자리로 가서 옷의 역할로 들어갔다. 그렇게 발레복이 되어 일인칭으로 말하면서 자신의 질감과 아파트에서 자기가 있는 곳 그리고 포피가 자기를 어떻게 느끼는지를 설명하기 시작했다. 집단은 여러 가지 질문으로 그녀의 역할 탐험과 즉흥 연기를 도와주었다. 역할 작업은 너무 작아서 한 번도 입혀 본 적 없는 데 대한 감정으로 진행하여, 나중에는 포피에게 입을 수 없는 옷을 사준 부모님에게까지 발전되었다. 그 결과 입을 수 있게 꼭 맞는 옷으로 바꾸지 않은 이유와 함께 딸이 실제보다 훨씬 조그맣기를 바랐던 부모의 욕구가 드러나게 되었다.

2. 내담자는 과거나 현재 혹은 미래의 자기 역할을 연기한다(열 살 때나 현재 혹은 다음주에 직장 상사와 대면하게 될 자기 자신을 연기한다).

사례 연구 9.2: 비밀

노스뮬은 세션이 시작될 때 비밀을 주제로 짧은 대본을 썼다. 그리고 다른 사람들과 함께 대본을 읽었는데, 그 마지막 부분은 다음과 같다:

> 엄마: 엄만 그 열쇠가 필요해. 나한테 주렴.
> 노스뮬: 없어요.
> 엄마: 엄마한테 열쇠 줄 거지?
> 노스뮬: 아니오! 그건 내 상자예요!
> 엄마: 어서 이리 주세요.
> 노스뮬: 내 상자라니깐요.
> 엄마: 바보같이 굴지 말고. 애들은 엄마한테 비밀 같은 걸

갖고 있으면 안돼요.

이것은 노스뮬이 여덟 살 때의 한 장면이다. 노스뮬은 여덟 살의 자기 역할을 맡았고, 집단원 중 한 사람이 엄마를 연기했다. 그들은 대본에 쓰인 대로 움직인 다음에는 즉흥 연기로 장면을 이어갔다. 첫 번째 즉흥극에서 노스뮬은 열쇠를 엄마에게 건네주더니 다시 한 번 해보고 싶다면서 역할에서 빠져 나왔다. 두 번째 시도에서 다시 즉흥 연기를 할 때가 되자, 그는 역할 작업을 멈추고 "별로네요"라고 했다.

3. 내담자는 의도적으로 자기의 특정 양상이나 정체성의 일부를 고립시킨다. 그리고 특별히 조명된 그 양상이나 특성을 바탕으로 역할을 창조한다("딸"이나 "리더" 등의 역할 기능이나 "삶을 파괴하고 싶어하는 나"라거나 "병원을 떠나길 원하는 나" 같은 특징을 말한다).

사례 연구 9.3: 붉은 가면

지역 사회 기관이나 복지 단체의 스탭을 대상으로 한 과정에서 나이 지긋한 한 사회복지사가 가면이 놓인 의자 옆에 앉았다. 집단의 목표는 스탭 사이의 관계와 스탭/내담자 관계의 관점에서 기관의 역동을 탐험하는 것이었다. 그래서 사람들은 집단의 역동에서 특정한 역할을 나타내는 가면을 만들었다. 짐은 가면을 밝은 빨간 색으로 칠했고, 나중에 거기에 "공격자"라는 이름을 붙여 역할로 발전시켰다. 집단은 모두가 섬에 고립된 상황을 즉흥 연기했다. 짐은 가면에게 그것이 공포, 곧 같이 작업하는 사람들의 폭력성에 대한 두려움이면서 또한 폭력적이고

싫어하는 자신에 대한 두려움이라고 말했다. 그런데 정작 장면
을 연기하면서는 빨간 가면을 쓴 그의 역할이 집단에서 가장
강력한 힘을 행사했다. 그는 "파괴자"와 어울려 사람들이 하려
는 일마다 앞장서서 비난하고 훼방을 놓았다. 그래서 오두막을
짓는 것도 물을 구하는 일도 난파선에서 해변으로 흘러온 물건
들을 찾는 것도 모두 수포로 돌아갔다.

자기 혹은 자기의 일부 양상을 극화하는 것은 어째서 치료적인가?
셰크너(1988)는 역할을 취하는 우리의 능력을 요약하면서 그 답의
일부를 보여 준다. "동물 중에서 유일하게 인간만이 다중적이고 양
면적인 정체성을 동시에 보유하고 표현한다." 자기의 연행이 가지
는 치료적 가능성은 셰크너가 말한 특성과 일부 관련된다. "우리는
우리에게 잠재된 정체성을 의식하고 있다. 그리고 그것들과 "양면
적인" 방식 — 그 정체성에 대해 성찰하면서 동시에 그것들을 통해
우리 자신을 표현한다 — 으로 관계 맺는다."

　　역할에 대한 연극치료의 접근은 이론과 실제 양면에서 연극과
심리극 그리고 연극적 사회 심리학과 인류학에서 큰 영향을 받아
왔으며, 다음에서는 이러한 영향력을 자세히 살필 것이다.

무아경과 합리성

월셔(1982)는 연극에서 역할의 기능을 분석함으로써 그에 대해 논
한다. 그는 역할을 창조하는 과정에서 관객과 배우가 몰입하는 데
에는 인간의 기본적인 특성이 반영된다고 생각한다. 연극을 보거
나 연기하는 데 집중한 그 사람들을 그는 "존재와 행위의 유형에서
무아경과 같은 근원적인 모방적 몰입" 상태에 있는 존재라고 묘사

한다(1982, 23). 역할의 영역에서 "근원적 몰입"의 주제는 상당한 논란의 초점이다.

이 영역의 논의에는 다음과 같은 논제들이 포함된다:

- 연극에서 역할을 연기하거나 지켜볼 때 나타나는 정서적 몰입의 정도
- 일상적 자기와 연행적 자기의 관계, 곧 일상의 자기가 상실되거나 연행적 역할에 함몰되는 정도
- 일상적 자기가 연행적 자기를 성찰하는 방식의 본질과 특성

때로 이 주제들은 "무아경"과 "합리성"의 관점에서 논의되기도 한다(11장 참고. 그리고 Jennings, 1987; Scheff, 1979). 무아경은 역할이나 극적 경험에 의해 "압도된" 상태 — 그 안에서 "사라지게" 되는 것 — 를 의미한다. 셰크너는 발리 사람들의 황홀경과 스타니슬라브스키의 접근이 연행에 대한 이러한 무아경적 접근 — "다른 존재가 되는 것 혹은 다른 존재에 의해 들림으로써 연행하는 것" — 을 접점으로 겹쳐진다고 말한다(Schechner, 1988, 177). 영국의 대안 연극 집단인 웰페어 스테이트의 코울트는 이러한 작업 방식을 "성찰과 이성 그리고 의식이 억압되거나 거부되는 무아경 같은 상태로 유도하는 것"이라고 설명한다(Coult and Kershaw, 1983, 27). 합리성은 역할을 맡고 연기함에 있어 분석적이고 이성적이며 사고 지향적인 측면을 말한다. 이런 관점에서는 역할을 맡은 사람이 역할을 연행하는 동안 그리고 연행한 뒤에도 의식적이고 성찰적이고 분석적인 상태를 유지하는 데에 강조점을 둔다.

무아경과 합리성이라는 이 두 개념은 역할 연기 과정을 분석하는 대립적인 규준으로 사용되곤 한다. 역할을 맡은 사람이 얼마만

큼 역할에 깊이 빠져 있는가? 일상의 정체성과 어떤 수위에서 접촉하고 있는가? 관객이 얼마만큼 정서적으로 몰입되거나 이성적으로 개입하고 있는가?

연극인들은 이 변증법 내에서 역할을 논한다. 연극의 유형에 따라서는 배우에게 역할 밖에 있는 일체의 정체성을 잊기를 요구할 만큼 몰입이 중요한 비중을 차지하기도 한다. 연기에 관해 쓴 마스트의 책에서, 한 학생은 이 과정을 "당신은 더 이상 당신이 아니다… 당신은 당신이 연기하는 인물의 매체일 뿐이다… 당신은 더 이상 당신이 아니므로 당신 자신을 보고 있어서는 안 된다"고 표현했다(Mast, 1986, 158).

이에 반해 브레히트의 영향을 받은 연극은 배우와 관객을 위해 보다 이성적인 접근과 경험을 지향한다. 거기서 배우는 끊임없이 생각하고 그리고 역할 밖에 머무르면서 역할에 반응하려고 노력한다. 연행에서 역할을 창조함에 있어 배우는 반드시 지적으로 깨어 있는 상태를 유지해야 하며, 역할에 흡수됨으로써 발생하는 무아경적 경험을 최소화해야 한다. 이 관계는 정치적이고 사회적이며 개인적인 변화를 이끌어낸다고 간주된다.

존슨과 존슨(Johnson and Johnson, 1987)은 "역할 연기"에서의 역할 맡기를 엄격하게 합리적인 과정 안에서 규정한다. 역할을 맡은 사람은 활동을 위해 이성이 전적으로 깨어 있는 상태에 머무르며, 인지적인 학습 과정에도 열려 있다. 작업은 기술 중심적이고 역할 연기는 "특정한 기술과 그 중요성에 초점을 맞추는 도구이며, 이것은 경험적 학습의 핵심을 이룬다." 역할 연기는 "기술을 익히고 효율적인 행동과 효율적이지 못한 행동을 구별하고 그에 대해 논의하는 경험을 제공하려는 것이다"(1987, 24).

보알은 『배우와 일반인을 위한 연기 훈련』(1992)에서 몰입과

분리 사이에 좀 더 균형 잡힌 관계를 목표로 한다. "정서의 합리화
는 단지 정서가 사라진다고 일어나는 것이 아니다… 그것은 정서
내부에서 일어나기도 한다. 즉, 감정과 사고가 동시에 존재하는 것
이다"(1992, 47).

일부 학자들은 역할 작업 내에서 두 상태가 병존한다고 본다.
이것은 가비(Garvey, 1977)가 아동의 놀이에서 역할 맡기를 관찰한
작업에서도 나타난다. 가비는 의사소통을 두 종류로 나눈다. 한 가
지는 연행되는 역할 내에서의 의사소통이며, 다른 하나는 역할 외
부에서의 의사소통이다. 그리고 거기서 이루어지는 의견 교환은
다음에 무엇을 할 것인지, 놀이에서 나타난 문제를 어떻게 해결할
것인지 등 놀이 활동 자체를 대상으로 한다. 이를 "메타 의사소통"
이라 한다. 이러한 관찰은 연극이 아니라 놀이를 대상으로 한 것이
지만 메타 의사소통의 존재는 역할 연기에서의 몰입과 분리 사이
에 자연스런 병존 상태가 가능함을 말해 준다고 할 수 있다.

이렇게 볼 때, "무아경"과 "합리성"의 관계, 연행된 자기에서
몰입의 정도는 그 편차가 매우 큰 것이 분명하다. 이에 영향을 미
치는 요인으로 문화적 배경과 역할에 들어가는 목적과 기법 자체
를 꼽을 수 있다. 예를 들어, 브레히트의 경우, 이성적 과정에 대한
강조는 의도적으로 인지적이고 정치적인 변화를 이끌어내고자 하
는 연극의 목적과 관계된다. 존슨과 존슨(1987)은 이성적인 학습 과
정에 집중한다. 의도와 기법 그리고 무아경과 거리두기의 "수위"
는 창조된 역할과 관련하여 모두 연결되어 있다.

연극치료에서는 균형을 추구한다. 몰입과 합리성은 모두 감정
과 생각이 하나로 결합되는 결과에 영향을 미친다. 그러나 세션이
진행되는 동안에는 역할 작업의 관점에서 무아경과 합리성의 균형
이 매우 다양하게 나타날 수 있다. 어떤 기법은 역할로부터의 거리

를 강조할 수 있으며, 반대로 고도의 몰입을 촉진하기도 한다. 연극
치료에서는 "무아경"/"합리성"이라는 주제의 중심성에 주목하는
것이 중요하다. 또한 앞서 말한 연계성 — 의도와 기법 그리고 몰
입의 수위의 연결 — 도 그에 버금가게 중요하다. 연극치료에서 이
들 영역의 관계는 뒤에서 다시 언급될 것이다.

균열, 혼란, 변화

다른 페르소나를 연기하는 능력은 흔히 혼란이나 균열과 연결되곤
한다. 한편 정체성은 여러 가지 역할이 내적으로 연결된 체계에 의
존하는 것으로 정의되어 왔다(Argyle, 1969). 각 사회적 역할의 일관
성과 다른 역할들과의 연계는 사회의 작동과 개인의 안녕에 결정
적이다(Brisett and Edgeley, 1975). 그러므로 사회 전반의 건강성과 정
체감의 측면에서 개인의 효율적 기능성은 상호 의존적인 문제라
할 수 있다. 이러한 관점을 지지하는 아가일은 사회 조직이 일정한
방식으로 상호 작용하는 다수의 개인으로 구성된다고 단언한다.
이 일정한 방식에 대해서는 "해당 입장에 있는 사람의… 양식적 행
동으로 규정되는… 역할 개념으로써" 설명할 수 있다(Argyle, 1969,
277).

　드라마나 연행에 몰입할 때 정체성은 변환되며, 이것은 혼란을
유발할 수 있다. "변환"이라 함은 개인이 평소와 다르게 반응하거
나 행동함을 뜻한다. 평상시에 자신에게 주어지는 특성과 특질을
부인하고 크건 작건 자신의 정체성을 변화시키는 것이다. 자기 자
신을 벗어나지 않으면서 다른 특징을 취하거나 강조하는 연기를
할 때는 작은 변환이 일어난다. 다시 말해, 큰 틀에서는 자기 자신
을 연기하지만 인성의 특정한 부분 — 예를 들어, "엄마"나 "욕하

는 사람" 등 ― 을 부각시키는 것이라 할 수 있다. 그리고 큰 변환
은, 예를 들어 의상을 온전히 갖추고 코뿔소의 역할을 연기할 때
일어난다고 할 수 있다.

역할 맡기와 관련하여 연극은 이런 의미의 혼란과 매우 밀접하
다. 축제가 진행되는 동안 사회적 역할이 완전히 전도되는 중세 유
럽의 바보제가 그 좋은 예이다(Southern, 1962).

연행에서의 자기 역시 균열과 혼란에 연결되곤 하는데, 이러한
접근에서는 역할 맡기와 관련한 정체성의 변환을 위기에 반응하는
하나의 방식으로 이해한다. 다시 말해, 현실에서 어떤 특별한 상황
에 처하게 되면 사람들은 그에 대한 반응으로 연행에서의 정체성
에 의지한다는 것이다. 그 변환은 불균형을 바로잡는다고 여겨지
며 셰익스피어의 작품에 그러한 유형이 자주 등장한다.[1] 베커는 전
통적 형식의 그림자 인형극인 웨이양을 해당 사회가 정치적이거나
영적인 위기를 다루는 방식, "위험한 세력을 정복하거나 진압하는
방식"이라고 표현한다(Becker, 1979, 34). 또한 터너는 특정 문화권
에 존재하는 "사회적 드라마"를 언급하는데, 그것은 "일정한 규준
에 따라 평화로이 진행되던 사회적 삶이 그 특징적 면모를 이루는
규칙의 균열로 방해받을 때 사용된다"(Turner, 1974, 37). 그러니까
드라마로써 사회적 혼란을 처리하고 조절하는 것이다.

현대의 실험 연극 집단인 웰페어 스테이트 역시 연극 작업을

---

1) 예를 들어, 『리어왕』에서 글로스터의 적자이자 형인 에드거는
  서자인 동생 에드먼드의 모함으로 집안에서 쫓겨나다시피 도망
  가는 처지가 된다. 그때 에드거는 "미친 거렁뱅이 톰"을 자처하
  면서 광인 행세를 한다. 두 눈을 잃고 광야를 헤매는 아버지 글
  로스터를 만나고 나서도 에드거임을 밝히지 않고 걸인인 척 따
  라다니다가 절벽에서 자살하려는 아버지를 구한 뒤에야 자신의
  정체를 밝힌다.

혼란에 대한 반응이라는 유형 안에서 파악한다. 그들은 작업의 근거와 관련하여 자기들을 극적 신화와 의식 — 이것은 "사회의 실질적인 욕구에 뿌리를 둔" 형식이다 — 이 존재하지 않는 "현실 세계에서 작업하는"(Coult and Kershaw, 1983, 12) 사람들이라고 말한다. 그리고 그 "사회 생활"의 일상 세계에 연극과 사육제와 축제를 접목시키고자 노력한다. 연극 세계와의 접촉이 "변화를 가능케 하는 상상의 변형적 위력과 거기서 비롯되는"(1983, 13) 혼란으로 통하는 길을 내준다고 믿기 때문이다.

연극치료의 관점에서 연행에서의 자기와 혼란과 변화의 이러한 연관은 매우 중요하다. 내담자가 연극치료를 찾는 이유는 대개 삶에서 어떤 혼란을 겪고 있기 때문이다. 연극치료에서 역할 기능을 취하는 방식은 앞서 말한 연관 속에서 다음과 같이 정리할 수 있다:

혼란/위기 — 역할 입기와 탐험 — 대안 찾기 — 변화

이에 덧붙여 특히 중요한 사실 두 가지가 있다. 첫째는 역할로 들어가는 것이 사회적으로 그리고 개인적으로 혼란스럽게 경험되기 쉽다는 점이다. 그것은 갑이라는 사람이 있다고 할 때, 사람들이 갑을 갑으로 알아보게 하고 갑 역시 스스로 갑임을 인식하게 하는 통상적 틀거리 밖에 있는 경험이기 때문이다. 두 번째는 연행에서의 자기 또는 극적 역할을 입는 것은 문제나 어려움을 시정하기 위해 특정한 규칙 안에서 일상적 현실과 분리된 공간을 창조하는 것과 관련된다.

정체성의 일시적인 변화는 자기 자신과 다른 사람들에 대한 경험을 새롭게 변화시킬 수 있는 기회를 제공한다.

자기, 학습, 탐험

8장에서 말했듯이, 역할 맡기는 사회적이고 심리적인 특정한 발달 과정을 특징짓는 능력으로 볼 수 있다. 그것은 다른 사람과의 관계를 발달시킬 수 있는 능력 그리고 다른 사람들과 그 정서적 입장에 동일시할 수 있는 능력을 포함하며 사회적 기술, 인지적 관점 선택, 도덕적 합리화의 발달을 가져온다:

> 자신의 정체성을 의식적으로 다양한 가장의 정체성으로 변형하는 행동은 탈중심화 과정을 가속화할 수 있으며, 그럼으로써 관점 선택과 그 밖의 여러 가지 인지적 기술의 발달을 촉진하게 된다 (Johnson, Christie, Yawkey, 1987, 102).

윌셔(1982)는 드라마를 인간 발달의 본질적 특성으로 보는 예브레이노프(1927)의 생각에 공감을 표해 왔다. 그는 역할 맡기와 모방을 학습의 맥락에 둔다. "생물학적으로 인간의 형상을 갖춘 신체는 주변에 있는 사람들이 하는 행동을 배움으로써 비로소 인간이 되는 법을 배운다. 학습하는 신체는 모방을 통해 모델을 통합하는 것이다"(1982, 116).

블래트너와 블래트너는 현실을 창조적으로 탐험하고 세상 속에서 직면하는 문제를 처리하는 학습의 맥락에서 역할 맡기와 역할 연기를 본다. 그들은 "전이적 공간"의 창조에 관한 위니콧의 관점에서 이를 발달상의 중요한 단계로 간주한다. 그들에 따르면, 역할 연기는 "주관적" 세계와 "객관적" 세계 사이에 있는 "사람들이 자기 안에 잠재된 상상력을 활용할 수 있는 상대적으로 유동적인 차원"에서 발생한다. "그것은 드라마에서 보다 명백하게 표현되며,

그리하여 보다 의식적으로 조작되고… 보다 안전하며… 그리고 창조적인 도전을 가능하게 한다"(Blatner and Blatner, 1988b, 78)

역할 접근의 구조와 기법

앞에서는 역할 맡기의 경험이 합리성과 무아경, 변화와 혼란, 학습, 탐험과 정체성의 측면에서 어떤 방식으로 읽히는지를 살펴보았다.

여기서는 역할 접근의 가정과 구조 그리고 기법의 관계에 초점을 맞춰 관련 분야의 역할에 관한 기본 가정을 정리하고, 드라마와 치료에서 실제로 역할을 활용하는 구조와 기법이 그러한 가정과 어떻게 맞물리는지를 알아본다. 또한 역할을 사용하는 다른 분야들로부터 연극치료의 전제와 방법론이 어떻게 차별화되는지를 밝히고자 한다.

그러기 위해서 역할 사용을 중심으로 연극치료와 밀접하게 연관된 연극과 심리극 그리고 사회 과학 분야를 검토할 것이다.

연극

연극에서 역할의 창조는 공연에 초점을 맞춘다. 역할 맡기와 관련하여 일반적인 연극 공연의 기본 구조는 그림 9.1과 같다.

텍스트 ➡ 오디션 ➡ 역할 ➡ 역할 ➡ 역할 ➡ 관객 앞에서
선택하기   나눠 맡기   연습하기   확정하기   역할 상연
                                                               하기

그림 9.1 연극에서 역할

물론 연극의 접근법과 형식은 그 다양함의 범위가 극히 넓다. 공연에 따라서는 상연될 내용을 고정하지 않기도 하며, 연습 과정 역시 천차만별이다. 배우가 즉흥극을 통해 역할을 창조할 수도 있고, 연출가가 배우에게 특정한 해석을 연기하도록 권할 수도 있다. 또 배우의 개인적인 경험을 활용하여 역할을 창조하는가 하면 좀 더 객관적이고 기술적인 전달을 강조하기도 한다. 그림 9.1은 이처럼 수많은 접근법에 공통된 과정을 요약한다.

연극 과정은 일반적으로 역할에 대한 해석을 상연하는 데 초점을 맞춘다. 배우는 극단 및 연출가와 연대하여 합의된 미학을 형상화하는 데 개인적 창조성을 사용한다. 미학은 공연의 의도와 양식(그리스 비극이나 가부키 혹은 노오나 선전선동극)의 문제로, 연극 공연이 어떤 양식 — 상징주의, 사실주의, 자연주의 — 으로 관객과 소통할 것인가 역시 거기에 포함된다.

심리극

심리극은 내담자가 제시하는 문제를 역할의 관점에서 바라본다. 고전 심리극에서 역할은 치료와 문제 해결의 주된 수단이다. 심리극의 방법론과 철학(Moreno, 1983; Moreno and Moreno, 1959)은 심리적 문제와 질병을 역할의 관점에서 이해하며, 자기와 현실의 관계를 바라보는 방식에서도 역할의 비중이 매우 크다. 집단이나 개인 과정을 막론하고 고전 심리극은 "역할 분석"의 틀로 주인공을 정체화하고 제시된 문제를 이해하고자 한다. 모레노가 심리극의 본질이라 밝힌 주요 요소 — 주인공, 연출자, 보조 자기, 관객, 무대 — 는 역할의 상호 작용과 창조를 통해 내담자의 주제와 문제를 탐험하고 교정하는 데 참여한다. 블래트너는 역할 맡기가 내담자의

"핵심 기술"(Blatner, 1973, 108)이라고 말한다. 그리고 심리극의 작동 방식을 분석하면서 일련의 시나리오를 들어 그 광범한 활용의 폭을 선보인다. 그 다양한 시나리오는 현실 검증, 잠재 의식의 욕망, 정서적 외상, 정신증, 행동과 관련된 내담자의 문제나 주제와 연관되며, 각각의 상황에서 역할 맡기가 치료적 개입의 주된 수단으로 쓰인다. 그러므로 심리극에서 역할은 내담자에 대한 진단과 문제 표현 과정 그리고 그 문제에 대해 취해지는 처치나 치료 작업의 핵심에 자리한다고 볼 수 있다. 역할과 관련한 심리극의 기본 구조는 그림 9.2와 같다.

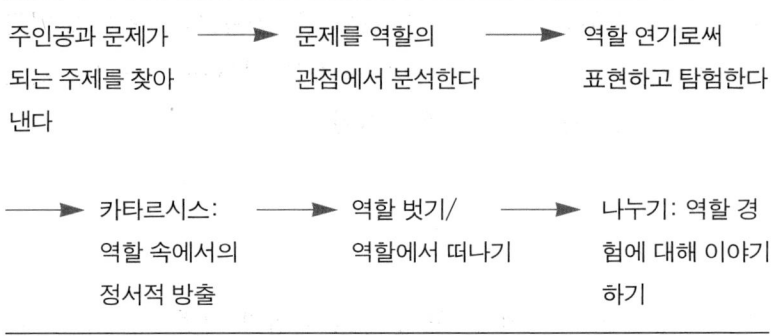

그림 9.2 심리극에서 역할

사회과학

사회과학에서는 학습과 재학습의 도구로서 역할 작업을 강조해 왔다.

역할 연기에서, 학생들은 교실에서 앞으로 연기하게 될 역할을 연습하고, 그 공연에 대해 일종의 피드백을 받는다(Argyle, 1969).

문제를 ➡ 문제를 역할의 ➡ 역할 연기를 ➡ 역할 ➡ 개인의
인식한다　관점에서　　　통해 학습　　연기와　삶에서
　　　　　분석하고 학습이　과제를　　　학습이　역할 문제가
　　　　　필요한 부분을　　정식화한다　일어난다　해결된다
　　　　　구체화한다

그림 9.3 사회과학에서 역할과 역할 연기

여기서 역할은 "역할 연기"로써 다뤄지며, 대개는 설정된 주제가 집중적으로 부각된다. 그 주제는 개인이나 집단 혹은 조직의 효율적인 심리적 기능이나 사회적 기능이 주를 이루며, 부분적으로 역할 개념이 개인의 기능을 평가하는 틀거리로 활용되기도 한다. 역할 연기를 심리적이거나 사회적인 기능과 관련하여 인식된 문제를 교정하는 수단으로 활용하는 것이다.

　가령, 사회적 상황에서 다른 사람들을 대하는 데 어려움을 겪는 사람이 있다고 하자. 역할 연기는 이러한 문제를 다루는 데 가장 효과적인 기법으로, 다양한 사회적 상황에서 사람들을 대하고 행동하는 새로운 방식을 만들고 연습하는 데 활용될 수 있다. 그것은 역할 연기에서 창조된 새로운 관계 맺기 방식이 개인의 일상 현실로도 옮겨질 수 있을 거라는 기대를 반영한다.

　이러한 접근에서 강조점은 심리극의 심리 치료적 탐험이나 연극에서의 창조적이고 미학적인 측면에 있지 않다. 여기서 개인은 내적으로 상호 관련된 일련의 역할로 간주된다. 사람들은 저마다 즐겨 연기하는 몇 가지 역할을 가지고 있고, 그로부터 자기가 누구인지를 감지하고 확인한다. 그리고 같은 방식으로 다른 사람들이 연기하는 역할에 따라 그들이 누구인지를 이해한다. 역할 연기를

통해 서로 관계를 맺는 것이다. 또한 역할은 개인의 정체감과 평형 유지에 필수적인 하나의 기능으로 나타난다. 역할 연기를 통해 역할을 실질적으로 활용함으로써 역할의 기능 방식과 관련된 주제로서의 개인의 사회적 또는 심리적 문제를 교정하는 도구가 된다. 지도력에 관한 마이어(Maier, 1953)의 작업과 정신병원에서의 모턴(Morton, 1965)의 작업을 그 사례로 들 수 있다.

연극치료

연극치료는 일반 연극과 달리 일반적으로 공연이나 창조적 표현에 주안점을 두지 않는다. 공연을 할 때도 상연 자체를 목표로 하지는 않는다. 연극치료의 초점은 공연과 역할 맡기의 창조적 과정에서 얻는 치료적 이점에 있으며, 연극치료에서 공연은 치료적 목적을 위한 수단일 뿐이다. 훈련 내용과 기법은 일견 똑같아 보일 수 있으나 그것들이 놓여진 맥락과 의도 그리고 효과의 측면에서 연극 경험은 연극치료의 그것과 엄연히 다르다.

예를 들어, 한 여배우가 공연을 위해 역할을 준비하고 있다고 하자. 그녀는 자신의 감정과 경험을 역할과 관련지으면서 역할을 개인적으로 소화하려 할 것이다. 그리고 연습 과정에서는 의식적으로나 무의식적으로 연기에 자기 삶의 경험을 담아낼 것이다(26쪽에 있는 "거트루드와 햄릿"을 참고하시오). 자기 삶의 경험에 의존하여 공연을 위한 역할을 준비한다는 점에서는 연극치료의 내담자도 다르지 않다.

다만 연극치료에서는 역할을 맡고 그것을 개인적 과정과 연결짓는 행위가 내담자의 치료적 변화를 직접적인 목적으로 한다는 데에서 결정적인 차이가 나타나는 것이다. 이것은 훈련 과정의 경

험 자체뿐 아니라 그 기능과 목표를 수정한다. 그러나 일반 연극에
서도 의도치 않은 효과가 나타날 수는 있다. 물론 역할의 일차적
목표는 관객과 효과적이고 창조적으로 소통하는 데 있겠지만, 거
기서도 배우는 역할을 연기할 것이고, 그 표현은 개인과 관련한 탐
험에 의해 좋아질 수 있으며, 그리하여 부수적으로 연극 밖에 있는
실제 삶에 영향을 미칠 수 있다는 것이다.

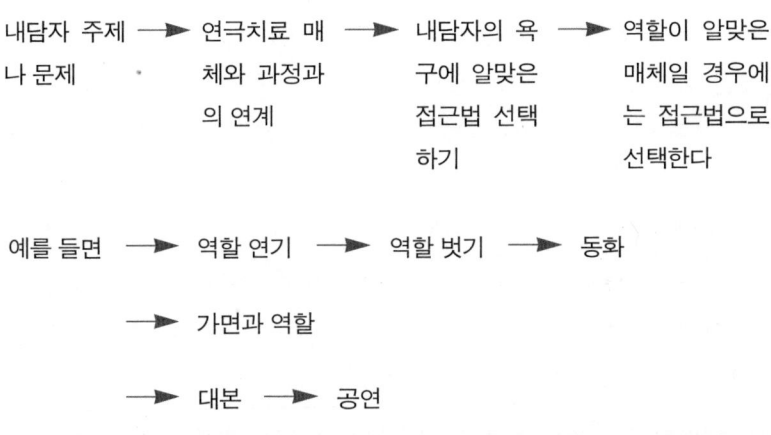

그림 9.4 연극치료와 역할

　　연극과 심리극 그리고 사회과학과 연극치료 사이에는 역할 사
용의 측면에서 유사한 점이 있다. 사회과학과 연극치료 그리고 심
리극에서 나타나는 역할 연기의 기본 유형은 부정할 수 없는 모레
노의 영향을 보여 준다는 사실이 그러하다. 심리극과 연극치료의
경계와 관계에 대한 논의는 지금도 진행 중이다.
　　심리극과 사회과학은 개인이나 집단의 문제를 일차적으로 역
할의 관점에서 정의하며, 역할에 초점을 맞춘 구조와 기법으로써

교정을 진행한다. 연극치료는 이와 달라서 문제가 역할의 양상으로 제시될 수는 있으나, 연극치료사는 그 문제나 주제를 다루고 표현하는 방식을 찾아내기 위해 일련의 다양한 극적 과정과 표현 언어를 고려할 것이다.

연극치료사는 가면, 즉흥극, 대본 쓰기, 기존 희곡의 활용, 희곡의 상연, 의상이나 무대 만들기 등을 활용하여 내담자가 문제를 탐험하거나 해결할 수 있게 돕는다. 역할은 연극치료사가 작업하는 방식의 일부인 것이다. 예를 들어, 제시된 주제를 놀이 중심의 활동을 통해 탐험한 다음 역할 연기로 발전시키고, 거기서 다시 행위 예술에 바탕을 둔 하나의 작품을 만드는 것으로 나아갈 수 있다.

한편 연극치료사는 치료 과정에서 역할을 입고 작업하기도 한다. 이는 역할 연기에 참여하기 위해서 — 내담자의 문제를 탐험하기 위해서 — 일 수 있고, 내담자가 경험하는 전이의 주제를 살펴려는 것일 수도 있다. 랜디는 「일대일」이란 논문에서 내담자가 생쥐 역을 할 때 코끼리 역을 하였던 경험을 인용하여 역할 속에 있는 치료사를 상세하게 설명하고 있다(Landy, 1989).

연극치료에서 역할은 내담자와 치료사가 활용할 수 있는 표현 매체의 일부로서, 주된 작업 방식으로 쓰일 수도 있고 다른 방법론과 함께 사용될 수도 있다. 또한 연극치료는 제시된 문제를 반드시 역할의 관점에서 분석하지는 않는다. 12장에 나오듯이, 주제를 발달이라는 틀거리 안에서 고려하는 방식이 그러한 예가 될 것이다.

연극치료의 작업 과정은 고전 심리극이나 역할 연기의 구조를 따를 필요가 없다. 그러한 구조를 활용할 수는 있지만 내담자의 욕구를 다양한 극적 과정의 견지에서 고려하는 것이 더 중요하다. 예를 들어, 치료 작업에서 오직 역할 **창조**만을 원하는 내담자가 있을 수 있다. 그것은 바꿔 말해 다른 사람들과 함께하는 역할 연기나 카타르시스가 없어도 된다는 것이다. 연극치료에서는 그런 경우에 내담자가 주제나 문제를 대상으로 충분히 작업할 때까지 몇 주에 걸쳐 다양한 매체를 활용하여 한 가지 역할을 발전시킬 수 있다. 되풀이하건대 전통적인 역할 연기는 연극치료가 의존하는 과정의 일부일 뿐 유일하거나 지배적인 역할 과정은 아니다. 역할이 가진 연극적이고 극적이고 치료적인 가능성 일체는 내담자나 집단의 욕구에 따라 활용되는 것이다.

연극치료의 실제와 역할

연극치료 내에도 역할 맡기와 역할 연기의 특정한 양상을 강조하는 다양한 접근법이 있다. 예를 들어, 랜디는 거리 조절의 중요성(1986)과 함께 연극치료의 틀거리로서 역할 창조 혹은 유형 분류의 개념(1994)을 강조한다. 제닝스는 내담자의 역할 레퍼토리 개발의 중요성을 강조하며(1987), 그레인저는 역할 몰입의 무아경적이고 의식儀式적이고 몰입적인 측면을 고려한다(Grainger, 1990). 리드 존슨은 역할의 본질을 변형의 치료적 잠재력이라는 관점에서 조명한다(1988). 에무나와 리드 존슨(1983), 제닝스(1992)와 미첼(1992)은 연극치료의 공연과 초연극적 맥락에서 역할을 바라본다. 멜드럼은 자기와 역할의 관계에 대한 연극치료적 접근을 연구해 왔다(Meldrum, 1994).

랜디(1994)는 역할을 연극치료에서 일차적인 치유 요인으로 보고 그에 근거한 접근법을 개발해 왔다. 작업의 형식은 랜디 자신이 만든 역할 유형 분류를 바탕으로 역할에 이름을 붙이는 데에서 시작된다. 사람들은 저마다 고유한 역할 체계를 가지고 있는데, 연극치료 작업에서는 그 체계에 "접근"하여 거기시 "인성의 한 측면"
인 한 가지 역할을 뽑아낸다(1994, 46). 그런 다음 그 역할을 연기하
고 탐험하며 또 그에 대해 성찰하고, 종국적으로는 거기서 나타난
변화를 내담자의 삶으로 통합하는 과정으로 나아간다. 여기서 역
할 유형의 분류는 가능한 역할의 목록을 체계적으로 제시함으로써
역할 작업을 보강하는 데 의미를 가지고 있다.

연극치료에서 역할 맡기는 모두 그림 9.5의 기본 유형을 따른
다.

역할 입기　　──▶　　극적 활동 확장　　──▶　　역할 벗기　　──▶　　동화
　　　　　　　　　　　　하기/탐험하기

그림 9.5 연극치료에서 역할 맡기의 유형

역할 입기

역할 입기는 내담자가 역할로 들어가는 과정이다. 이 과정은 자발
적으로 일어나 내담자가 별 다른 도움 없이 역할 연기를 시작할 수
도 있고, 연극치료사가 내담자에게 뭔가를 말로 표현하기보다 행
동하거나 "보여 주기"를 청할 수도 있다. 그런 경우는 대개 내담자
가 드라마나 연극치료를 경험한 적이 있는 집단일 가능성이 높다.
그리고 어떤 경우에는 내담자가 역할을 유지할 만한 에너지가 충
분하지 않은 상태에서 곧바로 상황 연기에 들어가게 되기도 한다.

상자9.1 **역할 입기 요인**

- 내담자의 집중 시간
- 드라마 사용과 관련한 내담자의 발달 수준
- 몰입과 정서적 집중의 정도
- 창조적 몰입과 기술의 특성
- 역할을 맡고 연기하는 연극/드라마의 전통과 관련한 내담자의 문화적 배경
- 집단의 역사, 이전의 역할 작업 경험

　그러한 에너지의 부족 현상은 대개 다음 중 한 가지 이상의 원인에서 비롯되는 경우가 많다. 흥미 부족, 정서적 몰입 부족, 지나친 정서적 몰입, 연행의 방향에 관한 혼동이나 착오, 집중력이나 기술의 부족, 역할로 들어가거나 남아 있는 데 저항하게 하는 심리적 장벽이 그것이다.

　역할 입기는 내담자가 역할 속으로 들어가 역할의 에너지를 유지하도록 돕는다.

　치료사는 역할 입기로 들어가기에 앞서 역할 작업과 내담자의 관계를 사전 평가해야 한다(12장을 참고하시오). 이것은 드라마와 역할을 사용하는 내담자 능력의 발달 수준이나 내담자가 연극치료의 극적 표현에서 의미를 찾는 방식과 관련된다. 예를 들어, 역할 연기에 매우 익숙해서 역할을 잘 유지하고 세련된 극적 상호 작용을 창조할 수 있는 내담자는, 쉽게 혼동을 일으키고 역할 연기 경험이 거의 없으며 주의 집중 시간이 짧은 집단과는 상당히 다른 양상을 보일 것이다.

　연극치료 활동이라 해서 반드시 다른 역할과 상호 작용해야 하

는 것은 아니지만 실질적인 역할 활동에 참여하기 위해서는 특성
한 기술과 능력이 요구된다. 상자 9.2는 그러한 기술과 능력에 어떤
것들이 있는지를 말해 준다. 그것은 개인이나 집단이 역할 작업으
로 진행할 준비가 되어 있는지 여부를 파악하는 역할 맡기의 사전
작업으로 활용할 수 있다.

상자9.2 역할 전 점검 사항			
다음 항목에서 높은 점수를 보이는 내담자는 역할 작업에 들어갈 준비가 되었다고 판단할 수 있다.	알맞은 난에 표시하시오		
	A	B	C
• 행동을 가장할 수 있다	☐	☐	☐
• 다른 사람이 할 만한 말을 상상할 수 있다	☐	☐	☐
• 다른 사람이 느낄 만한 감정을 상상할 수 있다	☐	☐	☐
• 어떤 것에 대해 다른 사람이 어떤 식으로 반응할 것인가를 상상할 수 있다	☐	☐	☐
• 다른 사람들이 상상으로 꾸며낸 생각에 반응할 수 있다	☐	☐	☐
• 다른 사람들과 효과적으로 소통할 수 있다	☐	☐	☐
• 상상을 통해 어떤 사물을 다른 사물 대신 사용할 수 있다	☐	☐	☐
A=그렇다 B=약간 그렇다 C=아니다			

역할 입기 활동은 특정 역할의 "최종 산물"의 창조를 목적으로
한다는 측면에서는 명확한 목표를 가질 필요가 없다. 역할 입기는
순전히 탐험적이고, 역할은 그 작업으로부터 자연스럽게 발달될
수 있다.

아래 사례는 약물 남용 센터에 다니는 여섯 명의 내담자에게서 얻은 것으로 집단의 형성 초기에 작업이 이루어졌다. 참여자들은 대본과 움직임 작업에 상당한 관심과 창조성을 보여 주었다.

사례 연구 9.4: 대본과 역할 입기

참여자들은 한 단어를 중심으로 거기서 상상의 대화나 상호 작용을 이끌어내는 방식으로 대본 쓰기 작업을 해왔다. 그리고 중심 단어는 내담자가 그 동안 작업해 왔던 주제를 반영하거나 문제가 되는 영역을 나타내는 것으로 정했다. 리타는 "아니야" 라는 단어를 택하여 다음과 같은 대본을 만들었다.

> 가: 여기가 아니야. 저기로 가.
> 나: 여기?
> 가: 아니. 거기가 아니라니까. 저기로 가라구.
> 나: 여기?
> 가: 아냐, 아니라구. 거기가 아니란 말이야. 너 도대체 왜 그래?

참여자들은 각자의 대본을 만들었다. 리타 역시 자기 대본을 가지고 즉흥극으로 탐험하면서 "가"와 "나"를 연기할 때 어떤 역할이나 인물이 나타나는지 관찰하였다. 처음에는 대본을 아무 말 없이 일련의 조각상으로 표현하였다. 그런 다음에는 조각상이 되어 계속해서 자세를 바꾸면서 대본에 있는 대사를 말하거나 거기서 더 발전시킬 수 있었다. 그렇게 해서 일련의 조각상으로 "가"와 "나" 두 역할이 나누는 대화를 확장하였다. 거

기서 나온 리타의 역할은 부정적인 모습이었다. "난 몰라"(그녀
는 웅크리고 앉아 팔로 몸을 꽉 감싸 안았다), "도와주세요"(고개
를 위로 쳐들고), "혼자 있게 내버려둬"(팔을 뻗어 밀쳐내듯). 리
타는 대본과 조각상에서 떠오른 것들을 이야기했다.

여기서 대본의 내용은 일종의 준비 작업으로서, 리타가 관심 영역
을 구체화하여 주제에 초점을 맞추고 그 감정과 상황에 집중할 수
있도록 도와주었다. 전에 리타는 약물에 대해서 아니라고 말하는
것이 너무나 힘들었다면서, "삶을 바꾸겠다고" 결심하기 전에 두
번이나 센터에 들어왔던 경험을 털어놓은 적이 있었다. 그 점에 착
안하여 역할 작업은 "아니야"라고 말하고자 하는 그녀의 욕망과
그렇게 말하지 못하는 무능력함에 관한 주제를 탐험하는 방향으로
진행되었다. 미리 고정된 역할은 전혀 없었고, 즉흥극을 하면서 역
할이 자연스럽게 나타났다.

　문화적 차이는 역할 작업에서 고려해야 할 중요한 요소이다.
문화적 배경에 따라 역할에 대한 정서적 몰입이 상대적으로 높게
나타나기도 하고 연기자와 역할 사이에 거리를 둔 관계를 더 강조
하기도 한다. 곧 내담자의 문화적 배경이 몰입과 거리두기와 관련
하여 역할을 대하는 태도를 반영할 수 있음을 의미한다. 연극치료
는 일반적으로 균형 잡힌 몰입의 상태를 목표로 한다. 균형 잡힌
몰입이라 함은 "자기의 정서적이고 이성적인 부분이 균형을 이루
고 있는 상태," 곧 내담자가 "정서에 압도당할까봐 두려워하지 않
고 느낄 수 있고, 열정적으로 반응하지 못하게 될까 염려하지 않으
면서 생각할 수 있는 상태"를 말한다(Landy, 1986, 8).

　역할 입기에서 한 가지 덧붙일 점은 역할 벗기와 동화 단계와
관련한 것이다. 역할 입기를 위한 구조는 흔히 역할 벗기에서 반복

되거나 반대로 쓰인다.

어떤 역할 작업에서든 연극치료사의 역할은 과정을 시작할 때 집단의 정서적 욕구와 창조적/미학적 욕구를 명확하게 잡아내는 데 있다. 그리고 필요하다면 내담자가 역할에 잘 들어갈 수 있는 구조를 제공해야 할 것이다.

역할 활동

역할 입기의 말미에 가면 내담자는 역할에 들어가 몰입하게 된다. "역할 활동"은 개인이나 집단이 역할을 탐험하고 발전시킬 수 있게 하는 구조를 지칭한다. 거기서는 내담자가 제시하거나 해당 활동이 목표한 내용을 다루게 된다. 역할 활동은 특정한 역할이나 상호 작용하는 일련의 역할을 단일한 초점으로 할 수 있다. 예를 들어, 대본에 쓰인 역할을 즉흥극을 거쳐 가면으로 만들 수 있다.

연극치료의 역할 활동에는 대개 다음 요소들이 포함된다.

- 역할 조각상
- 역할 연기
- 즉흥극
- 기존 희곡에 바탕한 작업
- 내담자가 쓴 대본을 연행하기
- 희곡을 상연하기
- 매체(가면, 인형)를 사용한 역할 활동
- 극적 놀이

이러한 표현 범주 내에서 분신, 독백, 역할 바꾸기 같은 과정을 활용할 수 있다.

연극치료사의 역할은 내담자가 그 치료적 욕구를 충족시키기에 적합한 극적 도구와 과정을 찾아 작업하게 하는 데 있다. 다음 사례는 연극치료가 치료 작업 내에서 역할에 관련된 다양한 극적 과정을 어떻게 조합할 수 있는지를 잘 보여 준다. 탐험과 표현의 형식 안에서 내담자의 욕구를 충족시키고자 애쓰면서, 역할 작업은 역할 연기, 스토리텔링, 상징적인 가상의 인물 창조, 의상의 형식으로 진행된다. 집단은 정신병원 낮병동에 다니는 아홉 명의 내담자로 이루어졌고 인용된 세션에 앞서 10개월 동안 작업을 지속해 왔다.

사례 연구 9.5: 아나의 그림자, 역할 활동

아나는 사람들에게 자기 문제를 내놓았다. 아들이 자기를 모시겠다고 하는데, 그녀는 며느리와 한 공간에 있는 것을 견딜 수가 없었고, 그래서 병을 구실로 아들의 청을 거절하곤 했었다. 그런데 이제 병이 회복되면서 점점 더 부담이 심해져 갔고, 그래서 사람들에게 "싫다"고 분명히 말할 수 있도록 도움을 요청했다. 집단원 중 한 사람이 그녀에게 며느리의 문제가 무엇이냐고 물었다. 아나는 "뭔가 있긴 한데, 그게 뭔지를 모르겠어요. 정확히 꼬집어서 말할 수가 없네요"라고 말했다. 그녀는 며느리와 함께 있으면 불편한 느낌이 든다고 했다. 그리고 자신의 그림자를 느꼈다.

나는 그 문제를 더 깊이 살펴보기를 원하는지 물었고, 그녀는 동의했다. 우리는 상황을 어떤 방식으로 탐험할지 이야기했다. 나는 그녀에게 극적인 여러 가지 작업 방식들 — 가면이나 스토리텔링 또는 구체적인 연행을 통해 일어난 일을 직접적으로 살펴보는 것을 포함해서 — 을 제안했다. 앞에서 말한 대로, 이 집단은 일정 기간 이상 작업을 지속해 왔기 때문에 그들 나름의 작업 방식을 선택하는 데에 익숙해 있었다. 나는 그림자 이미지를 가지고 작업할 수도 있다고 말했다. 나와 의논을 한 뒤에 아나는 조각상을 만든 다음 사실적인 역할 연기를 하기로 결정했다. 그녀는 자신과 며느리와 아들뿐 아니라 그림자를 하나의 인물로 장면에 포함시키고 싶어했다. 나는 그녀에게 장면을 어떻게 만들어야 하는지 물었다. 그녀는 세 사람을 자신과 며느리와 아들 역할로 지목하고 나서 소품 상자에서 붉은 옷가지를 몇 개 꺼내 베일을 만들어 쓰고 직접 그림자를 연기했다.

의자 네 개를 무대 한 켠에 놓아둔 다음, 아나는 관객이 있을 공간을 지정해 주었다. 배우들은 역할을 맡기에 앞서 네 개의 의자에 앉았다. 이 방법은 역할 벗기 과정에서도 다시 한 번 사용되었고, 집단은 이미 이 장치에 익숙해 있었다. 역할 입기는 조각상 만들기와 분신 기법으로 구성되었다. 아나는 자기 자신과 며느리와 아들로 선택한 사람들을 조각상으로 만들고, 자기도 그림자로서 그 속에 들어갔다. 장면은 아들과 며느리가 찾아온 상황으로 거실에서 진행되었다. 아나는 자신과 아들과 며느리의 분신 역할을 했다. 그녀는 배우들의 어깨에 차례로 손을 얹고서 각 인물이 무엇을 생각하고 느끼는지를 말해 주었다. 아나는 이를 통해 장면에 들어가기 시작했고, 다른 배우들도 각자의 역할을 간략하게 파악하고 준비할 수 있었다. 그녀는 "그림자"로서 자신을 며느리 약간 뒤에 배치했다.

연기가 시작되자 아나는 처음에는 몰입하지 못하고 역할의 경계에 어중간하게 걸친 채 장면과 무관한 이야기를 하기 시작했다. 그녀는 문제에 대한 집중력을 잃은 듯 보였다. 아나는 돌아서서 집단과 나를 쳐다보더니 "아니에요. 이게 아니에요"라고 말했고, 실제로도 그와 똑같았다고 덧붙였다. 그녀는 말 그대로 며느리와 대면할 수 없었던 것이다. 우리는 장면을 다시 한 번 연기했고 또다시 같은 상황에 이르렀다. 뭔가 바꾸고 싶은 게 있느냐고 묻자, 그녀는 우선 혼자서 그림자로서 말해 보면 좋겠다고 대답했다. 장면에 있는 사람들과 그림자 자신에 관한 이야기를 하고 싶다고 말했다.

일단 장면을 멈추고 나는 아나와 이후의 진행 방식을 의논했다. 아나는 자기가 그림자의 역할을 계속하고, 다른 참여자 세 사람이 자신과 며느리와 아들로서 이야기를 표현해 주었으면 좋겠다고 결정했다.

그녀는 먼저 그림자가 평생 동안 다른 사람들의 옷장 속에서 살아온 과정을 이야기로 들려주었다. 그림자는 옷장에서 태어나 "이 옷장에서 저 옷장으로" 전전하면서 한 번도 제 몸을 가져보지 못했다. 사람들은 옷과 함께 그림자를 꺼내고 집어넣으면서도 전혀 알아채지 못했다. 혹 그림자의 존재를 인식했을 때는 아무 이유 없이 슬퍼하거나 갑갑해 했고, 그러고는 그림자를 내던져버린 뒤에 그림자가 다른 누군가의 옷장으로 옮겨갈 때까지 나타나지 않았다.

이야기를 하면서 그림자의 역할로 가족을 마주하자 아나는 울기 시작했다. 처음에는 역할에서 빠져 나왔지만 멈추지 않고 계속 하기를 원했다.

몇 주 전, 그녀는 2년 전에 남편과 헤어졌고, 그는 현재 자기와 살 때 바람 피웠던 여자와 지내고 있다는 사실을 사람들에게 말했었다. 이 시점에서 나는 그림자 역할에 아들에 대한 감정뿐 아니라 남편과 관련된 감정이 섞여 있지 않은지 궁금하였다. 그리고 동시에 다른 여자들 — 아마도 며느리와 남편의 동거인 — 의 "그림자 속에" 있는 것이 주제로 떠올랐다. 또 다른 차원에서 그림자 역할은 아나의 정체성의 일부로 해석될 수도 있을 것이다. 아마도 그녀가 두려워하거나 억압했던 일부가 아닐까? 그 역할은 또한 아나가 인정하기 힘들어하거나 두려워하는 감정을 표현할 수 있게 하는 통로로 기능할 수도 있다.

아나가 이야기를 마쳤을 때, 나는 그림자에 대해 더 할 말이 없는지 물었다. 그녀는 없다고 했지만 혼란스러워 보였다. 나는 그림자로서 어떤 느낌이 드는지를 질문했고, 그녀는 거절당하고 길을 잃고 버려진 낯익은 느낌이라고 답했다. 나는 전에 다른 상황에서도 어떤 방식으로든 그런 감정을 느낀 적이 있지 않느냐고 물었다. 아나는 잠시 사이를 두고 전남편과의 상황을 언급했지만, 그림자가 "그들"에게 말하지는 않는다고 했다.

그러나 이내 아나는 여전히 그림자의 역할 속에서 고통과 분노 그리고 거절당한 느낌과 상실감, 남편과 그의 여자에 대한 질투를 쏟아내기 시작했다. 무대에는 며느리와 아들과 자신을 연기하는 사람들이 내내 함께 있었고, 고의였는지 우연이었는지 그때 마침 그녀가 썼던 베일이 바닥에 떨어졌다.

"그림자"가 끝나자 아나는 역할 연기를 중단하고 싶다고 말했다. 나는 그림자가 이야기에 나오는 다른 사람들에게도 할 말이 있을지 모른다고 했지만, 그녀는 한사코 역할 연기를 그만두겠다고 고집했다.

나는 아나가 당장 역할에서 나오고 싶어한다는 걸 느꼈다. 그러나 역할 벗기 과정을 통해 자신이 창조한 그림자 페르소나를 제대로 떠나보내야 한다고 생각했다. 한 시간이 경과해서 남은 시간은 30분밖에 없었다.

이런 식으로 아나는 억압되었던 감정을 표현할 수 있었고, 뒤엉킨 채 혼란과 고통을 초래했던 여러 가지 감정을 하나씩 분리해 내기 시작했다. 그렇지만 그녀가 창조한 내용에는 아직도 많은 것들이 잠재되어 있다고 느껴졌다. 그녀가 표현한 감정의 수위가 그렇게 말해 주는 것 같았다. 세션이 진행되는 동안, 나는 "그림자"와 관련하여 아나에게 있을지도 모르는 가능성들을 마음속에 떠오르는 대로 제안했었다. 그러나 나는 아나가 무엇을 의식하고 있는지 알지 못했을 뿐 아니라 아나가 창조 작업에서 어떤 의미를 찾아낼 수 있을지에 대해서도 알지 못했다. 어쨌든 시간상 역할 벗기로 넘어가 세션을 마무리해야 할 시점에 왔다는 점이 중요했다. 아나 역시 역할 연기를 그만하고 싶어했다. 그래서 나는 연행을 마무리하되 더 심도 있는 탐험의 여지를 남겨둘 수 있는 작업 방식을 택했다.

나는 미처 준비되지 않은 상태에서 연행 내용을 분석하도록 아나에게 부담을 주고 싶지 않았다. 그리고 이 단계에서 지나치게 의식적으로 분석하는 것은 자칫 아나의 창조성과 더 심화된 작업의 가능성을 해칠 수도 있었다. 여러 가지 의문점들이 머리 속을 떠돌아다녔다. 아나는 왜 그림자를 며느리의 뒤편에 두었을까? 그녀는 왜 그림자가 자기 자신과 며느리와 아들이 있는 앞에서 말하게 했을까? 네 인물은 어떤 방식으로 아나의 자기에 통합되는 것일까? 나는 그림자 인물에 관심이 있었다 — 그것을 융과 폰 프란츠의 그림자 개념과 연결 지을 수 있을까 — "그림자는 당신 내부에 있는 당신이 모르는 모든 것이다"(von Franz, 1970, 6) — 혹은 아니마와 아니무스에? 나는 또한 그녀가 붉은 베일을 선택한 것이 흥미로웠다. 그러나 무엇보다도 가장 중요한 요소는 그녀가 자기에게서 나온 연행 내용에 어떻게 반응했으며, 그것을 의식하고 있었는가 하는 점이다. 나는 세션에 대한 나의 반응을 살피고 작업과 관련하여 치료사로서 과제를 점검하기 위해 이런 생각들을 수퍼비전[1] 받아야 했다. 남은 단계의 관건은 아나가 연행에서 떠날 수 있는 방식을 찾는 것과 이 세션에서 적절한 의미를 찾아낼 수 있게 하는 것이었다.

역할 벗기와 동화

사례 연구 9.6: 아나의 그림자, 역할 벗기와 동화

나는 아나가 요구한 대로 그림자 역할을 떠나보낼 수 있도록 베일을 한쪽에 벗어두고 역할 입기/역할 벗기 의자로 돌아오라고 했다. 그리고 그림자를 빈 의자로 간단히 재현해 보지 않겠느냐고 제안했다. 그리고 그렇게 하는 것은 그림자가 보여준 것에서 찾아낼 수 있는 뭔가를 탐험하려는 뜻이라고 설명했다. 우리는 무대에 그림자를 나타내는 의자를 하나 갖다 두었다. 아나는 그 의자의 분신이 되어 그림자로 말을 했다. 나머지 세 개의 의자는 며느리와 아들 그리고 아나 자신을 나타냈다. 그

---

1) 수퍼비전이란 연극치료사가 존경하는 어떤 사람, 곧 동료 예술 치료사나 심리 치료와 관련된 전문가와 함께 자신의 작업 경험을 공유하고 그에 대한 의견을 묻는 것을 말한다. 다른 심리 치료사들과 마찬가지로 심한 심리적 스트레스에 노출되어 있는 연극치료사는 수퍼비전을 통해 작업 내용을 성찰하고 그로부터 배울 수 있는 틀거리를 얻는다.

림자는 그들에게 메시지를 선했고 인물들 또한 그에 반응했다.

아나는 그런 다음 무대에서 나와 역할 입기/역할 벗기 의자로 가서 각 의자, 곧 며느리와 아들과 그림자와 자신을 나타내는 의자에 차례로 앉아 하고 싶은 말을 했다. 역할을 연기했던 내담자들도 무대에서 나와 역할 입기/역할 벗기 의자에 앉아 역할로서 연행이 어떻게 느껴졌는지 그리고 역할을 연기한 소감이 어떤지를 이야기하면서 역할을 벗었다. 아나 역시 같은 방식으로 그림자가 되어 연기하면서 느낀 것과 그림자 역할을 연기한 소감을 말했다. 그런 뒤에 배우들은 객석으로 돌아갔고, 참여자들은 동그랗게 모여 앉았다. 아나와 배우들과 관객이 저마다 연행을 돌아보면서 세션에서 무엇을 얻었는지에 대해서 이야기 나누는 시간을 가졌다. 아나는 한 번도 드러낸 적 없었던 감정을 표출한 것 ― "나는 죄책감을 느꼈다" ― 이 좋았다고 말했다. 한편으로는 슬프고 외롭기도 했지만, 그림자를 연기하면서 진정한 기쁨을 얻었다고 했다.

역할 활동에서 사용된 구조는 일반적으로 명확한 종결을 요한다. 이 시점에서 내담자는 그때까지 연기한 역할을 떠나 보낸다. 집단 작업의 경우라면, 개인은 이때 자기가 연기한 역할을 떠나면서 한편으로는 다른 사람들이 역할을 벗는 것도 인식한다.

마무리 단계의 활동은 흔히 이러한 사실에 대한 확인을 목표로 한다. 앞에서 보았듯이(320-1쪽을 참고하시오), 역할 맡기는 문화적으로 혼란과 연관되어 있다. 역할 활동을 하는 동안 내담자들은 자기 자신과 다른 사람들의 정체성을 인식하는 방식에서 모종의 변화를 경험하기 마련이다. 그러므로 역할 벗기 과정에서도 혼란은 염두에 두어야 할 중요한 개념이 된다. 역할 벗기 과정은 연행에서의 역할을 떠나는 시간일 뿐 아니라 평소의 정체성을 다시 정비하고 정리하기 위한 시간이다. 배우의 역할 벗기는 한편으로 관객을 위한 것이기도 하다. 연행을 지켜본 관객이 그 역할이나 주제 또는 정서에 강하게 동일시했다면, 그들 역시 관객으로서 역할을 벗을 필요가 있으며, 또한 배우가 집단원으로서 평소의 자기로 돌아오는 것을 지켜보아야 한다. 그리고 정서적으로 많이 자극을 받았거나 상처받기 쉬운 사람들, 혼란을 일으킬 수 있는 사람들과 극적 역할 맡기에 익숙하지 않은 사람들에게도 역시 분명한 역할 벗기는 매우 중요하다. 그것은 일종의 중심을 고쳐 잡는 행위라 할 수 있으며, 역할 벗기를 제대로 수행하기 위해서는 역할 입기에서와 마찬가지로 내담자의 특정한 욕구를 이해하는 것이 필요하다. 역할 벗기의 길이와 특징과 깊이는 해당 집단과 진행하고 있는 역할 활동의 특성에 달려 있다.

동화는 자기와 역할 연기에서 나타난 자기 사이에 관계를 확립하는 것과 관련된다. 앞에서 말했듯이(327-8쪽을 참고하시오), 이에 대해서는 다양한 견해가 존재한다. 동화는 세션 안에서 심화된 극적 활동이나 토론의 형식을 취할 수 있다. 혹은 세션 밖에서 일어나도록 방치되기도 하고, 연행과 역할 벗기 과정에서 적절하게 일어날 수 있으므로 굳이 세션 내에서 의도적으로 실행할 필요가 없다고 여겨지기도 한다.

연극치료사의 역할은 내담자가 역할 활동에서 벗어날 수 있는 절차를 제공하는 것과 역할 작업에서 제기된 내용을 동화시킬 수 있는 방식을 궁리하고 적용하는 것이다.

예로 든 작업에서는, 역할 입기 과정이 역할 벗기 과정을 용이하게 해주었다. 내담자들이 역할 입기에서 쓴 의자를 역할 벗기에서 다시 사용한다는 것을 알고 있었기 때문이다. 그 과정 또한 내담자들이 절차에 익숙해서 더욱 수월했다. 의상을 벗는 행동 역시 역할 벗기 과정의 일부였다. 그리고 아나에게 역할 안에서 나머지 인물들에게 메시지를 전하게 한 것은 그림자로서가 아니라 그녀 자신의 반응에 강조점을 둔 것으로, 그녀는 그 활동을 통해 역할에서 빠져 나와 역할이 아닌 자기 자신의 관점에서 주제를 볼 수 있었다. 역할 벗기는 배우들 모두가 역할의 느낌과 역할 연기에 대한 소감을 말함으로써 더욱 진전되었다. 나는 내담자들이 자기가 연기한 역할을 일인칭이 아닌 삼인칭으로 지칭하게 하여 — "그가 말했을 때…"라거나 "그림자가 소리쳤을 때…" — 그 과정을 도왔다. 그것은 또한 역할을 떠나는 방식으로도 기능했다. 역할을 떠난다고 해서 반드시 연행에서 제시된 감정이 소멸되지는 않으며, 다만 내담자가 본연의 정체성으로 되돌아갈 수 있게 도울 뿐이다. 이는 세션 밖의 삶으로 돌아가기 위한 준비의 측면에서 그리고 역할 속에서 수행된 작업을 일상의 정체성으로 동화시키는 출발점이라는 측면에서 모두 중요하다.

마지막에는 말로 세션 전체를 돌아보는 시간을 가졌다. 앞서 말한 대로 이는 동화 과정을 지지하기 위한 활동이며, 간간이 끼어든 침묵과 함께 약 15분 동안 진행되었다.

이후 세션에서 아나는 처음에 제기한 문제를 가지고 작업을 진행하였다. 다른 사람들 역시 각자의 문제를 가지고 작업했다. 그러나 아나는 이내 그림자로 돌아갔고 한동안 그 페르소나를 적극적으로 탐험했다. 그림자의 가면을 만들고 시를 쓰기도 했으며, 사람들에게 가면에 관한 또 다른 이야기를 들려주고 연행하기도 했다. 나중에는 역할 연기를 하면서 남편과 그의 여자를 직접 대면할 수 있었다. 그녀는 사람들에게 며느리와 아들을 대하기가 전보다 편해졌다고 말해 주었다. 그러한 변화는 부분적으로 그녀가 며느리

에 대한 감정과 남편의 여자에 대한 감정의 관계를 자각하고 이해
하게 된 덕이고, 또 다르게는 "그 그림자"를 인식한 결과이기도 하
다. 이어지는 작업에서도 그녀는 그림자를 떠나지 않았고, 그리하
여 그것을 자신의 일부로 직시하는 데에까지 나아갔다.

　연극치료에서 역할 작업은 아나가 문제의 다양한 차원을 동시
에 표현할 수 있게 했고, 또한 그 내용을 탐험하고 발전시킬 수 있
게 해주었다. 역할 연기는 의상, 가면, 역할 연행, 시 쓰기, 스토리텔
링을 통해 확장되었고, 아나는 그러한 극적 수단의 다양성에 힘입
어 문제에 창조적으로 반응할 수 있었다.

요약

1. 연극치료에서 역할은 극적 정체성의 창조와 관련된다. 이것은
일상의 정체성과는 전적으로 다를 수 있으며 혹은 그 극적 재현일
수도 있다. 모든 역할 작업은 극적 정체성의 발달과 그 정체성의
연행 그리고 그것으로부터의 분리로 이루어진다.

2. 경우에 따라 연극치료에서 "역할"은 특정한 역할 기능에 초점을
맞추는 것을 지칭하기도 한다. 예를 들어, 가족 역할이나 사회적 역
할 혹은 집단 역동 역할(딸, 친구, 파괴자 등)에 초점을 맞춰 작업할
수도 있다는 것이다.

3. 연극치료에서 내담자는 역할 창조에 참여할 수 있다. 그러나 이
는 단지 치료 내에서 선택 가능한 하나의 방식 혹은 연행 요소일
뿐이다.

4. 역할 연행은 한 세션 내에서나 연속되는 세션에서 다른 극적 양식이나 과정과 연계할 수 있다.

5. 역할 작업의 길이와 특성은 내담자의 욕구와 맥락에 따라 달라질 수 있다. 치료 작업은 연행으로 확장하지 않고 역할을 창조하는 것만으로도 가능하며, 전통적인 역할 연기로 진행하거나 혹은 몇 회 세션에 걸쳐 역할을 연기할 수도 있다.

6. 내담자는 창조된 역할에 대하여 다양한 개입의 양상을 보일 수 있다. 정서적으로 매우 몰입할 수도 있고 아주 거리를 둘 수도 있다. 역할과 관련하여 상당한 인지적 분석이 진행될 수도 있고 전혀 없을 수도 있다.

7. 역할에 대한 몰입은 순간적일 수도 있고 길게 유지될 수도 있다. 그것은 그리스 비극이나 심리극처럼 카타르시스를 강조하지 않으며, 웰페어 스테이트가 묘사한 대로 클라이맥스의 개념을 강조하지도 않는다. 또한 사회과학에서 역할 연기를 활용할 때와 같이 학습 과정의 완성에 주력하지도 않는다. 극적 접촉은 치료 목표와 내담자의 욕구에 맞게 적용하여 몰입의 정도와 역할에 머무르는 시간 그리고 분석적 성찰의 수위 등을 조절한다.

10. 상징과 은유

윤곽과 비율은 자연스럽지 않지만, 캔버스에 그려진 이 모든 성과 나무, 그리고 바위가 진짜이기를 믿기 위해서는 반드시 그것들이 진짜이기를 원해야 한다.

호프만, 「무대 감독의 잔인한 고통」

개관

상징과 은유는 연극치료 작업에서 거의 빠짐없이 등장한다. 이 장에 소개된 사례들은 그 다양성 ─ 참여자들을 가시 돋친 철조망 울타리로 조각한 남자, 거미줄 한가운데 있는 거미 신神을 연기한 여자, 탑에 갇힌 남자의 이야기를 들려준 자폐 청년, 전화기가 손을 쓰다듬는 즉흥극 ─ 을 잘 보여 주고 있다.

연극치료에서 상징이나 은유적 표현은 내담자가 제시한 문제와 특별한 관계를 형성한다. 이 장에서는 그 특수한 관계를 살펴보고, 그것이 연극치료의 치료 과정을 어떻게 지지할 수 있는지를 설명하고자 한다.

상징: 의미의 성운

가부키 같은 연극적 전통에서는 입의 실룩거림이나 손짓 하나하나
가 그에 따른 상징적 의미를 갖고 있어서 신체적 움직임과 자세가
의미 있는 해석의 코드를 가진 상징적 기호로 기능한다. 그래서 눈
동자의 움직임으로도 "달"을 상징할 수 있게 된다. 상징은 다른 뭔
가를 나타내는 형식으로서 기능한다. 그러나 그러기 위해서 나타
내는 대상과 외형적으로 닮을 필요는 없다. 상징은 또한 복합적인
생각이나 개념을 나타내기도 한다. 예수를 상징하는 십자가나 공
산주의를 상징하는 낫과 망치가 그러한 예이다.

상징은 좀 더 모호한 방식으로 기능하기도 한다. 융(Jung, 1959)
에 의하면, 상징은 수많은 잠재적인 의미의 단서를 거느리기 마련
이며, 따라서 그중 어느 하나를 결정적이거나 최종적인 것으로 한
정하려 드는 것은 상징의 잠재력을 제대로 이해하지 못한 소치라
할 수 있다. 에코가 고찰하듯이, 상징의 내용은 "가능한 해석들이
무리지어 모여 있는 성운"이다. 상징은 무어라 말할 수 있는 뭔가
를 지시한다. 그러나 "그 뭔가는 절대 명확하게 단정적으로 말할
수 없으며, 그렇지 않다면 그 상징은 이미 상징이 아니다"(Eco,
1984, 161).

프로이트와 융에게 있어 무의식과 꿈은 분석 내에서 개인이 정
서적 외상의 경험이나 고통에 대한 통찰을 얻는 데 활용할 수 있는
풍부한 상징의 원천이다. 저 유명한 프로이트의 『꿈의 해석』(1900)
은 상징적 재현의 과정을 집중적으로 파고든다. 존스가 말했듯이,
프로이트적 사고에서 "상징은 다소 감춰지고 비밀스러우며 깊이
저장되어 있는 생각에 대한 명백한 표현이다"(Jones, 1919). 밀러는
상징을 우리의 무의식 세계와 외부 세계를 연결하는 핵심적인 방

식으로 간주한다. 즉, "의식 내면의 환상적 현실을 실어 나르는 운반차와 그 밖에서 일어나는 모든 것들 사이를 오가는 일종의 안내 서비스"라 할 수 있다(Miller, 1983, 266). 그러므로 심리 치료에서 상징은 꿈이나 자유 연상이나 그림을 통해 무의식적으로 표현되는 어떤 것으로서 내담자는 상징을 통해 억압된 정서적 외상의 경험이나 문제와 소통한다. 심리 치료의 역할은 이 소통을 명확하게 하고 그 과정에서 내담자가 치료적 변화를 가져올 통찰을 성취하게 하는 것이다.

연극치료는 상징이나 상징적 관계 맺기가 치료에 제공하는 잠재적 의미의 다양한 스펙트럼을 인식한다. 상징은 주제를 표현하고 창조하는 데 쓰일 수 있다. 내담자들은 좁은 골짜기 사이로 모습을 드러낸 용에게서 여러 가지 중요한 의미를 읽어낼 수 있다. 또한 학습 장애가 있는 집단에게 상징을 익히고 쓸 수 있는 기회가 주어진다면, 내담자들이 세계를 이해하고 관계 맺는 방식에 매우 중요한 변화가 나타날 것이다.

드라마 세계와 현실 세계의 상징적 연관은 연극치료의 효능에 핵심적이다.

은유: 한 대상으로부터 다른 대상으로

언어학적으로 은유는 어떤 특성을 공유하는 서로 다른 두 대상이나 주체를 한데 엮는 것을 말한다. A가 정말로 B인 듯이 B의 관점에서 A를 서술하는 것이다. 예를 들어,

"내 딸은 하는 짓마다 나비이다."

여기서 우리는 딸이 실제로 나비라고 믿지는 않는다. 이 문장은 딸과 나비의 특성을 강력하게 하나로 묶어 내고 있다. 어떤 것이 마치 다른 무엇인 것처럼 언급되는 것이다. 이렇듯 은유는 어떤 대상이 다른 대상과 중요한 연관을 갖고 있음을 인식한다. 나비를 닮은 딸의 모습이 특히 강조되도록 딸의 특성과 나비의 특성을 한데 엮는 것이다. 은유가 이렇게 두 가지 서로 다른 특성을 연결 지을 수 있는 근거는, 그것들이 "은유적 연관" — 공통되는 특성 — 을 갖고 있기 때문이다. 앞의 예에서 나비와 딸이 공유하는 특성은 한곳에 머물지 않는 성질이다.

다시 말해, 은유는 두 대상을 하나로 묶는 진술 방식이며, 그 대상 혹은 주체는 서로 상당히 다르지만 은유적 연관을 통해 연결된다. 이를 정리하면 그림 10.1과 같다.

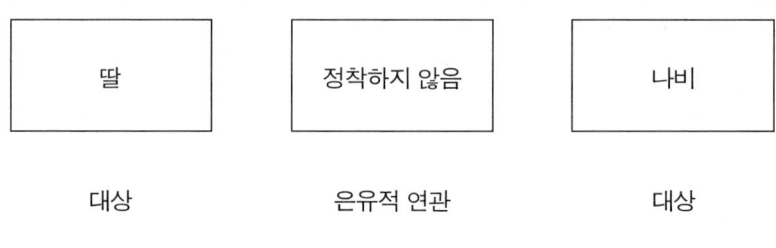

그림 10.1 은유적 연관

치료에서 은유는 막힌 상황의 돌파구가 되어 준다. 내담자가 어떤 상황이나 문제를 생각하다가 막혔을 때는 흔히 은유의 도움을 빌곤 한다. 예를 들어, 식구들마다 가족 안에서 어떤 역할을 하는지를 동물로 나타내 보게 하는 식이다. 스키너(Skynner, 1976)는 한 여자 내담자가 치료사인 스키너를 "말미잘"로 은유함으로써 자신과의 관계를 조명했던 사례를 든다. 그녀는 그 은유로써 치료사에 대한 모순적인 경험 — 처음에는 "따뜻하고 편안한 사람으로서 다른 사람들로 하여금 신뢰하게 만들지만, 그 다음에는 갑자기 사람들을 찔러대면서 내면에 있는 것들을 밖으로 끌어내 또다시 내동댕이쳤다"(1976, 343) — 을 이야기할 수 있었다. 그리고 그렇게 은유를 탐험하고 사용하면서 치료사와 내담자 모두 치료의 역동을 좀 더 쉽게 이해할 수 있었다.

직설적으로 말하기 힘든 것이 있다면 은유를 빌어 이야기할 수 있다. 은유는 말하고자 하는 본래 대상과 일정한 거리를 두며, 그 거리 덕분에 내담자는 직접적으로 할 수 없었던 뭔가를 드러내 말할 수 있게 된다.

연극치료에서도 극적 은유는 유사한 기능을 한다. 은유는 치료에 새로운 인식을 가져다주고, 평상시에는 접근하기 어려운 내용에 다가갈 수 있는 통로를 열어 준다.

다음 두 사례는 연극치료에서 은유와 상징의 치료적 가능성을 보여 준다. 첫 번째 사례는 은유를 통해 어떻게 문제에 접근해 가는지를 알게 해준다.

사례 연구 10.1: 탑 속의 왕자

낮병동의 자폐증을 가진 성인들로 구성된 연극치료 집단은 치료사 한 명과 보조자 한 명 그리고 처음에 내담자 세 명으로 출발하였고, 2년에 걸쳐 일주일에 한 번씩 만났다. 내담자들은 자폐증 환자들이 흔히 그렇듯이 손으로 얼굴을 가린다거나 의식적인 행동을 보이고 일체의 의사소통에 저항하는 특징을 나타냈다. 눈맞춤은 제한되었고, 자발적으로 말하는 경우는 거의 없었으며, 환경에 사소한 변화만 생겨도 극도의 위협과 스트레스를 받았다. 과정을 시작하기에 앞서 내담자들을 관찰하고 함께 작업해 본 덕분에, 나는 그들이 기존 상태를 유지하는 데 집착하고 있음을 알 수 있었다. 한 예로 의자가 늘 있던 자리에 있지 않으면 그것을 제자리에 돌려놓으려 하며, 또 일과가 평소처럼 진행되지 않거나 생활 환경에 혼란이 생기면 극심한 고통을 느끼는 것이다. 내담자들은 자해를 하거나 주변 사람들을 물리적으로 공격할 수도 있었다.

여기서 집중적으로 살펴볼 내담자 토머스 역시 앞서 말한 특징에서 벗어나지 않았다. 그는 환경에 변화가 생기면 변하지 않은 요소들을 계속해서 읊어대곤 했다. 그러니까 바뀐 환경에서 변하지 않은 것들을 하나하나 꼽으면서 기존의 상황을 되풀이해서 말하는 것이다. 그러다가 변화를 어느 정도 받아들일 수 있는 단계에 이르면, 이번에는 거꾸로 새로운 상황과 관련된 것들을 늘어놓곤 했다. 그는 또 사람들과의 접촉에서 곧잘 위축되었다. 그리고 중요한 환경 변화와 같이 살면서 겪어온 일들이 감정적으로 어떤 결과를 가져왔는지 내보이긴 했지만, 감정 자체나 그 사건이 자기에게 어떤 의미인지에 대해서는 직접적으로 말하려 들지 않았다.

식사나 낮병동에서의 활동 같은 일과에 대해서는 그렇지 않았지만 좀 더 개인적인 문제에 관한 직접적인 언급은 허용되지 않았다. 그에 대해 이야기하거나 질문하면 곧바로 차단 반응 — 어떤 소통이 일어났다는 데 대한 전면적 부정 — 을 보였다. 이것은 도망을 간다거나 허밍을 하면서 눈이나 코나 입을 가린다거나 몸을 흔든다거나 계속해서 점프를 하거나 몸을 물어뜯는 자해의 형식으로 나타났다.

내담자들이 경험한 주된 어려움 중 하나는 생활하면서 이런 저런 일들로 분명히 고통 받고 있음에도 불구하고 그 문제를 놓고 소통할 수 있는 뾰족한 방법을 전혀 갖고 있지 않다는 점이었다. 그래서 내담자 부모와의 회의에서 우리는 난처한 상황을 탐험하고 표현하는 방식을 찾아내는 것을 집단의 목표로 삼기로 결정했다.

그에 따라 두 가지 중요한 질문이 떠올랐다. 대부분의 시간을 관계 자체가 부인되고 기피되며 혹 존재하는 경우에도 여러 가지 문제에 둘러싸인 세계에 살고 있는 듯 보이는 사람들에게 어떻게 하면 관계의 느낌을 심어줄 수 있을까 하는 것이 첫 번째 물음이었고, 두 번째는 어떻게 내담자들에게 소통하고 표현하는 방식을 익히게 할 것인가와 관련되었다.

나는 개인적으로 이야기 작업의 은유적 가치를 검증하겠다는 목표를 세웠다. 작업을 통해 토머스의 내면 체험과 이야기의 외적 표현 사이에 은유적 관계가 성립될 수 있는지를 알아보고 싶었다.

베틀하임(Bettelheim, 1976), 폰 프란츠(von Franz, 1970), 저시와 킹(Gersie and King, 1990) 같은 이들이 기록하고 있듯이, 이야기의 형식은 치료에 유용한 틀거리를 제공할 수 있다. 베틀하임은 이야기를 되풀이해서 듣고자 하는 어린이의 욕망은 "동화에서는 내면의 과정이 외화되고 이해 가능한 것이 된다"는 사실에 근거한다고 본다(1976, 27). 폰 프란츠 그리고 저시와 킹은 모두 이야기가 어른과 어린이에게 공히 치료에서 상징적이고 은유적인 가치로 사용될 수 있다고 입을 모은다. 이러한 접근에서 이야기의 인물과 사건 그리고 배경과 시나리오는 내담자로부터 상징적이고 은유적인 의미를 부여받게 된다.

이 집단에게 이야기를 활용한 접근은 두 가지 측면에서 치료적으로 의미를 찾을 수 있었다. 첫 번째는 은유적 언어(인물, 이야기의 사건)는 내담자들이 자신에 대해 직접적으로 말하지 않으면서도 개인적인 내용을 다룰 수 있게 한다는 것이다. 두 번째는 이야기를 연행한다면 그저 말로만 할 때보다 신체적이고 시각적인 표현에 더 의존하게 될 것이라는 점이다.

사전 평가 기간에 내담자 개개인이 갖고 있는 이야기 목록을 작성하면서 이야기를 구성하고 연행하는 데 필요한 능력에 어느 만큼 근접해 있는지를 함께 고려하였다. 그리고 내담자들이 이야기의 이미지와 삶에서 맞닥뜨린 문제를 얼마만큼 연관 지을 수 있는지를 파악하는 것이 중요했다.

작업은 삼 단계로 진행되었다. 맨 먼저 집단의 이야기 목록을 만들었다. 그 결과 내담자들이 몇 가지 이야기를 알고 있다는 것을 파악할 수 있었고, 목록이 좀 더 풍부해지면 선택의 폭과 함께 내면의 정서 상태를 반영하는 범위가 확장될 수 있다고 생각되었다. 그리고 집단의 언어 기술이 부족해서 말에 의존하지 않는 스토리텔링 방식을 찾아야 했다. 이야기 목록을 늘리고 스토리텔링 방식을 찾아내기 위해 우리는 이야기에 필요한 인물, 사건, 시나리오, 사물을 이미지로 나타낸 일련의 이야기 카드를 고안했다. 내담자들 역시 알고 있는 이야기로 여러 가지 그림 카드를 만들었다(사진 10.1-10.3 참조).

두 번째 단계에서는 이야기 카드에서 이미지를 골라 일련의 순서로 배열하여 짧은 이야기를 만든 다음 그것을 장면으로 구성했다. 처음에는 한 왕자가 또 다른 왕자를 만났다는 식으로 아주 간단한 이야기가 나왔고, 나무들 사이로 날아다니는 새에 관한 이야기도 있었다(사진 10.3 참조). 내담자들이 접근

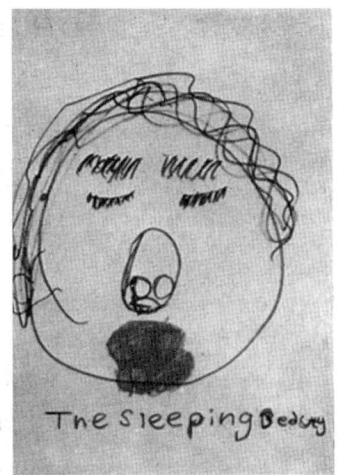

사진 10.1 잠자는 공주

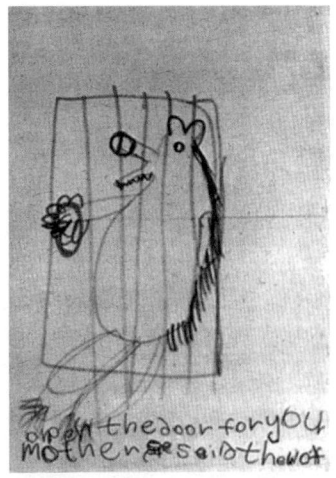

사진 10.2 "문을 열어라." 엄마로 변장한 늑대가 말했다

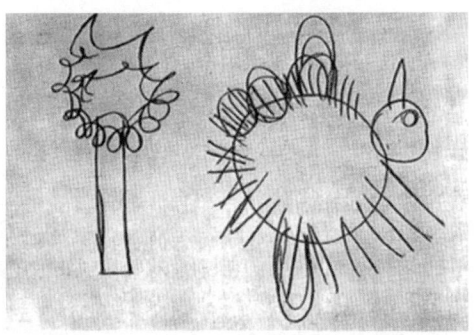

사진 10.3 나무들 사이로 이리저리 날아다니는 새

법에 친숙해질수록 이야기는 점점 더 복잡해졌고, 전형적이고 반복적인 행동에서 한층 개인적인 재현이 나타나게 되었다. 그리하여 본래 이야기의 이미지와 인물 그리고 사건이 개인적인 이야기 언어로 변형되었다.

다음 이야기는 토머스가 만든 것이다. 그는 이야기 카드에서 필요한 이미지를 고른 다음 치료사의 질문에 답하면서 줄거리의 흐름을 잡아 무슨 일이 일어났는지를 간단히 설명하고서 다른 사람들과 함께 이야기를 짧게 연행하였다. 그것은 작업이 9개월째로 접어들 때였다. 토머스의 이야기는『잠자는 숲 속의 미녀』와『라푼젤』그리고『아기 돼지 삼형제』의 흔적을 보여 준다.

이야기는 왕자에 관한 것이다. 그는 집을 갖고 싶어한다. 집과 탑은 마녀의 것이다. 마녀는 그 집에 있었다. 왕자는 그 탑에 있었다. 왕자는 밖에 나가서 집을 찾고 싶었다. 탑 속에 있는 왕자는 죽으면 행복할 것이다. 왕자가 마녀를 때려눕힌다면 탑에서 빠져 나올 수 있을 것이다. 마녀가 탑으로 다가왔을 때 그는 마녀를 때려죽이고 밖으로 나왔다. 왕자는 마녀의 집으로 들어갔다. 그는 집으로 돌아갔고 그들은 산책을 나갔다.

앞에서 말한 이유로 마지막에 이야기와 개인적인 연관 관계를 생각해 보는 것은 불가능했다. 내담자들은 연기했던 역할에서 빠져 나와 카드를 던져 버렸고, 그래서 간단한 신체적 활동으로 과정을 마무리했다. 그러나 위와 관련된 다음 이야기를 보면, 이야기의 요소들이 단순히 줄거리에 활용되는 데 그치지 않고 만든 사람의 감정과 내적 갈등과 근심을 표현하고 있음을 알 수 있을 것이다.

같은 세션에서 나온 다음 이야기 역시 앞서 말한 과정을 거쳐 만들어졌다.

손에 관한 이야기 — 손은 누가 자기를 쓰다듬어 주기를 원했다. 맨 먼저 엄마가 다가와 어루만져 주었지만, 엄마는 손을 꼬집기도 했다. 손은 아빠에게 갔지만 아버지는 톱질을 하고 있었다. 아버지가 손을 쓰다듬어 주었지만 역시 상처를 냈다. 손은 전화기에게 갔다. 전화기는 손을 어루만져 주었고 꼬집지도 않았다. 손은 사과를 먹었다. 손은 개를 만났다. 개가 손을 먹었다.

시간이 지남에 따라 같은 이미지나 시나리오가 되풀이되면서 주제가 나타나기 시작했다. 이러한 반복 현상이 뚜렷해진 것은 첫해 작업이 끝나갈 무렵부터였다. 한 가지 이미지나 시나리오가 변형이나 다양한 표현을 통해 여러 가지 이야기로 변주되었다. 나는 이것이 이야기 작업의 내적 공명을 나타내 줄 뿐 아니라 주목할 필요가 있는 갈등이나 문제로 내담자들이 계속해서 돌아오고 있음을 일러 주는 징표라고 생각했다. 이야기를 만들고 연행하는 것은 무의식의 내용을 상징적이고 은유적으로 재현할 수 있는 공간일 뿐 아니라, 대안을 개발하고 탐험할 수 있는 자리이며 갈등의 해결을 모색할 수 있는 기회였다. 토머스가 계속해서 회귀했던 이미지는 "탑 속의 왕자"라는 이름을 얻게 되었다.

상당량의 작업이 탑에 갇힌 왕자에 관한 이야기로 진행되었고, 줄거리는 대개 탑 속에서 일어나는 일을 소재로 했다. 토머스는 탑 안에 있는 문과 자물쇠 그리고 복도와 방에 대해서 일련의 긴 이야기를 만들었다. 처음에는 탑에 밖으로 난 문이나 창이 없었다. 그러다가 벽돌 뒤에 창문의 형태가 나타나더니 점차 문과 창이 생겨났다(사진 10.4와 10.5 참조). 그리하여 나중에는 탑에 이미지와 사물 그리고 사건들이 한가득 모여 살게 되었다(사진 10.6 참조).

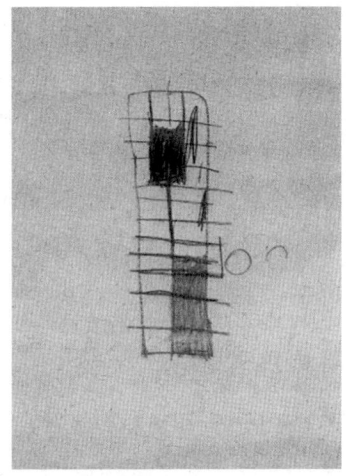

사진 10.4 창문이 있는 탑

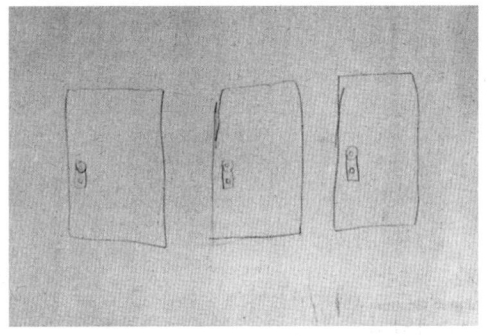

사진 10.5 탑에 있는
세 개의 문

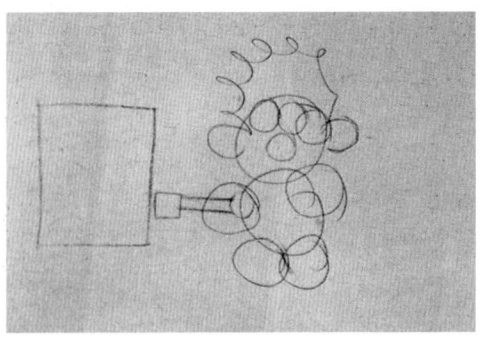

사진 10.6 열쇠를
가지고 있는 왕자

왕자가 복도를 걷고 있다. 그는 손에 열쇠를 쥐고 있다. 그는 문으로 다가간다. 그는 열쇠 구멍을 통해 밖을 본다. 첫 번째는 식당이다. 거기에는 한 무더기의 칼과 포크밖에 없다. 두 번째는 커다란 침대와 옷장과 탁자가 있다. 세 번째는 마녀다.

 비로소 이 이미지들이 은유적이라는 사실이 분명해졌다. 이 말은 곧 내담자가 자신의 삶과 연관 단계를 형성했음을 뜻한다. 그러나 그 연관 관계가 말로써 직접적으로 인식되지는 않았다. 토머스는 이야기를 통해 그의 삶의 주제와 문제를 돌아볼 수 있었다. 낮병동에서 토머스의 부모를 만나면서 우리는 그 주제가 토머스의 생활에서 비롯되었다는 사실과, 이야기라는 대안이 토머스에게 여간해서는 허락되지 않는 것들에 대해 말하는 통로가 되어 주고 있음을 알 수 있었다.

 "두 왕자"라는 이야기가 이를 여실히 보여 준다. 우리는 토머스의 형이 곧 집을 떠날 거라는 사실을 알고 있었다. 앞에서도 말했듯이 토머스는 생활의 어떠한 변화도 극도의 고통으로 경험하였고, 과거에도 비슷한 경우에 너무나 심한 신체적 고통을 호소한 적이 있었기 때문에 그의 부모님이 그러한 사실을 우리에게 미리 알려준 것이었다. 그 즈음 토머스의 이야기 속에서 탑 속의 왕자는 두 번째 왕자와 만났다. 한동안 이야기는 탑에서 함께 머무는 두 왕자에 관한 것으로 채워졌다. 그러다가 그들은 탑 밖으로 함께 나갔고, 한 왕자가 긴 여정을 떠났다가 탑으로 돌아오곤 했다. 당시에 우리에게 토머스의 이야기와 현실의 연관 관계를 의심하는 마음이 있었다면, 그것은 그가 작업 도중에 순간적으로 두 번째 왕자를 형의 이름으로 불렀을 때 완전히 사라졌을 것이다.

토머스는 형과 관련된 상황이나 문제를 직접적으로 말하지는 못했다. 그러나 그는 이야기를 통해 우선 형과 함께 있고자 하는 욕망을 표현하고, 또 형이 결국엔 돌아올 것임을 자신에게 설득하면서 그를 떠나보내는 실험을 함으로써 불안을 덜 수 있었던 것 같다. 토머스의 부모 역시 그가 예상했던 만큼 고통스러워하지는 않았다고 말해 주었다. 이것은 연극치료 집단이 토머스에게 은유를 통해 자신을 탐험하고 표현하는 기회가 되었으며, 그로써 그의 고통을 덜어줄 수 있었음을 말해 주는 하나의 지표가 될 수 있을 것이다.

극적 은유: 기본 과정의 요약

극적 은유의 사용과 관련한 기본 과정은 토머스의 사례에 근거를 제공한다. 첫 번째 단계는 내담자가 사용하고 있거나 사용할 수 있는 극적이고 구어적인 이미지의 세계를 찾아내는 것이다. 에코(Eco, 1984)는 이를 두고 은유나 상징을 만들 때 꺼내 쓰는 "참조의 백과사전"이라고 부른다.

연극치료의 목적을 위해 내담자가 이미지와 자신을 연관지을 수 있는지 또 개인적 은유를 만들 수 있는지 확인하는 것은 매우 중요하다. 토머스의 사례를 들어 말하면, 이것은 그가 탑과 자기 자신 사이에 연관 관계를 형성할 수 있는가의 문제와 연결된다. 토머스의 이야기에서 핵심 되는 은유적 연관은 탑과 그 자신으로서 둘이 모두 "닫혀 있다"는 데 있었다. 또 다른 예는 "떠남"이라는 은유적 연관을 갖고 있는 그의 형과 두 번째 왕자이다. 앞에서 은유를 설명하는 데 쓰였던 그림 10.1을 사례 연구에서 사용된 은유적 과정을 요약하기 위해 다시 한 번 인용한다.

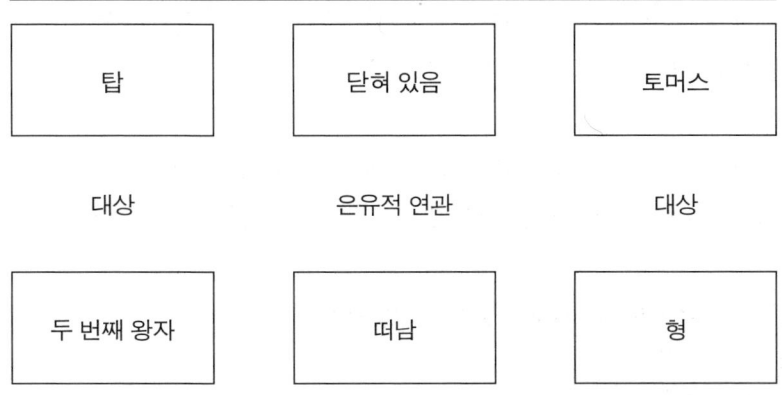

그림 10.2 탑 속의 왕자: 두 가지 극적 은유

기본 과정의 두 번째 단계는 은유에서 만들어진 연관을 활용하여 상황을 탐험하는 것과 관련 있다. 토머스의 사례에서 탐험은 이야기의 형식을 취했다. 이야기를 그림으로 그리고 연행하면서 억압된 감정을 표현하고 돌아볼 수 있게 했다. 은유의 치료적 효과는 그것이 일상의 소통 내에서 억압되고 검열당하는 감정을 표출하고 표현할 수 있도록 허용하는 데에서 발현된다. 경험을 표현하고 연관 짓는 대안적 양식으로서 극적 은유는 방출과 변화를 가능케 한다.

마지막 단계는 은유적 탐험을 실제 삶에 연관시키는 것이다. 토머스의 경우에 이것은 의식적으로 표현된 통찰로써 나타나지는 않았다. 그러나 그의 말 "실수"와 형이 떠난 데 대한 실제 반응에서 토머스에게도 그러한 통찰이 일어났음을 미루어 짐작할 수 있다.

연극치료에서 극적 은유가 사용되는 기본 과정을 다시 한 번 요약하면, 첫 번째는 극적 은유와 관련된 내담자의 이야기 목록 혹은 백과사전의 내용을 확인하고 사용하는 것이고, 두 번째는 극적 은유를 통해 밝혀진 내담자의 문제를 가지고 작업하는 것이며, 세 번째는 작업을 현실에 동화시키는 것이다.

토머스의 사례가 극적 은유와 관련된다면, 다음 사례는 문제를 탐험하는 데 있어 극적 상징이 어떻게 작용하는지를 보여 준다.

사례 연구 10.2: 가시 철조망 울타리

정신병원 낮병동의 연극치료 집단에서 조지는 그 집단에서의 자기 감정을 주제로 조각상을 만들었다. 연극치료는 예술 치료 프로그램의 일환으로 6주째 폐쇄 집단으로 운영되고 있었다. 그때까지 나는 집단 전체가 드라마를 매체로 쓰는 데에 익숙해지고, 복잡한 극적 형식을 사용할 수 있게 하는 데에 힘을 기울였다. 내담자들은 자연스럽게 상징과 은유를 사용하여 개인의 경험을 표현하고 집단의 역동을 관찰하였다.

조지는 5주 동안 내내 집단에서 일어나는 활동에 참여하지 않고 앉아만 있었는데, 여섯 번째 세션이 시작되자 선뜻 사람들에게 자기 감정을 보여 주고 싶다며 나섰다. 사람들은 늘 그래 왔듯 한참 침묵을 이어가다가 하나 둘씩 함께 작업하는 것에 대한 느낌을 이야기하기 시작했다. 조지는 사람들을 둥그렇게 만들었다. 그리고 나를 좀 떨어진 곳에 세워두고 원을 바라보게 한 다음, 자기는 원 가운데로 들어가 나를 향해 섰다. 그리고 그는 조각상의 분신이 되어 원은 가시 달린 철조망이며, 나는 그 안으로 들어가고 싶어하고, 자기는 내가 가까이 다가오지 못하게 총으로 쏘려 한다고 말했다.

나는 조지에게 이 조각상을 좀 더 탐험해 보자고 했다. 먼

저 그가 원 안에 있을 때의 느낌을 자유롭게 연상한 다음 "철조
망 울타리" 역할과 "원 밖에 있는 사람"의 역할을 간단하게 경
험하게 하였다. 그리고 나서 거기 담긴 상징과 감정이 그의 삶
과 어떤 연관이나 상관 관계를 갖고 있는지 살펴보았다.

그는 원 안에서 여러 가지 의미를 찾아낼 수 있었다. 거기
서 그는 아버지와 애인 앤드류와의 관계를 떠올렸으며, 또한
상징을 통해 자기 속에서 싸우고 있는 여러 모습들을 읽어낼
수 있었다. 원 안에 있는 사람은 혼자 떨어져 있고 싶어하는 그
의 모습이었고, 원은 "병든 상태"를 나타냈으며, 원 밖에 있는
사람은 건강하지만 총을 겨누고 있는 병든 자기를 두려워하는
그의 또 다른 일부를 상징했다.

조지는 한 부분을 선택하여 초점을 맞추었다. 그는 자기 속
의 여러 모습들 사이의 내적 투쟁에 대한 재현으로서 원의 구
조를 선택하였다. 조각상의 각 부분을 경험함으로써 — 원 안
의 병든 자기, 원 밖의 건강한 자기, 장벽으로서 원과 총 — 그
는 자신의 딜레마를 탐험해 볼 수 있었다. 나는 조각상의 여러
부분이 서로 대화하게 했다. 원 안에 있는 조지가 원 밖에 있는
조지와 이야기하고 또 장벽인 원도 말을 하게 한 것이다.

참여자들은 조지가 여러 가지 부분을 연기하는 동안 그의
분신 역할을 하기도 했다. 예를 들어, 조지가 "병든 조지"를 맡
아 아무도 만나기 싫고 그냥 안에 남아서 "건강한 조지"를 쏴
버리고 싶다고 말하면, 분신은 "여긴 안전해, 어떻게 돌아가는
지 다 알고 있지. 난 움직이고 싶지 않아"라고 간단하게 덧붙였
다. 그리고 그 옆에서는 또 다른 분신이 "난 네 도움이 필요해.
그런데 어떻게 말해야 좋을지를 모르겠어"라고 했다. 조지는
이 두 분신의 말을 모두 받아들였다.

그렇게 상징을 여러 각도에서 탐험한 뒤에 나는 조지에게 조각상에서 좀 떨어져서 하고 싶은 말이 없는지 생각해 보라고 했다. 장벽이나 두 "조지"에게 직접 말을 해보게 했다. 그는 장벽에게는 문이 있으면 좋겠다고 했고, "건강한" 조지에게는 원 안에 있는 조지에게 팔을 뻗어 손을 내밀어야 한다고 했으며, 총은 아예 치워버릴 수는 없지만 바닥에 내려놓을 수는 있을 거라고 말했다. 나는 이러한 메시지를 반영하여 새로운 조각상을 만들게 한 다음 앞서와 같은 방식으로 탐험했다.

마지막에 조각상에서 한 걸음 물러서게 한 다음 다시 한 번 하고 싶은 말이 없는지 생각해 보라고 했다. 조지와 조각상에 참여했던 사람들은 무대에서 나와 자신이 누구인지 그리고 조각상을 하면서 어떤 느낌이 들었는지를 말하면서 역할을 벗었다. 참여자들은 조지의 조각상에서 떠오른 주제, 상징과의 연관에 대해 이야기하였다. 조지는 연행에서의 경험과 더불어 자신의 질병과의 관계와 연극치료 집단과 애인 앤드류와의 관계가 가지는 연관에 대해 이야기했다. 자기 안의 싸움은 변함없이 존재하며, 여전히 어렵지만 자기 속에서 어떤 일이 일어나고 있는지를 조금이나마 볼 수 있었고, 덕분에 적어도 자기 자신과 집단이 이전보다는 편안해지기 시작했다고 설명해 주었다. 그리고 최소한 총이 바닥으로 내려왔다고 말했다. 그는 또한 조각상을 만들면서 나에 대한 감정의 일부가 실은 자기 내면의 싸움과 앤드류에 대한 것이었음을 이해하게 되었다고 덧붙였다.

조지가 집단에게 제시한 원의 상징은 여러 가지 의미를 탐험하는 데 사용되었다. 맨 처음 조각상을 만들었을 때는 집단에서 느끼는 감정이라는 한정된 의미만을 부여했었다. 그런데 그 원은 상징적 표현이었기 때문에 작업 과정에서 그 밖의 가능한 여러 가지 의미들을 끌어낼 수 있었다. 그리고 조지는 그 잠재적인 의미와 개인적 연관을 밝혀냄으로써 조각상의 상징적 본질에 다가갈 수 있었다. 극적 자유 연상과 유사한 작업 방식을 통해 원 속에 존재하는 억압된 관계와 주제 혹은 비유를 볼 수 있었던 것이다.

이 억압된 감정과 연관이 인식되면서 비로소 상징은 하나의 작업 방식으로 완성되었다. 조각상의 의미는 집단을 나타내는 데에서 조지의 내적 갈등으로 바뀌었지만, 극적 상징은 이 두 상황을 모두 담아낼 수 있었다. 앞서 언급한 대로 조각된 상징의 여러 부분을 체현하고 연기해 봄으로써 조지는 자기 내면의 싸움과 연관을 지을 수 있었으며, 또한 문제가 되는 양상과 자기가 맺고 있는 관계를 어떻게 바꿀 것인지 고민할 수 있었다. 그리고 바뀐 조각상 안에 들어가 각 부분이 변화를 어떻게 느끼는지를 체험하면서 상징을 통해 원하는 변화의 방식을 시도해 볼 수 있었다.

다시 한 번 요약하면, 조지는 상징적 표현을 통해 문제가 되는 감정을 표현할 수 있었고, 그것을 다른 억압된 감정들과 연관 지을 수 있었으며, 지금 여기에서 그 감정을 탐험하면서 다른 변화를 시도해 볼 수 있었다. 또한 그는 처음에 제시한 문제와 관련하여 집단에서 그가 겪는 문제가 실은 자기 내면의 투쟁을 반영한 것이었음을 통찰할 수 있었다. 그리고 그로 인해 치료사인 나에 대한 전이 감정의 일부를 탐험할 수 있었다. 그러나 그러한 변화에도 불구하고, 한 참여자가 관찰하고 또 조지 자신도 인식했듯이, "총은 여전히 조각상 안에 있었다." 연극치료 작업은 조지의 상황을 즉각적으로 변화시키려 하기보다 그에게 문제의 일부에 접근할 수 있는 기회를 제공하였다. 그 과정에서 상징은 조지가 탐험에 깊이를 더

할 수 있도록 여러 가지 울림을 생산해 냈다. 원의 상징과 그 상징을 탐험했던 작업은 일종의 씨앗이 되어 조지는 거기서 나타난 주제와 상징을 가지고 나머지 치료 과정 내내 작업하였다.

극적 상징: 기본 과정의 요약

극적 상징의 기본 과정은 은유의 과정과 많은 점에서 유사하다. 첫 번째 단계는 집단의 극적 어휘 목록과 내담자들이 그것을 상징적으로 사용하는 방식, 이른바 참조의 백과사전을 찾아내는 것이다. 여기에는 또한 내담자들이 상징을 자기 자신의 개인적 감정과 관련지을 수 있는지 여부를 알아내는 것도 포함된다. 앞의 사례에서는 집단 전체가 극적 상징을 창조하고 사용할 수 있도록 준비하는 이 단계가 여섯 번째 세션 이전에 모두 수행되었다.

두 번째는 극적 상징을 탐험하는 단계로, 조지의 사례에서는 상징의 극적 표현을 촉진하고 연행을 통해 조각상의 여러 부분을 경험하는 데까지 해당된다. 탐험의 결과로 작업은 점점 더 심화되어 상징과 관련한 조지의 핵심 주제가 나타날 수 있었다. 조지는 상징의 형식을 빌어 그와 관련되어 있다고 생각한 문제들을 풀어나갈 수 있었다.

마지막으로 조지와 나머지 참여자들은 극적 표현에서 빠져 나와 탐험과의 연관을 정리하면서 동화 작업을 시작했다.

극적 은유 작업과 마찬가지로 극적 상징은 백과사전, 상징적 형식을 사용한 개인적 문제의 탐험, 그 작업의 동화로 이어지는 세 단계를 밟는다.

연극치료의 실제: 극적 상징과 은유

개관

내담자 중에는 극적 상징과 신속하고 자발적인 연관을 형성하여 상징이나 은유의 풍부함을 자각하고 창조적으로 사용할 수 있는 이들이 있다. 그러나 어떤 내담자들은 세션 내에서 상징을 만들고 사용하기는 하지만 그것을 성찰하고 활용하는 데에는 미치지 못하기도 한다. 그리고 내담자가 정신 질환을 앓고 있다면, 연행의 은유적이거나 상징적인 양상을 탐험하기보다 구체적이고 현실적인 드라마에 작업의 초점을 맞추는 편이 보다 일반적인 선택일 것이다. 내담자에 따라서는 연극치료에서 극적 은유와 상징을 사용하는 방식을 안내해 줄 필요가 있다.

왜 극적 은유나 상징으로 작업을 하는가?

앞에서 이야기했듯이, 상징과 은유는 우리의 일상생활에 존재하며, 연극치료의 극적 표현에서도 상당한 비중을 차지한다. 연극치료사가 고민해야 할 주제는 내담자의 작업에서 나타나는 상징과 은유를 어떻게 다룰 것인가이다.

어떤 경우에 연극치료사는 작업에서 나타나는 상징적이거나 은유적인 양상을 표현의 방식으로만 주목하곤 한다. 그러나 상징이나 은유는 작업의 핵심을 이루는 초점으로서 직접적으로 활용되기도 한다. 그것은 대개 다음과 같은 목적을 위함이다.

- 중요한 상징이나 은유는 가시 철조망 울타리처럼 개인이나 집

단의 표현으로서 작업 안에서 나타나기도 하고, 꿈에 나타난 상징과 같이 작업 과정 밖에서 발생하여 집단에게 제시되기도 한다.

- 상징이나 은유를 통한 작업 과정은 "탑 속의 왕자"에서와 같이 내담자가 맞닥뜨린 문제를 다양한 관점에서 조명할 것이다. 은유나 상징의 언어는 탐험을 자유롭게 한다.
- 상징이나 은유를 통해 관계 맺는 과정 자체가 치료적일 수 있다. 이는 상징이나 은유의 내용보다는 내담자의 변화나 발달상의 진전과 더 상관이 깊다. 구체적이고 특정한 것만 다룰 수 있는 내담자의 경우, 극적 상징을 빌어 세계를 다양하게 관련짓는 과정에서 세상과 새로운 방식으로 관계 맺는 법을 익힐 수 있다.

극적 은유와 상징 — 실제 작업에서의 주요 과정

기본 과정을 요약하면서 말했듯이, 상징과 은유 작업에는 유사한 점이 있다(362-3쪽과 368쪽 참고).

실제 작업에서의 주요 과정은 다음과 같다.

- 내담자가 "백과사전"을 참조하는 방식. 이것은 내담자들이 문제를 탐험할 때 은유와 상징을 끌어내는 어휘 목록과 그 사용 방식을 일컫는다.
- 연극치료 내에서 극적 상징과 은유를 다루고 탐험하는 방식.
- 상징이나 은유가 제시된 문제에 대한 내담자의 자각으로 동화되는 방식.

다음 세 부분은 이들 과정을 상세하게 설명한다.

백과사전

연극치료사는 상징이나 은유의 측면에서 내담자가 자연스럽게 사용하는 용어나 주제나 사물의 종류, 곧 어휘 목록과 그 사용 방식을 잘 파악하고 있어야 한다. 그렇게 해서 일종의 백과사전이 만들어지면 "두 화자가 상대의 '지방어' 사전을 확보하게 됨으로써 원활한 소통과 상호 작용을 이룰 수 있다"(Eco, 1984, 80).

이것은 연행과 토론 과정에서 의도치 않게 이루어지기도 한다. 이야기를 나누고 즉흥 연기를 하면서 참조할 만한 단서가 나타나고, 그에 따라 자연스럽게 특정한 주제 — "동화," "병원 환경," "빛과 어둠" — 를 가지고 작업하게 되는 것이다. 예를 들어, 내담자들이 인생이란 "어둠 속에서 길을 잃어버린 것"과 같다고 하는 경우에, 드라마 작업에서는 깊은 우물이 상징으로 나타날 수 있다.

치료사는 특정한 활동을 통해 집단의 언어를 확인할 수도 있다. 내담자들이 모두 공유하는 특징을 안락의자나 사과나 내팽개쳐진 휴지처럼 하나의 사물로 치환하여 몸짓으로 표현하는 활동이 그러한 예가 될 것이다. 거기서 한 단계 나아가 공통된 특징을 놓고 이야기해 볼 수도 있으며, 반대로 해당 집단과 매우 다른 특징을 갖고 있는 인물이나 사물이 되어 그 역할을 연기하게 할 수도 있다.

이와 유사하게 바닥에 원과 같은 특정한 형태를 그려놓고 사람들에게 그것이 무엇인지 혹은 그 이미지에서 무엇이 연상되는지를 묻거나 그것을 바탕으로 간단한 즉흥극을 하게 함으로써 해당 집단이 상징과 은유를 사용할 수 있는가를 파악하기도 한다. 그때 나온 반응에서 집단이 함께 만들어 내는 상징과 은유와의 관계에 대한 정보를 얻을 수 있다. 집단은 다양한 차원의 반응을 보일 수도 있고 일정한 종류로만 반응하기도 한다. 예를 들어, "구멍"이나 "접시"라는 응답은 대상과 상상적인 관계를 형성할 수 있음을 가리킨다. 집단이 원을 다른 사물로 상상할 수 있다는 것이다. 또 다르게는 원이 "완성"이나 "소외" 혹은 "집단"을 나타낸다고 하는 대답이 있을 수 있다. 이런 응답은 해당 집단이 사물이나 극적 재료를 개인적이고 집단적인 주제와 충분히 연결시킬 수 있음을 보여준다.

치료사는 이렇게 내담자의 참조의 백과사전을 탐험하면서 집단이 은유나 상징과 어떤 종류의 연관을 맺고 있는지 알 수 있다. 내담자들은 표면적인 의미에만 반응하는가 아니면 암시적인 차원까지 어려움 없이 다룰 수 있는가? 연관이나 해석이 어떤 수위에서 이루어지는가?

이에 대한 답은 다음에 의해 확실히 얻을 수 있다.

- 활동을 하는 도중이나 그 후의 성찰 과정에서 자발적으로 일어나는 연관에 주목함으로써
- "저 괴물이 당신과 닮은 점이 있다고 생각하나요?" 혹은 "저 원이 당신이나 이 집단과 닮은 점이 하나라도 있나요?" 같은 간단한 질문을 통해

그 정보는 집단이 은유와 상징을 창조하는 데 사용하는 어휘력의 수준을 드러내며, 내담자들이 현재 무엇에 관심을 갖고 있는지를 말해 준다. 더불어 집단이나 개인이 상징적이거나 은유적인 표현을 사용하는 방식 또한 명확해진다. 어떤 집단은 상징을 통해 표

현하기는 하지만 거기에서 개인적인 의미를 찾아내는 탐험으로 나아가지 못할 수도 있다. 그러니까 여행을 하다가 깊은 구렁을 만난 상황을 즉흥 연기할 수는 있지만 나중까지도 그 깊은 구렁을 오직 지형적인 특징으로만 인식하는 경우를 말한다. 치료사는 그것을 집단 경험이나 질병을 다루는 데 대한 집단의 두려움을 나타내는 상징으로 인식할 것이다. 반면에 어떤 집단은 깊은 구렁을 개인적 과정을 나타내는 상징으로 받아들일 수도 있다. 어떤 경우든 연극치료사는 해당 작업에서 집단이 상징을 읽어내는 방식에 대한 정보를 얻는다.

어휘 목록, 상징이나 은유를 가지고 작업할 수 있는 능력, 잠재된 의미와 연관을 인식하는 수준은 내담자가 극적 은유와 상징을 만들면서 사용하는 "백과사전"의 일부이다. 연극치료사가 내담자와 백과사전의 관계를 이해하기 시작했을 때 비로소 작업에 착수하여 그 관계를 발전시킬 수 있다.

작업 방식: 연관된 세계를 탐험하기

연극치료의 극적 표현 형식은 대부분 상징적이거나 은유적인 연관과 내용을 생산할 수 있다. 다음에 열거하는 형식은 모두 극적 상징과 은유를 담고 있다.

이야기와 신화
이야기와 신화에는 내담자가 상징이나 은유로 쓸 수 있는 인물과 배경 그리고 사물이 포함되어 있다. 예를 들어, 한 여자 내담자는 거미줄 한가운데 있는 아난시 거미 신을 자기 이미지의 은유로 사용했다. 그리고 어떤 집단은 해를 훔치는 미국 원주민 신화에서 파멸, 질병, 절망, 집단의 종말이라는 주제를 끌어내 상징적인 의미를 부여했다.

놀이 활동

사물은 상징적이거나 은유적인 가치를 취할 수 있다. 예를 들어, 우리를 떠나기를 두려워하는 사자 인형은 집을 떠나는 데 대한 아이의 공포를 은유했다. 집단 놀이 활동에서 내담자들은 휴화산을 억압된 것의 상징으로 사용했다.

역할/인물

가상의 인물이나 역할 역시 특정한 사람에게 은유가 될 수 있다. 이리저리 설치고 다니는 쥐가 배우자에 대한 은유적 표현이 되는 식이다. 역할 역시 상징적 의미를 얻을 수 있다. 가령 장벽처럼 느껴지면서 고통을 주는 인물이라면 그는 내담자가 만난 다른 어떤 힘을 상징할 수 있다. 연행에 쓰이는 무대 배경이나 세트도 은유나 상징이 될 수 있다. 이것은 버년의 『천로역정』에서와 같이 — "기쁨과 해방의 산," "무기력의 웅덩이," "침울의 안개" — 확연하게 드러날 수도 있고, 즉흥극에서 내담자들이 미끄러져 내려오는 언덕이 그들 생에서의 "미끄러짐"을 상징하듯이 보다 은밀하게 이루어지기도 한다.

신체 작업

7장에서 이야기했듯이, 신체는 은유적이고 상징적인 표현의 풍부한 원천이 될 수 있다.

　　연극치료에서 상징과 은유는 극적 시나리오 — 이야기, 즉흥극, 사물 놀이 — 와 관련된다. 상징이나 은유의 가치가 발현되는 것은 바로 이 시나리오를 통해서이다.

사례 연구 10.3: 아난시의 거미줄

여름 연극치료 학교에 참여한 내담자 얀은 일련의 짧은 즉흥극으로 아난시의 은유를 탐험하였다. 즉흥극에서는 얀이 아난시를 맡고 다른 참여자들이 거미줄에 걸려든 인물을 연기했다. 그들은 그녀가 살면서 만난 사람들을 나타냈으며, 시나리오를 탐험하면서 아난시의 은유가 본격적으로 발전하였다. 그녀는 즉흥극을 연기하면서, 아난시가 거미줄에 걸린 사람들을 잡아 먹으려는 게 아니라 함께 있고 싶어 한다는 것을 보여 주었다. 그러나 인물들은 잔뜩 겁에 질려 거미줄에서 벗어나고 싶어했다. 그들은 분명 먹이를 잡기 위한 덫에 걸려들었는데, 단지 우정을 원한다는 아난시의 말에 혼란스러울 수밖에 없었다. 참여자들은 얀이 준 간단한 정보에 근거하여 인물을 연기했다. 그 과정에서 얀은 아난시에 대한 최초의 은유를 확장하여 연관을 심화시킬 수 있었다. 거미와 거미줄의 은유는 그녀에게 살아 있는 은유 속에 현존하는 경험을 주었다.

연행이 진행됨에 따라 먹이 사냥과 우정에 관한 아난시의 모호한 메시지가 본 모습을 드러냈다. 사람들을 놀래키는 것에 대한 두려움과 함께 잡아먹힐지도 모른다는 두려움 그리고 자기와의 거리를 통제하기 위해 사람들을 한자리에 붙박아두고 싶어 하는 욕구가 밝혀진 것이다.

그리하여 "나는 아난시다"라는 은유는 극적 장치와 연결되면서 심도 있는 탐험으로 진전되었다. 다시 말해, 얀은 드라

마를 통해 자기 자신에 대한 인식과 자기가 맞닥뜨린 문제와
관련하여 은유를 심화하고 확장할 수 있었다. 또한 아난시의
역할 속에서 자기 감정을 탐험하고 거미의 행동과 관계를 통해
이해에 도달할 수 있었다.

이 작업에서는 집단이 상징적이거나 은유적인 표현을 탐험할 수
있었다는 점이 중요하다. 내담자들이 지나치게 이성적이거나 해석
적일 경우에도 탐험이 차단될 수 있다. 그러므로 치료사는 내담자
들이 상징이나 은유가 생산할 수 있는 내용에 최대한 근접할 수 있
는 방식을 찾는 데에 목표를 두어야 한다. 이를 위해 본격적인 작
업에 앞서 적절한 웜업으로 내담자가 창조된 상징이나 은유에 잘
몰입하도록 유도할 수 있다.

연관과 동화

연극치료에는 내담자들이 연관을 형성하고 상징적이고 은유적인
내용을 동화하는 방식과 관련하여 여러 입장이 존재한다.

제닝스(1987)와 미첼(1992)은 내담자가 연행을 반드시 언어적으
로 성찰하거나 분석할 필요는 없다고 말한다. 그들의 입장은 내담
자가 드라마 안에서 무의식적 연관을 성취한다는 것이다. 그러므
로 작업에 따르는 자동적인 언어적 분석은 경험을 이성적으로 분
해하도록 강요함으로써 오히려 동화 과정을 방해한다고 주장한다.
이에 반해 독터(1990)는 무의식적인 이미지를 의식화하는 것이 중
요하다고 말한다. 그리고 그것은 오직 언어적 성찰과 드라마에서
의 의식적 자아와 무의식적 이미지 그리고 시나리오의 연관에 대
한 인식을 통해서만 가능하다고 한다. 이러한 접근에서는 내담자

가 말로써 의식적으로 행하는 연관이 치료적 변화에 핵심을 이룬
다. 그런데 그 안에서도 일부 학자들은 언어적 성찰을 위해 비구조
화된 시간을 옹호하는 한편, 또 다른 사람들은 언어적이고 극적인
구조화된 활동으로써 연관을 촉진하기를 주장한다(Gersie and King,
1990). 동화 과정에서 있을 수 있는 연극치료사의 언어적 해석에 대
해서도 작업 방식에 따라 매우 다양한 입장차를 보인다(Dokter,
1990, 27; Jennings, 1991, 4; 1992, 41).

　전적으로 드라마 형식을 고수하는 접근에서는 연행이 완결된
후에 참여자들이 역할이나 인물에서 빠져 나올 수 있게 돕는 활동
과 세션을 마무리하는 활동이 뒤따르며 개인적 연관을 위해 따로
시간을 할애하지는 않는다. "탑 속의 왕자"에 나타난 작업 방식이
이러한 접근의 보기이다.

　언어적이고 극적인 분석을 옹호하는 접근에서는 역할 벗기 활
동을 특히 강조한다. 구조적이지 않은 작업 방식을 따른다면, 치료
사는 역할 벗기에서 참여자들이 인물로서의 느낌과 다른 사람들이
연기한 역할에 대한 반응 그리고 역할 속에서 다른 사람들에게 느
꼈던 것(9장을 참조)을 나누게 할 것이다. 그리고 거기에는 내담자
들이 그들의 삶과 관련하여 얻은 여하한 연관이나 통찰이 포함된
다. 구조화된 접근에서는 그러한 내용이 상징적 선물 주기(Gersie
and King, 1990, 57), 짝지어 성찰하기, 구조화된 느낌 나누기(Blatner
and Blatner, 1988b, 112) 같이 특정한 극적 활동과 언어적 활동의 형
식으로 진행된다.

　"아난시의 거미줄"의 사례에서는 마무리로 이 두 가지 접근법
을 모두 사용하였다. 인물들에게 의자가 하나씩 배당되었다. 연기
자들은 의자에 앉아 역할로서 연행한 경험을 짧게 정리하여 말한
다음 의자에서 일어나 자리를 옮기면서 역할도 함께 벗었다. 그러

고 나서 자신으로 돌아와 인물을 나타내는 의자에게 하고 싶은 말을 했다. 그때는 자기가 연기한 인물/의자만이 아니라 모두에게 메시지를 줄 수 있었다. 그런 다음 사람들이 연행을 성찰할 수 있도록 비구조화된 시간을 가졌다.

이 마무리는 여러 가지 중요한 과정들을 담고 있다. 먼저 연기자는 인물의 경험을 요약하면서 그것을 성찰하게 된다. 그리고 의자에서 일어나 자리를 옮겨 의자를 남겨둔 채 물리적으로 떠남으로써 역할을 벗어낸다. 치료사는 의자가 잠시 역할을 나타낸다고 말함으로써 이러한 물리적 분리를 강화한다. 의자를 눈으로 보면서 의자가 인물인 것처럼 말을 하는 것이다. 또한 내담자는 역할에서 나와 자기 자신으로서 인물에게 말을 한다. 이 과정 역시 내담자가 역할의 내부가 아닌 외부에서 그에 대해 생각하거나 느끼는 바를 말하게 함으로써 역할 벗기를 돕는다. 메시지의 전달과 위치의 물리적 변동은 서로를 강화한다. 이것은 또한 동화 과정을 촉진한다. 인물로부터 빠져 나와 분리된 상태에서 다시금 그와 관련짓도록 요청받는 것이다.

얀이 아난시와 자신의 관계를 말로써 인식한 것은 바로 이 마무리 시점에서였다. "내가 너와 같다는 걸 알겠어. 난 지나치게 많은 사람을 원해. 그들을 놓아줄 수가 없어."

얀은 구조적이지 않은 방식으로 피드백을 주고받으면서 그 깨달음을 좀 더 심화시킬 수 있었고, 역할을 연기했던 참여자들 역시 저마다의 경험과 느낌을 그녀와 나눌 수 있었다. 그리고 그 과정에서 그들이 즉흥극을 하면서 경험하고 느낀 감정은 얀이 살면서 만났던 사람들의 반응과 연관되어 있다는 것이 더욱 분명해졌다. 덕분에 그녀는 거미와 앞서 이야기한 주제의 관계를 파악할 수 있었고, 그리하여 "난 지나치게 많은 사람들을 원해"라는 애초의 자기

처벌적인 진술에서 보다 균형 잡히고 통찰적인 이해로 나아가게 되었다. 그 변화는 내담자의 언어적 성찰과 역할을 연기하거나 연행을 지켜본 다른 사람들의 반응 그리고 치료사의 개입의 결과라 할 수 있다.

드라마 안에 머무르든 혹은 언어적이고 인지적인 성찰의 중요성을 강조하든 그 입장에 상관없이, 상징적이거나 은유적인 표현의 동화가 작업의 효율성을 가름하는 관건이라는 사실에는 이론의 여지가 없다. 그것이 연행 안에서 일어나든 아니면 드라마가 끝난 뒤 정해진 시간에 일어나든, 치료사는 내담자들이 어떻게 하면 자기의 삶과 상징 혹은 은유를 연관지을 수 있을 것인가에 반드시 관심을 기울여야 한다. 그리고 내담자들에게 극적 몰입에서 빠져 나와 일상의 정체성으로 돌아갈 수 있는 공간을 제공하는 것 또한 그에 못지않게 중요하다. 이 장에서 보았듯이, 은유와 상징은 흔히 환상적이고 상상적인 형식을 취한다. 그리고 이러한 형식은 내담자에게서 강렬한 정서적 몰입과 집중을 이끌어낸다. 그러므로 내담자가 작업을 종결하는 단계에서 거기서 빠져 나올 수 있는 기회를 얻지 못한다면, 극히 혼란스러운 감정을 느끼게 될 뿐 아니라 고통과 정체성의 혼란을 유발할 수도 있다.

요약

연극치료에서 상징과 은유는 내담자가 매우 다루기 힘든 내용에 접근할 수 있도록 도와준다. 표현을 가능하게 하고, 제시된 문제를 탐험할 수 있는 형식을 제공한다. 다음은 극적 상징과 극적 은유가 연극치료 내에서 어떻게 작용하는지를 요약해 보여줄 것이다.

연극치료에서 상징은 무의식의 내용과 조우하는 방식이며, 또한 내적 갈등과 외적 표현 그리고 잠재적 해결책 사이에 교섭이 일어나는 방식이다.

연극치료에서 상징은 두 가지 요건, 즉 물리적 형식과 특정한 종류의 관계를 필요로 한다. 그것은 상징적인 극적 표현의 창조와 관련된다. 그 표현은 특정한 형식을 가지고 있으면서 동시에 내담자와의 관계에서 광범한 해석적 의미를 지니는 이미지나 행동 또는 표현이나 체현을 말한다.

연극치료에서 상징은 의도적으로 창조하거나 연행 안에서 자연스럽게 나타날 수 있다. 예를 들어, 집단은 의도적으로 숲의 이미지를 선택하여 그 상징적 가치와 개인적인 연관을 살펴볼 수 있다. 혹은 연행 과정에서 처음엔 즉흥극의 하나의 사건으로 숲이 등장하였다가, 점차 줄거리의 기능적 일부라는 애초의 목적을 넘어 의미를 가진 하나의 상징이 되기도 한다.

이 극적 상징은 내담자에게 특정한 해석적 가치를 가질 수 있다. 그러나 상징의 표현 형식은 극적 상징이 광범위한 의미와 중요성을 취할 수 있기 때문에 오히려 아무런 명확한 의미나 중요성을 지니지 않은 듯 보이기도 한다.

극적 상징은 기존의 문화적 상징(예를 들어, 기독교의 십자가)에서 가지고 올 수도 있고, 다른 데에서(예를 들어, 꿈에서) 만난 상징을 재현할 수도 있으며, 작업 과정에서 새롭게 창조될 수도 있다.

연극치료에서는 상징의 표현된 의미보다 상징적이고 극적인 형식을 만들고 표현하는 경험이 중요할 수 있다.

연극치료에서 은유의 사용이나 창조는 공통된 연관을 갖고 있는 별개의 두 실체를 한데 묶는 것과 관련된다. 두 가지 실체가 하나의 극적 은유로 합성되는 것이다. 예를 들어, 아버지를 차갑고 가까이 하기 힘들다고 느끼는 내담자가 있을 수 있다. 그 부자의 관계는 즉흥극에서 얼음의 성으로 표현될 수 있다. 그리고 얼음의 성으로 들어가려고 애쓰는 장면은 은유적 연관을 통해 결국 아버지에게 다가가려고 노력하는 내담자와 관계된다. 아버지와 얼음의 성은 극적 은유로 묶인 두 가지 실체인 것이다.

이러한 은유는 서로 다른 두 개의 실체를 하나의 형식이나 이미지로 압축하는 극적 형식이나 이미지다. 그러한 압축이 가능하려면 공통된 은유적 연관이 있어야 한다. 앞에 인용된 보기에서 아버지와 얼음의 성이 공유하는 연관은 "차가움"과 "다가갈 수 없음"이다.

내담자는 은유적 연관을 토대로 이것을 통해 저것을 다룰 수 있게 된다. 얼음의 성이라는 극적 이미지를 통해 아버지를 탐험하는 것이다.

연극치료에서 극적 은유는 대개 내담자들이 내용에 "고착"되어 새로운 관점이 필요하다고 생각할 때 사용된다. 내담자는 즉흥극을 하면서 자연스럽게 문제에 대한 은유를 창조할 수 있다.

연극치료에서 극적 은유의 치료적 가능성은 다음과 같이 정리할 수 있다.

- 극적 은유는 문제가 실제 삶에서 지니는 정체성으로부터 일정한 거리를 창조한다.
- 그 거리는 새로운 관점을 창조함으로써 내담자가 문제를 다른 각도에서 바라볼 수 있게 해준다.
- 은유를 창조하면서 내담자는 문제와 변화된 관계를 맺게 된다. 은유를 통해 극적 형식과 문제를 연관 지음으로써 애초에 문제를 바라보고 경험하던 방식을 확장하는 것이다.

- 은유의 창조는 문제를 상상적이고 극적인 탐험에 노출시켜 연극치료의 치료적 잠재력과 만날 수 있게 해준다.

연극치료 작업에서 내담자와 은유 사이에서 발생하는 과정은 내담자가 주제를 풀어나갈 수 있게 도와주며, 현실의 본래 문제를 탐험하는 과정에서 얻어진 자각과 은유의 연관은 은유의 효능 면에서 매우 중요하다.

11. 연극치료와 의식

인간은 반드시 꿈과 현실 사이에서 자신의 자리를 재확인해야 한다.

아르토, 『연극과 그 그림자』

개관

연극과 의식儀式의 관계는 여러 이론가들에 의해 거론되어 왔다. 그리고 연극과 종교적이거나 사회적인 의식의 유사성 역시 자주 언급되어 왔다. 20세기에 들어 이러한 연관 관계는 실험적인 성스런 연극[1]으로부터 연극 인류학에서 셰크너와 보아스의 작업에 이르기까지 다양하게 표현되어 왔다. 그리고 거기서 사용된 "의식"

---

1) 아르토, 바로, 브룩, 그로토프스키, 리빙 씨어터를 비롯해 카이저, 코코슈카, 비트락, 아라모브, 아라발, 로버트 윌슨에 이르기까지 다양한 아방가르드 연극 운동들은 원시적이고 거친 의식, 꿈과 잠재 의식에 경도되어 왔다. 그들은 의식, 원시주의, 신화, 비이성적이고 자연적인 것의 이상화라는 미학적 특징을 공유하며, 현대 연극에 원형적 인물과 영적 차원을 재도입함으로써 '성스런 연극Holy Theater'의 흐름을 형성한다.

의 의미는 극도로 다양하다. 이 장에서는 그 의미의 넓은 영역을 살펴보고, 연극치료에서 그것이 시사하는 바를 고찰하고자 한다.

"의식이란 무엇인가?"라는 질문에 답할 때는 다양한 문화권의 의식과 그것을 대하는 태도를 고려하는 것이 중요하다. 연극치료에서 의식과 관련한 주제는 다음 영역에 걸쳐 있다.

- 일상과 다른 상태 혹은 현실과 연결짓는 수단으로서 의식
- 문화 유산으로서 의식의 사용
- 의식 고유의 행동과 표현
- 치유와 의식
- 극적 연행과 의식의 관계

의식이란 무엇인가?

루이스(Lewis, 1980)는 의식을 규칙으로써 확정된 절차라고 표현한다. 터너는 "기술적인 관행으로 넘어가지는 않은" 굳어진 행위로서 의식을 규정한다(Turner, 1969). 베르네는 "외부의 사회적 영향력에 의해 짜여진 일련의 전형적인 상보적 행동… 의식의 형식은… 전통에 의해 결정된다…"라고 말한다(Berne, 1964, 36). 하빌랜드는 중요한 사건을 기념하고 개인이 위기를 좀 더 쉽게 감당할 수 있도록 그 사회적인 파괴력을 약화시키는 방식이라고 정의한다 (Haviland, 1978, 342). 어떤 학자들은 의식의 목적을 사회 내에서 작용하는 근본적인 과정과 연관지어 설명하기도 한다. 예를 들어, 채플은 사회 전반의 조직과 인간 개개인의 생물학적 리듬을 매개하는 형식이 바로 신화와 의식이라고 말하고 있다(Chapple, 1970).

더글러스는 "양자 모두 상징적 행동으로 표현되는 바 개인적인 심리적 욕구와 공적인 사회적 욕구의 관계"를 유지하는 데 의식의 역할이 있다고 주장해 왔다(Douglas, 1975, 61). 이러한 중재는 생명 순환의 의식 그리고 탄생과 결혼, 죽음의 시기에 행해지는 통과의례를 포함한다. 의식은 또한 역사적 사건과의 관련 하에 계절과의 관계 ― 추수나 동지 무렵의 한겨울 ― 를 입문 의식의 일부로 창조하는 데에도 사용된다. 또 다른 학자들은 사람들을 집단으로 묶어 내거나 신앙 공동체를 단합시키는 의식의 기능(Ray, 1976, 86), 그리고 개인과 집단의 욕구를 동시에 충족시키는 의식의 능력에 주목해 왔다(Scheff, 1979, 144).

신화와 의식은 흔히 나란히 언급되곤 한다. 해리슨은 고대 그리스 종교에 대한 연구에서 신화와 의식이 모두 집단적 정서의 표현이라고 말하고 있다(Harrison in Perry, 1976, 80). 그녀는 일부 문화권의 의식들이 신성한 기원을 갖고 있다고 믿어지는 신화적 패턴에서 그 형식을 끌어오고 있다는 점에 주목한다.

셰프의 글은 특히 연극치료와 의식의 관계를 살펴보는 데 유용하다. 그는 "보편적인 정서적 고통에 대처하는 극적 형식으로서 의식과… 신화"라고 묘사하면서(Scheff, 1979, 115), 의식을 "해당 문화권에서는 사실상 보편적인" 정서적 고통의 "상황에 대해 잠재적으로 거리를 둔 재-연행"이라고 규정한다(1979, 118).

셰프는 여기서 의식의 형식인 연행과 고통을 다루는 것을 연결지음으로써 의식과 연극치료의 연관에 결정적인 단서를 제공한다. 의식과 연극치료는 고통스런 경험을 다루기 위해 연행을 사용한다는 공통점을 갖고 있다.

연극치료에서는 주로 의식과 치유의 관계에 관심을 가져왔다. 그것은 또한 다양한 문화권의 의식에 대한 고찰로 이어져, 의식 내에서 일어나는 행위와 치유가 발생하는 방식의 본질적 관계 그리고 샤먼 혹은 치유자의 역할이라는 측면에서 주로 논의를 전개해 왔다.

"바람 바바이와 마두스두스 의식"에 관한 다음 사례는 연극치료에서의 이러한 접근을 보여 주고 있다.

사례 연구 11.1: 바람 바바이와 마두스두스

코노(Connor, 1984)는 발리의 토착적 치유자인 "발리안"과 관련된 의식을 묘사한다. 거기서는 어떤 문제로 고통 받는 사람이 있으면 발리안에게 데려간다. 발리안은 신들림의 관점에서 개인의 문제를 이해하며, 우리는 거기서 의식의 문화적 맥락을 짐작할 수 있다. 발리 여인인 푸투는 모종의 마법에 걸린 듯 이상하게 행동했다. 하루 종일 나지막이 흐느끼고 몇 주일을 꼼짝도 않은 채 앉아 있기도 했다. 그녀는 전혀 반응을 보이지 않았고 텅 빈 눈을 한 채 아무 소리도 듣지 못하는 것 같았다. 발리안은 푸투의 몸을 만져본 뒤에 턱과 겨드랑이에서 문제를 찾아냈다. 푸투에게 거절당한 연인이 마법을 걸어 "바람 바바이"를 불러냈고 그 작은 악마가 거기에 살고 있다고 진단했다.

그래서 연기를 피우는 축귀 의식인 마두스두스를 행하여 바바이를 몰아내기로 했다. 의식에는 푸투의 가족이 참석했다. 먼저 쌀로 밥을 지어 남자와 여자의 작은 형상을 만든 다음 푸투가 있는 곳을 기준으로 남쪽 땅에 세워두었다. 푸투의 양 다리 사이에 단지를 놓고 연기를 피워 바바이가 푸투의 몸에서 빠져 나가 밥으로 만든 형상에 들어가게 했다. 바바이가 완전히 옮겨가자 형상과 함께 없애 버렸다. 코노는 여기까지 의식

> 이 진행되었을 때 푸투에게 일어난 변화에 주목한다. 그녀는
> 다음에 있을 정화 의식을 준비하며 2주일 동안 발리안의 집에
> 머물렀다(Connor, 1984, 253-4).

마두스두스를 고찰하는 한 가지 방식은, 푸투를 변화시키기 위해 적극적인 수단을 사용하는 치유 의식으로 보는 것이다. 쌀로 밥을 지어 형상을 만들고 연기를 물리적으로 사용하며 가족이 옆에서 지켜보도록 한 것과 문제를 찾아내고 형식을 제공하는 데 있어 발리안이 한 역할은 모두 이 의식의 중요한 양상이다. 어떤 사람들은 마두스두스에서의 사물의 사용을 연극치료의 극적 투사와 나란히 놓는다. 그러나 나중에 보게 되겠지만 또 다른 쪽에서는 그러한 비교를 문제시하기도 한다.

드라마, 연극, 의식

현대 인류학과 실험 연극은 모두 드라마와 의식을 연결짓는다. 어떤 사람들은 의식의 공간이 극적 공간과 유사하다고 본다. 예를 들어, 랜디는 "의식 활동은… 주체가 상징적 수단을 통해 재현적 세계를 창조하도록 요구한다는 점에서 극적이다"라고 말한다(Landy, 1986, 67). 더글러스는 많은 의식이 "모방적 행동"으로 현실을 변화시킬 수 있다는 믿음에 의지하고 있음을 지적해 왔다(Douglas, 1975, 23). 학자들은 극적 과정 혹은 극적 형식의 측면에서 의식의 전반적 형식이나 그 일부를 분석해 왔다. 예를 들어, 호프는 드라마와의 관련성이라는 측면에서 장엄 미사의 집전자와 신자의 역할을 살피면서, 그것이 "일정 정도의 역할 연기"를 담고 있다고 파악한다(Hope, 1988, 79).

아르토, 브룩, 바르바, 그로토프스키는 모두 일종의 의식 형식으로서의 공연 개념에 연극의 뿌리를 두고 있다. 그들은 하나같이 소통 수단으로서 그 효능과, 종교적 감정을 통해 행위자와 관객 모두를 정서적으로 자극하는 의식의 힘을 언급한다. 그들은 서로 다른 형태의 연극을 실험했지만 의식의 개념과 표현 언어에 대한 생각 그리고 실제 작업의 측면에서 공통된 면모를 보였다. 예를 들어, 그로토프스키의 근원의 연극 또는 초연극 작업은 줄곧 의식에 비견되어 왔다. 그는 그것을 "우리를 삶의 근원, 직접적인 태고의 경험, 본질적인 최초의 경험으로 돌아가게 해주는" 것이라고 말한다 (Roose-Evans, 1984, 154).

아르토는 잔혹 연극의 첫 번째 선언문에서 연극이 텍스트와 부르주아적인 삶에 대한 사실주의적 묘사에서 벗어날 필요가 있다고 말하고 있다. 그는 연극이 교회나 성스러운 곳 혹은 "티벳의 어떤 사원" 같은 공간이 되어야 한다고 주장한다(Bentley, 1976, 62). 연극이란 모름지기 창조와 생성 그리고 혼돈을 이야기하는 사상을 직접적으로 다룸으로써 현대 연극이 하지 않는 방식으로 그러한 영역과의 "원초적인" 조우를 제공해야 한다는 것이다. 그에게 있어 연극은 "인간과 사회 그리고 자연과 사물 사이의 일종의 열정적인 평형"을 창출할 수 있는 형식이다(1976, 56).

인네스는 연극에서의 이러한 사고를 지나치게 합리적인 문화에 대한 환멸과 서구의 물질주의로부터 벗어난 대안적 가치 척도에 대한 열망에 연결지어 왔다. 그는 의식과 신화 그리고 비서구적인 문화에서 강렬하게 소통할 수 있는 순수한 연극 형식을 찾을 수 있다는 원시주의적 의식 개념을 주장한다(Innes, 1993, 10). 한편, 그는 다른 사람들과 마찬가지로 다른 문화권으로부터 "빌어오고자" 하는 이러한 욕망이 때로 "심히 의문스럽다"고도 말한다. 사실상 그러한 시각은 다른 나라의 문화를 단순하고 순수하며 원초적인 것으로 여기는 19세기의 제국주의적 사고나 표피적인 차원의 호기심에 그치는 "피상적 이국취미"에 근거한 경우가 많다.

브룩은 자신의 국제연극연구센터에 대해서 말하면서, 사람들은 자기가 속하지 않은 다른 민족의 문화 형식에도 반응할 수 있다고 주장한다. 그리고 "자기 안에서 이렇게 낯선 움직임과 소리 뒤에 감춰진 충동을 찾아낼 수 있고, 그리하여 그것을 자기 것으로 만들 수 있다"라고 말한다(1988, 129). 그의 노정은 모든 이에게 보편적이라고 믿은 "완전한 인간적 진실"을 찾아내는 데에 바쳐진다. 그러기 위해서는 "퍼즐 조각들"을 한데 모아야 하며, 그에게 연극은 그 조각들에게 제자리를 찾아주는 장에 다름 아니다.

셰크너(1988)는 인종 차별주의와 식민주의를 지양한 범문화적 작업 모델을 만들고자 노력하는 가운데 공연과 의식에 대한 새로운 접근을 시작했다. 이러한 접근은 비서구적인 문화 형식의 표면 요소를 전유하는 데 그치기보다 문화들 사이의 대화와 연구자와 문화 형식 사이의 대화를 중요시한다.

효능과 의식

의식과 관련하여 자주 제기되는 문제 가운데 하나는 의식의 타당성과 그 효능에 대한 문제이다. 어떤 사람들은 의식이 효과가 있다고 느낀다. 그것은 그들에게 의미를 가지며 유용하다. 그러나 어떤 사람들은, "의식이란 기계적이고 관습화된 행동"이라고 말하는 고프만처럼(Goffman, 1961, 62), 의식을 낯설고 아무런 의미가 없으며 혹은 별 상관없는 것으로 경험하기도 한다. 종교에서 스포츠에 이르기까지 현대의 의식은 과거의 의식이나 타문화권에 존재하는 의

식의 빈약한 반영일 뿐이라는 인식이 널리 퍼져 있다. 이러한 견해
는 의식에 대한 서구 사회의 일반적인 반응이다. 예를 들어, 셰프는
근대 서구 사회에서 강렬한 정서와 의식의 연계는 이미 끊어졌으
며, 종교적 의식 역시 그 정서적 의미가 퇴색되었다고 말하고 있다.

심지어 일각에서는 의식을 사회가 문제 있는 요소를 유지할 수
있게 해주는 "부정적인" 형식으로 간주하기도 한다. 이러한 관점
에서 본다면, 의식은 본질적으로 변화에 저항하는 보수적인 것이
라 할 수 있을 것이다(Scheff, 1979, 129).

의식과 관련한 현재의 연구 역시 두 가지 입장으로 나뉜다. 한
가지 관점은 의식의 힘과 유용성을 옹호하는 것이고, 다른 하나는
의식의 소외 현상과 효능의 결여(즉, 의식의 부정적 측면)를 강조하
는 것이다. 일부는 의식이 집단과 개인에게 유익하고 긍정적인 영
향을 끼치는 다양한 방식으로 기능할 수 있음을 역설한다. 그리고
또 다른 일부는 의식이 억압적일 뿐 아니라, 현대의 의식은 전혀
효험이 없다는 시각을 견지한다.

연극치료 분야에서도 의식과 연극치료의 관계를 탐구하기 위
해 연극치료사 16명이 연구 집단을 꾸렸다. 참여자들은 작업을 시
작하기에 앞서 의식에 대한 배경과 경험을 묻는 질문지에 답을 하
였다. 그리고 연구 작업으로 수행된 활동에 대한 반응을 기록하고
분석하는 형식을 만들었다. 실제 작업은 연극치료의 틀 안에서 의
식의 양상을 취한 다양한 활동으로 진행되었다. 다양한 문화와 민
족을 배경으로 서로 다른 종교와 신앙을 가진 참여자들은 의식에
대한 경험과 느낌을 명확히 정리하기 위해 노력했다. 그리고 그 결
과는 앞에서 말한 두 가지 입장을 여러 가지 방식으로 반영하였다.

의식에 대한 긍정적인 언급의 예는 다음과 같다.

- "개인의 발달에서 의미 있는 단계들을 구획한다."
- "강렬한 감정을 이끌어내고 지지하며 견지할 수 있게 하는 강력한 그릇이다."
- "의식은 강렬한 정서적 혹은 신체적 욕구를 충족시켜 공유된 — 하나 되는 — 경험을 낳았다."
- "매우 사적인 목적에 복무하는 의식은 개인의 욕구에서 비롯되며, 일정한 구조와 리듬을 가짐으로써 안전성과 경계를 확보한다."

의식과 관련한 부정적인 경험은 다음과 같다.

- "의식 속으로 들어가지 못함."
- "느끼는 것, 참여하는 것, 거절당하는 것, 틀리는 것에 대한 두려움."
- "의식과 동떨어져 있다거나 완결되지 않은 느낌, 예를 들어, 할머니의 시신을 태울 때 커튼을 닫지 않은 것처럼."
- "불완전한, 둔감한, 격렬한, 분리된."
- "강요하는 듯하고 통제적이며… 힘의 불균형… 선택의 여지가 없음."
- "엉뚱한 장비와 비로 인해 축소된 장례식. 망자인 할머니를 무덤까지 배웅하고 싶은 우리 가족의 욕구(와 권리)는 전혀 배려받지 못했다."
- "세월이 흐르면서 못 쓰게 되어 얄팍하거나 속이 텅 빈 의식."
- "뭔가 내게 낯선 영역에 속한 것. 예를 들어, 종교처럼. 의식은 내게 배제된 듯한 느낌을 준다. 마치 다른 사람들은 모두 이해하는 근본적인 차원의 중요한 뭔가를 나만 놓치고 있는 것 같

다."

의식의 효능을 둘러싼 이러한 단절 혹은 모호성은 연극치료와
의식의 유용한 연계에 핵심을 이룬다.

연극치료와 의식

학자들은 연극치료와 의식의 연계를 주로 두 가지 방식에 집중시
킨다. 한 가지는 연극치료가 의식이라고 보는 것이다. 다른 하나의
접근은 의식을 연행을 사용한 치유 양식으로 규정하면서 연극치료
에서의 연행의 사용과 연결 짓거나, 연극치료가 드라마를 치유에
사용하는 근거와 방식을 설명하는 데 이용한다.

일부 학자는 고정된 구조와 적극적 참여를 특성으로 하는 연극
치료의 기본 전제가 의식의 심리적이고 정서적인 기능에 비견될
수 있다고 주장해 왔다. 또 다른 일부는 의식이 일종의 숭배 행위
로 기능하는 방식과 연극치료가 지닐 수 있는 영적 측면 사이의 영
적 연관성을 지적해 왔다(Grainger, 1990; McNiff, 1988). 그들은, 서구
의 주류 의학계에서는 부인되지만 다른 문화권에서는 현재까지도
존속되고 있는, 건강과 질병의 치료 그리고 종교의 영적 연관을 자
주 거론한다. 그러면서 마치 연극치료가 비서구적 의식의 등가물
인 것처럼 연극치료에서 일어나는 치유의 영적 측면을 강조한다.

랜디는 드라마를 치료에 적용하는 핵심 "근거" 가운데 하나가,
소위 "연극의 전통적인 치료적 기능"과 관련된다고 주장한다
(Landy, 1986, 47). 그는 거기서 더 나아가 의식과 연극 공연의 치유
적 측면이 역사를 통해 증명되어 왔다고 역설한다. 이러한 유형의
연관은 연극치료 내에서 흔히 볼 수 있는 것이다. 의식과 치유, 연

극 공연, 역사와 치료적 기능 사이에 비약이 존재하는 이러한 접근은 다른 문화권의 현상을 즐겨 다루며, 그것들을 "의식"이라는 용어로 묶어 연극치료를 위한 하나의 유형으로 재해석하는 경향이 있다. 그리고 그중 일부는 연극치료를 위해 고대로부터의 계통과 범문화적 의미를 창출하고자 노력하기도 한다.

이러한 주장은 연극치료를 고려하고 실천할 때 흥미로울 수 있다. 그러나 현재까지는 연극치료를 의식과 연결 짓는 데 있어 실제로 유용한 방식에 대한 비평적 고려를 찾아보기 힘든 것이 사실이다.

또한 나는 치료사들이 의식이라는 말을 정확히 어떤 의미로 사용하는지 불분명할 때가 많다는 점을 지적하고자 한다. 감지된 고대의 힘, 의식이라는 이 다른 세계에 대해 광범위하고 모호한 진술들이 남발되고 있다.

연극치료는 너무 성급하게 다른 문화적 관습들을 자기 울타리 안으로 끌어들였다. 그리고 연극치료 자체와 의식의 상관성을 세우는 데에 지나치게 열정을 기울여왔다. 연극치료는 의식이 아니다. 연극치료사는 샤먼이 아니다. 샤먼 역시 역할 연기를 한다거나 전혀 다른 문화와 민족적 맥락에서 작업하면서도 연극치료사는 다른 문화와 민족의 의식을 "사용"할 수 있다는 식으로 샤먼과 연극치료사를 연결 지으려 한다면, 그것은 이 분야의 복합성을 무시하는 처사일 뿐이다.

쉬메스가 지적한 바 있듯이, 샤먼은 대개 다신론과의 물활론적 철학에 기반을 두고 문명의 부족 사회에서 활동을 한다. 질병은 초자연적 힘의 결과 — 영혼의 상실이나 영적인 힘의 침입 — 로서 간주된다. 그러나 연극치료가 행해지는 대부분의 서구 사회에서라면, 이것은 "전환 히스테리와 단순한 정신 분열"로 분류될 것이라고 그녀는 말한다(Schmais, 1988, 281). 샤먼의 일차적 초점은 영적 세력과 인간 사이에 개입하는 것이다. 그러므로 연극치료사를 의식을 주관하는 샤먼에 비유하는 것은 "우리 자신을 신비적 종교 전통에 억지로 끌어다 붙여 우리의 주된 사명이 인간과 초자연적 힘의 중재에 있다고 주장하는 것"이나 다름없다(1988, 301). 한편 연극치료사들은 다른 시대와 사회적 맥락에서 나온 기법을 취하면서 그 결정적인 차이를 무시한다. 그러나 쉬메스는 어떤 과정이든 그것이 속한 문화와 사회적 맥락 안에서 내용과 형식을 고려하는 것이 중요하다고 역설한다. 만일 이것을 무시하고 단순히 의식의 어떤 요소를 집어내 옮겨 심는다면, "우리는 위험을 향해 나아가게 될 것이다"(1988, 283).

연극치료와 의식의 관계를 설명하는 분명한 틀거리를 만들기 위한 노력은 물론 중요하다. 쉬메스는 의식과 샤머니즘적 관습과의 관계를 발전시킬 수는 있지만, 그것은 반드시 신중하게 검토되어야만 한다고 말한다. 다음은 앞서 지적한 문제를 피하면서 의식과 연극치료를 실용적으로 쓸모 있게 연계하는 틀거리를 모색하고자 하는 하나의 시도이다.

연극치료와 의식의 관계는 세 가지 핵심 영역으로 나누어 볼 수 있다.

- 내담자의 과거로부터 불완전하거나 문제가 있는 의식의 경험을 재생한다. 예를 들어, 성인식과 관련하여 고통스런 기억이 있을 때 그 경험을 새로운 틀로 재구성한다.
- 의식 형식을 사용한 드라마를 창조함으로써 내담자의 문제를 다룬다. 이는 간과했던 경험을 인식하게 할 목적으로 의식의 언어를 사용하여 즉흥극을 만드는 것과 관련될 것이다. 이 영역

의 또 다른 양상은 작업 과정에서 제기된 문제를 표현하고 다루는 하나의 방식으로 의식 형식을 사용하는 것이다. 세션의 시작과 끝을 의식의 언어를 사용한 즉흥극으로 구별하는 것을 예로 들 수 있다.

- 세션의 시작이나 끝을 열고 닫는 일정한 유형의 활동과 같이 "의식"의 틀(즉, 집단이 만들어 내는 의식)로써 유용하게 고찰하거나 분석할 수 있는 연극치료 집단의 면모.

연극치료 작업과 의식

내담자와 치료사에게 있어 의식과 연극치료의 관계는 기본적으로 다음과 같이 정리할 수 있다.

연극치료에서 내담자는

- 삶에서 큰 비중을 차지하며 의심스러운 경험으로 남아 있는 의식에서 탐험의 내용을 가져올 수 있다
- 그 문제를 탐험하고 해결하기 위해 그러한 경험을 극적으로 재현할 수 있다
- 개인적인 문제를 가지고 작업하기 위해 내담자의 고유한 극적 의식을 만들 수 있다

연극치료사는

- 내담자가 경험한 어려움을 다루기 위해 문제가 되는 의식의 경험을 재창조하도록 도울 수 있다.

- 집단이나 개인이 나름의 문화적 언어를 사용하여 고유한 극적
의식을 만들 수 있도록 내담자와 함께 작업할 수 있다.

의식의 틀 바꾸기

연극치료에서는 의식을 불러낼 뿐 아니라 의식의 언어를 작업에
사용하거나 의식을 재구성할 수 있다. 이것은 치료의 표현 언어 내
에서 의식의 움직임과 소리 그리고 말과 상호 작용을 재창조할 수
있음을 뜻한다. 말을 위주로 하는 치료에서는 의식에 대해 이야기
하거나 회상 또는 전이를 통해 그 경험을 다시 살 수 있을 것이다.
그에 비해 연극치료에서는 의식 형식 자체의 언어로 회상이나 재
생을 수행한다.

　의식으로부터 억압당하거나 소외된 느낌을 가지고 있는 사람
들에게는 의식의 형식과 언어를 적극적으로 사용하는 연극치료가
특히 유용하다. 예브레이노프는 사회 속에서 경험하는 의식과 연
결되어 있다는 느낌이 개인에게 얼마나 중요한가를 지적하면서,
그것이 인간이 지닌 연극적 본능의 한 양상이라고 말한다. 의식에
의 적극적 참여는 개인으로 하여금 다른 사람들과 연결되어 있다
고 느끼게 해주며, 자기 삶의 주인됨과 강한 힘을 느끼게 해준다.
삶이 의식의 연행에 적극적으로 반영될 때 "그것은 새로운 의미를
획득하여 그의 삶, 그가 창조한 어떤 것이 된다"(Evreinov, 1927, 27).

　연극치료에서 개인은 의식 자체와 함께 의식과 자신의 관계를
탐험할 수 있게 해주는 틀 안에서 의식을 재창조한다. 그러므로 의
식의 연행은 곧 의식을 즉흥극에서 쓸 수 있고, 개인이 의식에 반
응하는 다양한 방식을 탐험할 수 있으며, 혹은 의식의 형식을 개인

에게 맞게 바꿀 수 있음을 뜻한다.

예를 들어, 다음 "히야신스" 사례에서 내담자는 장례식에 새로운 틀을 부여할 수 있다. 경험에 대한 언어적 분석은 사건을 회상하면서 벌어진 일을 인지적으로 이해할 수 있게 도와줄 것이다. 그러나 내담자의 나이를 고려한다면, 그것은 그녀의 고통을 다루는 최선의 방식이라고 보기 힘들다. 모래 놀이와 투사 놀이의 표현 형식을 활용하여 의식의 요소를 변형하고 재구성함으로써 보다 효과적인 경험을 얻을 수 있다. 내담자는 그런 식으로 연극치료의 틀 안에서 의식과 관계 맺는 새로운 방식을 발견하게 된다.

케이스는『미술 치료의 이미지』(Daley et al., 1987)에 실린「의미 찾기: 아동을 대상으로 한 미술 치료에서의 상실과 전이」에서 이 작업을 이야기하고 있다. 그녀는 미술 치료사지만 다음 사례에서 사용한 놀이는 연극치료에서의 틀 바꾸기를 흥미롭게 보여 주고 있다. 그녀는 내담자의 문제를 "죽음을 둘러싼 의식과 관련하여 아이들은 그에 관한 온전한 지식이나 접근의 기회를 갖지 못하고 일부에 제한되는 경우가 많다"는 사실과 관련하여 파악하고 있다 (1987, 59).

사례 연구 11.2: 히야신스

히야신스라는 소녀는 사촌 동생의 장례식에서 무섭게 울부짖는 할머니를 보고 심하게 놀란 나머지 할머니처럼 비명을 지르면서 울었다. 케이스(Daley et al., 1987)는 이것이 문제가 되었다고 기록한다. 동생의 죽음과는 아무 상관없이 울음을 그저 모방한 것이다.

미술 치료 세션에서 히야신스는 모래 놀이를 했다. 모래를

옮기면서 "난 여기를 청소하는 중이야. 깨끗하게 해야지"라고
했다. 그리고 아이는 흙더미를 하나 만든 다음 "이건 무덤이
야"라고 했다. 히야신스는 또 상자를 가지고 집을 만들더니 그
안에서 20분 동안 죽은 듯이 가만히 있었다. 잠시 후 "아가야!
아가야"라는 말과 함께 기분 나쁜 곡소리가 상자에서 새나오
기 시작했다. 히야신스는 원숭이를 팔에 안고 꼭 할머니가 죽
은 아이의 시신을 안고 그랬듯이 울고 있었다.

히야신스의 통곡은 2주일 동안 "집" 놀이에 섞여 간간이
나타났다. 케이스는 히야신스가 치료 과정에서 집 놀이, 원숭
이와의 작업, "의식"으로서의 통곡으로 이어지는 유형을 만들
었다고 한다. 그리고 그 활동에 몰입하는 정도가 점차 감소된
과정을 설명한다. 치료 과정의 마지막 날 아침에 히야신스는
세션을 시작하자마자 상자 속으로 뛰어 들어가더니 "큰소리로
짧게 "아가야! 아가야" 하고 말하고는 다시 뛰쳐나와 다른 활동
을 하기 시작했다." 그 뒤로는 상자를 더 이상 쓰지 않았다.

이 사례는 치료와 의식의 공생적인 관계를 잘 보여 준다. 치료사는
정서 발달의 측면에서 애도와 관련하여 의식이 얼마나 중요한가를
잘 알고 있다. 그녀는 또한 내담자의 문제에서 그것이 특징적으로
나타난 방식을 정확하게 파악하고 있다. "어린이에게는 죽음을 둘
러싼 의식에 접근하는 것이 허용되지 않을 수 있다. 그러나 의식은
슬픔을 사회적으로 용인된 형식으로 표현할 수 있게 해주며, 또한
죽음이 유발하는 근원적인 공포를 수용할 수 있는 틀거리를 제공
한다"(Daley et al., 1987, 59).

히야신스의 사례는 내담자가 자신만의 이미지를 창조하여 의
식을 소화하고 다룰 수 있도록 치료 과정에서 어떤 방식으로 환경

을 조성해 줄 수 있는지를 보여 준다. 치료 과정에서 어린이는 상실과 애도의 과정을 지지하기 위해 자기만의 의식을 창조한다.

앞에서 언급한 연극치료의 연구 집단에서 많은 치료사들은 의식의 요소를 재생하는 것이 의식 자체나 그 의식에서 파생된 문제에 대한 강력한 재평가로 이어진다는 사실을 발견했다. 예를 들어, 한 참여자는 완결되지 않은 의식, "부적합하고… 제대로 마무리되지 않은 의식 때문에 생긴 불쾌감"으로 인해 현재까지도 너무나 강한 분노가 존재함을 발견하였다.

> 분노의 조각상. a) 죽어가는 어머니, b) 임종, c) 화장장의 장례 절차를 한참 동안 기다린 후에야 어머니의 시신을 받음. 싱싱한 꽃을 앞세우고 등장한 문상객들의 거짓된 공감의 미소. 시신을 당일에 처리하지 않음. 마치 쓰레기처럼 방치됨. 유골 상자 안에 정말로 무엇이 들어 있는지 아무런 보증이 없음. 무력함. 절망.

> 한 축으로는 문제가 된 의식의 체험을 조각상으로 만들면서, 또 다른 축으로는 일상생활에서 의식과 관련한 어려움을 간단한 즉흥극으로 만들어 보았다.

> 나의 결혼식 조각상 — 내 결혼식과 결혼 생활에 대해서 끝도 없이 미주알고주알 이야기하고 나서야 나는 내가 만든 조각상이 너무나 간결하고도 강렬한 이미지로 그 모든 것을 말해 주고 있음에 놀라지 않을 수 없었다. (결혼식을 올리기 전에 이런 감정을 조각상으로 만들어 보지 않은 게 정말 실수다 — 그렇게

했다면 아마도 결혼식을 감행하는 실수를 범하지 않았을 것이다.)

작업 과정에서는 의식 체험에 새로운 틀을 부여하기 위해 의식을 다른 버전으로 즉흥 연기할 수 있게 했다. 참여자들은 의식을 극적으로 재현하면서 감정을 표현했다. 그리고 의식을 다시 연행하였고, 그러고 난 뒤에 의식 자체와 경험에 대해 이야기했다. 삶의 경험을 정체화하고 표현한 것이다. 그런 다음에는 다른 사람들을 이용해 의식을 묘사하는 조각상을 만들고, 조각상에 참여한 사람들에게 자세한 상황을 알려주고, 장면을 연출하면서 즉흥극을 지켜보았다. 그러고는 거기서 무엇이 마음에 들었는지 말하고 그 경험을 서로 나누면서 문제에 도움이 되는 방식으로 장면을 재구성하였다.

이런 방식으로 참여자들은 저마다의 정서적 욕구에 맞게 의식 경험을 재구성해 볼 수 있었다. 필요한 경우에는 의식에서 완결되지 않은 채 남겨진 일들을 다루기도 했다. 참여자들은 또한 과거의 사건을 연극치료 작업이 진행되는 지금 여기로 가져옴으로써 자신의 반응을 통찰할 수 있었고, 다른 참여자들과 함께 그 과정에서의 느낌을 나눌 수도 있었다. 예를 들어, 어린 시절을 아프리카에서 보낸 한 참여자는 남자라는 이유로 의식에서 경험해야 했던 억압을 가지고 작업하였다. 다음 사례는 그리스의 부활절 행사와 관련된 과거의 의식 경험을 다루고 있다.

사례 연구 11.3: 부활절 케이크

자네타는 무대 한쪽에 의자를 놓고 앉아 의식 체험과 그로 인한 자신의 문제에 대해 설명하였다. 그리스에는 집안의 여자들이 부활절 케이크를 굽는 풍습이 있는데, 문제는 사춘기에 이른 그녀가 월경을 시작했기 때문에 일 년 동안 가족 케이크를 구울 수 없게 된 데 있었다. 그녀는 예전에도 그랬고 지금까지도 자신이 제외될 수밖에 없었던 그 상황과 (그런 상황을 초래한) 할머니에게 분노를 느끼고 있었다.

자네타는 집단에서 몇몇 사람을 선택하여 관련된 역할을 맡겼고, 그 일이 일어났던 부엌에서의 상황을 조각상으로 만들었다.

그리고 할머니가 자네타를 의식에 참여하지 못하게 하는 결정적인 순간을 연기했다. 자네타는 이때 어떤 감정을 느꼈는지 이야기했고, 각 역할의 분신을 연기했다. 그런 다음 같은 장면을 마음에 드는 방식으로 다시 한 번 연기했다. 그녀는 부엌에 있는 할머니 곁에서 따로 자기만의 케이크를 구웠다. 그것은 그녀가 의식에 대한 할머니의 감정과 태도를 존중하면서 동시에 자기에게도 만족스런 역할을 찾아냈음을 의미했다. 끝으로 그녀는 할머니와 자기 역할을 연기한 사람에게 즉흥극의 경험을 통해 예전의 일과 의식 그리고 할머니와의 관계에 대해 알게 된 것과 그 의식을 세월이 한참 흐른 뒤에 다시 떠올리면서 무엇을 발견했는지를 말해 주었다.

문제가 된 과거의 의식 체험은 해당 의식의 성차별적인 관습과 사춘기 소녀인 자네타의 반응이 충돌한 결과였다. 그 경험은 분명히 과거에 속하지만, 그 의식과 관련하여 현재 자네타가 여성으로서 경험하고 있는 것과도 상관이 있다. 또한 작업 내에는 자네타와 할머니의 관계, 사춘기의 자네타, 여성을 향한 문화적 편견에 대한 그녀의 반응, 월경에 대한 감정이 존재한다. 의식 형식을 사용한 작업에서 흔히 그러하듯이 자네타가 선택한 이미지는 주제와 의미를 매우 풍부하게 함축하고 있다.

의식은 역할 연기로 재생되었다. 자네타는 의식과의 관계를 연행과 지켜보기를 통해 탐험했다. 그리고 그렇게 의식을 거듭 체험함으로써 과거의 경험과 의식 자체와의 관계를 수정할 수 있었다. 예전에 하지 못했던 말을 할머니에게 털어놓았고, 본래 의식의 형태를 유지하면서 자기만의 케이크를 따로 구워 나름의 방식으로 의식을 바꾸었다. 뒤에서도 언급되겠지만, 참여자 중 일부는 자네타의 그런 선택이 여성과 월경에 대한 사회적 편견에 전면적으로 맞서지 않는 것이라고 느끼기도 했다. 그러나 자네타에게는 충분히 만족스런 결과였다. 마땅한 말과 행동으로 의식에 도전하고 싶은 욕구를 만족시킴과 동시에 의식과 관련하여 불편하지 않은 입장을 찾은 것이다.

이로부터 나는 연극치료에서 의식에 새로운 틀을 부여하는 것과 관련하여 네 단계를 제안한다.

1. 의식과 관련된 주제를 상기한다.

2. 의식 "언어"를 사용하여 해당 주제를 재현한다. 이 과정에서 언어와 경험이 내담자 고유의 표현 범주와 수준에 맞게 수정되고 각색되기 시작한다.

3. 이 수정과 각색 과정은 주제에 대한 내담자의 작업으로 심화된다.

4. 새롭게 수정된 의식 언어를 이용하여 불완전하거나 꼬인 본래의

체험을 풀어 나가거나 혹은 내담자가 의식 체험에서 조우한 문제를 통찰한다.

의식 형식을 이용한 드라마의 창조

의식은 특정한 표현 형식과 그에 상응하는 내용을 가지고 있다. 연극치료에서 내담자는 의식 형식과 내용에 대한 고유한 문화적 경험을 사용하여 자기만의 의식을 창조할 수 있다. 그것은 대체로 사회에 존재하는 사회적이고 종교적인 의식과 다르기 때문에 극적 의식이라고 구별할 필요가 있다. 사회적이고 종교적인 의식은 거대하고 역사적인 과정의 산물로서 일정 시간에 걸쳐 점차적으로 진화되어 왔다. 그에 비해 극적 의식은 개인이나 집단의 산물이며, 연극치료의 공간 내에서 제기된 치료상의 문제를 다루기 위해 창조된다.

극적 의식은 바로, 그로토프스키, 바르바 같은 연극인들이 연극적으로 창조한 의식과 유사하다. 이들 작업에서는 대개 집단이 가면, 몸짓, 자세, 영창, 반복 같은 의식 언어를 사용하며, 의식의 형식과 유형을 활용한다. 그리고 상당수 작업이 고유의 문화에서 자원을 끌어옴과 동시에 배우나 연출자의 자발적 창조성을 사용하여 자기들만의 몸짓이나 영창 언어를 만들어 낸다. 예를 들어, 1980년대에 국제연극인류학학교(ISTA)에서는 카타칼리, 발리 의식 그리고 노의 형식과 언어 사이의 관계를 탐험하면서 범문화적인 작업을 시도했다.

의식儀式의 형식은 발생 과정에서 생성되는 감정과 특정한 관계를 맺는다고 여겨진다. 극적 의식의 산물은 형식과 감정의 이러한 관계를 반향하곤 한다. 그로토프스키는 이 관계를 강렬한 감정에 접근하는 통로를 창조하고 그 감정을 유지하는 강력한 방식이라고 요약하고 있다.

> 내적 테크닉과 기교(기호에 의한 역할의 수행) 사이에는 모순이 존재하지 않는다. 우리는 외형적인 표현에 의해 지지되지 않고, 역할 구축으로 훈련되지 않은 개인적 과정이란 해방이 아니며, 결국 무형의 것으로 붕괴한다고 믿는다(Grotowski, 1968, 17).

의식적 표현 형식 그리고 정서의 표출과 억제는 연극치료와 깊은 관련이 있다. 강렬한 정서의 맥락과 함께 창조된 구조는 무형으로의 몰락을 방지한다. 이것은 세션의 형태와 연극치료 전반에서 사용되는 연행 방식에도 똑같이 적용된다. 의식화된 표현은 그러나 특수한 구조의 양상을 띤다. 그것은 특히 구조와 표현 — 강렬한 정서의 표출과 억제 — 의 유용한 관계와 관련되며, 대개 영창이나 몸짓 또는 일련의 움직임을 사용한 상징적이고 비서사적인 표현을 강조하면서 일정한 유형과 반복을 창조한다.

의식에 대한 연구는 또 다른 축으로 사람들이 겪은 의식 체험의 구조와 언어 요소를 활용하여 정서적 욕구를 충족시키는 형식을 만드는 작업으로 진행되었다. 말하자면, 의식이 특정한 문화적, 정서적, 심리적 영역에 매우 효과적으로 접합될 수 있다는 생각으로 작업하는 것이라 할 수 있다. 이들 영역은 흔히 사회적 지위나 입장 혹은 정체성의 변화 또는 종교적 맥락과 연결된다.

구체적으로는 네댓 명씩 작은 집단을 만들어 각각 작업할 영역을 선택하고 의식화된 극적 형식을 창조했다. 여기에는 의식에 대한 해당 집단만의 문화적 경험에 기반을 둔 여러 유형의 움직임과 반복과 영창이 포함되었다. 그 결과 내용의 형식과 유형이 특정 종류의 반응을 유발하는 것으로 보였다.

특히 많은 참여자들이 영창에 강한 반응을 보였다.

- "소리의 협연을 듣고 있자니 문자 그대로 머리칼이 쭈뼛 곤두섰다(양 팔과 목 뒤의 털들까지!)"
- "영창은 음성과 의도와 '대화'가 명시적이면서 동시에 상징적인 또 다른 차원의 경험으로 나를 인도해 주었다. 그것은 아마도 내가 의식 체험의 본질이라 생각하는 '무아경'이나 '변화된 인식'에 가장 가까이 도달한 순간이었을 것이다."

각 집단은 특정한 정서를 표현하기 위해 다양한 유형의 움직임을 구조화하여 활용했다.

- "단지 움직임을 반복했을 뿐인데, 사방에서 감정이 솟아나와 거기에서 글 모양을 하고 있는 나 자신에 대한 강렬한 분노를 어찌 그리 정확하고 생생하게 반영할 수 있었는지, 그저 놀라울 따름이다."

사례 연구 11.4: 월경 의식

살면서 부재감을 느낀 적이 있는 여성들이 모여 여성의 신체적 변화와 월경에 대한 인식 부족을 주제로 한 작업을 했다. 참여자 가운데 일부는 부활절 의식에서 소외된 자네타를 보면서 화가 나 그 작업에 동참하였다. 이것은 그들의 신체와 자아가 부정당했던 경험을 고스란히 되살렸기 때문이다.

단지 월경을 한다는 이유로 부활절 의식에서 배제되었던 자네타의 경험을 보면서, 나는 마치 내 일인 듯 화가 났고, 자네타가 그와 다른 결과를 만들어 내기를 바랐다. 자네타의 할머니에게는 그녀가 억압의 순환 고리를 지속시키고 있다고 말해 주고, 또 여전히 구습을 인정하는 대안을 받아들이지 말고 그에 도전하라고 권하고 싶었다.

새로운 의식은 나와 생각이 비슷한 여성들과 함께 작업할 수 있는 기회를 주었다. 우리는 여성성을 기리는 상징적 통과 의례가 부족하다는 것, 그리고 성숙 과정을 통한 신체적, 정서적, 심리적 변화에 대해 문화가 명백한 침묵으로 일관하고 있다는 데에 불만을 품고 있었다.

한 집단이 과거에 대한 이러한 인식을 보여 주기 위해 사물과 일련의 반복적인 동작과 소리를 사용하여 새로운 의식을 창조하였다.

할머니와 어머니 그리고 아이가 없는 두 여자, 그렇게 네 명의 여자가 모였다. 우리는 초경을 축하하는 의식을 만들고 싶었다. 우리가 자랄 때는 그런 축하 행사가 없었다. 의식은 긴 천을 앞으로 내던진 다음 달려가 손으로 잡는 것으로 시작했다. 그 천을 밟고 올라서면서, 우리는 각자 일련의 유형에 따라 움직임을 이어갔다.

새로운 의식에서 상징적인 천을 사용한 것은 의식의 공간을 뚜렷이 구획했다는 점에서 매우 효과적이었다.

한편 그 집단은 전에 분노에 대해서 작업한 적이 있었는데, 그 작업을 하면서 분노를 다루기가 매우 까다로우며, 여러 사람이 "하나의 집단으로 뭉쳐 같은 출발점을 찾아내기"가 여간 어렵지 않음을 느꼈었다. 그런데 초경 의식을 창조하면서는 경험 속에서 하나가 되어 그것을 개인적이면서 동시에 집단적으로 다룸으로써 서로 접촉하는 방법을 발견하였다.

그렇게 창조된 의식은 다음과 관련되었다.

- 공통되는 욕구 찾기
- 정서를 표현으로 담아내는 형식으로서 효과적인 작업 방식 고안하기
- 미완의 과제 처리하기

이들이 연구 집단에서 창조한 새로운 의식에는 부재에 대한 기억과 개인의 경험이 유발한 분노 그리고 여럿이 함께 작업하는 데에서 오는 문제가 모두 담겨 있었다. 그리고 그것은 참여자들에게 개별적인 의미를 지닌 집단의 형식이 되어 주었다. 이 집단의 작업은 개인이 현실의 경험과 관련하여 힘을 획득하고 소유함에 있어 효율적인 의식이 가지는 중요성을 보여 준다는 점에서 3장에서 인용한 예브레이노프의 생각을 반증한다고 할 수 있다. 참여자들이 서로를 지켜봐 줄 수 있었던 것과 의식 없이 지나쳤던 월경의 시작을 공식적으로 구별한 것이 그 치료적 작업의 바탕이 되었다.

다른 참여자들도 그 작업이 월경을 통해 어엿한 여성으로 성장

하는 경험을 설득력 있게 형상화했다고 평가했다. 여기서 의식 작업의 중요성은 의식 자체뿐 아니라 의식을 만드는 데에서 비롯되는 치료적 이점에도 존재한다.

한 참여자가 자기도 여태껏 한 번도 초경에 대해 입을 열어본 적이 없다고 말했다. "내 인생에서 너무나 중요한 변화임에도 불구하고 기념하거나 축하하기는커녕 남들 눈에 띌세라 소리 없이 지나쳤어요." 따라서 월경 의식의 창조는 그에 대한 "경이로운" 해방이었다. "늘 불결한 비밀이자 소리내 말하면 안될 두려운 것으로 취급받던 초경이 환영받아 마땅한 긍정적인 변화로 뒤바뀐 것"이다. 또 다른 참여자는 "나는 어떤 출구를 찾을 수 있었고, 주고 받으면서 여럿이 함께 긍정적으로 작업했다는 느낌을 얻었다"라고 말하기도 했다.

의식을 창조한 경험을 이렇게 표현한 참여자도 있었다.

이 경험은 모두 계획에 의해 이루어졌고, 의미 있었으며, 신체적이었다. 나는 내가 그 작업에 깊이 몰입했음을 느꼈고, 그래서 사람들과 함께 상당히 오랜 시간을 반복할 수 있었다. 나는 그 경험이 언어의 구속에서 벗어나 정서적이고 상징적인 체현의 차원에서 이루어졌다고 느꼈다.

그밖에도 많은 사람들이, 의식의 공연 형식을 활용하여 특정한 형식을 계획하고 창조하는 과정이 강렬한 정서를 촉발하고 유지하는 데 도움이 되었다고 이야기했다.

우리가 얼마나 서로 밀접하게 연결되었던지 놀라울 따름이다… 나는 분노를 제어할 수 있었다… 믿을 수 없을 만큼 강렬하고 발산적이었지만 그러면서도 안전했다… 나는 분노의 감정에 재빨리 접근하여 "두려운" 수위로까지 몰고 갔고, 결국은 그것을 넘어설 수 있었다… 거의 울음을 터뜨릴 뻔했지만 감정을 표출할 때까지 멈추지 않고 지속할 수 있었다.

우리는 그 감정을 다루기 위해 하나의 움직임을 반복했다… 위험할 수도 있는 격앙된 상태가 되자 내 몸이 저절로 달히더니 다른 두 사람이 하고 있던 움직임에 반응하였다. 우리는 눈을 감고서도 똑같이 움직였다. 마치 우리 몸이 미칠 듯한 정서와 움직임에 대한 반응을 기억하고 있는 듯했다.

사례 연구 11.5: 뒤로 가는 결혼식

앨런은 아내에 대한 자기 감정을 이해할 수 없다고 말했다. 그녀가 다른 남자 때문에 떠난 후에 그는 마비된 듯 멍해졌다. "나는 아무것도 느끼지 못하겠고, 왜 그런지도 모르겠소." 그는 또 어떤 꿈을 꾸었는데, 다른 건 별로 생각이 나지 않지만 아내와 교회 제단에 서 있었던 대목은 뚜렷이 기억할 수 있다고 했다. 그는 도대체 왜 그런 꿈을 꾸었는지 이해할 수 없다면서, 그 상황이 "마치 뒤로 가는 결혼식" 같다고 말했다.

처음에는 농담처럼 그 꿈 얘기를 꺼냈지만, 세션이 진행되면서 그는 그 이미지를 탐험해 보기로 결정했다. 나는 그에게 꿈과 "뒤로 가는" 결혼식이라는 말을 연결시켜 보라고 제안했다. 그는 뒤로 가는 결혼식에 대해 설명한 다음 다른 참여자들과 함께 즉흥극을 만들었다. 먼저 손가락에서 반지를 빼내어 들러리에게 돌려주는 장면을 보여 주었다. 그리고 결혼 서약으로 넘어가 "나는 이제 당신의 반려자가 아닙니다," 그리고 "나는 아플 때도 건강할 때도 더 이상 당신과 함께하지 않습니다"라고 말했다.

즉흥적으로 의식이 진행되는 동안 그는 고통스러워하면서 울기 시작했다. 그러나 복도로 되돌아 나와 교회 밖에서 각자 다른 곳으로 흩어질 때까지 의식을 계속하고 싶어했다.

앨런은 의식에서 창조된 이미지를 매우 강렬하게 경험하였다. 그는 의식을 통해 애초의 무감각한 상태에서 벗어날 수 있었고, 자기가 처한 상황의 현실성을 인식하면서 꿈과 "뒤로 가는"이라는 말에 숨어 있던 감정을 표출할 수 있었다. 창조된 의식이, 그가 "마비되었다"고 말했던 감정에 접근하여 그것을 방출하는 통로가 되어준 것이다. 그뿐 아니라 뒤집힌 순서로 의식을 연행함으로써 앨런은 작업을 더 심도 있게 진행시킬 수 있었다. 예식이 끝난 뒤에 더 진전된 역할 연기 작업을 하면서 앨런은 "무감각" 상태에서 빠져 나와 자기 속에 가두어 두었던 것들을 가지고 아내와 대면하였다. 나중에 그는 실제로 아내에게 찾아가 자기 감정을 표현할 수 있었다고 말했다. 그로써 앨런은 "해방"을 경험했고, 다시 전진할 수 있다는 것을 느끼게 되었다.

요약

"월경 의식"과 "뒤로 가는 결혼식"은 모두 의식 형식을 사용하여 드라마를 창조한 사례이다. 다음은 연극치료에서 의식 형식을 빌어 드라마를 창조하는 과정을 요약하고 있다.

● 어떤 경우에는 내담자의 삶에서 의식의 부재와 관련한 욕구가 나타나기도 한다. 또 다른 경우에는 의식을 통해 혹은 의식의 표현 형식을 통해 적절하게 다루어질 수 있는 문제가 표현되기도 한다. 이러한 접근에 가장 적합한 문제 혹은 주제는 대개 내담자가 속한 문화에서 의식과 접해 있는 영역이다. 사회적 지위의 변화, 정체성이나 인생 주기의 변화, 종교적 내용이 그 영역에 포함된다.

● 내담자 개인이나 내담자 집단은 극적 의식을 창조하는 바탕으로서 자기 자신의 경험에서 나온 의식 형식/유형과 내용을 동원한다. 다시 말해, 반복, 영창, 여러 가지 유형의 움직임, 매기고 받기, 노래와 같은 내용과 형식을 사용하여 극적 의식을 구축한다.

● 내담자는 문제가 되는 감정이나 주제를 적절하게 표현하고 다루는 극적 의식에 도달할 때까지 이러한 형식을 가지고 실험하고 즉흥 연기한다.

● 일부 경우에 치료 과정에서 의식을 창조하거나 표현하면서 그 극적 의식이 다루는 감정이나 주제(와의 관계에서 일어나는)에 변화가 나타나기도 한다. 이는 내용을 표현하기 위해 일정한 형식을 사용하기 때문이다. 의식 자체뿐 아니라 창조된 의식의 체험 또한 문제나 주제와 또 다른 관계를 맺고 유지하는 수단이 될 수 있다. 여기서 강조점은 문제나 주제를 표현하고 풀어내는 방식으로서 극적 의식에 놓여진다. "월경 의식"의 창조에서 이러한 작업 방식의 보기를 얻을 수 있다.

- 극적 의식은 문제가 되는 내용이나 주제를 효과적으로 표현할 수 있다. 일단 표현되고 나면, 2장에서 말했듯이, 연극치료의 다른 영역에서와 마찬가지로 문제를 풀어가는 작업이 가능해진다. 여기서도 강조점은 문제나 주제를 표현하는 최선의 방식으로서 창조된 극적 의식에 주어진다. 일단 문제를 표현한 뒤에는 역할 연기나 이야기 작업 같은 기법을 이용하여 풀어나갈 수 있다. "뒤로 가는 결혼"이 이러한 접근의 본보기이다.

12. 사전 평가와 기록 그리고 평가

무엇을 보든 우리가 보는 그것은 그것 아닌 다른 것일 수 있으며,
아무리 자세히 묘사한다 해도 그것 아닌 다른 것일 수 있다.

비트겐슈타인, 『논리-철학 논고』

개관

버논은 치료에서의 사전 평가에 관한 연구에서 많은 극작가와 작
가 그리고 예술가가 인물을 묘사하는 데에는 탁월했지만 "자기들
혹은 우리가 사람들을 어떻게 알게 되는지 또는 그 지식이 얼마나
정확한 것인지를 묻기 위해 멈추지는 않았다"고 지적했다(Vernon,
1969, 2). 그러나 반대로 예술과 상당한 드라마가 바로 그러한 질문
에 관여하고 있다고 말한 사람들도 많으므로 이는 논쟁의 여지가
있는 주장이라 하겠다. 어쨌든 버논은 사전 평가와 기록 그리고 평
가에 관한 핵심적인 관심사를 간명하게 제시하고 있다. 우리는 연
극치료에 참여한 사람들을 어떻게 알 수 있으며 그 지식은 얼마만
큼 정확한가? 이 질문에 대한 답은 언제나 "부분적"일 수밖에 없다.
누군가를 이해하고 묘사하고 알게 되는 데에는 여러 경로가 있을

텐데, 연극치료에서는 치료사가 내담자를 파악하기 위해 실시하는 사전 평가와 연극치료 과정에서 일어난 것을 알아내고자 하는 평가가 그에 속한다.

사전 평가

사전 평가는 기본적으로 내담자와 내담자가 직면한 문제에 관해 가능한 많은 정보를 찾아내는 데에 목표를 둔다. 그리고 거기서 한 발 더 나아가 내담자가 치료 과정에서 제기한 문제를 가지고 작업함에 있어 연극치료 공간을 어떻게 활용할 것인지를 파악하고자 한다.

사전 평가에서는 정보를 모은다. 그리고 그 정보는 다양한 원천에서 다양한 방식으로 수집된다. 연극치료는 대개 다른 치료와 병행하여 실행되므로, 연극치료사는 다른 활동에서 수집된 기록 정보를 활용할 수 있다. 그렇지만 연극치료 세션 내에서 반드시 직접적인 사전 평가를 실시한다. 치료사가 내담자의 자기 평가를 돕기 위해 다양한 방법을 사용하는 것도 여기에 포함될 수 있다. 연극치료사는 사전 평가를 위해 매우 다양한 형식과 접근법을 활용할 수 있다.

어떤 상황에서는 사전 평가 과정이 진단과 연결될 것이다. 진단이란 내담자의 문제나 처한 조건을 일련의 규준에 따라 분별하는 것을 말한다. 사전 평가 과정에는 또한 연극치료가 내담자에게 적합한지에 대한 판단이 포함될 수 있다.

사전 평가는 목표의 설정과 관련된다. 집단에 따라서는 주요 목표가 미리 결정되는 경우도 있다. 혹은 작업 환경 자체가 프로그램의 일부로서 작업의 목표를 결정할 수도 있다. 목표를 공개적으로 내보임으로써 개인이 치료에 참여할 것인지 여부를 결정하는 데 도움을 주는 것이다. 예를 들어, 지역 사회 기관에서 운영하는 여성의 자기 주장 훈련을 위한 연극치료 집단이라면, 과정이 시작되기 전에 광고를 통해 목표를 공시할 것이다. 그와 달리 일단 치료가 시작된 후에 집단이나 개인과 구체적인 목표를 협의할 수도 있다. 어떤 경우에는 "개인적인 변화를 성취하기"처럼 일반적인 목표를 설정하기도 한다. 그런가 하면 정반대로 "지역 사회 안에서 사람들을 대하는 일상적 만남에서 좀 더 자기 주장을 자신 있게 펼 수 있도록 역할 연기를 사용하는 것"과 같이 매우 구체적인 목표를 설정하기도 한다.

평가

이렇게 설정된 목표는 연극치료사와 내담자에 의해 치료 과정에서 다시 평가받는다. 브루시아는 평가를 "내담자의 처음 상태가 치료사의 개입의 결과로서 실제로 변화했는가"에 대한 기록이라고 정의했다(Bruscia, 1988, 5). 평가는 작업의 성격에 따라 공식적으로 이루어질 수 있다. 예를 들어, 특정한 행동이나 관계 맺기 방식의 계발을 목표로 한 연극치료 집단이라면, 질문을 통해 내담자의 진전 상황을 평가할 수 있을 것이다. 그때는 집단 안팎에서의 경험을 돌아볼 수 있도록 개별적인 질문과 함께 여러 가지 규준이나 방향을 활용하여 그러한 성찰에 초점을 부여할 것이다. 그러므로 자기 주장 훈련을 위한 집단 작업이라면, 그와 관련한 내담자의 변화를 평가하기 위해 일련의 규준을 가지고 작업 과정을 살펴보게 된다. 형성 평가는 진행 중에 있는 작업을 대상으로 하며, 그로써 치료사와 내담자가 방향을 설정할 수 있게 돕는다. 그리고 작업의 말미에 전체 과정을 돌아보는 총괄 평가를 실시한다.

사전 평가와 평가: 기본 과정

연극치료에서 흔히 사용되는 기본 과정은 다음과 같다:

위탁: 위탁은 내담자가 연극치료 집단에 오게 되는 방식과 관련된
다. 자기-위탁을 통할 수도 있고, 작업 환경에서 특정한 프로그램
의 일부로 그에 해당하는 개인을 보내기도 한다(즉, 학교에서 정서
나 행동상의 문제를 보이는 아이들로 집단을 꾸릴 때). 또한 작업에
관계된 사람이 내담자들을 위탁하기도 한다(즉, 사회복지사가 집단
을 만들 경우).

　일부 작업 환경에서는 내담자의 주제나 문제가 연극치료로 작
업하기에 적합한지 여부를 가리기 위해 위탁 사전 평가를 하기도
한다.

초기 평가: 연극치료 작업에서 어떤 문제를 어떤 방식으로 다룰 것
인지에 대한 정보를 얻기 위해 치료사와 내담자가 함께 작업하는
시기이다.

목표 설정: 초기 평가에서 얻은 정보를 바탕으로 연극치료를 이끌
어갈 일련의 목표를 설정한다. 일부 환경에서는 집단이 만들어지
기 전에 주요 목표가 결정되기도 한다. 그런가 하면, 집단이 형성되
고 나서 주요 작업 목표를 설정하기도 한다. 어떤 경우든 목표는
초기 평가를 반영하기 마련이다. 이러한 목표는 맥락에 따라 매우
구체적일 수도 있고, 다소 일반적일 수도 있다. 연극치료사의 치료
적 정향, 치료 기간의 길이, 내담자 집단의 특성 등이 목표에 영향
을 미치는 요인이다.

진행(형성) 평가: 치료 도중에 진행하고 있는 작업을 평가하는 것으로, 설정된 규준에 의거하여 작업의 효율성을 고려한다. 여기서도 역시 치료사의 치료적 정향 및 내담자 집단의 특성 등에 따라 규준의 특성이 달라진다.

목표 점검: 진행 평가에서 수집된 정보를 근거로 설정된 목표의 현실성과 적합성 여부를 점검한다. 그 결과에 따라 목표를 수정할 수도 있다.

총괄 평가: 총괄 평가는 작업의 말미에 연극치료 과정을 돌아보면서 그 안에서 발생하거나 발생하지 않은 변화의 특성을 고려한다. 여기에는 치료 작업에서 이루어진 내용을 기준으로 목표를 점검하는 것도 포함된다.

사전 평가 및 평가와 관련하여 윤리적으로 유념해야 할 사항이 있다. 연극치료사는 사전 평가와 평가가 왜 있어야 하는지, 얻은 정보를 어떻게 기록하고 활용해야 하는지, 그리고 그 정보에 접근할 수 있는 사람이 누구인지를 명심하고 있어야 한다. 합의의 문제, 즉 사전 평가는 반드시 내담자의 동의를 구한 후에 실시되어야 한다는 점 또한 중요하다. 만일 내담자가 심한 학습 장애를 갖고 있어서 사전 평가의 개념을 이해할 수 없다면, 치료사는 그 상황을 충분히 고려하여 대처해야 한다.

시오나이(Ciornai, 1983)는 진단, 사전 평가, 평가와 관련하여 문화적이고 사회 경제적인 요인의 중요성을 강조하였다. 예술 치료사는 평가 과정에서 있을 수 있는 문화적 편견이나 차이에 유의해야 한다는 것이다. 이러한 부분에 대한 인식 부족은 자칫 치료 작업 내에서의 소통과 이해를 방해할 수 있다. 예를 들어, 치료사가 라틴 문화에 익숙하지 않은 경우에, 그 문화권에서 "건강의 징후"로 여겨지는 가치들을 반대로 "미성숙이나 역기능의 증상"으로 간주하는 실수를 범할 수도 있다는 것이다(1983, 64). 그녀는 서로 다른 문화적 가치를 이해하는 것이 잘못된 진단을 예방하는 데 핵심적이라고 단언한다.

연극치료에서 사전 평가와 평가를 위한 접근

심리학과 심리 치료 그리고 예술 분야에는 사전 평가와 평가를 위한 광범하고 다양한 접근들이 존재한다. 코트니가 말했듯이(1981), 연극치료에서 활용되는 사전 평가의 형식은 치료의 정향과 치료사에 영향을 받는다. 사전 평가에서 얻은 결론과 사전 평가가 활용하는 틀거리 역시 일정 정도 치료사와 환경의 정향과 관련된다. 그러므로 분석 지향의 치료는 행동적 맥락에서 수행되는 작업과는 다른 접근을 활용할 것이다. 내담자의 무의식 세계를 드러내기 위해 연행을 사용한 투사 검사를 한다면, 정신분석적인 방식의 연극치료에 가깝다 할 수 있을 것이다. 그에 비해 다양한 상황에 반응하는 방식을 통해 내담자의 발달 양상을 알 수 있게 디자인된 일련의 드라마 활동은 발달의 틀거리 내에서 특히 유효하다.

　그러나 대부분의 사전 평가 접근법은 연극치료의 다양한 틀거리 안에서 무리 없이 사용 가능하다. 일련의 상황에서의 역할 연기를 통해 역할 행동을 살피는 투사 검사는 심리 역동적이거나 행동적인 접근 모두에 유용하게 쓰일 수 있다. 사전 평가에서 수집된 정보를 읽어내는 방식 역시 다양할 수 있다. 심리 역동적 틀거리에서는 역할 작업에서 표현된 주제와 내용이 내담자의 감정과 무의식의 내용을 반영한다고 간주할 것이다. 한편 행동적인 접근에서라면, 수정 작업이 필요한 부분을 파악하기 위해 역할 상황에서 내담자가 표현한 특정한 행동을 살필 것이다.

　　브루시아는 구조화되고 비구조화된 참여와 더불어 면접과 투사 검사를 연극치료사가 주로 사용하는 사전 평가 접근법으로 꼽는다(1988, 8). 연극치료는 사전 평가에서 주로 존재 방식이나 상태를 기술하기 위해 일련의 관찰 가능한 규준을 사용하는 태도 관찰법을 사용한다. 연극치료에서 그 규준은 주로 내담자가 드라마를 사용하는 방식과 치료에서 제기된 문제를 표현하는 방식 그리고 잠재적인 변화가 관찰되거나 인지되는지와 관련있다.

　　리드 존슨(1982)이 기록했듯이, 일부 연극치료 작업은 내담자의 문제나 장애를 발달상의 고착이나 정지로 간주하는 발달의 틀거리를 중심으로 구조화된다. 그는 특히 연극치료와 관련 있는 몇 가지 발달 과정을 구별하고 있다(1982, 184).

- 사용된 표현 매체의 복합성
- 불안에 압도되지 않고 개인이 견뎌낼 수 있는 정서의 강도
- 다른 사람과의 상호 작용에서 나타나는 사람에 대한 의존 정도

　　그는 이러한 영역에 대한 사전 평가를 연극치료의 목표 설정 방식과 관련짓는다. "치료는 무엇보다 내담자가 어느 발달 단계에서 멈추었는지에 대한 사전 평가와 관련된다. 그리고 나서 길동무이자 안내자로서 치료사와 함께 여정을 시작하는 것이다"(1982, 184).

　　사전 평가는 치료사와 내담자의 상호 관계에 영향을 받는다. 리즌(Reason, 1988)과 로완(Rowan, 1990)이 기술했듯이, 연구에 대한 "새로운 패러다임"의 접근법은 이 개념을 강조해 왔다. 이 영역은 연극치료에서는 아직 충분히 발달되지 않은 상태이다. 그러나 이 새로운 패러다임은 사전 평가와 관련하여 매우 중요하다. 거기서

내담자는 사전 평가의 대상이기보다 사전 평가를 계획하고 실시하는 데 기여하는 협력자가 된다.

연극치료사의 과제는 특정 개인이나 집단 그리고 환경이나 작업의 맥락에 적합한 사전 평가의 형식을 디자인하는 것이다.

왜 사전 평가를 하는가? 사전 평가와 평가에 관련된 문제들

치료에서의 평가는 복잡하기로 악명 높은 일이며, 더구나 예술에서의 그 용도와 관련해서는 이론의 여지가 많다. 검사의 적합성과 타당성에 관하여 많은 의문이 제기되고 있고, 예술적 경험과 그 산물이 어떻게 평가될 수 있는지를 놓고 지난한 논란이 진행되어 왔다. 사용된 규준의 특성과 그로부터 도출된 결론에 대해서도 상당한 논쟁이 있어 왔다. 예술적 판단과 평가에는 절대적인 규준이란 있을 수 없으며, 따라서 매우 가치 부여적이고 특정적인 규준을 적용할 수밖에 없기 때문이다. 그래서 일부 학파는 아예 사전 평가의 개념을 거부하기도 한다. 그러한 비지시적 작업에서는 내담자가 스스로 문제를 내놓고 "서로 충돌하는 [자신의] 인식과 목표를 [나름의] 재통합으로 이끈다"(Vernon, 1969, 11)고 말한다. 사실상 대다수 치료 형식의 효율성 여부를 "입증"하기란 매우 어려운 일이다.

그렇다면 도대체 왜 사전 평가를 하는가? 그 과정은 내담자와 치료사가 치료 과정에서 무엇이 필요하고, 무엇이 일어날 것인지를 가능한 한 명확하게 파악할 수 있게 돕는 방법으로 의도된 것이다. 사전 평가는 치료사와 내담자가 연극치료에서 무엇을 다루어야 하고, 작업에서 무엇이 일어날 것인지를 이해할 수 있게 하는 틀거리가 되어 준다. 그러나 이것은 앞서 언급했듯이 부분적인 과정일 수밖에 없다. 많은 사람들이 예술 형식 안에서 이루어지는 내용은 너무나 복합적이어서 일련의 규준으로 충분히 포괄할 수 없다고 주장해 왔다. 그리고 또 다른 측면에서는 치료에서의 변화 과정을 사전 평가와 평가의 규준을 통해 표현되는 작은 영역으로 환원하는 데에 따르는 본질적인 어려움이 지적되어 왔다. 그러나 일단 이러한 난점이 인식되기만 한다면, 사전 평가와 평가는 연극치료를 어디서 시작할 것인지 그리고 잠재적이고 실제적인 변화를 어떤 언어로 기술하고 표현할 것인지를 찾아냄으로써 치료사와 내담자에게 모두 도움을 줄 수 있다. 하지만 그때에도 사전 평가가 부분적 과정이라는 사실에는 변함이 없으며, 그러므로 평가되는 것만큼 평가되지 않는 것이 존재함을 분명히 자각해야 한다.

평가 도구의 신뢰도와 타당성에 대한 의문 역시 빼놓을 수 없는 문제이다. 연극치료는 이제 주목을 끌기 시작하는 분야이며, 아직 "확실하게 검증된" 사전 평가 방법론과 평가 과정의 탄탄한 실체를 갖고 있지 못하다. 그러나 현재 연극치료에서 활용되고 있는 사전 평가 방법론과 접근법은 매우 다양하다. 초기에는 다른 치료 분야에서 사용한 극적 접근법이나 놀이에 바탕한 접근법을 끌어와 사용하기도 했다. 그러나 한 세대를 거치는 동안 연극치료를 위해 디자인된 독자적인 평가 작업이 상당수 축적되어 왔다.

극적 사전 평가의 역사적 배경

드라마를 사용한 사전 평가의 초기 형식은 매우 다양한 접근법을 취한다. 모레노는 「자발성 검사」(1953)라는 제목의 방법론을 사용하였다. 그것은 내담자에게 기본적인 극적 상황을 주고 사전에 예고 없이 지시에 반응하게 함으로써 내담자의 자발성 정도를 평가하려 했다. 그는 또한 일련의 다양한 역할을 연행하게 해서 내담자

의 역할 범주 혹은 레퍼토리를 측정하는 "역할 검사"를 고안하기
도 했다.

1940년대에 미국 국방부는 제2차 세계대전에서 특수 임무를
수행할 병사를 모집하면서 "즉흥 연기"라는 제목의 심리 검사를
실시했다. "사병의 사전 평가"라는 항목에 속한 그 검사는 주어진
상황을 간단한 즉흥극으로 보여 주는 기법을 묘사하고 있다. 예를
들어, 고용주와 피고용인 사이의 갈등 같은 상황을 주고서 지도력
이나 대인 관계상의 기술을 측정하는 것이다. 로터와 위킨스(Rotter
and Wickens, 1948)는 역할 연기를 이용하여 개인의 "사회적 공격
성" 정도를 측정하는 시스템을 개발했다. 해로우는 두 사람 사이에
일어날 수 있는 서로 다른 세 가지 상황을 즉흥 연기하게 하여, "다
른 사람에 대한 반응성"과 "역할에서 나타나는 개인적 안전감과
안정감" 같은 요인을 측정하는 또 다른 역할 연기 검사를 만들었
다. 켈리의 고정된 역할 치료는 내담자의 개인적 구성체를 확인하
기 위해 여러 가지 역할을 연기하게 하는 방법을 사용했다(Kelly,
1955). 코르시니는 기업 경영에서 역할 사전 평가를 사용하기도 했
다(Corsini, 1966). "상황 검사" 같은 도구로 역할을 사용하여 사회적
기술을 평가했던 것이다(Rehm and Marston, 1948).

한편, 아동을 대상으로 한 상당수의 작업들이 주로 인형극을
치료 목적의 사전 평가 방법으로 사용해 왔다. 라일과 홀리는 「인
형의 치료적 가치」(Lyle and Holly, 1941)에서 이에 대해 논하였고, 월
트만은 「어린이를 이해함에 있어 인형의 활용」(Woltmann, 1940)과
「어린이를 대상으로 한 비언어적 투사 활동의 진단적이고 치료적
인 고찰」(1964)에서 이 주제를 폭넓게 언급하였다. 어원과 샤피로
는 여러 가지 다른 유형의 인형을 주고서 아이가 인형을 가지고 자
발적으로 탐험하는 과정을 분석하는 기법을 묘사한다. 그들은 치

료사가 치료 과정에서 나타난 것을 어떻게 읽어내는지에 대해 이 렇게 말한다. "이야기의 구성 요소라는 측면에서 과제가 이끌어내 는 행동과 '결과'의 조합은 매우 풍부한 임상적 의미를 담고 있 다." 이야기의 내용은 "아동의 관심이 집중되어 있는 곳"이 어디인 지를 말해 주고, 그 형식은 "아이가 그것을 다루는 방식을 암시"한 다(Irwin and Shapiro, 1975, 89). 그들은 이야기의 주인공에게 아동의 인식이 투사된다고 생각한다.

파튼의 사회 참여 척도(Parten, 1932) 같은 초기의 사전 평가는 놀이와 극적 놀이의 영역에서 발생하였다. 피아제는 일련의 인지 적 놀이 범주를 분류하였고, 서벨은 그것을 루빈의 분류와 조합하 여 구성 놀이나 극적 놀이 같은 영역을 단독 놀이, 병행 놀이, 집단 놀이의 측면에서 관찰함으로써 놀이의 사회-인지적 요소를 평가 했다(Rubin, 1979). 스밀란스키는 사회극 놀이 목록을 만들었다 (Smilansky, 1968). 머피는 일련의 모형 놀잇감을 주고 자유롭게 노는 것을 관찰한 다음 인지, 근육 운동, 정서 과정의 일련의 규준으로 분석하는 모형 놀잇감 면접법을 개발하였다(Murphy, 1956). 로웬펠 드의 세상 기법은 주어진 사물을 가지고 모래 놀이를 하게 하는 사 전 평가 방법으로서, 부흘러(Buhler, 1951)와 로웬펠드(Lowenfeld, 1970)는 그와 연관된 채점 방식을 개발했다.

연극치료가 1970년대와 1980년대를 거치면서 보다 일관성 있 는 정체성을 발전시켜감에 따라, 명확하게 연극치료에 근거한 사 전 평가 방법이 점점 더 많이 나타나게 되었다. 데이비드 리드 존 슨의 진단적 역할 연기 검사를 그 예로 들 수 있다(1980).

앞으로 구체적이고 철저하게 검증된 검사 도구가 많이 나타날 때까지 연극치료사는 다양한 원천에서 도구를 끌어다가 작업의 목 적에 맞게 활용하여야 할 것이다.

사전 평가 방법

초기 평가에서 짚어내야 할 중요한 사항은 두 가지이다. 사전 평가
에서 연극치료사는

- 내담자가 작업에서 어떤 영역 또는 문제를 다루고자 하는지를
  분명히 파악한다.
- 내담자가 연극치료의 극적이고 표현적인 매체 가운데 어떤 것
  을 통해 의미를 가장 잘 발견할 수 있을지를 알아낸다.

첫 번째는 내담자가 치료에 참여하게 된 이유를 끌어내거나 거
기에 초점을 맞추는 방식과 관련된다. 두 번째는 연극치료의 극적
매체의 다양한 양상을 살피고, 내담자의 문제를 탐험하고 다루기
에 무엇이 가장 효율적인지를 파악하는 것이다.

다음에 소개되는 두 가지 검사 양식은 내담자가 연극치료에서
표현 형식이나 매체를 사용하는 방식을 알아내는 데 쓰인다. 첫 번
째는 내담자가 연극치료에서 의미를 발견하는 방식에 집중하며,
두 번째는 연극치료에서 내담자가 표현 형식에 몰입하는 방식에
초점을 맞춘다.

다음은 내담자가 자발적으로 보여 주거나, 연극치료사가 제시
하는 것 가운데 얼마나 다양한 활동에 참여하는지를 측정하는 도
구이다.

연극치료에서의 의미: 표현 목록

1. 내담자가 어떤 표현 수단을 사용할 수 있는가?

A = 없다   B = 짧게 사용   C = 집중을 유지함   A   B   C

1. 근육 운동 놀이 ☐ ☐ ☐
2. 사물을 가지고 하는 구체적인 놀이 ☐ ☐ ☐
3. 사물을 가지고 하는 상징적인 놀이 ☐ ☐ ☐
4. 가상의 상황을 연기하기(자기로서) ☐ ☐ ☐
5. 규칙이 있는 게임 ☐ ☐ ☐
6. 짧은 시간 동안 인물이나 역할을 연기하기
   (혼자서) ☐ ☐ ☐
7. 짧은 시간 동안 인물이나 역할을 연기하기
   (다른 사람들과 함께) ☐ ☐ ☐
8. 지속적인 인물이나 역할 작업(혼자서) ☐ ☐ ☐
9. 지속적인 인물이나 역할 작업(다른 사람들
   과 함께) ☐ ☐ ☐
10. 대본에 있는 역할을 연기하기 ☐ ☐ ☐
11. 움직임 모방하기 ☐ ☐ ☐
12. 주제와 관련된 움직임 만들기 ☐ ☐ ☐
13. 목소리로 다른 소리 모방하기 ☐ ☐ ☐
14. 목소리로 가장된 대상을 나타내기 (즉, 인
    물 혹은 바다나 폭발음 같은 소리의 모방) ☐ ☐ ☐
15. 이상의 무엇에도 집중하지 못함 ☐ ☐ ☐

2. 내용은 어떻게 나타나고 작업 과정에서 어떻게 발전되는가?

A = 없다 B = 있다

	A	B
1. 치료사가 개입하지 않아도 주제가 나타난다	☐	☐
2. 어느 정도 치료사가 개입할 때 주제가 나타난다	☐	☐
3. 치료사가 상당히 많이 개입할 때 주제가 나타난다	☐	☐
4. 치료사가 제시하지 않으면 주제가 나타나지 않는다	☐	☐
5. 내담자가 전혀 주제에 대한 의식이 없다	☐	☐
6. 작업 내에서 서로 주고받으며 주제를 발전시킨다	☐	☐
7. 서로 별로 관련 없이 주제를 발전시킨다	☐	☐
8. 전혀 연관을 맺지 않고 주제를 발전시킨다(집단의 경우)	☐	☐
9. 집단 전체가 대체로 공감할 수 있는 주제	☐	☐
10. 주제가 공통점 없이 매우 산발적이다	☐	☐

3. 작업 내에서 내담자가 구사할 수 있는 관계의 특징은 무엇인가?

A = 전혀 하지 못 한다 B = 약간 어렵게 한다 C = 쉽게 한다

	A	B	C
1. 큰 집단으로 활동에 참여한다	☐	☐	☐
2. 전체 집단 앞에서 개인 작업을 한다	☐	☐	☐
3. 짝 활동에 참여한다	☐	☐	☐
4. 작은 집단으로 활동에 참여한다	☐	☐	☐
5. 연극치료사와 일대일로 작업한다	☐	☐	☐

4. 내담자와 극적 표현과의 관계는?

A = 어떤 활동에서도 그렇지 않다 B = 일부 활동에서 그렇다
C = 모든 활동에서 그렇다

	A	B	C
1. 집중한다	☐	☐	☐
2. 즐거워한다	☐	☐	☐
3. 의욕적이다	☐	☐	☐
4. 몰입한다	☐	☐	☐
5. 자발적이다	☐	☐	☐
6. 활동에 대한 자신의 반응을 성찰한다	☐	☐	☐
7. 활동에 대한 다른 사람들의 반응을 성찰한다	☐	☐	☐
8. 개인적인 문제와 극적 활동의 연관을 인식한다(다른 사람들이나 치료사의 도움 없이 자발적으로)	☐	☐	☐
9. 개인적인 문제와 극적 활동의 연관을 인식한다(다른 사람들이나 치료사의 도움을 받아)	☐	☐	☐
10. 연관을 인식할 수도 있지만 다른 사람들에게 직접적으로 표현하지 않는다	☐	☐	☐

　이상은 내담자가 드라마를 어떻게 사용하는지에 대한 전반적인 정보를 확인하기 위해 놀이 발달 단계와 사전 평가의 드라마 모델 그리고 코트(Kott, 1969)의 기호학에 바탕한 사전 평가와 모레노의 자발성 사전 평가 모델을 조합한다.

　연극치료사들은 이밖에도 좀 더 특수한 사전 평가 모델들을 사

용하고 있다. 그중 일부는 그대로 사용되기도 하고, 일부는 맥락에 맞게 수정되기도 한다. 평가 척도가 연극치료가 아니라 일반 연극을 위해 고안된 것이거나 치료 과정의 성인보다는 아동의 놀이를 대상으로 한 것일 때 그러한 변형이 필요하다. 다음 양식은 내담자가 드라마를 사용할 때 얼마만큼 집중하는지 그 전반적 수위를 측정하기 위해 서튼-스미스의 라지에 극적 몰입 척도를 변형한 것이다(Sutton-Smith, 1981).

존스가 수정한 극적 몰입 척도

1. 초점
(a) 극적 활동 전반에서

집중했다　　　종종 집중했다　　　자주 산만했다　　　산만했다
☐　　　　　　☐　　　　　　　☐　　　　　　☐

(b) "만약 ~라면" 행동에 참여할 때

집중했다　　　종종 집중했다　　　자주 산만했다　　　산만했다
☐　　　　　　☐　　　　　　　☐　　　　　　☐

2. 완성
내담자가 과제를 끝마친 정도

모든 과제를　　　　　일부 과제를　　　　　과제를 전혀
완성했다　　　　　　완성했다　　　　　완성하지 않았다
☐　　　　　　　☐　　　　　　　☐

3. 상상의 사물의 사용
가상의 사물을 자기와 다른 사람들에게 믿음이 가게끔 만들어 내

고 지속적으로 사용할 수 있는 능력

(a) 가상의 사물을 창조하고 유지할 수 있다 ☐

(b) 활동을 끝내고 사물로부터 빠져 나올 수 있다 ☐

(c) 다른 사람이 창조한 사물을 사용할 수 있다 ☐

활동이 끝날 때까지	활동 중 일부에만	순간적으로	전혀 못한다
☐	☐	☐	☐

4. 구성 작업

즉흥극이나 놀이 내에서 아이디어를 주도하고 발전시키는 능력

전혀 공들여 만들지 않음	적절한 구성 작업	지나치게 세밀한 구성 작업 (연행으로부터 멀어짐)
☐	☐	☐

다른 사람들의 구성 작업에 전혀 참여하지 않음	다른 사람들의 구성 작업에 쓰임새 있게 참여함
☐	☐

5. 공간 활용

극적 활동 내에서의 공간 사용: 즉흥극이나 게임 혹은 인물에 바탕한 작업에서의 움직임

적절한 공간을 쉽게 사용함	다른 사람들과 관련하여 공간을 잘 사용함	좁은 공간에 갇혀 있음
☐	☐	☐

6. 얼굴 표정

즉흥극이나 가장 활동에서 적절한 정서나 반응을 표현하기 위해 얼굴을 사용하는 것

표정을 적절하게   때때로 표정을   표정을 전혀
지속적으로 사용함   사용하려고 시도함   사용하지 않음

☐   ☐   ☐

7. 신체 움직임

정보나 메시지를 적절히 주고받으면서 극적 활동이나 인물에 적합하게 효율적으로 신체를 사용하는 것

적절하고 효율적인   때때로 신체를 사용함   신체를 전혀
  신체의 사용   사용하지 않음

☐   ☐   ☐

극적 작업 내에서 다른 사람들의 신체를 통해 소통되는 정보와 메시지를 이해함

지속적으로   일부 작업에서만   전혀 이해하지 못함

☐   ☐   ☐

8. 음성 표현

활동 내에서 정서적 타당성과 투사

지속적으로   일부 작업에서만   전혀 하지 못함

☐   ☐   ☐

9. 사회적 관계

활동 내에서 다른 사람들에 대한 자각과 반응

지속적으로   일부 작업에서만   전혀 하지 못함

☐   ☐   ☐

투사 기법

연극치료에서 또 다른 중요한 사전 평가의 영역은 투사 도구의 사용과 관련된다.

투사 검사에는 두 가지 접근법이 있다. 한 가지는 내용이 정서적 갈등, 욕동, 무의식적 동기를 드러낸다고 전제한다. 다른 한 가지는 대상 관계를 중시하여 내용에서 개인이 다른 사람을 대상으로 형성하는 구성물과 유형을 끌어내려 한다. 버논은 투사 기법이란 "환상, 창조적 활동, 놀이, 말이나 잉크 반점 자극에 대한 자유 연상의 표현을 통해 인성 속에 숨어 있는 역동의 요소를 드러내는 것"이라고 말한다(Vernon, 1969, 13).

사회적 원자

모레노의 사회적 원자는 투사 개념을 사용한 초기 형식의 사전 평가이다. 그것은 내담자가 주변 사람들과의 관계와 상호 작용에 관한 생각을 표현하는 방식이면서 동시에 그러한 정보를 이끌어내는 수단이기도 하다. 원자는 또한 내담자의 삶에서 불편함을 유발하는 주된 문제에 초점을 맞추어 활용될 수 있으며, 정보 수집을 통해 내담자가 치료 과정에서 경험한 변화를 평가할 수도 있다.

사회적 원자는 그림으로 그리거나 조각상으로 만들 수 있다. 조각상으로 만들 때는 내담자의 삶에 등장하는 인물을 물체나 빈 의자 또는 다른 참여자로 대신하여 그들과의 관계를 지도처럼 배치하면 된다. 그림을 그릴 경우에는 원처럼 간단한 표식으로 중요한 사람들을 나타내되 원자들 사이에 자신을 표시한다.

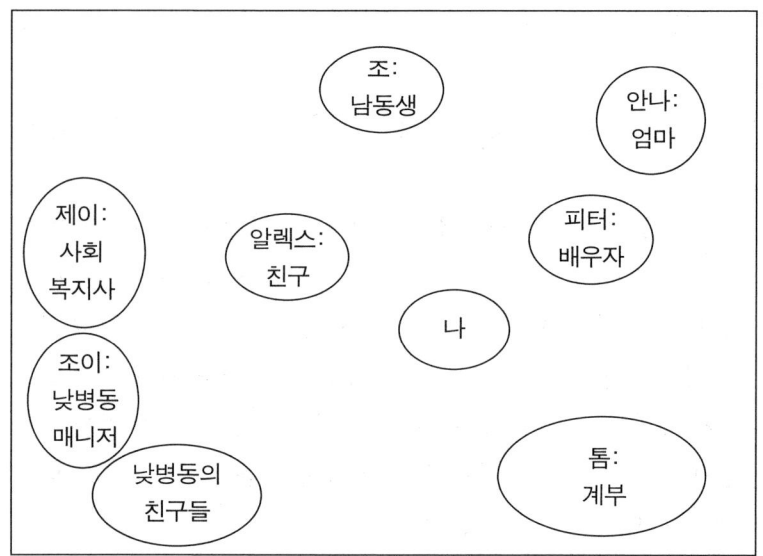

그림 12.1 사회적 원자

    내담자는 서로의 관계를 고려하여 방에 사람들을 배치하고, 그 거리와 자세 그리고 형태는 개인이 각 인물에게 가지는 느낌을 반영하게 된다. 예를 들어, 어머니는 내담자 가까이에 등진 자세로 배치되고 형은 두 팔을 벌린 채 멀찌감치 떨어져 있는 식이다.

    그런 다음 내담자는 원자 내에 표현된 사람들을 설명하고 어렵거나 문제가 된다고 느낀 경험을 말하면서 그 관계의 특성을 표현한다.

    이때 일부 치료사는 질문을 해서 필요한 정보를 얻기도 한다. 또 경우에 따라서는 내담자가 각 인물의 분신이 되어 역할 속에서 내담자 자신에 대해 말할 수도 있다. 그리고 중요한 순서대로 조각상에 순위를 매긴 다음, 그러한 선택의 배경을 설명할 수도 있다.

    이 작업은 그림으로 기록하거나 사진을 찍거나 비디오로 녹화하여 기록을 남긴 다음 나중에 다시 한 번 실시해서 내담자에게 어떤 변화가 있는지를 평가할 수도 있다. 어떤 평가에서든 인물의 위치와 자세가 어떻게 변했는지, 내담자가 각 인물을 어떤 말로 표현했는지, 관계에 대해 어떻게 설명했는지에 주목해야 한다.

부캐넌은 원자를 활용하여 내담자를 사전 평가하고 이후의 지속적인 변화를 평가한 사례를 보여 준다. 그는 알코올 중독 치료 프로그램에 참여한 환자를 대상으로 11개월에 걸쳐, 그리고 다시 1개월 동안 사회적 원자를 사용하였는데, 치료가 진전되면서 원자의 내용에 변화가 일어났다. 일례로 한 환자의 원자에서 "교도소와 사촌 그리고 오래된 친구가 삭제되었다"(Buchanan, 1984, 161). 환자는 그것들을 맑은 정신을 유지하는 데 부정적인 요소로 여겼으며, 따라서 원자에서 그들의 부재는 긍정적인 변화를 암시한다고 볼 수 있다. 그리하여 부캐넌은 원자를 사전 평가 도구이자 변화의 바로미터로 간주하여, 치료가 진척되고 있고 환자가 변화하고 있다면 "환자의 사회적 원자에도 그에 따른 변화가 나타나야 한다"(1984, 163)고 결론짓는다.

역할 연기 검사

역할에 초점을 맞춘 사전 평가와 평가 방법은 가족 역동을 평가하는 사티르의 가족 역할 조각상(Satir, 1967)으로부터 데이트 행동의 효율성 평가에 바탕을 둔 연구에 이르기까지 매우 다양하다. 다음은 역할을 중심으로 사전 평가를 조직하는 두 가지 방식이다.

즉흥-I와 즉흥-C

즉흥-I와 즉흥-C는 맥레이놀즈가 개발한 인성 검사로서(McReynolds, 1976; 1977), 즉흥극을 표준화한 양적인 접근법이며, 내담자 사이에 나타나는 상호 작용의 대인 관계적 양식을 측정하는 것을 목표로 한다.

즉흥-I는 12가지 표준화된 즉흥적 역할 연기와 두 가지 평가 척도로 구성된다. 첫 번째 평가 척도는 각 역할 연기에서 보여준 연기의 효율성과 관련되고, 두 번째는 역할 연기를 모두 비교하여 그 전반적인 양식을 살핀다.

각 역할 연기에서 내담자는 미리 지정된 역할을 연기하는 한두 명의 스탭과 함께 즉흥 연기를 한다. 처음에는 구체적인 상황을 묘사하는 대본에서 출발하여 나중에는 해당 조건에서 어떻게 행동할 것인지 결정을 내려야 하는 상황으로 진행된다. 그러한 틀 안에서 내담자와 스탭이 즉흥 연기를 하는 것이다. 주어진 대본과 즉흥극을 포함하여 극적 작업은 대개 35분 정도 지속된다. 시나리오는 자기 주장, 분노, 슬픔, 감사와 관련한 내용을 주로 다루며, 상황은 매우 다양해서 직장에서 벌어질 수도 있고 사적인 관계에서 일어날 수도 있다. 예를 들어, 한 시나리오는 가까운 친지의 죽음을 당한 친구를 만나는 장면을 담고 있다.

즉흥-I를 개발한 팀의 일원이었던 오스본과 피더(Osborne and Pither, 1977)는 즉흥-I를 보완할 목적으로 두 사람의 짝패용 검사를 고안했다. 즉흥-I와 마찬가지로 즉흥-C는 현실과 유사한 일련의 시나리오로 작동되며, 상호 작용 스타일에 대한 정보를 얻기 위해 두 사람의 관계와 상호 작용에 강조점을 둔다. 두 사람이 10개의 구조화된 역할 연기를 수행하는데, 개인에게는 각자의 관점에서 상황을 간단하게 기술하는 역할 연기 시나리오가 따로따로 주어진다.

두 사람은 평가자가 작업을 마칠 때까지 역할 연기를 한 다음 짝과 자기 자신이 얼마나 현실에 가깝게 연기했는지를 평가한다. 그리고 관찰자는 두 가지 척도로 역할 연기를 평가한다. 한 가지는 역할 연기에서의 의사소통 유형에 초점을 맞춘 "의사소통 척도"이고, 다른 한 가지는 열 가지 역할 연기를 통틀어 두 사람의 상호 작용 스타일을 살피는 "전반적 스타일 척도"이다. 역할 연기를 위한 주제에는 "갈등, 거리감, 상처, 분노, 스트레스, 자기에 대한 이해, 상대에 대한 이해"가 포함된다(1977, 262).

존슨의 역할 연기 검사

데이비드 리드 존슨의 역할 연기 검사는 내담자의 "내면의 인성 구조"를 알아보고 명시하려는 목적에서 고안되었다. 먼저 개인은 다섯 가지 역할(할아버지/할머니, 건달, 정치인, 교사, 연인)을 가지고 일 분 가량의 장면을 연기한다(1988, 25). 그 즉흥극은 혼자서 하되 열한 가지 소품(탁자, 휴지통, 의자, 막대기, 옷, 종이컵, 책, 모자, 전화, 남자 외투, 여자 드레스)이 제공된다. 두 번째 검사에서는 소도구가 전혀 없는 상태에서 세 가지 장면을 즉흥 연기한다. 장면은 세 가지 "존재" 사이에서의 행동과 관련된다. 내담자는 그 세 가지 존재를 표현한 다음 그들과 함께 즉흥 연기를 하고, 즉흥극이 끝나면 촉진자에게 말로 알려준다.

이 검사의 의도는 내담자의 역할 연기 행동의 보기를 제공하는 데 있다. 또한 이것은, 개인의 인성 구조에 대한 정보와 함께, 치료에서 다루고자 하는 관심사와 역할 연기의 측면에서 개인의 드라마 사용에 관한 정보를 모두 제공한다.

연행의 내용은 아래 일련의 범주에 따라 해석되어 사전 평가의 틀거리를 제공한다(1988, 26; 27).

- 역할 레퍼토리
- 주제가 되는 내용의 유형

- 역할 연기의 스타일
- 내담자가 공간과 과제 그리고 역할을 구조화하는 방식
- 복합성의 측면에서 인물들 사이의 상호 작용
- 정서의 수위와 형식

각 범주는 다시 사전 평가를 보조하는 규준으로 나뉜다. 예를 들어, 장면의 조직화는 표 12.1과 같이 표현된다.

모든 역할 연기 검사는 치료 작업 내에서 극화된 시나리오를 토대로 인성에 대한 추론이 가능함을 전제로 한다. 그리고 행동 영역을 선별해 거기에 초점을 맞춘 다음 고정된 구조를 만들고, 개인의 반응을 통해 내담자를 평가한다. 한편 모든 검사 혹은 사전 평가 활동은 내담자에 관한 결론을 이끌어내기 위해 정보를 사용하는 치료사나 전문가를 강조하지만, 내담자에게는 정작 자신에 대한 평가에 참여할 기회가 제한되어 있다.

표12.1 **진단적 역할 연기 검사 — 재현의 복합성**

항목	표현
장면의 조직화	1 발달된 — 인물과 그 상호 작용이 플롯을 가진 이야기의 맥락에서 제시된다
	2 적당한 — 인물과 그 상호 작용만이 분명하게 묘사된다
	3 불완전한 — 인물 혹은 플롯이 불완전하거나 애매하게 묘사된다
	4 일관성 없는 — 뚜렷한 플롯이나 인물 또는 상호 작용이 없다

(자료: Read Johnson, 1988, 33)

놀이에 영향 받은 사전 평가

놀이 과정과 놀이의 사전 평가 및 평가에 대한 연구는 연극치료의
사전 평가에 영향을 미쳐왔다. 다음은 어린이와 어른 모두를 대상
으로 유용하게 쓸 수 있는 사전 평가의 일련의 틀거리를 제시하고
있다.

로웬펠드의 세상 기법

로웬펠드의 세상 기법은 사전 평가 기법으로 사용할 수 있다. 6장
에서 보았듯이, 그것은 모형 놀잇감과 보통 가로 75cm 세로 52cm
크기의 금속판으로 구성된다. 놀잇감은 로웬펠드가 정한 기본 범
주에 따라 다음과 같이 분류된다(1970).

- 사람
- 동물
- 시골에서 볼 수 있는 것들(나무, 담장 등)
- 집과 같은 건물
- 이동 수단(자동차, 배, 응급차)

작업은 두 단계로 진행된다. 첫 번째는 "다리," 그리고 두 번째
는 "그림으로 생각하기"라고 부른다. 우선 치료사가 어린이에게
어른들과 아이들이 강 반대편에 따로 떨어져 살고 있고, 서로를 이
해하지 못해 사이가 벌어졌다고 말해 준다. 그리고 작업은 그 틈을
메울 수 있는 일종의 다리를 만드는 것으로 이루어진다. 모래판을
주면서 모래에 일종의 그림을 만들면 된다고 소개한다. 어린이가

원한다면 어떤 그림도 가능하며, 반드시 사실적이지 않아도 좋다. 어린이는 모래판의 내용물과 함께 어떤 사물을 사용해도 좋다.

세상이 만들어지는 동안 그리고 그것이 완성된 후에 치료사는 어린이가 세상 속에 있는 여러 가지 물체와 그것들 사이의 관계에 어떤 의미를 부여하는지를 알아낸다. 그러기 위해서 치료사는 어린이의 말을 귀기울여듣고, 모래판의 세상을 가지고 어떤 행동을 하는지 관찰하며 질문을 하기도 한다.

부흘러(1951)는 이 세상 기법을 진단용으로 개발하여 160가지의 물체와 사각형의 공간 — 청소년이나 성인에게는 탁자로 대신한다 — 을 사용하였다. 부흘러 같은 일부 학자들은 양적인 평가 방법을 강조하는데 반해, 바우어(1970)는 측정보다는 관찰에 바탕을 둔 질적인 방식의 중요성을 강조한다. 질적인 방식이란 곧 모래놀이에서 발생하는 행동의 유형을 살피고, 놀이의 방식이 내담자 내면의 구성체와 관련되는 방식을 고찰하는 것을 말한다.

바우어(1970)는 세상 기법을 사용한 사전 평가를 발달적 틀거리 내에 둔다. 치료사는 놀이 세상의 내용의 다양성과 함께 내담자가 놀이 내용과 놀이 세상의 서로 다른 부분들 사이의 관계를 조직하는 방식을 관찰한다.

요컨대 세상을 창조하고 다루는 작업을 통해 내담자를 평가하는 것이다. 이때 일련의 영역이 사전 평가의 틀로 사용되는데, 바우어(1970)가 유용하다고 말한 영역을 요약하면 다음과 같다.

- 사용된 모래판의 영역(연속선상에서: 비어 있는 ↔ 꽉 찬)
- 조직화(연속선상에서: 혼란스러운 ↔ 엄격한)
- 모래의 사용: 서술적인
- 표현된 내용: 서술적인

- 공격성의 정도

내담자의 작업을 그림 또는 사진이나 비디오로 기록하여 일련의 창조된 "세상들"을 비교함으로써 내담자의 진전 상황을 파악할 수 있다.

역할 검사에서와 마찬가지로, 세상 기법 역시 놀이 세계를 대상으로 하는 작업이 내담자의 인성과 경험의 양상을 기술할 수 있고, 또 일정 정도는 측정 가능한 방식으로 드러낸다는 사실을 전제로 한다. 사회적 원자(431-3쪽을 참고하시오)에서와 같이 치료사는 "세상"을 이런 방식으로 사용함으로써 사전 평가 과제의 일부로서 앞으로 작업해야 할 영역이나 문제에 초점을 맞추는 데 도움을 받을 수 있다.

사회극 놀이 목록

존슨과 크리스티, 요키(1987)는 스밀란스키(1968)의 작업을 응용하여 사회극 놀이 목록이라 불리는 유용한 사전 평가 방법을 개발했다. 이 검사는 한 번에 두 명이나 세 명의 적은 인원을 관찰하여 작업에서 어떤 놀이/드라마의 요소가 나타나는지를 판단한다. 관찰자는 초점을 옮겨가며 한 사람씩 관찰하되 한 사람당 일 분 정도가 적당하다. 곧 관찰자의 주의력을 소수에게 집중하여 순환시키는 것이다. 이런 식으로 놀이에서 관찰된 각 요소를 놀이 목록표의 평가란에 표시하는데, 내담자가 참여하기를 주저하거나 이내 그만두는 것이 관찰될 경우에는 해당 활동란에 물음표를 적어 넣는다. 이 검사는 반드시 "여러" 상황에서 수행되어야 한다.

여러 가지 평가란의 점수를 합하면 개인이 참여한 놀이의 종류를 일목요연하게 알 수 있다. "놀이 요소 전반을 구사하는 어린이가 있다면 사회극 놀이에서 유능하다고 판단할 수 있다"(Johnson, Christie, Yawkey, 1987, 163). 사회극 놀이 목록은 어떤 종류의 놀이에 참여했는지를 알려줌으로써 촉진자가 개인의 발전을 도울 수 있는 영역을 찾아내는 데 쓰일 수 있다. 학자들은 목록을 놀이의 발달 단계와 연령의 측면에서 고찰하였는데, 일반적으로 두 살 무렵이면 극적 놀이가 나타나고, 완전히 성숙된 사회극 놀이 형식은 세 살이나 그 이후에 볼 수 있다고 말한다. 그러나 연극치료에서 이 목록을 활용할 때는 나이가 주된 요인이 되지 않을 수도 있다.

사회극 놀이 목록
이름
역할
가장 변형(사물, 행동, 상황)
사회적 상호 작용
언어적 의사소통 ― 흉내
언어적 의사소통 ― 메타커뮤니케이션
지속성
흉내의 메타커뮤니케이션
적응

용어 정의
역할 ― 행동으로 보여줌으로써 역할을 맡거나 어떤 역할을 하겠다고 말한다.
가장 변형 ― 사물을 마치 그것 아닌 다른 사물처럼 사용하고,

어떤 행동으로 다른 행동을 나타내며, 가상의 상황을 가장하거
나 말로 표현한다.

사회적 상호 작용 ― 두 명 이상의 개인이 극적 놀이 활동 내에
서 상호 작용한다.

언어적 의사소통

- 흉내 ― 역할이나 인물 내에서 적합한 언어를 사용한다.
- 메타커뮤니케이션 ― 놀이를 시작하고 구조를 세우며 지속
  할 수 있게 도와주는 대화로, 일종의 무대 지시처럼 이루어
  진다. 그것은 개인이 "역할 속에서" 말하는 언어 밖에 존재
  한다.

지속성 ― 이어지는 극적 놀이의 에피소드에 참여한다.

적응 ― 다른 사람의 생각이나 행동에 자신의 생각이나 행동을
맞춘다.

연극치료에서 이 검사 도구는 내담자가 드라마로 작업할 수 있는
방식을 확인하는 데 쓰일 수 있다. 그것은 또한 작업을 발달의 틀
로 구조화하는 데 활용될 수도 있다. 8장에서 살펴본 바와 같이 매
체 사용에 있어서 복합성의 증가는 치료적으로 의미 있는 발전이
다. 이런 작업 방식에서 집중이나 상호 작용을 유지하는 능력에서
의 변화 역시 치료적 목표와 연결될 수 있다. 그러므로 가령 조발
성 치매증으로 진단받은 노인과의 작업에서라면, 연극치료 집단은
집중력과 초점 그리고 다른 사람들과의 상호 작용의 증가를 목표
로 잡을 수 있을 것이다. 그때 놀이 목록은 작업 초기에 지속성의
정도를 설정하는 데 쓰일 수 있으며, 사회적 의사소통과 메타커뮤
니케이션 항목은 집단 내에서 내담자들의 접촉을 사전 평가하는
데 사용될 수 있다. 목록은 또한 내담자가 치료 과정에서 변화했는

지 여부를 확인하는 데에도 도움을 줄 수 있다.

사전 평가 방법의 응용

파튼의 사회 참여 척도

기존의 사전 평가 방법을 응용하는 또 다른 예는 아동을 대상으로
한 파튼의 연구와 자폐증 진단을 받은 사춘기 청소년에게 사전 평
가 척도를 적용한 것이다(Jones, 1993). 그는 인형극을 이용하여 내
담자의 사회적 기술을 향상시키려 했다. 생추어리(Sanctuary, 1984)
는 연극치료가 치료 집단 밖에서 내담자의 상호 작용에 미치는 영
향력을 확인하기 위해 파튼 척도의 요소를 활용하여 그에 바탕을
둔 일련의 척도로 특정 행동을 사전 평가하고 작업 전체를 평가하
였다.

　　파튼 척도는 "위축된 행동으로부터 적극적이고 친사회적인 행
동과 상호 작용에 이르는… 연속체"에서 여덟 가지 영역을 선별하
였다(Jones, 1993, 51).

상자 12.1 **파튼의 사회 참여 척도**
 1. 전형적인
 2. 위축된/빈둥거리는
 3. 고립된
 4. 반응적인
 5. 공격적인
 6. 주도적인

7. 돕는 행동
8. 같은 방향의 활동

파튼 척도의 응용(Sanctuary, 1984)

각 영역은 보다 구체적인 규준으로 세분되었다. 예를 들어, 네 번째 영역은 다음과 같은 행동으로 이루어졌다.

4. 반응적인:
　　다른 사람에 대한 반응으로 미소 짓거나 웃기
　　누군가 말을 걸어올 때 대답하기
　　대화를 유지하기
　　적어도 1초 동안 눈맞춤을 유지하기
　　다른 사람에 대한 반응으로 물건을 주거나 전달하기

생추어리는 연극치료 집단을 시작하기에 앞서 두 주 동안 사전 평가를 실시했고, 9주 동안의 작업이 끝난 직후에 두 주 동안 또다시 평가를 했다. 이들 평가를 비교하여 내담자에게 일어난 행동 변화의 특성을 평가할 수 있었다.

리드 존슨(Read Johnson and Quinlan, 1985, 21)은 정신병원에서 환자의 행동을 측정하는 데 사용하는 기존의 척도를 활용하여 희곡을 상연하는 연극치료 집단의 반응을 측정한 과정을 설명해 준다. 집단은 두 가지 작품 — 〈힘든 상황으로 들어가는 경향*A Tendency to Get into Difficult Situations*〉, 〈미래는 알 속에 있다*The Future Lies in Eggs*〉 — 을 가지고 작업했는데, 작업에 참여한 사람들은 사실상 모두 정신 분열증 환자였다. 평가로는 병동에서의 사회적이고 대인 관계적인 행동("사회적 접촉")과 "보다 징후적이고 심리 내적인 무질서"(1985, 24)("임상적 상태")를 측정하기 위해 "사회적 접촉"과 "임상적 상태"의 두 가지 척도를 사용했다. 한 주에 14번씩 점검표를 작성하여 (a) 연습 기간 전에 4주, (b) 4주의 연습 기간과 공연 기간, (c) 공연 후 4주에 걸쳐 평가를 실시하였다. 그리고 두 번째 작업에서는 8주차부터 12주차까지의 추가 기간이 있었다.

다른 분야의 연구나 작업에서 평가 척도나 방법을 끌어와 적용할 때, 연극치료사는 해당 작업의 사전 평가가 필요로 하는 것을 충족시키고자 한다. 그래서 연극치료의 요체인 극적 매체에 보다 효과적으로 관련짓기 위해 본래 규준을 수정하기도 하고 다른 분야의 사전 평가 전략과 작업 자체를 연결시키기도 한다. 이 장에서 인용된 예들이 보여 주듯이, 이러한 활용 방식은 분명 효과를 기대할 수 있지만, 반면에 본질적인 위험을 안고 있기도 하다. 페인(Payne, 1993)은 이 문제를 연구의 맥락에서 지적하여 "전통적 연구 방법에 대한 독점적인 신뢰는 우리가 과정과 실제의 본질을 이루는 다른 현상들에 잠재된 풍부함에 접근하지 못하도록 막는다"고 말한다(1993, 33).

세션의 기록

연극치료 세션의 기록은 대개 임상 회의 같은 상황에서 다른 동료들과 작업에 대해 의견을 나눌 수 있도록 치료사의 작업 내용을 문서화하는 것이다. 치료에서 일어난 모든 것을 기록하고 분석할 수는 없다. 그러나 좋은 기록 형식은 치료 과정에서 무엇이 일어났는지를 기술하고 고찰하는 언어와 구조를 찾는 데 유용하다. 기록은 성찰의 계기를 만들고 작업에서의 상호 작용, 주제, 유형, 핵심 사건 등을 살피는 데 도움이 된다. 연극치료의 기록에는 비디오, 내담자가 작성하는 양식, 그림 같은 이미지, 연행 요소를 찍은 사진 등 다양한 방식이 쓰이고 있다.

연극치료사들은 흔히 다음과 같은 형식으로 작업을 기록하여 세션을 정리하고 분석하고 기술한다.

아래의 예는 다양한 치료 프로그램을 장려하는 환경 — 내담자 중 일부는 집단 심리 치료를 받았고, 일부는 좀 더 행동 지향적인 프로그램에 참여하였다 — 에서 진행된 작업을 보여 준다.

문서 형태의 연극치료 기록의 예

연극치료 집단

날짜: 5월 22일   시간: 오전 10:00-11:30
회차: 총 20회 중 10회
참석자: 에바, 자넷, 말릭, 마크, 미리엄, 피트, 조, 지나
결석자: 없음
세션 전 참고 사항: 시작하기 전에 전체 회의가 있었는데, 일부 내담자들이 스탭이 부족하다는 이유로 야유회가 취소된 데 대해 화를 내 분위기가 험악했다고 들었다. 자넷은 내 귀에 대고 센터에서 하는 세션에는 아무데도 들어가고 싶지 않다고 말한다. 방안에 들어와서도 사람들이 아무 말 없이 조용해서 — 마치 첫 번째 세션처럼 — 불안하다.

연극치료 집단의 전반적 목표

    자신감 키우기

    자기-이미지 향상시키기

    의사소통 기술 개발하기

세션의 목표

1. 내담자들이 자신감과 자기-이미지 그리고 의사소통 기술과 관련하여 개인적인 주제를 제시할 수 있도록 기회를 제공한다.
2. 내담자들이 연극치료를 통해 그 주제를 탐험할 수 있게 한다.
3. 문제를 탐험하고 다루어 봄으로써, 내담자들이 과거에서 비롯되어 현재에 이른 문제의 과정을 살필 수 있게 한다.
4. 보다 자신감을 갖고 자기-이미지와 좀 더 정확한 관계를 맺으며, 효과적으로 소통하기 위해 필요한 변화를 성취하는 방식을 살펴본다.

준비 지난 세션에는 연행이 끝난 뒤에 격한 말다툼이 있었다. 에바의 엄마 역할을 했던 지나가, 에바가 자기를 완전히 무시했다면서 너무 화가 난다고 했다. 지나는 에바가 그날뿐만 아니라 언제나 그런 식으로 자기를 대한다고 했다. 그러나 에바는 자기가 무시한 건 엄마지 엄마를 연기한 지나가 아니라며 그녀의 말을 부인했다. 세션은 그 기록에서 끝났다. 그 주제는 무시하는 것과 무시당하는 것 그리고 부모를 둘러싼 주제와 함께 곧 다시 나타나리라 생각되었다.

목표 달성을 위한 계획 지난 시간에 마무리가 과열되는 바람에 미처 끝내지 못한 것을 위해 여유를 둔다. 참여자들이 어떤 문제를 내놓든지 그것을 가지고 작업하면서 자기-이미지와 자신감 그리고 소통에 대한 주제를 살피는 기회를 만들어 낸다.

진행 과정 사람들이 아주 조용히 방에 들어온다. 모두 내게 인사를 하고 일부는 자기들끼리 인사를 한다. 에바와 지나는 서로 눈을 피한다. 집단을 시작할 때 늘 그랬듯이 잠시 침묵이 흐르고, 사람들은 지난 세션과 지금 기분이 어떤지에 대해 말하기 시작한다. 나는 지난 세션 끝부분에 어떤 느낌이 들었는지 각자 자기 몸으로 조각상을 만들어 표현해 보자고 제안한다. 조각상이 된 다음에는 그 상태에서 드는 느낌을 말할 수 있다. 그런 다음 짝이 대신 조각상이 되어 주면, 내담자들은 자기가 만든 조각상을 보며 하고 싶은 말을 한다. 짝은 조각상으로 있으면서 어떤 느낌이 드는지 말한다.

몇 가지 주제가 나온다.

에바는 그에 대해 더 이상 말하고 싶지 않다고 한다. 지나는 자기가 얼마나 화가 났는지 에바가 전혀 관심을 두지 않기 때문에 에바한테 무시당하는 느낌이 든다고 말한다. 나는 지나에게 이 문제를 좀 더 탐험하고 싶은지 묻는다. 그녀는 그렇다고 답한다. 그래서 나는 몇 가지 제안을 한다. 무시당하는 기분과 관련된 이야기를 들려주거나, 아니면 무시당했다는 느낌이 들었던 상황을 한 가지 보여 주거나, 조각상으로 집단에서의 관계를 탐험하는 것 중에서 그녀는 이야기를 선택한다. 무시당하는 것과 관련해서 지나와 세 가지 특성을 공유하는 "재스민"이라는 인물이 만들어졌다. 지나는 재스민에게 수줍어하고 자신감이 없으며 곧잘 무시당하고 스스로 가치 없다고 느끼는 성질을 부여한다. 나는 재스민이 그러한 감정을 경험하게 되는 세 가지 사건을 이야기로 꾸며보자고 제안한다. 사건은 사막의 오아시스 가까이에 있는 작은 베두원 족의 야영지에서 일어난다. 그곳에는 한 가족이 두 개의 텐트에 산다. 첫 번째 사건은 재스민이 이가 아프다고 말하지만 아무도 그녀의 말을 들어주지 않는다. 두 번째 장면에서 재스민은 두 자매와 함께 불을 피울 나무를 구하러 나간다. 다른 자매들은 젖은 나무를 가지고 오고 재스민은 마른 나무를 구해 오지만, 정작 불을 피우는 데에는 젖은 나무가 쓰인다. 세 번째는 낯선 사람이 마을에 도착하는 이야기다. 재스민은 그를 좋아하지만 그 마음을 고백하지 못하며 그의 곁에 다가가지도 못한다.

지나는 아빠에 마크, 엄마에 미리엄, 자매에 에바와 자넷, 그리고 낯선 사람에 말릭을 선택한다. 그리고 각 인물을 조각상으로 만든 다음 우리에게 텐트와 함께 사막을 설명해 준다. 각 텐트의 경계는 의자로 표시한다. 인물마다 두 가지 특성을 부여한다. 아버지는 뭔가에 매우 몰두한 채 열심히 일하고, 엄마는 조용하고 어린 두 딸을 가장 사랑하며, 가운데 딸은 성실하고 재스민을 질투하고, 막내딸은 말이 없고 행복하다. 낯선 사람은 다정하고 신비스럽다. 지나는 다른 사람에게 맡기는 대신 직접 재스민을 연기하기로 선택한다.

집단은 이야기를 연행한 다음 인물들이 해당 역할을 연기하면서 느낀 것을 나눈다. 마지막에 나는 지나에게 재스민은 무엇을 원하고, 어떻게 하면 그것을 얻을 수 있을지 묻는다. 지나는, 재스민은 좀 더 인정받기를 바라고, 원하는 것을 더 많이 갖고 싶어한다고 말한다. 그리고 그러려면 사람들이 보아주기만을 기다리지 말고 먼저 자기 자신을 인정하고 돋보이게 해야 한다고 말한다. 지나는 재스민의 조각상과 자기 자신의 모습을 비교한다. 그리고 무슬림 가정에서 태어나 자라오면서 여자로서 경험한 것과, 또 최근 들어 그러한 신념과 전통을 거부하면서 겪게 된 문화적인 문제에 대해 이야기한다.

우리는 다시 장면을 연기한다. 지나는 전보다 더 자기 주장적이고 다른 사람에게 덜 의지하는 인물로 재스민을 표현하기로 마음먹고 몇 장면을 그럭저럭 해낸다. 연행은 세 부분으로 나뉘는데,

각 부분이 끝날 때마다 잠시 사이를 두어 지나에게 다시 한 번 해 보고 싶은지를 확인한다. 때로는 관객을 초대하여 재스민의 행동 방식을 어떻게 생각하는지 의견을 묻고, 지나가 원할 경우에는 상황을 다루는 아이디어를 얻을 수 있게 한다.

그리고 나서 연기자들은 역할 안에서의 경험과 역할과 관련한 자신의 느낌을 관객에게 말한다. 지나는 여전히 다른 사람의 지지를 원하긴 했지만 좀 더 적극적인 재스민을 발견하게 되어 놀랍다고 말한다. 그녀는 또한 가족과 함께 있을 때의 자기와 꼭 닮은 재스민을 보면서 경험한 느낌을 덧붙인다.

사람들은 지나의 경험과 극중 인물에 어떻게 동일시되었는지를 이야기한다. 에바는 이때 조용히 입을 다물고 있다.

분석 작업은 지난 세션에 지나가 자각하게 된 문제를 탐험할 수 있었던 것 같다. 에바와 지나의 관계는 극의 내용과 에바를 "질투하는" 자매로 캐스팅한 데 반영되었다. 그러나 집단은 그들 사이의 실제 감정이나 관계가 역할의 배분에 어떻게 반영되는지에 대해 일체 개입하지 않았다.

개인적 반응 나 역시 무시당하는 느낌을 알 수 있었다. 그것은 특히 집단 초기에 많은 내담자들이 아예 활동에 참여하지 않거나 참여하는 시늉만 하고 내 개입을 자주 무시했을 때 느꼈던 감정을 상기시켰다. 그때는 내쫓긴 듯한 느낌이 들었다. 그렇지만 사람들이 재스민의 표현을 지지했을 때는 그들에게 따스한 감정을 느꼈다.

평가

세션의 목표
1. 지나는 자신감과 자기-이미지와 관련하여 개인적인 주제를 제

시할 수 있었고, 의사소통 기술을 연습할 수도 있었다. 다른 사람들도 연행에 참여하고 지켜보고 토론하면서, 집단 전체가 수행한 작업과 관련하여 자기 주제를 논의할 수 있었다.

2. 집단은 연극치료를 통해 이러한 주제를 탐험할 수 있었다. 지나는 이야기와 역할을 창조하면서 그리고 다른 사람들은 극의 내용과 과정에 동일시함으로써 탐험을 진행했다. 또한 일정 정도는 연행을 지켜보면서 그리고 그들이 맡은 역할에 존재하는 두려움을 연기하면서 자기 문제에 집중할 수 있었다.

3. 지나는 주제를 중심으로 과거로부터 그것이 지금의 상황과 관련되는 방식을 고찰할 수 있었다. 구체적인 예는, 엄마와의 관계가 지난 세션에 에바에게 무시당했다고 느꼈던 감정에 반영된 사실을 들 수 있다. 세션에서 말로 표현되지는 않았지만, 내 생각에는 이것이 즉흥극의 중요한 양상이었다고 판단된다.

4. 재스민의 행동을 변화시킴으로써 지나는 변화가 어떻게 일어나야 할 것인가를 알 수 있었고, 그 변화의 결과를 경험하였다. 그녀는 가족을 상대할 수 있는 기술을 익혔고, 단호함과 자신감을 가지고 역할을 수행할 수 있었다. 의사소통 기술의 향상은 그녀가 기꺼이 상황을 탐험하겠다고 집단 앞에 나서서 말할 때 이미 이루어졌다. 또한 그녀는 즉흥극을 어떻게 꾸려가고 싶은지를 이야기하면서 집단과 소통하였다. 집단의 피드백은 이를 더욱 강화했다. 다른 내담자들은 동일시하고 지켜봄으로써, 그리고 역할을 연기하고 지지함으로써 접촉의 기회를 찾고, 각자의 관점에서 작업을 활용할 수 있었다.

다른 요점들 인물과 현실의 연관을 둘러싼 문제가 제기되었다. "재스민은 할 수 있었지만, 나라면 그것을 할 수 있을까?" 그러나 지나는 어쨌든 자기가 전보다 자신감 있고 단호하게 행동할 수 있었다

는 사실에 기뻐하는 것 같았다. 재스민에 대한 지지는 매우 중요한
변화였음에도 불구하고, 집단 내에는 여전히 무시와 소통의 부족
과 소외의 주제가 지속되고 있다. 마크는 연기하면서 혼란스러워
했고, 역할로 되돌리기 위해 두 번 정도 도움이 필요했지만, 다른
사람들은 그래도 역할을 성공적으로 유지한 편이다.

평가

앞에서 연극치료 과정에서 이루어지는 "형성 평가"와 "총괄 평가"
에 대해 설명했었다. 두 가지 모두 작업 과정에서 일어나는 것을
체계화하려는 노력과 관계되며, 평가 방식에는 여러 가지가 있다.
　프로그램 전반의 평가와 관련해서는 이러한 질문을 던질 수 있
다.

　　집단 전체적으로는 어떤 변화가 있었나?
　　개인에게는 어떤 진전이 있는가?
　　작업 목표의 측면에서 작업은 어떻게 진행되었나?
　　작업의 목표는 달성되었나?
　　목표로서 진술되지는 않았지만 다른 변화나 결과가 있었나?

　또 다르게는 특정 세션을 평가할 수 있다. 내담자의 반응에 초
점을 맞춰 세션 내에서 일어난 것들을 고찰하고 그 견지에서 설정
된 목표를 검토한다.

정보 모으기

정보 모으기는 어떤 평가에서든 중요하다. 자료는 위에서 말한 기록 과정과 사전 평가를 통해 수집할 수 있다. 누가 평가에 참여할 것인가의 측면에서 연극치료사가 선택할 수 있는 몇 가지 가능성이 있다.

- 연극치료와 관계된 경험에 관한 내담자로부터의 정보
- 자기 자신과 작업 과정에 대한 관찰과 인식에서 얻은 치료사로부터의 정보
- 집단 안(즉, 양방향 거울 기법이나 비디오 녹화)과 밖(다른 상황에서 내담자와 관련된 사람들이 제공한)의 관찰자로부터의 정보

평가는 이렇게 수집된 정보를 바탕으로 앞서 말한 질문에 답을 하되, 거기서 도출된 변화에 관한 주장이나 결론의 견지에서 정보 수집에 사용된 도구의 적합성과 타당성을 반드시 고려해야 한다.

사전 평가와 평가에 관련된 영역은 작업을 시작하기 전에 혹은 치료사와 환경 그리고 내담자 사이에 협상이 시작되기 전에 가능한 명확하게 정리할 필요가 있다. 거기에는 다음과 같은 사항이 포함된다.

- 정보 수집 과정에서 어떤 접근법을 사용할 것인가
- 치료 과정에서 일어난 것과 치료에서 얻은 효과를 이해하기 위해 어떤 방식으로 정보를 해석할 것인가
- 정보를 어떻게 사용할 것인가

만일 이러한 사항을 명확하게 하지 않는다면, 내담자와 치료사 그리고 환경 사이에 혼란이 초래되어 정보가 비윤리적으로 이용되거나 내담자의 이익과 무관하게 사용되는 일이 벌어질 수도 있다.

왜 평가하는가?

평가를 해야 하는 이유는 여러 가지가 있다.

우선 내담자가 치료 과정에서 발생한 변화를 인식하거나 통찰할 수 있도록 혹은 어디서 변화가 일어나지 않았는지 알 수 있도록 하자면 평가를 해야 할 것이다. 또한 평가는 내담자가 치료에서 더 고찰해야 할 부분을 파악하거나 이미 일어난 변화를 강화하는 데 사용될 수도 있다.

치료사는 평가를 근거로 내담자에게 피드백을 줄 수 있고, 혹은 치료사 자신이 작업의 효과를 확증하는 데 평가의 도움을 받기도 한다. 치료 환경이나 치료팀의 구성원들 역시 평가를 토대로 내담자의 경험 전반과 그 발전 과정을 지원할 수 있다. 또한 평가는 작업의 양상을 감독하거나 연극치료의 지속을 정당화하는 공식적인 근거로서 요구될 것이다.

평가는 또한 연극치료 과정이나 실제의 특정 영역을 고찰하는 연구 프로젝트의 일부로서도 한몫을 담당한다.

평가의 기본 형식

가장 단순한 형식의 평가라면 내담자가 세션에서 한 것을 돌아보거나 검토하도록 돕는 활동일 것이다. 혹은 연행을 이용하여 변화가 일어났거나 일어나지 않은 영역에 대한 인식을 성찰하고 소통할 수도 있다. 집단에서 얻은 것이나 작업을 하면서 변한 것 혹은 변하지 않고 그대로 남아 있는 것에 대한 인식을 사물로 상징화하여 마임으로 보여 주는 방식을 예로 들 수 있다. 내담자들끼리 피드백을 주고받을 때도 서로의 진전이나 변화를 이미지로 나타낼 수 있다.

집단을 은유적으로 나타내는 장면을 만드는 것도 흔히 사용되는 장치 중 하나이다. 연극치료 집단을 수영장이나 특정한 장소로 은유하고, 내담자들은 그 안에서 제시된 질문에 따라 자기 자신이나 서로를 적절한 위치와 자세로 배치하는 것이다. 그 질문에는 "이 작업이 시작될 때 당신은 어디에 있었나요?" "지금은 어디에 있다고 느끼나요?" "가장 있기 힘들었던 곳은 어디인가요?" "당신에게 변화를 나타내는 곳은?" 등이 포함될 수 있다. 내담자들은 자기가 왜 그곳에 있는지를 말로 설명하고, 그 이미지를 통해 연극치료의 과정을 성찰할 수 있다.

또 다른 방법은 일련의 규준을 사용하여 내담자 자신의 경험이나 다른 사람들의 경험을 성찰하는 것이다. 자기 주장이나 사회적 기술 같은 행동상의 변화를 초점으로 하는 집단의 경우에 이 접근법이 자주 사용된다. 내담자는 자기가 어떤 식으로 발전하거나 발전하지 않았는지를 살펴본다. 이때 다른 사람들의 피드백이 변화를 강화하거나 인식을 다지는 데 유용하게 쓰일 수 있다. 이런 평가는 작업 말미에 실행되기도 하고, 작업이 진행되는 동안 다양한 시점에서 일어날 수도 있다.

일부 작업에서는 치료사가 기록과 사전 평가를 검토함으로써 개인이나 집단의 진전을 평가하기도 한다. 초기에 설정한 목표를 주 단위로 기록된 자료를 근거로 점검하는 이런 방식은 주로 비공식적으로 행해진다. 그러나 작업이 시작되기 전과 작업이 진행되

는 동안 그리고 작업이 끝난 직후와 일정 시간이 흐른 뒤에 수집된
자료를 비교하여 좀 더 공식적인 형식을 갖출 수도 있다.

요약

이 장에서는 연극치료에 활용할 수 있는 다양한 범위의 사전 평가
와 평가의 실제를 살펴보았다. 그 광범한 과정을 바탕으로 내담자
가 처한 상황과 욕구에 적절한 평가 작업이 이루어질 수 있을 것이
다.

연극치료에서 평가 방법의 개발은 여전히 많은 연구를 필요로
하는 분야로서 향후에는 연극치료의 이론과 원리 및 실제에 굳게
바탕한 명확한 전략의 수립이 요구된다. 앞에서 지적했듯이, 연극
치료는 아직까지 사전 평가와 평가를 위해 대개 관련 분야 — 놀이
치료나 심리극 — 에서 쓰는 방법을 응용하고 있는 실정이다.

물론 그것만으로도 현재 수행하는 작업을 지지하는 데에는 별
문제가 없다고 해도 치료사는 다른 분야의 것을 응용하는 데 만족
하기보다 연극치료 자체에서 비롯된 접근법으로 작업하겠다는 욕
심을 가질 필요가 있다.

결론

이 책의 목표 중 한 가지는 드라마와 연극 그리고 치료의 역사 안에서 연극치료를 제대로 자리 매김하는 것이었다. 그런 의미에서 나의 영감은 공연치료에 관한 예브레이노프의 짧은 논문에 나오는 한 문장에 모두 담겨 있다고 할 수 있다. 거기서 그는 연극과 드라마를 치료로서 사용하는 것은 "그 최초의 단계에서도" "건강을… 지키는 데 가장 강력한 무기 중 한 가지"라고 말한다(Evreinov, 1927, 127). 그리고 계속해서 "언젠가 나는 그것에 관한 책을 쓰기를 소망한다"고 적고 있다(1927, 127). 3장에서 보았듯이, 예브레이노프의 이름과 저작은 지금 사라져버리고 없지만, 그는 지금과 같은 형태의 연극치료를 한 세기나 앞질러 예견한 혜안을 갖고 있었다. 그러나 아쉽게도 그에 대한 자기 생각을 충분히 발전시킨 책을 집필하는 데에는 성공하지 못했다. 나는 『드라마와 치료』가 연극과 드라마가 어떻게 "건강을 지키고" 문제나 질병을 다루는 방식이 될 수 있는지를 잘 설명하는 책이 되었기를 소망한다.

이 책의 중심은 연극치료의 핵심 과정을 설명한 5장이다. 그리고 그 아이디어의 근본은 연극치료가 드라마라는 예술 형식과 창조성에 내재한 치유와 긍정의 잠재력에 바탕을 두고 있음을 강조하는 데 있다. 이 책에서 내가 목표로 한 또 한 가지는 연극치료에는 반드시 그에 고유한 개념으로 접근해야 한다는 것을 이론적 설명과 실제 사례를 통해 입증하는 것이었다. 나는 여기서 연극치료가 자체의 고유한 바로미터로써 이해될 수 있는, 다시 말해 변화와 개인적 성장이 일어나는 과정을 합리화하기 위해 심리극이나 분석적 치료의 모델을 빌어와 고찰할 필요가 없는 독자적인 치료 형식으로 묘사되었기를 바란다.

불행히도 과거의 이론가와 현장 작업자들은 연극치료에서 나타나는 변화의 정당성을 입증하기 위해 지나치게 자주 연극치료의 바깥을 기웃거려야만 했다. 다른 사람들이 입고 있는 옷에서 자기 옷을 찾으려 한 것이다. 그러나 이 책에서는 다른 치료 그리고 다른 예술 과정과 공통성을 무시하지 않으면서 연극치료의 역사를 살피고, 그 핵심적인 과정을 설명하고, 내담자와 연극치료사가 연극치료의 기법과 접근법을 왜 그리고 어떻게 함께 사용할 수 있는지를 보이고자 했다. 이로써 연극치료 고유의 정체성이 독자들에게 명확하게 전달되기를 희망한다.

참고 문헌

Abrams, M. (1981) *A Dictionary of Literary Terms*, London, Fontana.

Ammar, H. (1954) *Growing Up in an Egyptian Village*, London, Routledge and Kegan Paul.

Anderson, W. (ed.) (1977) *Therapy and the Arts: Tools of Consciousness*, New York, Harper Colophon.

Antinucci-Mark, G. (1986) "Some Thoughts on the Similarity between Psychotherapy and Theatre Scenarios," *British Journal of Psychotherapy*, vol. 3, no. I, 14-19.

Argyle, M. (1969) *Social Interaction*, London, Methuen.

Argyle, M. (1972) *The Psychology of Interpreting Behaviour*, London, Penguin.

Aristotle (1961) *Poetics*, tr. Butcher, S. H., New York, Hill and Wang.

Arnheim, R. (1992) "Why Aesthetics Is Needed," *The Arts in Psychotherapy*, vol. 19, 149-151.

Artaud, A. (1958) *The Theatre and Its Double*, New York, Grove.

Association for the Anthropological Study of Play. Various leaflets. Middle Tennessee State University, Murfreeboro, TN 37132, USA.

Axline, V. (1964) *Dibs: In Search of Self,* New York, Ballantine.

Baker, D. (1981) "To Play or Not to Play," in McCaslin, N. (ed.) *Children and Drama,* New York, Longman.

Barba, E. and Savarese, N. (1991) *A Dictionary of Theatre Anthropology,* London, Routledge.

Barham, M. (1994) "Dramatherapy: the Journey to Become a Profession," paper, *ECARTE conference,* Ferrara, Italy.

Barrault, J. L. (1972) "Best and Worst of Professions," in Hodgson, J. (ed.) *The Uses of Drama,* London, Eyre Methuen.

Barrault, J. L. (1974) *Memories for Tomorrow,* London, Thames and Hudson.

Becker, A. L. (1979) "Text Building, Epistemology and Aesthetics in Javanese Shadow Theatre," in Becker, A. L. and Yengoyan, A. A. *The Imagination of Reality, Essays in Southeast Asian Coherence Systems,* New Jersey, Ablex.

Becker, A. L. and Yengoyan, A. A. (1979) *The Imagination of Reality, Essays in Southeast Asian Coherence Systems,* New Jersey, Ablex.

Becker, E. (1975) "The Self As A Locus of Linguistic Causality," in Brissett, D. and Edgeley, C. *Life as Theater: A Dramaturgical Sourcebook,* Chicago, Aldine.

Beckerman, B. (1990) *Theatrical Presentation - Performer, Audience and Act,* London, Routledge.

Beik, J. (1987) *Hausa Theatre in Niger,* New York and London, Garland.

Benjamin, W. (1955) "Das Kunstwerk im Zeitalter seiner technischen Reproduzierbarkeit," in *Schriften,* vol. 1, Frankfurt, Suhrkamp.

Benjamin, W. (1970) *Illuminations,* London, Penguin.

Benthall, J. and Polhemus, T. (eds) (1975) *The Body as a Medium of Expression,* London, Allen Lane.

Bentley, E. (1976) *The Theory of the Modern Stage,* London, Penguin.

Bentley, E. (1977) "Theatre and Therapy," in Anderson, W. (ed.) *Therapy and the Arts: Tools of Consciousness,* New York, Harper Colophon.

Berger, P. (1975) *Sociological Perspectives: Society as Drama* in Brissett, D. and Edgeley, C. (eds) *Life as Theater: A Dramaturgical Sourcebook*, Chicago, Aldine.

Berne, E. (1964) *Games People Play*, New York, Grove.

Bettelheim, B. (1976) *The Uses of Enchantment*, London, Thames and Hudson.

Bixler, J. (1949) *Play in Therapy*, New York, John Wiley and Sons.

Blamer, A. (1973) *Acting In*, New York, Springer.

Blatner, A. and A. (1988a) *The Art of Play*, New York, Springer.

Blatner, A. and A. (1988b) *Foundations of Psychodrama*, New York, Springer.

Boal, A. (1974) *Poetics of the Oppressed: Experiments with the People's Theatre in Brazil*, London, Pluto.

Boal, A. (1979) *Theatre of the Oppressed*, London, Pluto.

Boal, A. (1992) *Games for Actors and Non-Actors*, tr. Jackson, A., London, Routledge.

Bolton, G. M. (1981) "Drama-in-Education - A Re-appraisal," in McCaslin, N. (ed.) *Children and Drama*, New York, Longman.

Bolton, G. M. (1984) *Drama as Education*, Harlow, Longman.

Booth, D. and Martin Smith, A. (eds) (1988) *Recognizing Richard Courtney*, Ontario, Pembroke.

Borges, J. L. (1970) *Labyrinths*, London, Penguin.

Bowyer, R. (ed.) (1970) *The Lowenfeld Technique*, Oxford, Pergamon.

Brecht, B. (1964) *Brecht on Theatre*, (ed.) Willett, J., London, Methuen.

Bretherton, I. (ed.) (1984) *Symbolic Play: The Development of Social Understanding*, Orlando, Florida Academic Press.

Brissett, D. and Edgeley, C. (eds) (1975) *Life as Theater: A Dramaturgical Sourcebook*, Chicago, Aldine.

Brook, P. (1968) *The Empty Space*, London, Penguin.

Brook, P. (1988) *The Shifting Point*, London, Methuen.

Brookes, J. M. (1975) "Producing Marat/Sade: Theatre in a Psychiatric Hospital," *Hospital and Community Psychiatry*, vol. 26, no. 7, 429-435.

Brown, D. and Pedder, J. (1979) *Introduction to Psychotherapy*, London, Tavistock.

Brown, N. S., Curry, N. E. and Tittnich, E. (1971) "How Groups of Children Deal with Common Stress Through Play," iu Curry, N. E. and Arnaud, S. (eds) *Play: The Child Strives Towards Self Realization*, Washington D.C., National Association for the Education of Young Children.

Brown, R. P. (ed.) (1968) *Actor Training*, Institute for Research in Acting, New York, Drama Book Specialists.

Bruscia, K. (1988) "Standards for Clinical Assessment in the Arts Therapies," *The Arts in Psychotherapy*, vol. 15, 5-10.

Buchanan, D. R. (1984) "Moreno's Social Atom: A Diagnostic Treatment Tool for Exploring Interpersonal Relationships," *The Arts in Psychotherapy*, vol. 11, 155-164.

Buhler, N. (1951) *World Technique*, New York, John Wiley and Sons.

Burke, K. (1975) "On Human Behavior Considered Dramatistically," in Brissett, D. and Edgeley, C. (eds) *Life as Theater: A Dramaturgical Sourcebook*, Chicago, Aldine.

Caldwell Cook, H. (1917) *The Play Way*, London, Heinemann.

Canda, E. R. (1990) "Therapeutic Use of Writing and Other Media with Southeast Asian Refugees," *Journal of Independent Social Work*, vol. 4, no. 2, 47-60.

Casement, P. (1990) *Further Learning from the Patient*, London, Routledge.

Cassirer, E. (1946) *Language and Myth*, New York, Dover.

Cassirer, E. (1955) *The Philosophy of Symbolic Forms*, vol. 1: Language, New Haven, CT, Yale University Press.

Cattanach, A. (1992) *Play Therapy with Abused Children*, London, Jessica Kingsley.

Cattanach, A. (1994) "The Developmental Model of Dramatherapy," in Jennings, S., Cattanach, A., Mitchell, S., Chesner, A. and Meldrum, B. (eds) *The Handbook of Dramatherapy*, London, Routledge.

Central Sesame Course Information (1993).

Cerf, K. (1972) "Drama Therapy for Young People," in Brown, R. P. (ed.) *Actor Training*, Institute for Research in Acting, New York, Drama Book Specialists.

Cervantes, M. (1898) *The History of Don Quixote*, ed. Clark, J. W., London, Cassell Petter and Galpin.

Chapple, E. D. (1970) *Culture and Biological Man: Explorations in Behavioral Anthropology*, New York, Holt, Rinehart and Winston.

Chauncey, H. (ed.) (1969) *Soviet Pre-School Education, vol. 2: Teacher's Commentary*, New York, Holt Rinehart and Winston.

Chesner, A. (1994) "Dramatherapy and psychodrama: similarities and differences," in Jennings S., Cattanach, A., Mitchell, S., Chesner, A. and Meldrum, B. (eds) *The Handbook of Dramatherapy*, London, Routledge.

Ciornai, S. (1983) "Art Therapy with Working Class Women," *The Arts In Psyclwtherapy*, vol. 10, 63-76.

Clark-Shock, K., Turner, Y. de G. and Boree, T. (1988) "A Multi-disciplinary Psychiatric Assessment, The Introductory Group," *The Arts in Psychotherapy*, vol. 15, 79-82.

Cohen, N. (1944) "Puppetry with Psychoneurotic Soldiers," *Puppetry Journal*, vol. 4, no. 2, 7-9.

Cohen, R (1969) "Play amongst European Kindergarten girls in a Jerusalem Neighborhood" cited in Feitelson, D. (1977) "Cross-cultural Studies of Representational Play" in Tizard, B. and Harvey, D. (eds) *Biology and Play*, Philadelphia, Lippincott.

Connor, L. (1984) "The Unbounded Self: Balinese Therapy in Theory and Practice," in Marsella, A. J. and White, G. M. (eds) *Cultural Conceptions of Mental Health and Therapy*, Dordrecht, Reidel.

Corsini, R. T. (1966) *Roleplaying in Psychotherapy*, New York, Aldine.

Coult, T. and Kershaw, B. (1983) *Engineers of the Imagination*, London, Methuen.

Courtney, R (1974) *Play, Drama and Thought*, New York, Drama Book Specialists.

Courtney, R (1981) "Aristotle's Legacy," *Indiana Theater Bulletin*, vol. 2, no. 3, 1-10.

Courtney, R. (1983) "Human Performance: Meaning and Knowledge," in Booth, D. and Martin Smith, A. (eds) (1988) *Recognizing Richard Courtney*, Ontario, Pembroke.

Courtney, R (1986a) "Mirrors: Sociological Theatre/Theatrical Sociology," in Booth, D. and Martin Smith, A. (eds) (1988) *Recognizing Richard Courtney*, Ontario, Pembroke.

Courtney, R (1986b) "A Whole Theory for Drama Therapy," in Booth, D. and Martin Smith, A. (eds) (1988) *Recognizing Richard Courtney*, Ontario, Pembroke.

Courtney, R (1988) *Recognizing Richard Courtney*, eds D. Booth and A. Martin Smith, Ontario, Pembroke.

Cox, M. (1992) *Shakespeare Comes To Broadmoor*, London, Jessica Kingsley.

Curran, F. (1939) "The Drama As a Therapeutic Measure in Adolescents," *American Journal of Orthopsychiatry*, vol. 9, 215.

Curry, N. E. and Arnaud, S. (eds) (1971) *Play: The Child Strives Towards Self Realization*, Washington, D.C., National Association for the Education of Young Children.

Daley, T., Case, C., Schaverien, J., Weir, E, Nowell Hall, P., Halliday, D. and Waller, D. (1987) *Images of Art Therapy*, London, Tavistock.

Davidoff, E. (1939) "Reactions of a Juvenile Delinquent Group to Story and Drama Techniques," *Psychiatric Quarterly*, vol. 13, 245-258.

Davies, M. H. (1987) "Dramatherapy and Psychodrama," in Jennings, S. (ed.) *Dramatherapy, Theory and Practice for Teachers and Clinicians*, London, Routledge.

Davies, M. H. (1992) "Dramatherapy and Psychodrama," in Jennings, S. (ed.) *Dramatherapy Theory and Practice for Teachers and Clinicians*, vol. 2, London, Routledge.

Dawson, S. W. (1970) *Drama and the Dramatic*, London, Methuen.

Deutsch, N. (1947) "Analysis of Postural Behaviour," *Psychoanalytic Quarterly*, vol. 16, 195-213.

Deutsch, N. (1952) "Analytic Posturology," *Psychoanalytic Quarterly*, vol. 21, 196-213.

Dokter, D. (1990) "Acting In or Acting Out?" *Dramatherapy, Journal of the British Association for Dramatherapists*, vol. 12 no. 2, 7-9.

Dokter, D. (1992) "Dramatherapy A Psychotherapy?" *Dramatherapy, Journal of the British Association for Dramatherapists*, vol. 14, no. 2, 9-11.

Dokter, D. (1993) "Dramatherapy Across Europe: Cultural Contradictions" in Payne, H. (ed.) *Handbook of Inquiry in the Arts Therapies, One River, Many Currents*, London, Kingsley.

Douglas, M. (1966) *Purity And Danger*, London, Arc/Routledge and Kegan Paul.

Douglas, M. (1970) *Natural Symbols*, New York, Barrie and Rockliff.

Douglas, M. (1975) *Implicit Meaning*, London, Routledge and Kegan Paul.

Dubowski, J. (ed.) (1984) "Art Therapy as a Psychotherapy with the Mentally Handicapped" Hertfordshire College of Art and Design, Conference Proceedings.

Dunlop, I. (1977) *Edvard Munch*, London, Thames and Hudson.

Dunton, W. R. (ed.) (1950) *Occupational Therapy, Principles and Practice*, Springfield, Charles C. Thomas.

Ebbek, F. N. (1973) "Learning from Play in Other Cultures," in Forst, K. (ed.) *Revisiting Early Childhood Education*, New York, Holt, Rinehart and Winston.

Eco, U. (1984) *Semiotics and the Philosophy of Language*, London, Macmillan.

Eco, U., Santambrogio, M. and Violi, P. (1983) *Meaning and Mental Representations*, Bloomington, Indiana University Press.

Eifermann, R. R. (1987) "Children's Games Observed and Experienced," *Psychiatric Study of the Child*, vol. 42.

Ekstein, R. and Friedman, S. W. (1957) "The Function of Acting Out, Play Action and Play Acting in the Psychotherapeutic Process," *Journal of the American Psychoanalytic Association*, vol. 5, 581-629.

Elam, K. (1991) *The Semiotics of Theatre and Drama*, London, Methuen.

Ellis, G. B. (1954) "The Use of Dramatic Play for Diagnosis and Therapy," *Journal of Colorado-Wyoming, Academy of Science*, vol. 4, 57-58.

Elsass, P. (1992) "The Healing Space in Psychotherapy and Theatre," *New Theatre Quarterly*, vol. 8 no. 32.

Emunah, R. and Read Johnson, D. (1983) "The Impact of Theatrical Performance on the Self Images of Psychiatric Patients," *The Arts in Psychotherapy*, vol. 10, 233-239.

Erikson, E. (1950) *Childhood and Society*, New York, Norton.

Erikson, E. (1963) *Childhood and Society*, Harmondsworth, Penguin.

Esslin, M. (1978) *An Anatomy of Drama*, London, Maurice Temple Smith.

Esslin, M. (1987) *The Field of Drama*, London, Methuen.

Evreinov, N. (1927) *The Theatre in Life*, New York, Harrap.

Fein, G. and Stork, L, (1981) "Sociodramatic Play: Social Class Effect in Integrated and Pre-school classrooms," *Journal of Applied Developmental Psychology*, vol. 2, 267-279.

Feitelson, D. (1977) "Cross-cultural Studies of Representational Play," in Tizard, B. and Harvey, D. (eds) *Biology and Play*, Philadelphia, Lippincott.

Feitelson, D. and Landau, M. (1976) *The Home Environment of Two Groups of Pre-Schoolers in Jerusalem*, cited in Feitelson, D. "Cross-cultural Studies of Representational Play" (1977) in Tizard, B. and Harvey, D. (eds) *Biology and Play*, Philadelphia, Lippincott.

Fenichel, O. (1942) "On Acting," *Psychoanalytic Quarterly*, vol. 11, 459.

Fenichel, O. (1945) "Neurotic Acting Out," *Psychoanalytic Review*, vol. 32, 197-206.

Fink, S. (1990) "Approaches to Emotion in Psychotherapy and Theatre: Implications for Dramatherapy," *The Arts in Psychotherapy*, vol. 17, 5-18.

Florsheim, M. (1946) "Drama Therapy," paper given at American Occupational Therapy Association Convention.

Fontana, D. and Valente, L. (1993) "Dramatherapy and the Theory of Psychological Reversals," *The Arts In Psychotherapy*, vol. 20, 133-42.

Forst, K. (ed.) (1973) *Revisiting Early Childhood Education*, New York, Holt, Rinehart and Winston.

Fortes, M. (1938) "Social and Psychological Aspects of Education in Taleland," *Africa*, vol. I (supplement), 27-42.

Foucault, M. (1986) *The History of Sexuality* vol. 2, New York, Random House.

Freud, S. (1900) *The Interpretation of Dreams*, London, Hogarth.

Freud, S. (1950) *Totem and Taboo*, London, Hogarth.

Frost, A. and Yarrow, R. (1990) *Improvisation In Drama*, London, Macmillan.

Fryrear, J. L. and Fleshman, B. (1981) *The Arts Therapies*, New York, Charles C. Thomas.

Garvey, C. (1974) "Some Properties of Social Play," *Merrill-Palmer Quarterly*, vol. 20, 163-180.

Garvey, C. (1977) *Play*, Cambridge, MA, Harvard University Press.

Gerould, D. (1985) *Doubles, Demons and Dreamers*, New York, Performing Arts Journal Publications.

Gersie, A. (1987) "Dramatherapy and Play," in Jennings, S. (ed.) *Dramatherapy, Theory and Practice for Teachers and Clinicians*, vol. 1, London, Routledge.

Gersie, A. (1991) *Storymaking in Bereavement*, London, Jessica Kingsley.

Gersie, A. and King, N. (1990) *Storymaking in Education and Therapy*, London, Jessica Kingsley.

Giffen, H. (1984) "The Co-ordination of Meaning in the Creation of Shared Make-Believe Reality," in Bretherton, I. (ed.) *Symbolic Play: The Development of Social Understanding*, Orlando, Florida Academic Press.

Gillies, N. and Gunn, T. (1963) "Live Presentation of Dramatic Scenes," *Group Psychotherapy*, vol. 16, no. 3, 164-72.

Glaser, B. and Strass, A. (1975) "The Ritual Drama of Mutual Pretense," in Brissett, D. and Edgeley, C. (eds) *Life as Theater: A Dramaturgical Sourcebook*, Chicago, Aldine.

Goffman, E. (1959) *The Presentation of Self In Everyday Life*, New York, Doubleday.

Goffman, E. (1961) *Encounters*, New York, Bobb Merrill.

Goffman, E. (1972) *Relations in Public*, London, Penguin.

Golub, S. (1984) *Evreinov, The Theater of Paradox and Transformation*, Ann Arbor, Michigan, U.M.I. Research Press.

Goodman, J. and Prosperi, M. (1976) "Drama Therapies in Hospitals," *The Drama Book Review*, vol. 20, no. 1, 20-30.

Goodman, N. (1981) *Languages of Art*, London, Harvester.

Grainger, R. (1990) *Drama and Healing: The Roots of Dramatherapy*, London, Jessica Kingsley.

Green, R. (1966) "Play Production In A Mental Hospital Setting," *American Journal of Psychiatry*, vol. 122, 1181-1185.

Griffing, P. (1983) "Encouraging Dramatic Play in Early Childhood," *Young Children*, vol. 38 no. 4, 13-22.

Grolinski, S. A. and Barkin, L. (1978) *Between Fantasy and Reality*, Northvale, NJ, Jason Aronson.

Groos, K. (1901) *The Play of Man*, London, Heinemann.

Gropius, W. (ed.) (1979) *The Theatre of the Bauhaus*, London, Methuen.

Grotowski, J. (1968) *Towards a Poor Theatre*, London, Methuen.

Gunn, G. R. L. (1963) "The Life Presentation of Dramatic Scenes as a Stimulus to Patient Interaction in Group Psychotherapy," *Group Psychotherapy*, vol. 16, no. 3, 164-172.

Hampson, S. (1988) *The Construction of Personality: An Introduction*, London, Routledge.

Handke, P. (1971) *Offending the Audience and Self-accusation*, London, Holt.

Haviland, W. H. (1978) *Cultural Anthropology*, New York, John Wiley and Sons.

Heathcote, D. (1989) *Collected Writings on Education and Drama*, ed.

Johnson, L. and O'Neill, C., London, Hutchinson.

Henry, W. E. (1973) *The Analysis of Fantasy*, New York, Krieger.

Hickling, F. W. (1989) "Sociodrama in the Rehabilitation of Chronic Mentally Ill Patients," *Hospital and Community Psychiatry*, vol. 40, no. 4, 402-406.

Hodgson, J. (1972) *The Uses of Drama*, London, Methuen.

Hoffman, E. T. A. (1952) "Cruel Sufferings of a Stage Director," in Nagler, A. M. (ed.) *A Source Book in Theatrical History*, New York, Dover.

Holland, P. (1964) *Self and Social Context*, London, Macmillan.

Hope, M. (1988) *The Psychology of Ritual*, Dorset, Element Books.

Hornbrook, D. (1989) *Education and Dramatic Art*, Oxford, Blackwell.

Horwitz, S. (1945) "The Spontaneous Drama as a Technic in Group Therapy," *Nervous Child Journal*, vol. 4, 252-273.

Houben, J., Smitskamp, H. and te Velde, J. (eds) (1989) *The Creative Process*, Hogeschool Midden Nederland, Phaedon.

Howes, M. (1980) "Peer Play Scale," *Developmental Psychology*, vol. 16, 371.

Huizinga, J. (1955) *Homo Ludens*, Boston, Beacon.

Ickes, W. and Knowles, E. S. (eds) (1982) *Personality, Roles, and Social Behavior*, New York, Springer.

Ikegami, Y (1971) "A Stratificational Analysis of the Hand Gestures in Indian Classical Dancing," *Semiotica*, vol. 4, 365-391.

Innes, C (1993) *Avant Garde Theatre 1892-1992*, London, Routledge.

Irwin, E. C. (1979) "Drama Therapy with the Handicapped," in Shaw, A. M. and Stevens, C. J. (eds) *Drama, Theater and the Handicapped*, Washington DC, American Theater Association.

Irwin, E. C. (1983) "The Diagnostic and Therapeutic Use of Pretend Play," in Schaefer, C. E. and O'Connor, K. J. (eds) *The Handbook of Play Therapy*, New York, John Wiley and Sons.

Irwin, E. C. and Shapiro, M. I. (1975) "Puppetry as A Diagnostic and Therapeutic Technique," in Jakab, T. (ed.) *Transcultural Aspects of Psychiatric Art*, vol. 4, Basel, Karger.

Jakab, T. (ed.) (1975) *Transcultural Aspects of Psychiatric Art*, vol. 4,

Basel, Karger.

Jacksons, S. (1988) "Shadows and Stories: Lessons from the Wayang Kulit for Therapy with an Anglo-Indonesian Family," *Australian and New Zealand Journal of Family Therapy*, vol. 9, no. 2, 71-78.

James, W. (1932) "A Study of the Expression of Bodily Posture," *Journal of General Psychology*, vol. 7, 405-436.

Jennings, H. H. (1943) *Leadership and Isolation*, New York, Longmans Green.

Jennings, S. (1973) *Remedial Drama*, London, Pitman.

Jennings, S. (ed.) (1975) *Creative Therapy*, London, Kemble.

Jennings, S. (ed.) (1987) *Dramatherapy, Theory and Practice for Teachers and Clinicians* vol. l, London, Routledge.

Jennings, S. (1991) "Theatre Art: The Heart of Dramatherapy," *Dramatherapy, Journal of the British Association for Dramatherapists*, vol. 14, no. I, 4-7.

Jennings, S. (ed.) (1992) *Dramatherapy, Theory and Practice for Teachers and Clinicians* vol. 2, London, Routledge.

Jennings, S., Cattanach, A., Mitchell, S., Chesner, A. and Meldrum, B. (1994) *The Handbook of Dramatherapy*, London, Routledge.

Jernberg, A. M. (1983) "Therapeutic Uses of Sensory Motor Play," in Schaefer C. E. and O'Connor, K. J. (eds) *The Handbook of Play Therapy*, New York, John Wiley and Sons.

Johnson, D. W. and Johnson, F. P. (1987) *Joining Together, Group Theory and Group Skills*, New York, Prentice Hall.

Johnson, J. E., Christie, J. E and Yawkey, T. D. (1987) *Play and Early Childhood Development*, Illinois, Scott Foresman and Co.

Jones, E. (1919) "The Theory of Symbolism," *British Journal of Psychology*, vol. 9.

Jones, P. (1984) "Therapeutic Storymaking and Autism," in Dubowski, J. (ed.) *Art Therapy as a Psychotherapy with the Mentally Handicapped*, Conference Proceedings, Hertfordshire College of Art and Design.

Jones, P. (1989) "Dramatherapy - State of the Art" Conference Proceedings, Hertfordshire College of Art and Design.

Jones, P. (1991) "Dramatherapy, Five Core Processes," *Dramatherapy, Journal of the British Association for Dramatherapists*, vol. 14, no. 1, 5-10.

Jones, P. (1993) "The Active Witness," in Payne, H. (ed.) *Handbook Inquiry in the Art Therapies, One River, Many Currents*, London, Jessica Kingsley.

Jung, C. G. (1959) *The Archetypes and the Collective Unconscious, Collected Works*, vol. 9, part 2, London, Routledge and Kegan Paul.

Jung, C. G. (1983) *Selected Works*, ed. A. Storr, London, Fontana.

Kelly, G. A. (1955) *Psychology and Personal Constructs*, New York, Norton.

Kersner, M. (1990) "The Art of Research," Proceedings of the Second Arts Therapies Research Conference, London City University.

Kipper, D. A. (1986) *Psychotherapy Through Clinical Role Playing*, New York, Brunner/Mazel.

Klaesi, J. (1922) "Einiges der Schizophrenienbehandlung," in Jakab, I. (ed.) *Transcultural Aspects of Psychiatric Art, Psychiatry and Art*, vol. 4, Basel, Karger, 193-200.

Klein, M. (1932) *The Psychoanalysis of Childhood*, London, Hogarth.

Klein, M. (1961) *Narrative of a Child Analysis*, vol. 4, London, Hogarth.

Knowles, E. S. (1982) "From Individual to Group Members: A Dialectic for the Social Science," in Ickes, W. and Knowles, E. S. (eds) *Personality, Roles, and Social Behavior*, New York, Springer.

Koestler, A. (1977) "Regression and Integration," in Anderson, W. (ed.) *Therapy and the Arts: Tools of Consciousness*, New York, Harper Colophon.

Kors, S. (1964) "Unstructured Puppet Shows as Group Procedure in Therapy with Children," *Mental Health*, 7.

Kott, J. (1969) "The Icon and the Absurd," *The Drama Review*, vol. 14, 17-24.

Kowzan, T. (1968) "The Sign In Theatre," *Diogenes*, vol. 61, 52-80.

Kreeger, A. (ed.) (1975) *Perspectives and Psychotherapy*, New York,

Holt.

Krenger, W. K. (1989) *Body Self and Psychological Self*, New York, Brunner/Mazel.

Lahad, M. (1994) "What is Dramatherapy?," in Jennings, S., Cattanach, A., Mitchell, S., Chesner, A. and Meldrum, B. (eds) *The Handbook of Dramatherapy*, London, Routledge.

Landy, R. (1982) *Handbook of Educational Drama and Theater*, New York, Greenwood.

Landy, R. (1986) *Drama Therapy*, Springfield, IL, Charles C. Thomas.

Landy, R. (1989) "One on One," in Jones, P. (ed.) "Dramatherapy: State of the Art," Conference Proceedings, Hertfordshire College of Art and Design.

Landy, R. (1994) *Persona and Performance*, London, Jessica Kingsley.

Langley, D. (1989). "The Relationship between Psychodrama and Dramatherapy," in Jones, P. (ed.) "Dramatherapy: State of the Art," Conference Proceedings, Hertfordshire College of Art and Design.

Langley, D. (1993) "When Is a Dramatherapist Not A Therapist?," *Dramatherapy*, vol. 15, no. 2, 16-18.

Langley, D. and G. (1983) *Dramatherapy and Psychiatry*, London, Croom Helm.

Laurel. B. (1991) quoted in Rheingold, H., "Reaching Out To Touch Our Fantasies," *Guardian*, 26 August, 14.

Lassner, R. (1947) "Playwriting and Acting as Diagnostic Therapeutic Techniques with Delinquents," *Journal of Clinical Psychology*, vol. 3, 349-356.

Lefevre, G. (1948) "A Theoretical Basis for Dramatic Production as a Technique of Psychotherapy," *Mental Health*, vol. 12.

Leguit, G. and van der Wiel, D. (1989) "A Family Plays Itself Better," in Houben, J., Smitskamp, H. and te Velde, J. (eds) *The Creative Process*, Hogeschool Midden Nederland, Phaedon.

Levine, R. and, A. (1963) "Nyansorgo: A Gusii Community in Kenya," in Whithing, B. (ed.) *Six Cultures: Studies in Childrearing*, New York, John Wiley.

Lewis, G. (1980) *The Day of Shining Red*, Cambridge, Cambridge University Press.

Lindkvist, M. (1966) Radius Document, private collection of Ms Lindkvist.

Lindkvist, M. (1977) BISAT (British Institute for the Study of the Arts in Therapy) leaflet, private collection of Ms Lindkvist.

Lindkvist, M. (1990) The Sesame Institute (UK) Training in Drama and Movement Therapy, Information pamphlet, private collection of Ms Lindkvist.

Lindzey, G. and Aronson, E. (eds) (1968) *Handbook of Social Psychology*, Cambridge, MA, Addison-Wesley.

Loewald, E. L. (1987) "Therapeutic Play in Space and Time," *Psychiatric Study of the Child*, vol. 47.

Loizos, C. (1969) "Play Behavior in Higher Primates: A Review," in Morris, D. (ed.) *Primate Ethology*, Garden City, Anchor.

Lomax, A., Bartenieff, I. and Paulay, P. (1968) "Dance Style and Culture," *American Association for the Advancement of Science*, vol. 88, 222-247.

Lorenz, K. (1966) *Evolution and the Modification of Behavior*, Chicago, University of Chicago Press.

Lowen, A. (1958) *Physical Dynamics of Character Structure: Body Form and Movement in Analytic Therapy*, New York, Grune and Stratton.

Lowenfeld, M. (1970) *The Lowenfeld Technique*, ed. R. Bowyer, Oxford, Pergamon.

Lyle, J. and Holly, S. B. (1941) "The Therapeutic Value of Puppets," *Bulletin of the Menninger Clinic*, vol. 5, 223-226.

McCaslin, N. (1981) *Children and Drama*, New York, Longman.

McDougal, J. (1989) *Theatres of the Body*, London, Free Association.

McMillen, J. (1956) "Acring The Activity for Chronic Regressed Patients," *Journal Of Psychiatry*, vol. 7, 56-62.

McNiff, S. (1986) *Educating the Creative Arts Therapist*, Springfield, IL, Charles C. Thomas.

McNiff, S. (1988) "The Shaman Within," *The Arts in Psychotherapy*, vol.

15, 285-291.

McReynolds, P. (1978) *Advances in Psychological Assessment*, vol. 4, Washington, Jossey-Bass.

McReynolds, P. and DeVoge, S. (1978) "Use of Improvisational Techniques in Assessment," in McReynolds, P. *Advances in Psychological Assessment*, vol.4, Washington, Jossey-Bass.

McReynolds, P., DeVoge, S., Osborne, S. K., Pither, B. and Nordin, K. (1976) "Manual for the Impro-I," pamphlet, Department of Psychology, University of Nevada, Reno.

McReynolds, P., DeVoge, S., Osborne, S. K., Pither, B. and Nordin, K. (1977) "An Improvisational Technique for the Assessment of Individuals," Unpublished Manuscript, Department of Psychology, University of Nevada, Reno.

Magarschack, D. (1950) *Stanislawski - On the Art of the Stage*, London, Faber and Faber.

Maier, N. R. F. (1953) "An Experimental Test of the Effect of Training on Discussion Leadership," *Human Relations*, vol. 6, 161-173.

Main, G. (1975) "On Projection," in Kreeger, A. (ed.) *Perspectives in Psychotherapy*, New York, Holt.

Malachie-Mirovich, N. (1927) *Soviet Education*, cited in Chauncey, H. (ed.) (1969) *Soviet Pre-school Education, vol. 2: Teachers' Commentary*, New York, Holt, Rinehart and Winston.

Marcuse, H. (1969) *Eros and Civilisation: A Philosophical Inquiry into Freud*, Harmondsworth, Penguin.

Marineau, R. F. (1989) *Jacob Levy Moreno*, London, Tavistock-Routledge.

Marsella, A. J. and White, G. M. (eds) (1984) *Cultural Conceptions of Mental Health and Therapy*, Dordrecht, Reidel.

Maslow, A (1977) "The Creative Attitude," in Anderson, W. (ed.) *Therapy and the Art: Tools of Consciousness*, New York, Harper Colophon.

Mast, S. (1986) *Stages of Identity: A Study of Actors*, London, Gower.

Mazor, J. (1966) "Producing Plays In Psychiatric Settings," *Bulletin of Art*

Therapy, vol. 5, 4.

McLoyd, V. (1982) "Social Class Difference in Sociodramatic Play: A Critical Review," *Developmental Review*, vol. 2, 1-30.

Mead, G. H. (1934) *Mind, Self and Society*, Chicago, Chicago University Press.

Meldrum, B. (1994) "A Role Model for Dramatherapy and Its Application with Individuals and Groups," in Jennings S., Cattanach, A., Mitchell, S., Chesner, A. and Meldrum, B. (eds) *The Handbook of Dramatherapy*, London, Routledge.

Menninger, K. (1942) *Love Against Hate*, New York, Harcourt, Brace and World.

Messinger, S., Sampson, H. and Towne, R. (1962) "Life As Theatre: Some Notes on The Dramaturgic Approach to Social Reality," *Sociometry*, vol. 25.

Millar, N. (1973) *The Psychology of Play*, New York, Holt.

Miller, J. (1983) *States of Mind*, London, BBC Publications.

Mitchell, J. and Rose, J. (eds) (1982) *Feminine Sexuality*, New York, Norton and Pantheon.

Mitchell, S. (1990) "The Theatre of Peter Brook as a Model for Dramatherapy," *Dramatherapy, Journal of the British Association for Dramatherapists*, vol. 13, 1.

Mitchell, S. (1992) "Therapeutic Theatre: a Paratheatrical Model for Dramatherapy," in Jennings, S. (ed.) *Dramatherapy, Theory and Practice for Teachers and Clinicians*, vol, 2, London, Routledge.

Mora, G. (1957) "Dramatic Presentations By Mental Patients in the Middle Nineteenth Century," *Bulletin of the History of Medicine*, vol. 3, no. 3, 260-277.

Moran, G. S. (1987) "Some Functions of Play and Playfulness," *Psychoanalytic Study of the Child*, vol. 42.

Moreno, J. L. (1946) *Psychodrama*, vol. 1, New York, Beacon House.

Moreno, J. L. (1953) *Who shall Survive? Foundations of Sociometry, Group Psychotherapy and Sociodrama*, New York, Beacon House.

Moreno, J. L. (1983) *The Theatre of Spontaneity*, New York, Beacon

House.

Moreno, J. L. (ed.) (1960) *The Sociometry Reader*, New York, Free Press.

Moreno, J. L. and, Z. (1959) *Psychodrama*, vol. 2, New York, Beacon House.

Morris, D. (ed.) (1969) *Primate Ethology*, Garden City, Anchor.

Morton, R. B. (1965) "The Uses of Laboratory Method in a Psychiatric Hospital," in Schein, E. H. and Bennis, W. G. (eds) *Personal and Organisational Change Through Group Methods*, New York, John Wiley and Sons.

Müller-Thalheim, W. K. (1975) "Self-Healing Tendencies and Creativity" in Jakab, T. (ed.) *Transcultural Aspects of Psychiatric Art*, vol. 4, Basel, Karger.

Murphy, G. (1944) *Human Potentialities*, New York, Basic Books.

Nagler, A. M. (1952) *A Source Book in Theatrical History*, New York, Dover.

Neubauer, P. B. (1987) "The Many Meanings of Play," *Psychoanalytic Study of the Child*, vol. 42, New Haven, CT, Yale University Press.

Nietzsche, F. (1967) *The Birth of Tragedy*, New York, Vintage.

Nilli, I. (1984) "On the Theatre of the Future"("O teatre buduscego"), in Golub, S., *Evreinov, the Theater of Paradox and Transformation*, Michigan, U.M.I Research Press.

Oatley, K. (1984) *Selves In Relation*, London, Methuen.

O'Neill, C. and Lambert, A. (1982) *Drama Structures*, London, Hutchinson.

Parten, M. (1932) "Social Participation among Pre-School Children," *Journal of Abnormal and Social Psychology*, vol. 27, 3-69.

Pavis, P. (1982) "Languages of the Stage," *Performing Arts Journal*, New York, Journal Publications.

Pavis, P. (1985) *Voix et images de la scène pour une sémiologie de la réception*, Lille, Presses Universitaires.

Payne, H. (ed.) (1993) *Handbook of Inquiry in the Arts Therapies, One River, Many Currents*, London, Kinglsey.

Pedder, J. (1989) "Courses In Psychotherapy: Evolution and Current

Trends," *British Journal of Psychotherapy*, vol. 6, 2.

Pellegrini, A. D. (1980) "The Relationship between Kindergartners' Play and Achievement in Prereading, Language and Writing," *Psychology in the Schools*, vol. 17, 530-535.

Pepler, D. J. and Rubin, K. H. (eds) (1982) *The Play of Children: Current Theory and Research*, Basel, Karger.

Perls, S. F., Hefferline, R. F. and Goodmab, P. (1951) *Gestalt Therapy*, Harmondsworth, Penguin.

Perlstein, S. (1988) "Transformation: Life Review and Communal Theater," *Journal of Gerontological Social Work*, vol. 12, 137-148.

Perry, J. W. (1976) *Roots of Renewal in Myth and Madness*, San Francisco, Jossey-Bass.

Petzold, H. (1973) *Gestalttherapie und Psychodrama*, Nicol, Kassel.

Piaget, J. (1962) *Play, Dreams and Imitation in Childhood*, New York, Norton.

Pickard, K. (1989) "Shape," in Jones, P. (ed.) "Dramatherapy - State of the Art" Conference Proceedings, Hertfordshire College of Art and Design.

Polhemus, T. (1975) "Social Bodies," in Polhemus, T. and Benthall, J. (eds) *The Body as A Medium of Expression*, London, Allen Lane.

Polhemus, T. and Benthall, J. (eds) (1975) *The Body as a Medium of Expression*, London, Allen Lane.

Price, H. and Nagle, L. (1943) "Recreational Therapy at the Sheppard and Enoch Pratt Hospital," *Occupational Therapy and Rehabilitation*, vol. 30.

Ray, B. (1976) *African Religions*, New York, John Wiley and Sons.

Read Johnson, D. (1980) "Effects of a Therapeutic Experience on Hospitalized Psychiatric Patients," *The Arts in Psychotherapy*, vol. 7, 265-272.

Read Johnson, D. (1981) "Some Diagnostic Implications of Dramatherapy," in Schattner, G. and Courtney, R., *Drama in Therapy*, vol. I, New York, Drama Book Specialists.

Read Johnson, D. (1982) "Developmental Approaches to Drama

Therapy," *The Arts in Psychotherapy*, vol. 9, 183-190.

Read Johnson, D. (1985/6) "The Developmental Method in Drama Therapy," *The Arts in Psychotherapy*, vol. 13, 17-33.

Read Johnson, D. (1988) "The Diagnostic' Role Playing Test," *The Arts in Psychotherapy*, vol. 15, 23-36.

Read Johnson, D. (1991) "The Theory and Technique of Transformations in Drama Therapy," *The Arts in Psychotherapy*, vol. 18, 285-300.

Read Johnson, D. and Munich, R. L. (1975) "Increasing Hospital Community Contact Through A Theatre Program In A Psychiatric Hospital," *Hospital and Community Psychiatry*, vol. 26, no. 7, 435-438.

Read Johnson, D. and Quinlan, D. (1985) "Representational Boundaries in Role Portrayals Among Paranoid and Nonparanoid Schizophrenic Patients," *Journal of Abnormal Psychology*, 94.

Reason, P. (ed.) (1988) *Human Enquiry in Action: Developments in New Paradigm Research*, Chichester, John Wiley and Sons.

Reason, P. and Rowan, J. (eds) (1981) *Human Inquiry*, Chichester, John Wiley and Sons.

Rehm, L. P. and Marston, A. R. (1968) "Reduction of Social Anxiety Through Modification of Self-reinforcement: An Instigation Therapy Technique," *Journal of Consulting and Clinical Psychology*, 565-574.

Reider, N., Olinger, D., and Lyle, J. (1939) "Amateur Dramatics as a Therapeutic Agent in the Psychiatric Hospital," *Bulletin of the Menninger Clinic*, vol. 3, no. 1, 20-26.

Reil, J. C. (1803) "Rhapsodieen über die Anwedung der Psychichen Kurmethode," in Zilboorg, G. (1976), *A History of Medical Psychology, The Age of Reconstruction*, New York, Norton.

Rheingold, H. (1991a) "Reaching Out to Touch Our Fantasies," *Guardian*, 26 August, 14.

Rheingold, H. (1991b) *Virtual Reality*, London, Secker and Warburg.

Robertson, K. (1990) "Cultural Differences and Similarities in Dramatherapy Theory and Practice," Conference Paper, Arts Therapies

Education - Our European Future, ECARTE.

Roose-Evans, J. (1984) *Experimental Theatre*, London, Routledge.

Rossberg-Gempton, I. and Poole, G. D. (1991) "The Effect of Open and Closed Postures on Pleasant and Unpleasant Emotions," *Arts in Psychotherapy*, vol. 20, no. 1, 75-82.

Rotter, J. B. and Wickens, D. D. (1948) "The Consistency and Generality of Ratings of 'Social Aggressiveness' Made from Observation of Role Playing Situations," *Journal of Consulting Psychology*, vol. 12, 234-239.

Rowan, J. (1990) "Recent Work in New Paradigm Research," in Kersner, M., *The Art of Research*, Proceedings of the Second Arts Therapies Research Conference, London, City University.

Rubin, J. A. and Irwin, E. C. (1975) "Art and Drama: Parts of a Puzzle," in Jakab, T. (ed.) *Transcultural Aspects of Psychiatric Art*, vol. 4, Basel, Krager.

Rubin, K. H. and Seibel, C. C. (1979) "The Effects of Ecological Setting on the Cognitive and Social Play Behaviors of Preschoolers," Paper to American Educational Research Association, San Francisco.

Sanctuary, R. (1984) "Role Play with Puppets for Social Training," Unpublished Report, University of London, quoted in Jones, P. (1993) "The Active Witness," in Payne, H., *Handbook of Inquiry in the Arts Therapies, One River, Many Currents*, London, Jessica Kingsley.

Sandberg, B. (1981) "A Descriptive Scale for Drama," in Schattner, G. and Courtney, R., *Drama in Therapy*, vol. 1 and 2, New York, Drama Book Specialists.

Sarbin, T. (cd.) (1986) *Narrative Psychology*, New York, Praeger.

Sarbin, T. and Allen, V. (1968) "Role Theory" in Lindzey, G. and Aronson, E. (eds) *Handbook of Social Psychology*, Cambridge, MA, Addison-Wesley

Satir, V. (1967) *Conjoint Family Therapy*, Paolo Alto, Science and Behavior Books.

Schaefer, C. (1976) *The Therapeutic Use of Child's Play*, Northvale, NJ,

Jason Aronson.

Schaefer, C. E and O'Connor, K. J. (1983) *The Handbook of Play Therapy*, New York, John Wiley and Sons.

Schattner, G. and Courtney, R. (1981) *Drama in Therapy*, vols 1 and 2, New York, Drama Book Specialists.

Schechner, R. (1988) *Performance Theory*, New York, Routledge.

Scheff, T. J. (1979) *Catharsis in Healing, Ritual and Drama*, Berkeley, University of California.

Scheflen, A. E. (1972) *Body Language and Social Order*, Englewood Cliffs, NJ, Prentice Hall.

Schein, E. H. and Bennis, W. G. (eds) (1965) *Personal and Organizational Change Through Group Methods*, New York, John Wiley and Sons.

Schmais, C. (1988) "Creative Arts Therapies and Shamanism: A Comparison," *Arts in Psychotherapy*, vol. 15, no. 4, 281-284.

Schwartzman, H. (1978) *Transformations: The Anthropology of Children's Play*, New York, Plenum Press.

Shaw, A. (1981) "Co-respondents: The Child and Drama," in McCaslin, N. (ed.) *Children and Drama*, New York, Longman.

Shaw, A. M. and Stevens, C. J. (eds) (1979) *Drama, Theater and the Handicapped*, Washington, DC, American Theater Association.

Siegal, E. (1984) *Dance Movement Therapy: Mirror of Ourselves*, New York, Human Sciences Press.

Singer, J. L. (1973) *The Child's World of Make Believe*, New York, Academic.

Skynner, A. C. R. (1976) *One Flesh: Separate Persons, Principles of Family and Marital Psychotherapy*, London, Constable.

Slade, P. (1954) *Child Drama*, London, University Press.

Slade, P. (1959) *Dramatherapy as an Aid to Becoming a Person*, Pamphlet, Guild of Pastoral Psychology.

Slade, P. (1981) "Drama as an Aid to Fuller Experience," in McCaslin, N. (ed.) *Children and Drama*, New York, Longman.

Slade, P., Lafitte, E. and Stanley, R. J. (1975) *Drama With Subnormal*

Adults, London, Educational Drama Association.

Smilansky, S. (1968) *The Effects of Sociodramatic Play on Disadvantaged Children*, New York, John Wiley and Sons.

Solomon, A. P. (1950) "Drama Therapy," in Dunton, W. R. (ed.) *Occupational Therapy, Principles and Practice*, Springfield, IL, Charles C. Thomas.

Solomon, A. P. and Fentress, T. L. (1947) "A Critical Study of Analytically Orientated Group Psychotherapy Utilizing the Technique of Dramatization of the Psychodynamics," *Occupational Therapy and Rehabilitation*, vol. 26, 42-43.

Sontag, S. (1977) "Marat/Sade/Artaud," in Anderson, W. (ed.) *Therapy and the Arts: Tools of Consciousness*, New York, Harper Colophon.

Souall, A. T. (1981) *Museums of Madness*, London, Sphere.

Southern, R. (1962) *The Seven Ages of Theatre*, London, Faber.

Stanislavski, C. (1937) *An Actor Prepares*, London, Geoffrey Bles.

Stanislavski, C. (1963) *Creating a Role*, London, Geoffrey Bles.

Stebbins, R. (1969) "Role Distance, Role Distance Behaviour and Jazz Musicians," *British Journal of Sociology*, vol. 20, no. 4, 406-415.

Steger, S. and Coggins, M. (1960) "Theatre Therapy," *Hospital Management*, vol. 89, 122-128.

Stock-Whitaker, D. (1985) *Using Groups to Help People*, London, Routledge & Kegan Paul.

Stone, G. P. (1975) "Appearance and Self," in Brissett, D. and Edgeley, C. (eds) *Life as Theater: A Dramaturgical Sourcebook*, Chicago, Aldine.

Stone, G. P. and Faberman, H. (1970) *Social Psychology Through Symbolic Interaction*, Waltham, Ginn Blaisdell.

Sutton-Smith, B. (1972) *The Folk Games of Children*, Austin, TX, University of Texas Press.

Sutton-Smith, B. (ed.) (1979) *Play and Learning*, New York, Gardner.

Sutton-Smith, B. (1981) "Sutton Smith-Lazier Scale of Dramatic Involvement," in Schattner, G. and Courtney, R., *Drama in Therapy*, Vol. I, New York, Drama Book Specialists.

Tizard, B. and Harvey, D. (eds) (1977) *Biology and Play*, London, Heinemann.

Travisano, R. V. (1975) "Alternation and Conversion As Qualitatively Different Transformations," in Brissett D. and Edgeley, C. (eds) *Life as Theater: A Dramaturgical Sourcebook*, Chicago, Aldine.

Turner, V. (1969) *The Ritual Process*, Chicago, Aldine.

Turner, V. (1974) *Dramas, Fields and Metaphors*, Ithaca, Cornell University.

Turner, V. (1982) *From Ritual to Theater*, New York, Performing Arts Journal Press.

Valente, L. and Fontana, D. (1993) "Research into Dramatherapy Theory and Practice," in Payne, H. (ed.) *Handbook of Inquiry in the Arts Therapies, One River, Many Currents*, London, Jessica Kingsley.

Vernon, P. E. (1969) *Personality Assessment, A Critical Survey*, London, Methuen.

Von Franz, M. L. (1970) *The Interpretation of Fairytales*, London, Spring.

Von Franz, M. L. (1974) *Shadow and Evil in Fairytales*, New York, Spring.

Ward, W. (1957) *Playmaking with Children*, New York, Appleton-Century Crofts.

Ward, W. (1981) "A Retrospect," in McCaslin, N. (ed.) *Children and Drama*, New York, Longman.

Watts, P. (1987) in Jennings, S. (ed.) *Dramatherapy, Theory and Practice*, vol. 1, London, Routledge.

Whithing, B. (ed.) (1963) *Six Cultures: Studies in Childrearing*, New York, John Wiley and Sons.

Williams, A. (1989) *The Passionate Technique*, London, Tavistock, Routledge.

Wilshire, B. (1982) *Role Playing and Identity*, Bloomington, IN, Indiana University Press.

Winnicott, D. W. (1953) "Transitional Objects and Transitional Phenomena, A Study of the First Not-Me Possession," *International Journal of Psychoanalysis*, vol. 34, Part 2.

Winnicott, D. W. (1966) "The Location of Cultural Experience," *International Journal of Psychoanalysis*, vol. 48.

Winnicott, D. W. (1974) *Playing and Reality*, London, Pelican.

Witkin, R. W. (1974) *The Intelligence of Feeling*, London, Heinemann.

Wolf, D. and Grollman, S. H. (1982) "Ways of Playing: Individual Differences in Imaginative Style," in Pepler, D. J. and Rubin, K. H. (eds) *The Play of Children: Current Theory and Research*, Basel, Karger.

Woltmann, G. (1940) "The Use of Puppets In Understanding Children," *Mental Hygiene*, vol. 24, 445.

Woltmann, G. (1964) "Diagnostic and Therapeutic Considerations of Non-verbal Projective Activities with Children," *Mental Hygiene* vol. 24, 445.

Yalom, I. D. (1985) *The Theory and Practice of Group Psychotherapy*, New York, Basic Books.

Yalom, I. D. (1990) *Existential Psychotherapy*, New York, Basic Books.

Zilboorg, G. (1976) *A History of Medical Psychology, The Age of Reconstruction*, New York, Norton.

찾아보기

| 인명 |

가마Gama, E. 91

가비Garvey, C. 319

고프만Goffman, E. 115-6, 118, 248, 312, 389

굿맨Goodman, N. 84

그레인저Grainger, R. 331

그로토프스키Grotowski, J. 23, 94, 96, 99, 388, 403-4

그로피우스Gropius, W. 241-3, 250

그리핑Griffing, P. 289, 291, 293

니체Nietzsche, F. 246

더글러스Douglas, M. 247, 385, 387

데이비스Davies, M. 163

독터Dokter, D. 376

뒤마Dumas, A. 89

라반Laban, R. 138, 151

라이더Reider, N. 90

라일Lyle, J. 90, 422

라일Reil, J. C. 89

라하드Lahad, M. 165-6

랜디Landy, R. 37, 39, 118, 182, 185, 209, 217, 287, 311, 330-1, 387, 392

램버트Lambert, A. 38

레구이트Leguit, G. 74-5

로렐Laurel, B. 38

로완Rowan, J. 419

로월드Loewald, E. L. 278-9

로웬펠드Lowenfeld, M. 159, 230, 232, 423, 437

로이조스Loizos, C. 284-5

리드 존슨Read Johnson, D. 134, 200-1, 284, 319, 331, 419, 423, 435, 439, 443

리즌Reason, P. 419

린크비스트Lindkvist, M. 129, 143-4, 150-5, 158, 161

마가샤크Magarschack, D. 113

마스트Mast, S. 33, 70, 318

맥니프McNiff, S. 164

메이조Mazor, J. 90, 92-3, 132

멜드럼Meldrum, B. 118

모라Mora, G. 86

모레노Moreno, J. L. 87, 91, 99, 109-11, 122, 128-9, 131, 149, 153, 158, 270, 311, 325, 329, 421, 427, 431

뭉크Munch, E. 213-4, 216

뮐러-탈하임Müller-Thalheim, W. K. 11, 31

미드Mead, G. H. 115, 312

미첼Mitchell, S. 99, 331, 376

밀라Millar, N. 228-9, 232

바로Barrault, J. L. 37, 96, 403

바르바Barba, E. 96, 388, 403

반 데르 비엘Van der Wiel, D. 74-5

발렌테Valente, L. 71

버거Berger, P. 115-7

버크Burke, K. 114-5

베틀하임Bettelheim 355

벤야민Benjamin, W. 246

벤틀리Bentley 112, 114

보르헤스Borges, J. L. 9

보알Boal, A. 23, 94, 97-8, 185, 250-2, 318

보이드Boyd, N. 119

볼턴Bolton, G. M. 275, 277

브라운Brown, D. 270

브레히트Brecht, B. 94, 97-8, 178, 180, 185, 250, 318-9

브루시아Bruscia, K. 415, 419

브룩Brook, P. 23, 94, 96, 99, 184-6, 237, 388-9

브리셋Brissett, D. 116

블래트너Blatner, A. 51, 197, 270, 277-8, 280, 323, 325

사빈Sarbin, T. 312

샌드버그Sandberg, B. 307-8

샤트너Schattner, G. 42, 162-3, 185

서던Souther, R. 37

서튼-스미스Sutton-Smith, B. 289, 428

서프Cerf, K. 136-7

세르반테스Cervantes, M. 9

셔본Sherborne, V. 160

셰익스피어Shakespeare, W. 214, 250, 321

셰크너Schechner, R. 23, 33, 200, 284, 316-7, 383, 389

셰프Scheff, T. J. 385, 390

솔로몬Solomon, A. P. 85, 127-8, 131, 134, 199

쇼Shaw, A. 277

쉬메스Schmais, C. 393-4

슈워츠먼Schwartzman, H. 289, 294

슐레머Schlemmer, O. 241-3

스밀란스키Smilansky, S. 159, 423, 439

스키너Skynner, A. C. R. 352

스타니슬라브스키Stanislavskii, C. 94-5, 98, 108, 113, 121, 150, 177, 317

슬레이드Slade, P. 83, 120, 129, 137,

139, 143-51, 153-5, 158, 160-1,
234, 270, 275, 288
시몬스Symons, A. 96
시오나이Ciornai, S. 35-6, 417
실바Silva, J. 91, 93

아가일Argyle, M. 320
아르토Artaud 94, 98-9, 199, 383, 388
아리스토텔레스Aristoteles 83-4, 86
아우렐리우스Aurelius, C. 86
안티누치-마크Antinucci-Mark 32, 112
액슬린Axline, V. 273
앤더슨Anderson, W. 201
얄롬Yalom, I. D. 216-7
어윈Irwin, E. C. 25, 295, 302, 422
에릭슨Erikson, E. 273-4
에무나Emunah, R. 134, 331
에슬린Esslin, M. 182, 238
에코Eco, U. 350, 362
엘람Elam, K.
엘사스Elsass, P. 32, 85, 112
에즐리Edgeley, C. 116
예브레이노프Evreinov 10, 23, 37, 87,
99-104, 121-2, 128, 200, 269, 323,
407, 457
오닐O'Neill, C. 38
오닐O'Neill, E. 91
오틀리Oatley, K. 24-5
워드Ward, W. 119, 274
위니콧Winnicott, D. W. 35, 197, 273,
278, 323
위트킨Witkin, R. W. 190-1
윌셔Wilshire, B. 171-2, 218, 316, 323
융Jung, C. G. 25, 35, 146-7, 151, 342,
350
인네스Innes, C. 85, 388
일쩐Iljine, V. 87, 99, 103-9, 122, 128

저시Gersie, A. 238, 355
제닝스Jennings, S. 98, 126, 129-30,
143-4, 155, 161, 192, 331, 376
조셉슨Josephson, E. 31
존스Jones, P. 350

카시러Cassirer, E. 311
카우잔Kowzan, T. 249, 256
칸다Canda, E. R. 35-6
칼드웰 쿡Caldwell Cook, H. 118
캐터낙Cattanach, A. 195, 290-1
케슬러Koestler, A. 201
케이스먼트Casement, P. 112
케이스Case, C. 397-8
코노Connor, L. 150, 386
코트니Courtney, R. 39, 85, 185, 190-1,
197, 213, 241, 418
콕스Cox, M. 219-21, 227
쿠란Curran, F. 135
클라인Klein, M. 35, 112, 229-30, 232,
273
클레시Klaesi, J. 31

터너Turner, V. 116, 321

틸가드Theilgard, A. 213

파튼Parten, M. 274, 423, 442-3

펄스Perls, S. F. 112

페니첼Fenichel, O. 10

페촐드Petzold, H. 104

폰 프란츠von Franz, M. L. 342, 355

폰타나Fontana, D. 71

프라이리어Fryrear, J. L. 84, 89, 128, 163

프라이스Price, H. 90

프로이트Freud, S. 31, 35, 172, 229, 248, 350

플레시먼Fleshman, B. 84, 89, 128, 163

플로어셰임Florsheim, M. 83, 131, 139

피란델로Pirandello, L. 91

피아제Piaget, J. 274, 284-5, 423

호르비츠Horwitz, S. 131, 139-43

호이징가Huizinga, J. 272

혼브룩Hornbrook, D. 119

히스코트Heathcote, D. 120, 275

| 주제 색인 |

가난한 연극 96

가면 19-22, 54, 84, 107, 182, 215, 218, 223-6, 228, 232, 237-8, 244, 307, 315-6, 329-30, 336-8, 346-7, 403

가부키 325, 350

가상현실 38

가장 191, 196, 228, 244, 245, 250-1, 276-7, 288, 296, 300-3, 307-8, 323, 334, 425, 440-1

가족 치료 35, 111

감옥 88

감정이입 38, 83, 95, 97, 121, 170, 177-80, 184, 207, 236

거리두기 61, 98, 170, 177-81, 207, 236, 319, 336

검열 91, 363

게슈탈트 112, 122

경계 29, 33, 64-7, 98, 146, 185, 188, 197, 266, 272, 276, 282, 291, 328, 339, 391, 448

공연 20, 22, 26, 34, 37, 44, 53, 59, 63, 81, 83, 86, 89-94, 97-9, 101-4,

106, 116, 122, 126, 132-5, 150, 152, 154, 163, 170, 172-8, 186, 189, 196, 205, 208, 218, 219-20, 238, 242, 251-2, 256, 267, 275, 277, 324-6, 328-9, 331, 388-9, 392, 408, 444, 457

공연치료 37, 99, 101-3, 132-3, 457

관객 32, 58-60, 62, 64, 91, 95, 170-2, 177-8, 180, 184-9, 200, 204, 206-8, 222, 242, 244, 316, 318, 325

괴물 연대 97

교육 연극 88, 98, 126, 129, 158

구현 170, 181-4, 206-8, 253, 259, 262, 264, 267

그리스 연극 125

극적 신체 241-68, 425

극적 언어 45, 65-6, 69, 202, 305,

극적 재현 37, 178, 181, 183, 192, 201, 214, 305, 347

극적 투사 29, 71-7, 170-3, 213-40, 259, 264, 387

기록 417, 419, 444-6, 452, 454

기호학 249, 427

꿈 96, 139-41, 146-7, 151-3, 155,

나치즘 242

내담자 33-4, 36, 38-40

네덜란드 창조적 표현 치료 협회 162

노오 20, 22, 325

노인 440

놀기와 유희성 283

놀이 35, 75-6, 88, 99, 100, 118-21, 129, 193-6, 269-309; 놀이와 사전 평가 414-5, 437-41; 놀이와 문화적 차이 280-1; 정의 194, 269-72, 287-8; 치료에서 발달적 접근 194-5, 274-5, 277, 285, 294-308; 놀이와 연극치료 144-5, 148, 159, 282-309; 놀이와 의미 276-80, 301-9; 놀이 내용 193-6, 229-31, 297-309; 놀이 변환 193-6, 276-80, 283-5, 288-90, 294-7, 308-9; 놀이 공간 118-21, 232; 놀이 세계 229-31, 269-80, 288-90

놀이-드라마 연속체 294-6, 309

놀이 치료 112, 143, 159, 162, 455

놀잇감 29-30, 32, 44, 59, 112, 175, 183, 195, 229-32, 268, 273, 281, 288, 291, 295, 300, 302, 307, 423, 437

농신제 84

대본 20, 26, 30, 37, 44, 89, 97, 107, 110, 143, 152, 175, 183, 228, 238-9, 241, 265, 304, 314-5, 329-30, 335-7, 425, 434

대상 관계 이론 246

도덕 치료 88

『돈키호테』 9-11

동등한 기회 67

동성애 혐오 67

동일시 70, 139, 171-2, 177-80, 183, 217, 219, 238, 260, 323, 345, 449, 450

드라마 22-6, 169-71, 248

드라마 이론 37-8, 83-7, 190-1

디오니소스적 246

래디우스 152-4

레크리에이션 치료 90

『리어왕』 219, 221, 321

리허설 59, 94-5, 141, 143

〈마라/사드〉 93, 220

마무리 58-65, 68-9, 208, 377-9

모스크바 예술극장 95

목소리 45, 182, 189-90, 215, 236, 247, 249, 255, 258, 261, 292-3, 425

목회 심리학 협회 146-7

몸짓 190, 200, 242, 247, 249, 257, 259-61, 267, 298, 300-1, 371, 403-4

무용 치료 246

문화 35-6, 82, 84-5, 249-50, 280

문화간 소통 기술 36

미국연극치료협회 83, 92

미메시스 83

미술 치료 66, 153, 159, 397

미학 86, 100, 200, 325, 327, 337, 383

바보제 84, 321

바빌론 85

바우하우스 241-2, 249

박수 59

반영 117

발달적 접근 285, 294

방어 기제 172, 217-8

배우 20-2, 100, 177-81, 248-52, 316-23

『베로나의 두 신사』 181-2

변형 29, 100-2, 170, 200-8, 242-4, 259-64

변화 83-6, 190-3, 197, 233, 243-5, 351, 453

병리학 126

병원 연극 88, 90, 92, 98

본 활동 53-8

분장 182, 250

브로드무어 89, 134

비극 83-4, 86, 325, 348

비디오 189, 432, 439, 445, 452

비밀 지키기 67

빠져 나오기 174, 176

사물 놀이 195, 218, 234, 236, 281, 288, 293, 295, 375

사전 평가 48, 66, 74, 134, 228, 254, 256, 271, 294, 298, 309, 287, 333, 356, 413-4, 416-24, 427, 431, 433, 435-9, 441-4, 452, 454-5

사춘기 73, 135, 401, 442

사회과학 326-7, 329, 348

사회 심리학 88, 114, 116-8, 121, 159, 312, 316

사회적 기술 48, 254, 323, 422, 442, 454

사회적 원자 431-3, 439

살아 있는 신문 110

삶–드라마 연관 170, 196-7, 207, 259, 264

상담 66, 203

상상 39, 50, 46, 55, 83, 101, 108, 110, 113, 120, 137-8, 146, 183, 188-9, 244, 255, 261, 284, 289, 304, 322, 334-5, 428

새로운 패러다임 419

샤랑통 88-9

샤먼 85, 386, 393-4

서구 문화 83, 86, 247

서사극 97

섭식 장애 265

성차별 401

세상 기법 231-2, 234, 423, 437-9

세서미 150-1, 154 -5, 158, 162, 164

세션의 기본 구조 42-64

소도구 115, 182, 185, 200, 307, 435

소외 효과 94, 97, 178

시간 29, 33, 43, 59, 68, 108, 272, 285, 288-93

신체 46, 105, 182, 189-93, 241-68

신체적 연극 250

신체 지도 244, 265

신화 30, 85, 96-7, 172, 174, 198, 232, 311, 322, 373-4, 383-5, 388

심리–기법 95

심리극 35, 51, 92, 109, 110-1, 121-2, 126, 128-9, 131, 137, 143-4, 149, 156, 158, 160, 197, 270, 277, 311-2, 316, 324-30, 348, 455, 458

심리 역동 47, 71-2, 74, 77, 131, 203, 418

심리적 장애 34-5

심리 치료 24, 32, 35, 40, 45, 87-8, 111, 113-4, 122, 127, 129, 131-2, 134-6, 146-7, 154, 159-60, 163, 213, 216-8, 273, 312, 327, 343, 351, 418, 445,

심리학 14, 19, 71, 85, 88, 112, 114, 116-9, 126, 153, 155, 160, 216, 273, 418

아동과 연극치료 136-7, 139-42, 269-71, 273-5, 278-80, 282-309, 437-41

아폴론적 246

『앤토니와 클레오파트라』 214

『어린이 연극』 120, 136-8, 144-5, 149, 155, 161, 270

억압받는 사람들의 연극 98

엘리자베스 시대의 무용극 250

여성주의 사회이론 247

역할 바꾸기 111, 179, 187, 189, 337

역할 연기 41-2, 47, 51-2, 55, 61-3, 69, 70, 72-4, 104, 111, 117-8, 137, 171, 187, 198, 218, 235, 288, 305, 317-9, 323, 326-33, 337-9, 341-2, 345-6, 348, 387, 393, 402, 410, 412, 414, 418, 422-3, 432, 434-6

역할 연기 검사 424, 433-6

역할 훈련 104, 248-51

역할 벗기 58-65, 178-81, 218, 343-7, 377-9

연극적 사회 심리학 114-8, 311-2, 320-31

연극치료: 역사 19, 22-4, 81-123, 125-66; 기본 형식 41-65; 정의 27-30; 주요 환경 27-9; 영국에서의 발달 과정 125-66; 네덜란드에서의 발달 과정 109, 125, 128, 162; 미국에서의 발달 과정 82-3, 125, 127, 130-43, 162-3; 다른 나라들의 발달 과정 35, 125, 164; 다양한 모델 35, 37, 39-40, 71-2; 직업으로서의 연극치료 127-8, 161-5

연극치료사 25, 28-9, 35-6, 45, 65-7, 71, 81, 98, 117-8, 147, 156, 160, 169, 174-5, 179, 187, 203, 232, 256-7, 270, 280-1, 285, 287, 290, 297, 306, 330, 332, 337-8, 343, 345, 369, 371, 373, 377, 390, 393-5, 414-20, 427, 444-5, 452, 458

연극치료의 교육과 훈련 127-8

연극치료의 모델 34-7, 39-40, 71-2, 130-66

연극치료 형식 165

영국의학협회 83, 145-6

예술적 과정 27

예술 치료 14, 28, 34, 36, 39, 89, 126, 128, 158, 162-4, 343, 364, 417

예술 치료의 훈련과 교육을 위한 유럽 협회 164

오딘 극장 96

완결 60-4, 78, 43, 175, 208, 264, 317, 377, 391, 399, 400,

왕립 셰익스피어 극단 26, 134

욕구 구체화하기 174, 176

움직임 50, 88, 96, 105, 119-20, 138, 144, 150-5, 158, 189, 198, 205, 224, 228, 235, 242, 244, 246, 248-50, 257-8, 260, 297-8, 300, 307, 335, 350, 389, 396, 404-6, 409, 411, 425, 429-30

워크숍 134, 136, 153-4, 215, 241, 284

원시주의 85, 383, 388

원형 30

웰페어 스테이트 97, 317, 321, 348

위탁 28, 66, 140, 416

은유 247, 312, 349-64, 368-82, 454

음악 치료 153, 203

의미 38-9, 61, 67, 117-8, 276-8, 296-7, 350-1, 365-7

의사소통 45, 105, 138, 230, 245, 247-

9, 256, 266, 301, 319, 353, 435, 440-1, 446, 450

의상 75, 84, 108, 135, 140, 143, 182, 185, 215, 223-6, 241, 244, 249, 250, 305, 307, 321, 330, 338, 346-7

의식 30, 64, 84-5, 96-7, 117, 323, 383-412

의인화 170, 181, 183-4, 198, 206, 208, 253, 258-9, 262, 265, 267, 292

이미지 30, 32, 52, 100, 134, 200, 224, 238, 241, 249, 265, 339, 356-9, 361-2, 371, 373, 376, 380-1, 397, 398-9, 402, 409-10, 445-6, 449, 454

이중 자아 111

인류학 40, 88, 159, 245, 248, 273, 281, 316, 383, 387, 403

인물의 묘사 20, 248

인종 차별 67, 389

인형극 136, 139, 163, 197, 228, 235, 321, 422, 442

임상 드라마 그룹 155, 157

임상 드라마 센터 157, 160-1

임상 미술 159

자기 37, 97, 101-2, 114, 117, 190, 192, 245-8, 251, 264-6, 312-9, 322-4, 331

자기 이미지 373

자발성 연극 109-10

자폐증 152, 353, 442

작업 치료 28, 66, 88-9, 92, 122, 127, 136, 150-1, 153-4, 157-8

작은 세상 195, 229, 232-5, 239, 288

잠재적 신체 253-4, 259, 268

장애인 차별 67

재활 25, 128, 131, 133-4

저항 45, 92, 110, 154, 333, 353, 390

전이 113, 142, 197, 235, 273, 279, 323, 330, 367, 396-7

전이적 공간 197, 323

전이 대상 273

정서 장애 104-5, 215, 223, 262

정신 건강 74, 87-8, 312

정신병원 43, 47, 72, 87, 89-90, 93, 104, 122, 129-30, 132, 151, 156, 158, 162, 220, 254, 328, 338, 364, 443

정신분석 10, 85, 104, 112-4, 121-2, 126, 135, 159, 229, 245-6, 248, 273, 418

정신 분열증 73, 444

정신증 31, 91, 326

정체성 26, 58-9, 71, 115, 117, 126-7, 136, 151, 164-5, 169, 172, 188, 190-3, 202, 208, 218, 233, 244-53, 59-63, 266-7, 278, 296, 303-4, 306, 311-3, 315-6, 318-24, 341, 344-7, 379, 381, 404, 411, 423,

458

정치적 연극 94, 97, 197

조각상 54-6, 64, 181, 203-4, 228, 230, 232, 255, 335-7, 339, 364-8, 399-401, 431-3, 447-9

종교 22, 84-5, 96, 152, 158, 247, 382, 385, 388

즉흥극 훈련 104-5, 109

즉흥 연기 104, 143, 182-4, 187, 198, 202, 224-8, 235, 314-5, 371, 373, 400, 411, 422, 434-5

지켜보기 170, 172, 184-8, 208, 402

직업 기구 127-8, 144, 156, 164-5

진단 66, 106, 134, 228, 286, 326, 414, 417-8, 422-3, 436, 438, 441-2

집단 역동 35, 69, 347

집단 치료 28, 122, 139-40, 142, 203

창조성 11, 25, 26, 30-1, 40, 48, 105, 119, 132, 136, 163, 165, 176, 194, 202, 273-4, 283, 325, 335, 342, 403, 458

체현 148, 170, 188-192, 207, 259, 367, 380, 408

초연극 40, 96, 331, 388

초점 맞추기 43-4, 50-3, 69, 77

총체극 242

춤 144, 251

치료사 112-4, 229-30, 312

치료적 공간 29, 112, 232

치료를 위한 공연 과정 170, 173, 176, 208

치료적 연극 103-5, 109-10

치료적 패러다임 71

치유 19, 24-5, 30-2, 35, 82-6, 122, 156, 270, 385-7, 392

카타르시스 26, 54, 83-4, 110-1, 185, 240, 326, 331, 348

카타칼리 251, 403

캣츠 150

통찰 13, 19, 31-2, 90, 109, 120-2, 142, 173, 175, 181, 186, 188, 193, 197, 214, 216-7, 221, 226-7, 239-40, 263-4, 273, 350-1, 363, 367, 377, 379, 400, 403, 453

퇴행 10-1, 136, 295, 308

투사 147, 171-3, 213-23, 273

투사적 검사 228-9, 418-20

티스허스트 요양소 88

팬터마임 96

패드스토우의 말 84, 249

평가 48, 66-8, 72, 74, 107, 133-4, 138, 164, 181, 228, 254, 256, 309, 327, 408,

플레이백 연극 92

학대 21, 290,292-3

학습 장애 43, 48, 53, 67, 73, 128, 152,
      157, 196, 297-8, 300, 351, 417
해석 108-9, 195, 216, 224, 228-30,
      233, 238, 272, 279, 302, 325, 341,
      350, 372, 376-7, 380, 435, 452
핵심 과정 11, 15, 29, 36, 40, 166, 169,
      209, 458
『햄릿』 26, 328
행동주의 35
행위 예술 30, 96, 198, 330
행위화 10, 30, 51, 89, 191

허구 9, 11, 32-4, 45, 70, 83, 103, 110,
      113-4, 117, 184, 200, 213, 232
환상 9-11, 32-3, 63, 76, 106, 112, 138-
      9, 146, 151, 217, 220, 225, 232,
      271, 273, 281, 302-3, 311, 351,
      379, 431
활동 지도사 교육 과정 162
황홀경 116-7, 246, 317
훈련 159-60, 229-30, 312
홀리오 데 마토스 병원 90, 93
흑인 극단 97